Im Raum der Poesie

Theologie und Literatur
Herausgegeben von Karl-Josef Kuschel
und Georg Langenhorst

Band 23

Ottmar Fuchs

# Im Raum der Poesie

*Theologie auf den Wegen der Literatur*

Matthias Grünewald Verlag

MIX
Papier aus verantwortungsvollen Quellen
FSC www.fsc.org FSC® C083411

Für die Schwabenverlag AG ist Nachhaltigkeit ein wichtiger Maßstab ihres Handelns.
Wir achten daher auf den Einsatz umweltschonender Ressourcen und Materialien.

Bibliografische Information der Deutschen Nationalbibliothek
Die Deutsche Nationalbibliothek verzeichnet diese Publikation in der Deutschen Nationalbibliografie; detaillierte bibliografische Daten sind im Internet über http://dnb.d-nb.de abrufbar.

2. Auflage 2015

www.gruenewaldverlag.de

Umschlaggestaltung: Finken & Bumiller, Stuttgart
Umschlagabbildung: photocase.com | pip
Druck: CPI – buchbücher.de, Birkach
Hergestellt in Deutschland
ISBN 978-3-7867-2816-0

# Inhalt

9 Vorwort

11 1. Situierungen

11 1.1 Literatur als Raumerfahrung
18 1.2 Literatur als Widerfahrnis
21 1.3 Dialog?
25 1.4 Denkkritik
30 1.5 Totenerweckung
34 1.6 Parallele Welten
38 1.7 Bedeutung statt Kultursnobismus
41 1.8 Figurale Fiktionen
45 1.9 In der Spur des unbekannten Ich
48 1.10 Wider das Generalat des Generellen
51 1.11 Religion und Roman als »Abfallvermeidung«

56 2. Gegenseitige Wegweisungen

56 2.1 Hermeneutik der »Realisation«
59 2.2 Theologische Wertschätzung
62 2.3 Suche nach Kriterien
67 2.4 Wirkliche Erdichtung
70 2.5 Theologie in der Kenosis
76 2.6 Differenz im Konkreten
79 2.7 Widerspruch am Beispiel Schuld

85 3. Weitere Zugänge

85 3.1 Intertextualität
89 3.2 Im Horizont der Ironie

96 3.3 Theologie und Literatur als »Gabe«
101 3.4 In semiotischer Perspektive
106 3.5 Mut zur Literatur-Halacha

113 4. Goethe: Faszination muslimischer Poesie

113 4.1 Streit um Mahomet
118 4.2 Poetische Anverwandlung
122 4.3 Reise in die Weite
129 4.4 Entgrenzungen
133 4.5 Symbolische Horizonte

141 5. Karl Mays Orient

141 5.1 Warum Karl May?
146 5.2 Nicht ganz so trivial!
150 5.3 Das Bild der »mohammedanischen« Orientalen
159 5.4 Superiorität als Basis der Toleranz?
167 5.5 Karl Mays Verständnis des Christentums
173 5.6 Erweiterung des Eigenen im Anderen
177 5.7 Erzählte Wirklichkeit als Metapher
182 5.8 Eine neue Dimension

190 6. Stefan George: Kraft eines geheimen Landes

190 6.1 Jugend im Geiste
192 6.2 Vor der Mauer zu einer neuen Sprache
195 6.3 Sprache als Widerstand gegen das Leben?
200 6.4 Poesie als Ritual
202 6.5 Zeitgenössische Kritik
205 6.6 Je »tiefer«, desto gefährlicher!
210 6.7 Liturgie an der Grenze
211 6.8 Getrennte Wege zum Ursprung
217 6.9 Praktische Beliebigkeit?

221 6.10 Geheime Poesie und Politik: Stauffenberg
225 6.11 Geheimes Deutschland?
228 6.12 Zurück und Vorwärts in die Poesie
231 6.13 Inkurvierte Poesie

## 235 7. Werner Bergengruen: Hingabe und Fügung

235 7.1 Nur Nachkriegsliteratur?
238 7.2 Blasphemischer Vollkommenheitswahn
241 7.3 Verwurzelt und frei
243 7.4 Widerstand gegen »großtyrannische« Mächte
246 7.5 Hoffnung auf Rettung
249 7.6 Spuren der Transzendenz
252 7.7 Zwei Worte
254 7.8 Unaussprechliches Geheimnis solidarischen Lebens

## 258 8. Kleinere Stücke

258 8.1 Geheimnis
- 258 *a) Gesammeltes Schweigen*
- 259 *b) Ausgesprochene Unaussprechlichkeit*
- 263 *c) Zugriffsverzicht*
- 264 *d) Versuchung des Thomas Becket*

267 8.2 Himmel
- 267 *a) Himmel in gebrochener Hoffnung*
- 271 *b) Eine Sehnsucht ...*
- 274 *c) Von der Enge in die Weite*
- 277 *d) »Crescendo« in Freiheit und Beziehung*
- 282 *e) Raum der Solidarität*

285 8.3 Ruhe
- 285 *a) Begrenzte Zeit*
- 291 *b) Entlastende Seelsorge?*
- 293 *c) Phantasievolle Pastoral*
- 296 *d) Ein fleischernes Herz*

300 8.4 Toleranz
300 *a) Ein aufschlussreiches Lektüreerlebnis*
303 *b) Zwänge des Neuen*
304 *c) Unterordnung statt Toleranz*

307 9. An-Sprachen

307 9.1 Feuer
307 *a) Asche und Kreuz*
309 *b) Umkehr zum Feuer der Liebe*
311 9.2 Gastfreundschaft
311 *a) Verwandlungen*
313 *b) Chance des Lebens*
316 *c) Ein Lebensbild*
319 9.3 Heruntergekommen
319 *a) Nicht zwischen, sondern in uns*
320 *b) Immer wieder verstrickt*
321 *c) Der gute und der böse Mensch von Sezuan*
323 *d) Einer geht!*
325 *e) Der heruntergekommene Gott*
327 9.4 Veränderung
327 *a) Szenen*
329 *b) Ein Versuch*
331 *c) Zusage*

333 Literaturverzeichnis

349 Personen- und Sachregister

# Vorwort

Ich gebe dieses Buch mit der Hoffnung auf den Weg, dass möglichst viele Leser und Leserinnen ebenso reagieren können. Wie ich zu den Texten und zu den Autoren und Autorinnen gekommen bin, ist biographisch vermittelt und völlig zufällig. Manche Kontakte gehen bis in die Schulzeit zurück, andere wurden in Lehrveranstaltungen vertieft, andere sind ganz frisch entstanden.
Es besteht also kein Plan und auch keine Systematisierung zwischen den hier durchgeführten Begegnungen. Das Einzige, was sie verbindet, ist die Tatsache, dass sie sich in meiner Biographie ereignet haben, genauerhin einer Biographie, aus der seit 45 Jahren die Theologie nicht wegzudenken ist. Was sie also auch gemeinsam haben, ist die jeweils immer wieder ganz andere, aber immer gegenseitig bereichernde Erschließung von Literatur und Theologie und zwar im Detail konkreter Texte und einer auf ebenso konkrete Lebenszusammenhänge und Lebensprobleme bezogenen Theologie.
Der Titel dieses Buches »Im Raum der Poesie« ist zunächst in seiner ganzen Weite zu verstehen, nämlich Poesie als das, was die Poeten und Poetinnen, die Dichter und Dichterinnen an Gedichten, aber auch in ihren Romanen und Novellen (im schöpferischen Sinn) geschaffen und geschafft haben. Ansonsten spiegelt mein Gebrauch der Begriffe deren schwimmende Verwendungen im Alltag wider: So benutze ich den Poesiebegriff auch für die lyrische Seite und den Literaturbegriff für die Prosaseite der »Literatur«.
In den ersten drei Kapiteln versuche ich in durchaus wenig erschöpfender, sondern eher impressionistischer Weise verschiedene Zugänge zum Verständnis und zur Gestaltung des Verhältnisses von Theologie und Literatur zu gewinnen. Dem folgen vier Konzentrationen auf Dichter beziehungsweise ihre Werke. Ihre Auswahl und Zusammenstellung ist aus fachlicher Perspektive sicher völlig »verrückt«. Denn wo sonst werden Goethe und Karl May oder Karl May und Stefan George oder Werner Bergengruen derart nebeneinander gestellt, und dann noch mit durchaus überraschenden Einsichten nicht nur in ihre gegenseitige Differenz, sondern auch in auffällige Affinitäten. Beides ergibt sich über dominante

Perspektiven, die von den literarischen Texten selbst evoziert werden und die als solche auch eine theologische Qualität haben: zum Beispiel die Suche nach gemeinsamen Horizonten, in denen Differenzen ausgehalten werden können, nicht zuletzt auch die Frage nach der impliziten Transzendenzhaltigkeit von literarischer Ästhetik und ihrer Kraft, Fremdes, vielleicht sogar Feindliches durch die Erfahrung einer tiefer liegenden Verbindung zu unterlaufen.

Die letzten beiden Kapitel enthalten kleinere Stücke, so etwas wie Miniaturen in der Begegnung zwischen Literatur und Theologie. In Kapitel 9 erfolgt ein Textsortenwechsel zu Beispielen direkter homiletischer Begegnung mit der Literatur, die auch als Meditationen gelesen werden können. – Alle Kapitel können auch nur für sich gelesen werden.

## *Vorwort zur zweiten Auflage*

Das Buch gebe ich unverändert in die 2. Auflage. Ein weiterer Band ist in Vorbereitung, mit Werken u.a. von Annette von Droste-Hülshoff, Else Lasker-Schüler, Rose Ausländer, Luise Rinser, Ilse Aichinger, Christa Wolf, Ingeborg Bachmann, Elfriede Jelinek und Assia Djebar.

Lichtenfels, im Juli 2015 Ottmar Fuchs

# 1. Situierungen

## 1.1 Literatur als Raumerfahrung

Insofern meine Literaturkontakte mit meiner Biografie[1] zu tun haben, haben sie auch mit meiner eigenen Bibliothek zu tun, die ich im Laufe der Jahrzehnte zuhause eingerichtet habe. Auch hier ist viel Zufall dabei, wie auch bei dem hier besprochenen kleinen Ausschnitt daraus. Es gilt auch in diesem Zusammenhang, was Dürrenmatt zur befreienden und die individuelle Kreativität konstituierenden Wirkung des Zufalls gesagt hat.[2] Carlos María Domínguez formuliert dies in seinem »Papierhaus« folgendermaßen: »Wer sich eine Bibliothek aufbaut, der baut sich ein ganzes Leben auf. Sie ist nämlich nie die Summe ihrer einzelnen Exemplare.«[3] Das »Papierhaus« erinnert an unseren Titel vom »Raum« der Poesie. Ursula Pfäfflin konnte in ihrer »Theologie des Raumes« deutlich machen, dass die Wahrheit immer ihre Lokalisierung, ihren Platz hat.[4] Aus diesem Blickwinkel stellt sich in Wohnbereichen die Wirklichkeit, in denen Werte oder Unwerte vermittelt werden, konkret so dar, dass zwischen einer eng zusammenpferchenden, die Bevölkerungsschichten von einander abspaltenden und strukturelle Gemeinschaftsmöglichkeiten zerstörenden Wohnsituation und der Gewaltanfälligkeit vor allem junger Menschen ein intensiver Zusammenhang besteht.[5] Auf diesen zerstörten bzw. genommenen Raum für die Entwicklung und Gestaltung des eigenen Lebens reagieren besonders junge Menschen mit entgegengesetzten Raumansprüchen, die »durch das Begehen von kriminellen Gewalttaten durchgesetzt werden«.[6]

Dabei handelt es sich nicht nur um räumliche, sondern auch um psychische Raumansprüche: »Niemand bestreitet die Tatsache, dass Lebewesen aller Art mit Aggressionen und Krankheit auf räumliche Einschränkun-





1 | Vgl. Rainer Bucher, Rainer Krockauer im Gespräch mit Ottmar Fuchs, Es geht nichts verloren, Würzburg 2010.

2 | Siehe unten Kap. 3.2, auch 5.7 und 7.6.

3 | Carlos María Domínguez, Das Papierhaus, Frankfurt am Main 2004, 36.

4 | Ursula Pfäfflin, Dislokalisierung und die Sehnsucht nach einer Bleibe. Ansätze einer feministischen Theologie des Raumes, in: Schlangenbrut 12 (1994) 46, 33–38, 33.

5 | Vgl. ebd. 34.

6 | Ebd. 36.

gen reagieren, wenn es keinen Platz gibt, sich zu bewegen, sich zu entfalten und keine Ressourcen für die Erhaltung des Lebens da sind. Ich bin daher nicht überrascht, obwohl ich es beschämend finde, dass die kriminellen Handlungen der Rechtsradikalen und Neonazis in Deutschland in einer sozialen Situation entstehen, in welcher vor allem junge Männer sich eingeschränkt sehen: eingeschränkt in ihrem Wunsch nach Bedeutung, nach Macht, nach Aufstieg, nach wirtschaftlichem Erfolg und Sicherheit, worauf sie meinen, Anspruch zu haben.«[7]

In einer verdrehten Verfolgungslogik, die paranoide Züge annimmt, werden als Problemverursacher für die Raumeinschränkung jene angesehen, die angeblich ungerechtfertigtermaßen im eigenen Raum leben, und das sind die Ausländer. Sie, die an den eben besprochenen strukturellen Ursachen am wenigstens Anteil haben können, werden Opfer der entsprechenden Sündenbockmechanismen. Dabei wachsen sich die expansiven Raumansprüche unter der Hand ins Unermessliche aus und beziehen sich nicht nur auf den deutschen Innenbereich, sondern auf neue faschistische Raumansprüche auch über diesen Bereich hinaus. Deswegen scheint wohl auch die Naziideologie so anschlussfähig an diesen neuen Problemzusammenhang zu sein. Die strukturelle Verachtung, die junge Menschen erfahren müssen, geben sie an diejenigen zurück, denen sie (auch unterstützt von einer gewissen Volksmentalität) am leichtesten und »erfolgreichsten« Raumansprüche gegenüber durchsetzen können.

Wo liegen die tatsächlichen Möglichkeiten, diesen Teufelskreis von Raumentzug und Raumkampf aufzubrechen? Die Antwortrichtung weist nach Pfäfflin der Begriff der »haltenden Umgebung« (holding environment)[8], was die Suche nach sozialen Räumen meint, die in Bewegungsfreiheit und Vertrauen, in Verbindung und Verbindlichkeit Halt schenken und so den jungen Menschen die Chance vermitteln, jene Werte, die die Gesellschaft insgesamt benötigt, in ihrem Vis-a-vis Bereich zu erleben.[9] Wo der Lebensraum mit solchen Netzwerken von Selbstwichtignahme und Selbstbeschränkung, von Ichstärke und Verantwor-



7 | Ebd. 36.

8 | Vgl. ebd. 37 (im Anschluss an die englischen PsychoanalytikerInnen D. Winnicott, M. Mahler und M. Klein).

9 | Vgl. Karl Gabriel, Religion und Kirche im Spiegel- und Diskursmodell der Öffentlichkeit, in: Jahrbuch für biblische Theologie 11: Glaube und Öffentlichkeit, Neukirchen-Vluyn 1996, 31–51.

tungsfähigkeit gefüllt wird, muss nicht mehr um Raum gekämpft werden, sondern darin entwickelt sich die Fähigkeit, Raum zu schenken und in den eigenen Raum aufzunehmen. Menschen formen den Raum, wie sie durch den Raum geformt wurden.

Theologisch interessant ist hier die Frage, wie sich der Jesus der Evangelien in seinem religiösem und kulturellem Raum verhalten hat. Dort finden wir ihn als einen, der das Leben wertschätzt, der sich auf die Seite derer stellt, denen Lebensqualität entzogen wird, der sich selbst in diese Not-Wendigkeit für die Opfer hinein verausgabt, der aber auch den Tätern, den SünderInnen nahe ist und ihnen Versöhnung schenkt. Gerade weil er in seinem religiösen und kulturellen Kontext diese, theologisch gesprochen soteriologischen Kontaktstellen aufsucht, kann er nicht von denen vertragen werden, die ihr »Heil« weitgehend aus dem Unheil der leidenden bzw. der sündigen Menschen beziehen. Denn Jesus will nicht das Leiden, auch nicht das Strafleiden der letzteren: So rettet er die Frau, die des Ehebruchs angeklagt ist, vor der Steinigung (ohne ihre Sünde zu bagatellisieren, vgl. Joh 8,1–11), ermöglicht ihr buchstäblich einen neuen und offenen Raum (die Verurteiler weichen zurück). Jesus verkündet und steht ein für einen Gott, der ein Freund des Lebens ist, der nichts unversucht lässt, »um dieses Leben zu intensivieren, vor allem dort, wo dieses radikal bedroht oder infrage gestellt wird.«[10] In dieser Form zeigt sich Jesus selbst lebenstragend und vertrauensstärkend, im Kontext seiner und im Kontrast zu seiner Lebenswelt. Es ist eine Kultur auf der Seite des geachteten Lebens für alle und gegen alle Mächte des Todes, eine Kultur der Gerechtigkeit und der Gnade.

Wenn die Inkulturation von dieser Inkarnation Gottes in Jesus Christus ihre inhaltlichen Kriterien bezieht, dann ist dies ein differenziertes und dialektisches Unternehmen. Auch und gerade wenn der dabei zugrunde liegende kulturelle Raumbegriff als geformte und zu gestaltende Lebenskraft definiert wird, muss die Ambivalenz der raumfüllenden Kräfte mitgedacht werden: die Kräfte zum Bösen, zur Grausamkeit, zur Gewalt, zur Unterdrückung, theologisch zur Sünde, die überall ihre Daseinsformen entwickeln, zuungunsten von zahlreichen Menschen nach innen und nach außen. Bei dem Sich-Einfinden in der eigenen Kultur geht es



10 | Jozef Niewiadomski, Inkarnation als Inkulturation, in: Paulus Gordan (Hg.), Evangelium und Inkulturation (1492–1992), Graz 1993, 27–49, 45.

um die Verwurzelung in die besten Kräfte genauso wie um den Kontakt mit den verdrängten Abgründen und um die Auseinandersetzung mit den vital destruktiven Kräften in eigenen und anderen Räumen.

Was für das Verhältnis von Raum und Religion gilt, kann auch auf das Verhältnis von literarischen Räumen und der Theologie beziehungsweise dem Glauben bezogen werden: »Nicht nur die gelebte Religion formt räumliche Ordnungen und Grenzen, sondern der Raum prägt die Religion, wenn der Raum möglicherweise überhaupt erst den Horizont für die religiöse Praxis eröffnet,«[11] und weiter kann dann vielleicht gesagt werden: wer nach der Theologie des literarischen und poetischen Raumes fragt, rechnet damit, dass es in der Erfahrung des literarischen Raumes etwas gibt, das in dieser Raumerfahrung nicht aufgeht.[12]



Man muss den spatial turn nicht übergewichten, wenn man seine Perspektive gleichwohl ernst nimmt und dabei die anderen »turns« nicht vergisst, vor allem in unserem Zusammenhang die Verbindung des Raumes mit der Sprache (linguistic turn) und den Kulturen (cultural turn). Denn in der Literatur wird in der Sprache ein eigener begehbarer Raum eröffnet, vorzüglich in seinen narrativen Vollzügen, denn jede Erzählung ist die Eröffnung eines virtuellen Raums, womit wir vielleicht schon beim »virtual turn« angelangt sind.[13] Denn bereits die Sprache »ist ein Symbolsystem, das Raumwahrnehmung präfiguriert, wenigstens mit Blick auf ihre mögliche Bewusstwerdung und Mitteilbarkeit.«[14]

Was Ulrike Wagner-Rau zu den tatsächlichen Räumen im Verhältnis zum Leib sagt, gilt auch für die literarischen Räume: »Die Räume, in denen wir wesentliche Teile unserer Kindheit verbracht haben, sind in unserem Leib eingeschrieben.«[15] Denn dabei handelt es sich nicht nur um die Möbel und um die in diesen Räumen erfahrenen Szenen zwischen den Leibern der hier wohnenden und hier besuchenden Menschen, sondern auch um das, was in diesen Räumen gelesen, imaginiert und geträumt wurde.[16] Die Vorstellung des Raumes entsteht nicht nur im Kon-

11 | Thomas Erne, Die Religion des Raumes und die Räumlichkeit der Religion, in: ders., Peter Schüz (Hg.), Die Religion des Raumes und die Räumlichkeit der Religion, Göttingen 2010, 9–13, 12.

12 | Analog zu einer Formulierung von Erne, ebd. 12.

13 | Zu dieser gegenseitigen Abkühlung der turns vgl. Jörg Lauster, Raum erfahren. Religionsphilosophische Anmerkungen zum Raumbegriff, in: Erne, Schüz (Hg.), Religion 23–33, 23.

14 | Lauster, ebd. 29.

15 | Ulrike Wagner-Rau, Gotteshaus und Gottesbeziehung. Kirchen als Segensräume, in: Erne, Schüz (Hg.), Religion 151–163, 153.

16 | Vgl. ebd. 153f.

text realer, sondern auch gelesener Beziehungen.[17] So hat Michaela Geiger die Raumsoziologie Martina Löws als Schlüssel für die Raumtheologie des Buches Deuteronomium wahrgenommen und aufgewiesen, wie sich beide gegenseitig erschließen.[18]

Die Raumerfahrung ereignet sich »als Wechselverhältnis von kulturell imprägnierten Interpretationen einerseits und sinnlicher Realität andererseits.«[19] Raum schaffende Handlungen (wie bauen und einrichten) und die Verknüpfung von Menschen und Dingen in der Vorstellung eines Raumes gehören zusammen und bedingen sich gegenseitig.[20] In dieser Sicht kann die Literatur als eine »sinnliche Affizierung« durch Texte betrachtet werden, die in Emotion und Bewusstsein Räume aufschließen und die zugleich diesen Raum auch symbolisch repräsentieren, indem sie ihn implizit oder explizit, ästhetisch bzw. inhaltlich deuten.[21] Auch die Begegnung der Theologie mit diesem literarischen Raum kann selbst wieder derart rekonstruiert werden: nämlich insofern die Theologie mit einer eigenen Symbolisierung des literarischen Raumes aufwarten kann. Wie jede Raumerfahrung von biologischen, sozialen, kulturellen und einstellungsmäßigen Voraussetzungen abhängt, so verhält es sich auch mit der literarischen Raumerfahrung, wenn es sich um theologische Voraussetzungen in Biografie und Inhalt handelt.[22]

Oft ist die Begegnung mit der Literatur eine Begegnung mit einem Andersraum. Sie hat dann im Sinne von Michel Foucault heterotopische Qualität, als Gegenort, an dem »all die anderen realen Orte, die man in der Kultur finden kann, zugleich repräsentiert, in Frage gestellt und ins Gegenteil verkehrt werden.«[23] Es handelt sich dabei meistens auch um Heterochronien, also um andere Zeiten, schon allein dadurch, dass durch





17 | Vgl. ebd. 152.

18 | Vgl. Michaela Geiger, Gott Präsenz einräumen (Dtn 12), in: Erne, Schüz (Hg.), Religion 105–121.

19 | Lauster, Raum erfahren 29.

20 | Zur entsprechenden Raumsoziologie Martina Löws vgl. Geiger, Präsenz 107ff.; Martina Löw, Raumsoziologie, Frankfurt am Main 2001.

21 | Vgl. Lauster, Raum erfahren 30.

22 | Vgl. Lauster, Raum erfahren 27.

23 | Michel Foucault, Von anderen Räumen, in: Jörg Dünne, Stephan Günzel (Hg.), Raumtheorie. Grundlagentexte aus Philosophie und Kulturwissenschaften, Frankfurt am Main 2006, 317–329, 320; vgl. Christian Bauer, Kritik der Pastoraltheologie. Nicht-Orte und Anders-Räume nach Michel Foucault und Michel de Certeau, in: ders., Michael Hölzl (Hg.), Gottes und des Menschen Tod?, Mainz 2003, 181–216.

Lesen der Alltag unterbrochen wird, und dann erst recht in den semantischen und ästhetischen Welten der Literatur selbst.[24]

In Analogie zum Kirchenbau kann auch der sprachliche Bau der Literatur eine ästhetische Transzendenz ausstrahlen, der keine Religion oder glaubensbezogene Theologie mehr unterlegt ist.[25] Dabei »wird die ästhetische von religiöser Transzendenz dadurch unterschieden, dass die religiöse Erfahrung eine externe Referenz impliziert, der sie das Ausdrucksgeschehen unterordnet, während die ästhetische Erfahrung umgekehrt die externe Referenz unter den ästhetischen Ausdruck subsumiert.«[26] Martin Seel unterscheidet hier eine schwächere Transzendenz, die sich im Ästhetischen zeigt, von einer starken religiösen Transzendenz, die sich im Bekenntnis ausdrückt.[27] Geht es hier um eine inhaltlich aussagbare Erlösung, die (hoffentlich) auch Erleichterung und Ermöglichung (theologisch also Gnade) schenkt, so geht es dort um eine ähnliche Wirkung der ästhetischen Symbolisierung, nämlich von der Erleichterung bis hin zu einem eigenen Getragenwerden im Raum der Literatur. Wir werden sehen, dass diese Dimension alle in diesem Buch besprochenen Autoren und Autorinnen, wenn auch sehr unterschiedlich, charakterisiert.

Auch dies gehört zur Inkarnationsstruktur des christlichen Glaubens:[28] Im Umgang mit Kunst und Literatur kann erfahren werden, dass Transzendenz keine Abstraktion des Sinnlichen ist oder sein müsste, sondern dass sie sich in den Konkretionen von Raum und Zeit der Menschen ereignet.[29] Johann Hafner definiert einen Kirchenraum als »Hypertext«, »weil ihm ein komplexes Verweissystem vom Zentralen zum Peripheren und zurück innewohnt«.[30] Es begegnen sich hier zwei Welten in einem lebens- und todernsten Weltenspiel, wobei die Transzendenz selber nicht anders als in der Immanenz heiliger Zeichen und Räume spürbar ist. Auch Theologie und Glaube können nichts Supranaturalistisches wahr-



24 | Vgl. Martina Kumlehn, »Füße auf weitem Raum«, in: Erne, Schüz (Hg.), Religion 165–179, 175ff.

25 | Vgl. Erne, Grundwissen 195.

26 | Erne, Grundwissen, mit Bezug auf Matthias Jung, Erfahrung und Religion. Grundzüge einer hermeneutisch-pragmatischen Religionsphilosophie, München 1999, 380–389.

27 | Martin Seel, Ist eine rein säkulare Gesellschaft denkbar?, in: K. P. Liessmann (Hg.), Die Gretchenfrage, Wien 2008, 61–81, vgl. Erne, Grundwissen 195.

28 | Vgl. Johann Ev. Hafner, Der Bildraum des Rokoko – digitally remastered, in: Erne, Schüz (Hg.), Religion 203–215, 209.

29 | Vgl. Hafner, ebd. 204.

30 | Ebd. 208.

nehmen oder behaupten. Jedenfalls streng genommen! Die Horizontüberschreitung ist nur *im* Horizont möglich. »Das macht gerade den Begriff von Horizont aus, dass wir wissen, ahnen und uns vorstellen, es gäbe etwas jenseits dieses Horizontes. Dieses Jenseits können wir nicht ausmessen, wir denken es aber, wenn wir Horizont denken, immer schon mit.« So dass ich »sozusagen um diese Welt zu begreifen immer schon eine andere, anders definierte, aber nicht endgültig abschließend definierbare Welt mitdenke.« Aber diese Nichtabschließbarkeit erfolgt selber in der menschlichen Symbolisierung, auch in Theologie und Glaube. Hier befinden sich Theologie und Literatur in einer unhintergehbaren Geschwisterlichkeit.[31] In solcher Symbolisierung handelt es sich gleichwohl um Überschreitungen des Sinnlichen und Empirischen, die genauso wie das Empirische zu verantworten sind.[32]





So geht es in diesem Buch um den Versuch einer theologischen Proxemik des literarischen Raumes in der Dialektik zwischen Nähe und Distanz, vor allem im Kontext der Haltung, dass dieser Raum wie jeder Raum eine Gabe ist und als solche auch einsichtig und erlebbar gemacht werden darf.[33]

Hier lässt sich gut anschließen, was die Pastoralkonstitution des Zweiten Vatikanums im Abschnitt 62 über den rechten Einklang der menschlichen und bürgerlichen Kultur mit der christlichen Identität zum Verhältnis von Literatur und Kirche schreibt:

»Auf ihre jeweilige Weise sind auch die Literatur und die Künste für das Leben der Kirche von großer Bedeutung. Sie streben nämlich danach, den eigentümlichen Charakter des Menschen, seine Probleme und seine Erfahrung beim Versuch, sich selbst und die Welt zu erkennen und zu vervollkommnen, zu verstehen; sie bemühen sich, seine Situation in der Geschichte und in der gesamten Welt aufzudecken sowie die Leiden und Freuden, die Nöte und Kräfte der Menschen zu erhellen und ein besseres Los des Menschen zu umreisen. So vermögen sie das menschliche Leben,

31 | Vgl. dazu Dietrich Korsch, Schlusswort und Auswertung, in: Erne, Schüz (Hg.), Religion 249–254, 250.

32 | Vgl. Korsch, ebd. 252.

33 | Zur Proxemik als Theorie über die menschliche Handhabung des Raumes und zum Raum als Geschenk vgl. Kathrin Busch, Kraft der Räume, in: Erne, Schüz (Hg.), Religion 53–65, 62f., im Letzteren mit Bezug auf Roland Barthes, Wie zusammen leben. Simulationen einiger alltäglicher Räume im Roman, Frankfurt am Main 2007, 48f.

das sich je nach Zeiten und Gegenden in vielfältigen Formen ausdrückt, zu erheben.«

Hans-Joachim Sander schreibt dazu in seinem Kommentar: »Die Sprache des Glaubens ist Aufgabe der Theologie, sie kann sich, und muss es auch, auf das beziehen, was außerhalb ihrer selbst an Erkenntnis vorliegt. Daran kann sich, und muss es auch, ihre Glaubensdarstellung schärfen. ... In dieser Rede wird ... die Autorität all jener gestärkt, die sich ohne Angst, den eigenen Glaubensboden zu verlieren, auf jene einlassen, die außerhalb der Kirche Bedeutsames zu sagen haben ... es ist keine immer einfache Angelegenheit, sich auf ein Außen einzulassen, aber ohne den Mut zu dieser Begegnung wird das, was Kirche sagt, belanglos und bleibt hinter dem zurück, was sie von der Substanz ihrer Botschaft her zu sagen hätte. Solche Lebens- und Sprachautorität findet sich besonders in der Literatur der Kunst. Sie sind deshalb primäre Zeugnisse menschlicher Existenz, an denen sich Kirche orientieren und mit denen sie die Berührung suchen muss. Ihre wichtige Stellung wird darin unterstrichen, dass sie mit einer Quadriga von Kennzeichnungen versehen werden, die in direkter Parallele zur Eröffnung von GS stehen. Sie verarbeiten ›die Leiden und Freude, die Nöte und Kräfte‹ (GS 62,3) der Menschen von heute. Folglich besitzen sie hohe pastorale Autorität. Deshalb wird direkt eine Verbesserung der Beziehung der Kirche zur zeitgenössischen Kunst und Literatur gefordert; deren Anstößigkeit ist kein Hindernis, sondern eine Herausforderung.«[34]



## *1.2 Literatur als Widerfahrnis*

Poesie und Literatur können als analoge Räume verstanden werden, in denen die Menschen, wie in den anderen kulturellen Bereichen auch, so oder so verwurzelt sind, wie sie zum Beispiel der Raumeröffnung begegnen, die ihnen ein Gedicht oder eine Erzählung gegenüber ihrem bisherigen Lebensraum eröffnet. Und Räume können zwar von oben aus der Vogelperspektive wahrgenommen, aber dabei nicht im Detail erfasst und berührt werden. Sie sind zu begehen, auf den Wegen, die darin gegeben

34 | Hans-Joachim Sander, Theologischer Kommentar zur Pastoralkonstitution über die Kirche in der Welt von heute *Gaudium et spes*, in: Peter Hünermann, Bernd Jochen Hilberath (Hg.), Herders Theologischer Kommentar zum Zweiten Vatikanischen Konzil, Freiburg i. B. u. a. 2005, 581–886, 787ff.

sind, wo immer sie auch hinführen. Mit der Neugierde darauf, was an der nächsten Wegbiegung zum Vorschein kommt und wie ich dabei mit meinem Gang innehalte, stehen bleibe, davonlaufe oder wie ich dann endlich eine Pause mache und dann vielleicht zurückkehre. Dieses Bild von Räumen und Wegen beinhaltet auch jene Freiheit, die man beim Spazierengehen oder Wandern immer hat, nämlich plötzlich oder zwischendurch auch andere Wege zu gehen, ein Ziel auf verschiedenen Wegen zu erreichen, so oft ich will stehen zu bleiben und den Impressionen zu erliegen. Wer auf solchen Wegen der Literatur begegnet, erlebt dabei die Wirklichkeit des Psalms 31,9, nämlich mit seinen Füßen auf einen weiten Raum gestellt zu werden, eine Führung, die gläubige Menschen oft genug als Fügung erfahren dürfen, nämlich von Gott selbst in diesen weiten Raum der Literatur gestellt zu werden, einen Raum, der nicht zuletzt der Wirksamkeit seiner schöpferischen Kraft in den Menschen zu verdanken ist.[35]





Eigentlich müsste man der Theologie die Literaturwissenschaft gegenüberstellen, wenn man Theologie als Wissenschaft von einem bestimmten Glauben in einer bestimmten Religion verstehen will. Der Theologiebegriff kann aber auch als Vollzugsbegriff des Glaubens selber, als Leute-Theologie verstanden werden, insofern sich auch darin eine nachdenkliche, wenn auch nicht wissenschaftliche Rede von und mit Gott ereignet. Es geht also um beides, um das Verhältnis von Basistheologie und Literatur und um das Verhältnis von wissenschaftlicher Theologie und Literaturwissenschaft, und dies in gegenseitiger Verschränkung.[36]

Die folgenden Zugänge zur Literatur bewegen sich in diesem Zwischenfeld zwischen der Begegnung mit der Literatur auf der einen und der Begegnung mit der Literaturwissenschaft auf der anderen Seite. In diesem Dazwischen wird jeweils beides dokumentiert: zum einen die Reaktion eines Theologen auf die Literatur, auf ihre Werke und Eindrücke, mit – zum anderen – jeweils unterschiedlicher Beanspruchung literaturwissenschaftlicher Eingaben. Sind letztere stärker, werden auch diese doku-

35 | Vgl. Kumlehn, »Füße auf weitem Raum«, 165.

36 | Zu dieser Differenzierung zwischen Theologie und Literaturwissenschaft bzw. Glaube und Literatur oder Pastoral und Literatur vgl. den Diskussionsbericht in Walter Jens, Hans Küng und Karl-Josef Kuschel (Hg.), Literatur und Theologie. Stand des Dialogs von Theologie und Literatur, Tübingen 1984, 243.

mentiert. Vor allem in den letzten beiden Kapiteln erlaube ich mir, der Forderung von Georg Langenhorst, dass im Bereich der Wissenschaft das Gespräch mit der entsprechenden Literaturwissenschaft für die Theologie unverzichtbar sei,[37] nicht genügend nachzukommen, geht es mir hier doch auch um die Darstellung jener »direkten« Beziehung von Literatur und Glaube, als biografisches Angebot jenes methodischen Schrittes in der praktischen Theologie, die mit der Wahrnehmung der Wirklichkeit qualifiziert ist und dabei genau das erleben lässt, was Langenhorst als Gewinndimensionen der Begegnung zwischen Theologie und Literatur herausstellt: Textspiegelung, Sprachsensibilisierung, Erfahrungserweiterung, Wirklichkeitsverschließung und Möglichkeitsandeutung.[38]



So ist es nun mal, wenn man sich nicht professionell[39] mit Literatur beschäftigt, oder besser gesagt, sie je nach Situation auf sich zukommen lässt. Dann geht es selten darum, nur eine bestimmte literarische Epoche genauer zu betrachten, obgleich diesbezügliche Vorlieben persönlicher Art nie ausgeschlossen sind. Aber sie halten sich nicht an fachspezifische Einteilungen und Zuschreibungen. Sondern sie bewegen sich kreativ durch den literarischen Garten und suchen auf, was gerade ins Leben leuchtet und darin aufgeht. Wie man überhaupt auch in der Wissenschaft nie gänzlich rationalisieren kann, warum man sich gerade mit diesem und nicht mit einem anderen Thema, gerade mit dieser Forschungsrichtung und nicht mit einer anderen beschäftigt.

War zunächst ein lockeres Zusammenstellen unterschiedlicher literarischer und poetischer Zugänge intendiert, so hat sich, ohne systematisierenden Zwang, sondern induktiv aus diesen Einzelkonzentrationen selbst heraus, eine wirklich überraschende gegenseitige Ansprechbarkeit mit kreativen Entsprechungen und Differenzen ergeben. Mir ging es beim Schreiben dieses Buches so, dass sich dabei immer mehr an konzep-

37 | Vgl. Georg Langenhorst, Ertrag und Perspektiven, in: Erich Garhammer, ders. (Hg.), Schreiben ist Totenerweckung. Theologie und Literatur, Würzburg 2005, 175–189, 188.

38 | Vgl. Georg Langenhorst, Theologie und Literatur. Ein Handbuch, Darmstadt 2005, 229–235. Zum Verhältnis von Literatur und praktischer Theologie vgl. Erich Garhammer, Literatur und Praktische Theologie. Von der Produktivität eines Spannungsverhältnisses, in: Erich Garhammer, Wolfgang Weiß (Hg.), Brückenschläge. Akademische Theologie und Theologie der Akademie, Würzburg 2002, 137–156. Zum Dialog zwischen Praktischer Theologie und Literatur vgl. auch Jörg Seip, Anker lichten, in: Garhammer, Langenhorst (Hg.), Totenerweckung 151–156.

39 | Dies hat zur Folge, dass ich mich auf meine literaturwissenschaftlichen Kollegen und Kolleginnen, auf ihre Zitate und Einsichten verlasse, ohne sie nochmals eigens nachzuprüfen.

tionellen und methodischen Möglichkeiten erschloss, aber auch an überraschenden Vernetzungen und Analogien zwischen Autoren, die in dieser Weise noch nicht intertextuell zusammengekommen sind.
So dass dieses Buch auch so etwas ist wie die Bühne, wie die Inszenierung eines synchron dargestellten Gesprächs zwischen diachron unterschiedlichen, auseinander liegenden Perioden und Personen. Ich habe intensiv gespürt: Was sich Dichterin und Dichter gegenseitig geben können, ist auch hinsichtlich des Verhältnisses von Literatur und Theologie möglich, nämlich dass sie sich einander die Wahrheit hinüberreichen, wie Nelly Sachs 1959 an Paul Celan geschrieben hat: wir »wollen uns weiter einander die Wahrheit hinüberreichen«.[40]
Es ergeben sich tatsächlich aus zufälligen Konzentrationen analoge Problemfelder und Fragestellungen. Man spürt die Richtigkeit des intertextuellen Motivs, dass Einstiege nicht letztlich legitimierbar sind, sondern zufällig, dass man überall anfangen kann und dabei »weiterkommt«. Ähnlich wie Peter-André Alt die »Ästhetik des Bösen« (München 2010) durch die literarischen Jahrhunderte jagt. Als durchgehendes Thema erweisen sich vor allem die mythologischen Ausdrucksformen in Dichtung und Theologie und die Frage nach der Funktion poetischer bzw. narrativer Ästhetik für eine grenzüberschreitende und tragende Symbolisierung. Hier wird die literarische Ästhetik jenseits jeder moralisierenden Attitüde und Instrumentalisierung zum ermöglichenden Erlebnisraum von Inter-Solidarität: zwischen Religionen und Kulturen, zwischen sich fremden, ja vielleicht sogar verfeindeten Bereichen. Derart wird die literarische Ästhetik, zumindest indirekt, zum Politikum.



## 1.3 Dialog?

Ich setze im Folgenden die in den letzten Jahrzehnten erschienenen Publikationen zum Thema Literatur und Theologie voraus und verstehe meine Überlegungen als eine eher zufällige Zugabe zu diesem Themenbereich, ohne Anspruch auf umfassende Literaturbearbeitung in beiden Bereichen und mit der Hoffnung, einiges, was bisher schon entworfen und entdeckt wurde, hier vertiefen, bestätigen, vielleicht auch modifi-

40 | Paul Celan, Nelly Sachs, Briefwechsel (hg. v. Barbara Wiedemann), Frankfurt am Main 1993, 25, vgl. zu diesem Zitat als titelgebendem Motto Jörg Seip, Einander die Wahrheit hinüberreichen. Kriteriologische Verhältnisbestimmung von Literatur und Verkündigung, Würzburg 2002, 3.

zieren zu können. Einen detailreichen, informativen und zugleich übersichtlichen Überblick in die bisherige und gegenwärtige Gesamtlandschaft dieses Diskurses und zugleich einen klärenden Einblick in das konzeptionelle Verhältnis von Bibel beziehungsweise Theologie und Literatur, verbunden mit einer eigenen Verhältnisbestimmung und mit einem Ausblick für die Zukunft, bringt Georg Langenhorst in seinem Handbuch zur Theologie und Literatur.[41] Ebenso grundlegend sind die beiden Kongressdokumentationen, einmal Walter Jens, Hans Küng und Karl-Josef Kuschel zum Stand des Dialogs von Theologie und Literatur[42] in Tübingen 1984 und etwas mehr als zwanzig Jahre danach Erich Garhammer und Georg Langenhorst zum Thema »Schreiben ist Totenerweckung« in Würzburg.[43] Und selbstverständlich stehen hinter allem die zahlreichen wegweisenden Arbeiten von Karl-Josef Kuschel, auf die ich im Verlauf Bezug nehmen werde.



Mit meiner Publikation kann ich mich gewissermaßen in das gemachte Bett dieser und anderer ähnlich grundlegender Arbeiten hineinlegen und muss es nicht selber nochmals »machen«. Ich setze höchstens einen Mosaikstein dazu. Ich beschränke mich dabei auf den deutschen Bereich und darin auf einen winzigen Ausschnitt von vier Autoren zwischen dem Ende des 18. und der ersten Hälfte des 20. Jahrhunderts.[44]

Langenhorst kritisiert den Dialogbegriff als Bestimmungskategorie für das Verhältnis von Literatur und Theologie, genauer für beide Verhältnisse in diesem, nämlich für die Beziehung zwischen Theologie und Literatur (und wie Basistheologie damit umgeht) und zwischen Theologie und Literaturwissenschaft. Bei der ersten Gegenüberstellung wäre vor allem die praktische Theologie im Verhältnis zu den Literaten und Literatinnen beansprucht.[45] Langenhorsts Kritik ist einleuchtend, wenn man den Dialogbegriff im Kontext einer universalen Dialogtheorie begreift, in der sich in allen Dialogen (normativ gesehen) eine reziproke Begegnung der Beteiligten ereignet. Denn weder LiteratInnen noch LiteraturwissenschaftlerInnen haben erwiesenermaßen von sich aus ein besonde-

41 | Vgl. Langenhorst, Handbuch.

42 | Jens u. a. (Hg.), Literatur.

43 | Garhammer, Langenhorst (Hg.), Totenerweckung.

44 | Nicht ohne die Hoffnung formulieren zu dürfen, künftig auch zu englischen Dichtern etwas zu schreiben, vor allem zu William Blake.

45 | Vgl. Langenhorst, Handbuch 214–223; ders., Ertrag und Perspektiven, in: Garhammer, Langenhorst (Hg.), Totenerweckung 175–189, 182ff.

res Interesse an der Begegnung mit Theologie und TheologInnen, wenn man auch manchen eine gewisse Neugier und Offenheit für solche Begegnungen bescheinigen kann. Langenhorsts Analyse dieser Nichtbeziehung ist hier nichts hinzuzufügen, höchstens der Eindruck, dass man hier offensichtlich innerhalb der Theologie auch mit einer ziemlich großen Enttäuschung fertig werden muss.[46]

Ich würde allerdings auch für das, was Langenhorst am Herzen liegt, den Begriff des Dialogischen nicht verabschieden, weil »innere Dialogprozesse« (wie Langenhorst sie selbst für wichtig hält) auch dann noch Dialoge sind, wenn sie sich imaginär, virtuell, fiktiv ereignen. Auch hier greift die neuere substantielle Bewertung des Fiktiven für die Wirklichkeitsgestaltung.[47] Wenn mit dem Dialog also kein idealistisch verschleiernder Begriff gemeint ist, der den Mangel an tatsächlicher Kommunikation unsichtbar macht,[48] handelt es sich um echte Dialoge, die auch nicht nur virtuell und imaginär sind, weil sie ja mit tatsächlichen *Texten* von Autoren und Autorinnen (aus der Literatur und aus der Literaturwissenschaft) Kontakt aufnehmen. Zumindest diese sind reale Wortmeldungen von Menschen.





Auch wenn zunächst wichtig ist, was die Texte sagen, darf man zunächst auch den Aspekt nicht übersehen, was Texte als solche sind: sie sind eine Realität und allein dadurch, dass sie vorhanden sind, sind sie ein aller Semantik vorgängiger Ausdruck von Leben, und wie die Semantik nicht selten zeigt, darin von Widerstand oder Zustimmung, von Wahrnehmungspräzisierung und Rettung des Details.[49]

Wie am »Dialog« mit verstorbenen Menschen in ihren Texten das Dialogische nicht verschwindet, wenn sie in ihrer Fremdheit und Eigenständigkeit methodisch gesichert sind, so ist es auch in einer ähnlichen Begegnung mit Texten von Lebenden, wenn diese sich als Personen für die

46 | Zu einer wenig vergleichbaren, aber in ihrer Ausstrahlung auf andere Verhältnisse dann doch nicht unbedeutenden Analogie im »Dialog« zwischen christlichen und jüdischen Menschen vgl. Ottmar Fuchs, Wie verändert sich die Pastoraltheologie, wenn sie ihren eigenen inhaltlichen und methodischen Kernbereich im Horizont der Geschichte und Gegenwart »Israel« begreift?, in: Gerhard Langer, Gregor Maria Hoff (Hg.), Der Ort des Jüdischen in der katholischen Theologie, Göttingen 2009, 157–203, 190f.

47 | Vgl. Langenhorst, Handbuch 221ff. Zur Aufwertung der Fiktionalität in den amerikanischen und angelsächsischen Diskursen zum Verhältnis von Literatur und Theologie unter dem Stichwort der Postmoderne vgl. Langenhorst, Ertrag 180f. Siehe dazu unten Kap. 3.3.

48 | Vgl. Langenhorst, Ertrag 187.

49 | Vgl. dazu Terry Wright, Von der Moderne zur Postmoderne, in: Garhammer, Langenhorst (Hg.) Totenerweckung 70–98, 87–93, 80.

reale Kommunikation gewissermaßen »tot« stellen.[50] Die Theologie kann in ihren Disziplinen gar nicht anders arbeiten als in solchen »Dialogen« mit Texten von Personen, denen man nicht begegnen kann. Entscheidend ist deshalb, was Langenhorst für die Qualität eines solchen inneren Dialogs anführt, nämlich dass er sich im Vollzug und immer wieder unterschiedlich (von Person und Texten abhängig) dieser Virtualität bewusst ist, auch der Verantwortung, die andere Seite methodisch in ihrer Reziprozität aufzubauen und zu sichern. Dabei überfordert sich die Theologie selbstverständlich immer (wie vor allem die Praktische Theologie, wenn sie geistes- und humanwissenschaftlichen Positionen begegnet). Aber annähernd kann sie sich in die andere Seite methodisch und wissenschaftlich »hineinversetzen«, nicht billig, sondern approximativ in der Qualität jener Welt bzw. Wissenschaft, der man begegnen will.



Man wird dabei nie ganz jenen Hauch an Dilettantismus abstreifen können, den Wolfgang Klaghofer so formuliert: nämlich dass er sich bewusst »zwischen Stühle und klare Zuordnungen (setze); nirgendwo eindeutig zugehörig, nicht rein literarisch und nicht rein theologisch«.[51] Ganz wird man Wolfgangs Braungarts Forderung deshalb nie erfüllen können: »Ein literaturtheologischer Beitrag zu Heinrich Böll ist ein literaturwissenschaftlicher Beitrag zu Heinrich Böll.«[52] Auch wenn die Literaturwissenschaft dies gar nicht wahrnimmt. Aber auch umgekehrt gilt das anzustrebende, aber nie ganz erreichbare Ziel: Wenn Theologe und Theologin einen literaturwissenschaftlichen Beitrag zu Heinrich Böll schreiben, dann ist es immer auch ein literaturtheologischer Beitrag. Eine Theologie, die sich mit Literatur und Literaturwissenschaft in diesen inneren Dialog hineinbegibt, wird zudem responsfähig für die »gleichzeitige Faszination von Literatur und Glaube«, die sich nicht nur unter TheologInnen ereignet, sondern unter den Gläubigen überhaupt.[53] Entlastend ist für diesen Dialog zwischen TheologInnen und literarischen Texten tatsächlich, was Langenhorst als eine solche beschreibt,

50 | Vgl. dazu Ottmar Fuchs, Praktische Hermeneutik der Heiligen Schrift, Stuttgart 2004, 17–30 (hier bezogen auf den Begegnungsbegriff mit der Vergangenheit), 110–117 (hier bezogen auf die methodische Rekonstruktion der »personalen Würde« überkommener Texte).

51 | Vgl. Wolfgang Klaghofer, Mensch und Gott im Schatten. Franz Kafka und Franz Werfel – Konturen des Exodus, Frankfurt u. a. 2000, 13; vgl. auch Langenhorst, Handbuch 222.

52 | Wolfgang Braungart, Literaturwissenschaft und Theologie. Versuch zu einem schwierigen Verhältnis, ausgehend von Kafkas Erzählung ›Ein Hungerkünstler‹, in: Garhammer, Langenhorst (Hg.), Totenerweckung 43–69, 67.

53 | Vgl. Langenhorst, Ertrag 188.

nämlich dass damit nicht künstlich zum literarischen Befund immer wieder theologische Stellungnahmen anzufügen sind, weil es von vorneherein klar ist, dass sich hier ein Theologe oder eine Theologin in diese Begegnung hinein begibt.[54] Von dieser Entlastung und Lizenz sei in diesem Buch auch ausgiebig Gebrauch gemacht: Ich werde die Verzweigungen in theologische Themen hinein nur andeuten und es mit einigen anschließenden Literaturhinweisen genug sein lassen, im Sinne der oben eingestandenen biographischen Verortung vor allem mit Verweisen auf jene Theologie, wie sie mir selbst wichtig geworden ist. Die Themen, die mich in der Begegnung mit der Literatur bewegen, werden ohnehin offensichtlich. In den Beispielen ahnt man Analogien zwischen Literatur und Theologie.



So fühle ich mich gewissermaßen als »Libero«, der eigentlich kein anderes Motiv hat als die Lust und Freude an der Literatur, aber zeitweise auch das tiefe Betroffensein durch die Art und Weise, wie literarische und poetische Werke die Tiefe menschlichen Lebens und das Abgründige des Menschen zu treffen vermögen, und wie sie im Schreiben das Destruktive und den Tod dokumentieren, darin »festhalten«, und zugleich bekämpfen, aber auch dem guten Leben in seiner ganzen Vitalität aufhelfen.



## 1.4 Denkkritik

Oft genug sind es literarische Texte, die in der Wahrnehmung und Reaktion auf Geschehnisse, vor allem persönliche oder kollektive Katastrophen, eine Sprache finden, eine unterbrochene, ja gebrochene oft, die den Abstieg in die Tiefe, den descensus ad inferos nicht umgehen, sondern bis zum äußersten ausloten, gegen jede Art von Verharmlosung und Verdrängung.[55] Mit solchen Texten kann nichts »herunterdidaktisiert« werden. Sie würden sonst gründlich missbraucht sein.[56] Genauso wenig ist es erlaubt, solche Texte hinaufzutheologisieren, sie vorschnell zu verideelichen und sich dabei einzubilden, man hätte das Problem bearbeitet. So kann man mit keiner Literatur umgehen, schon gar nicht mit der bibli-

54 | Vgl. Langenhorst, Handbuch 219; auch Ertrag 188.

55 | Vgl. Garhammer, Schreiben ist Totenerweckung, in: Garhammer, Langenhorst (Hg.), Totenerweckung 13–16, 16.

56 | Vgl. Braungart, Literaturwissenschaft 45.

schen[57] und mit der »schönen«. Um es etwas einfach zu sagen: Wer »scharfe« Literatur liest, kann auch die Schärfe so mancher biblischer Texte wiederentdecken und umgekehrt.[58]

So geht es mit Bezug auf Garhammer im Umgang mit der Literatur tatsächlich um ein Therapeutikum[59] gegen kognitives Verschanzen, aber nicht nur gegen kognitives, sondern auch gegen affektives Verschanzen.[60] Und ich darf ergänzen: In der Literatur erfahren wir auch Texte, in denen notwendigerweise kognitiv kapituliert wird angesichts schlimmster Erfahrungen. Wo das Denken aussetzt, wo Wut und Zorn Platz greifen, oder Verzweiflung und Hoffnungslosigkeit. Dass eine emotional tiefer greifende Situation ins Wort kommt und dort nichts mehr zu denken hat, sondern nur noch nach Ausdrucksmöglichkeiten schnappt, genau dies wäre auch etwas, was der Sprache der Theologie ihrerseits angesichts solcher Erfahrungen anstünde.[61]



Wer sich in die Literatur hineinbegibt, holt sich dabei eine Sprachkritik der Theologie ein.[62] Sprachkritik ist immer zugleich Wahrnehmungs- und Denkkritik. Dies wird vor allem deutlich in der Literatur und Poesie im Zusammenhang mit der und nach der Shoah. Autoren und Autorinnen, die aus diesem Zusammenhang kommen, begegnen mit einer angeschlagenen Sprache. Die erlebte Zerstörung kann die Sprache nicht mehr intakt (unberührt) lassen und die darin aufschreienden Fragen entziehen sich jeder Antwortkategorie.[63] Gedichte von Nelly Sachs, Paul Celan[64] und Texte von Elie Wiesel und andere waren es, die mich Ende der siebziger Jahre dazu nötigten, auch im Bereich der Theologie nicht irgendetwas zu untersuchen, sondern Texte für die Gegenwart wachzurufen, die mindestens annähernd diese »Qualität« erreichten: So entstand mein

57 | Vgl. dazu die interessante These von Huizing, dass biblische Literatur aufgrund ihrer Narrativität immer zugleich eine Platonkritik ist: Klaas Huizing, Ästhetischer Protestantismus, in: Garhammer, Langenhorst (Hg.), Totenerweckung 99–115, 110.

58 | Vgl. Garhammer, Literatur 154.

59 | Vgl. dazu Adolf Muschg, Literatur als Therapie? Ein Exkurs über das Heilsame und das Unheilbare, Frankfurt am Main 1981.

60 | Vgl. Garhammer, Literatur 154, mit Bezug auf Peter L. Berger, Sehnsucht nach Sinn, Frankfurt 1994, 47.

61 | Vgl. Hans-Joachim Sander, Einführung in die Gotteslehre, Darmstadt 2006.

62 | Vgl. Georg Langenhorst, Trösten lernen? Profil, Geschichte und Praxis von Trost als diakonischer Lehr- und Lernprozess, Ostfildern 2000, 202–240.

63 | Vgl. dazu Langenhorst, Handbuch 150–154.

64 | Vgl. Lydia Koelle, Paul Celans pneumatisches Judentum. Gott-Rede und menschliche Existenz nach der Shoah, Mainz 1997.

Plädoyer für die Revitalisierung der Klage in der christlichen und kirchlichen Spiritualität.[65] So habe ich die Wahrnehmungsschärfe dieser literarischen Texte, so hoffte ich, nicht unterhalb ihres Niveaus in parallelen Texten im biblischen Bereich aufgesucht und derart mit der Gottesfrage oder besser mit der Klage gegen Gott verbunden.[66] Meistens verbunden mit dem Gefühl, dass die Ausdruckskraft der literarischen Texte schärfer und authentischer begegnet als die biblischer Texte, die oft erst exegetisch und hermeneutisch »hergestellt« werden muss.

Aber es geht nicht nur um die Wahrnehmungskraft, sondern auch um die Veränderung des Denkens, nicht nur in der Themenwahl, sondern auch in der Methode selbst. Wie weit lässt sich das Denken selbst anschlagen, wie weit lässt es sich verwunden, wie weit lässt es sich unterbrechen, aus seinem Takt bringen, wie weit nimmt es die ›Hermeneutik‹[67] von Auschwitz ernst, dass nicht nur eine intakte Wahrnehmung diesem Geschehen und allem ähnlichen Geschehen nicht gerecht wird, sondern auch nicht ein intakt bleibendes Denken. Wo menschliches Leben gebrochen wird, können auch theologische Diskurse nicht ungebrochen bleiben.[68] Von daher geht es nicht nur um die Kategorie des Sinns, die die Literaturwissenschaft und Literatur für die Theologie hin öffnen könnte, sondern sie tut es auch in der Kategorie des verweigerten Sinns, der Negativität, die auszuloten (und auch darin zu scheitern) nicht nur eine negative Theologie zu verantworten hat.[69] Aber Sinnlosigkeit ist nicht nur die Abwesenheit von Sinn, sondern, wie etwa bei der Folter,[70] die Erfahrung einer derartigen Existenzbedrohung und eines derartigen Schmerzes, die jeden Sinn oder Unsinn unterlaufen. Diesen nackten Schmerz nochmals ins Wort zu heben kann man nicht als eine sinnvolle Tat beschreiben, wohl aber als eine Verweigerungstat gegen das Vergessen, dagegen, als wäre es nicht geschehen, und es damit tot sein zu lassen. Hier scheint mir die Auferweckungskategorie als Widerstand gegen Töten und den Tod im literarischen Prozess angemessener zu sein als die Kategorie des Sinns





65 | Vgl. Ottmar Fuchs, Die Klage als Gebet. Theologische Überlegungen am Beispiel des Psalms 22, München 1982.

66 | Vgl. dazu die entsprechende Analyse von Langenhorst, Handbuch 151.

67 | Zum hier bemühten nicht nur verstehensorientierten, sondern ganzheitlichen Hermeneutikbegriff (einschließlich des Nichtverstehens) vgl. Fuchs, Hermeneutik 13–26.

68 | Vgl. dazu Langer, Hoff (Hg.), Ort des Jüdischen 158ff.

69 | Vgl. Braungart, Literaturwissenschaft 49.

70 | Vgl. Jean Amery, Die Tortur, in: ders., Jenseits von Schuld und Sühne, Bewältigungsversuche eines Überwältigten, Stuttgart [4]2000, 46–73.

(und wird dort vereinzelt sogar explizit beansprucht). Es geht um die Kategorie einer das Leben tragenden Bedeutung in schlimmsten Kontexten. So sucht Rose Ausländer letzte Zuflucht in der Sprache:

Mutterland

Mein Vaterland ist tot
sie haben es begraben
im Feuer



Ich lebe
in meinem Mutterland
Wort[71]

Ein erschreckendes Beispiel für das Aussetzen des Denkens und der Erklärbarkeit bringt Jacques Chessex in seinem letzten Buch »Ein Jude als Exempel«[72], wo geschildert wird wie im April 1992 in Payerne ein jüdischer Viehhändler grausam von Nazisympathisanten ermordet wird. Es ist ungeheuer, wie der Autor hier den Leser in die Entstehung von roher Gewalt hineinverwickelt, aus einem zunächst harmlosen Umfeld heraus. Die Frau des Ermordeten lässt gegen alle jüdische Gewohnheit auf den Grabstein meißeln: »Gott weiß warum«. Voll von Misstrauen, dass Gott es gar nicht wissen kann, oder dass nur ein Gott es wissen kann. Weil hier »jedes menschliche Verständnis, jedes Akzeptieren, jedes Begreifen oder Anerkennen auf immer unmöglich ist.«[73] Sie verliert den Verstand. Denn: »nichts ist erklärbar, nichts öffnet sich hier wieder dem, der ein für allem Mal auf ungerecht erkannt hat, was einer Menschenseele widerfuhr. Jenseits aller Vernunft. Ohne Sinn und Zweck ... alles ist Wunde. Alles ist Golgatha. Und die Erlösung ist so fern. Aber gibt es eine Auferstehung? ... Erbarmen, bei der Dornenkrone und dem Stacheldraht der Lager. Erbarme dich, Herr, unserer Verbrechen, Herr, erbarme dich unser.«[74] Was dieser Roman auf jeden Fall »leistet«: die Erinnerung des Toten, des Schreckens und des radikalen Unverständnisses und die Sehnsucht nach

71 | Helmut Braun (Hg.), »Mutterland Wort« Rose Ausländer 1901–1981, Köln [2]1999, 151.
72 | Jacques Chessex, Ein Jude als Exempel. Roman, München 2009.
73 | Chessex, Exempel 94.
74 | Ebd. 94 und am Ende 96.

Auferstehung. Und vor allem die erschreckende Warnung, wie fruchtbar das Harmlose ist, um das Schlimmste zu gebieren. Wie dünn die Zivilisationsdecke ist und wie vital das Böse ausbricht, wenn es erlaubt wird.
Auch das ist eine Art von Oster-Theologie, die sich mit der Ausdrucksform menschlicher Verzweiflung solidarisiert, sie nicht durch Verschweigen tot sein lässt und dabei die eigene Sprache riskiert und das Stottern anfängt. Denn es gibt Leiderfahrungen, auf die jede Antwort, auch jede Art von wahrer Antwort, Zynismus[75] wäre. Eine nichtzynische »Antwort« kann nur eschatologisch erhofft werden. Christologisch könnte man daran denken: Als der Auferstandene die Jünger von Emmaus begleitet, begleitet er sie in ihrer Verzweiflung, und all seine Antwortversuche können in diesem Augenblick noch nicht aufgenommen werden, erst dann, als ihnen »die Augen aufgingen«. So gibt es schon auch jene von der Theologie zu vertretende Ostertheologie, die in Bezug auf viele Situationen im Leben gleichzeitig oder nachträglich etwas Substantielles zu sagen hat. »Das nimmt der Theologie auch keine Literatur ab.«[76] Oft muss man aber auf solche Situationen warten, lange warten, damit Gegenwärtiges nicht allzu flott überspielt wird.




Was in der Erfahrung des Äußersten an Wahrnehmungs-, Sprach- und Denkkritik für die Theologie zum Vorschein kommt, strahlt auf das ganze Verhältnis von Theologie und Literatur aus, ohne das Unvergleichliche der Extremerfahrung menschlichen Leidens für das Allgemeine in den Dienst nehmen zu wollen. Aber wenn es nicht auch im Allgemeinen dafür eine Offenheit und Praxis gibt, kann es für das Extreme leicht verweigert werden.
Genau dies ist das Anliegen von Langenhorst, wenn er in seiner Besprechung des neuen Buchs von Jan-Heiner Tück die Anfrage stellt: »(Wie) Verändert der Gang zur Literatur das *explizit* systematische Denken des Dogmatikers Tück? ... ändert sich dadurch das Denken *formal* wie *inhaltlich* substantiell?«[77] Dies ist sicher eine der entscheidenden Fragen für das Verhältnis von Literatur und Theologie, nicht nur in der anerkennenden und für die Selbstveränderung offenen Begegnung mit der Literatur,

75 | Vgl. Dietrich Bonhoeffer, Ethik (hg. v. E. Bethge), München [5]1961, 284ff.
76 | Braungart, Literaturwissenschaft 68.
77 | Vgl. Jan-Heiner Tück, Hintergrundgeräusche. Liebe, Tod und Trauer in der Gegenwartsliteratur, Ostfildern 2010; vgl. die Besprechung von Georg Langenhorst, in: www.theologieund kirche.de (Zugriff vom 28.10.2010), 3.

sondern auch aus dem Herzstück der christlichen Theologie und Existenz selbst heraus, der die Selbstverausgabung der Inkarnation[78], auch die hermeneutische, eingeschrieben ist. Hier wird der Literaturbezug zum Ernstfall theologischer und christlicher Identität selbst.

## 1.5 *Totenerweckung*

Bereits vor Jahren ist mir in meiner Wahrnehmung von Literatur und Poesie der Begriff der Totenerweckung, der Auferweckung wichtig geworden, als ein von der Theologie her kommendes Wort, um anzudeuten, was in Literatur und Poesie immer wieder geschieht: nämlich gegen Tod, Hoffnungslosigkeit und Traumatisierungen anzukämpfen, Vernichtetes der Erinnerung zu entreißen und auch Wunderschönes nicht zu vergessen, und wenigstens in einem Text, getragen von Widerstand, Empörung[79] und Zorn, oder auch von Hoffnung und Versöhnung, *buchstäblich* zu retten. Umso erfreuter war ich über den Titel des Kongresses zum Verhältnis von Literatur und Theologie in Würzburg und des dann erschienenen Kongressbandes: Schreiben ist Totenerweckung! Ein Titel der deutlich macht: Nicht nur der Inhalt, sondern das Schreiben als solches und damit der Text als solcher sind elementare Akte semantisch dann völlig unterschiedlicher »Totenerweckungen«. Dies soll kein Dachbegriff sein, sondern ein Suchbegriff und ein Hochschätzungsbegriff für das, was Literatur und Poesie noch vor jeder Semantik, allein durch ihr Schreiben bereits sind. Leider wird in diesem ansonsten sehr wertvollen Sammelband diese Perspektive dann doch kaum wieder in einer programmatischen Weise aufgenommen (abgesehen vom Einleitungsvortrag von Garhammer,[80] auch bei Braungart[81] und indirekt bei Wright[82] und bei Ammicht Quinn[83]). Auch meine Ausführungen dringen noch nicht zu einer wirklichen Programmatik vor, sondern reichern das Material an, das vielleicht für künftige konzeptionell umfassendere Überlegungen hilfreich ist.

78 | In ihrer unvermischten Ungetrenntheit (Perichorese und Idiomenkommunikation).

79 | Zur Empörung als Motiv vgl. Ulrich Engel, Unglücksglück, in: Garhammer, Langenhorst (Hg.), Totenerweckung 168–171, 169.

80 | Vgl. Garhammer, Schreiben 16.

81 | Vgl. Braungart, Literaturwissenschaft 62 mit Replik auf Ostern.

82 | Vgl. Wright, Postmoderne 80.

83 | Vgl. Ammicht Quinn, Gnade 130.

Überhaupt ist schon etwas daran, den Akt, etwas ins Wort zu bringen, als einen Urakt des Vertrauens anzusehen, nämlich dass dieses Ins-Wort-Bringen einen Eintritt in die Welt darstellt, der, wenn nicht Sinn macht, so doch notwendig, lebensbedeutsam, vielleicht sogar lebensrettend ist. »Diese Einsetzung des Vertrauens, ... findet zwischen Wort und Welt statt. Nur im Licht dieses Zutrauens kann es eine Geschichte des Bedeutens geben.«[84] Selbst noch dann, wenn Bedeutung zerstört wird, braucht es noch einen Rest an Hoffnung, dass es sich lohnt, genau dies zu Papier zu bringen.

Dass das Totmachende nicht verschwiegen wird und tot bleibt, ist eine Form literarischer »Totenerweckung«. Und dass von Menschen erzählt wird, die sich den Gesetzen der Wirklichkeit nicht unterordnen, aus Liebe und Solidarität, und dafür mit Nachteil und Leben bezahlen. In der Literatur wenigstens bleiben sie, die Totgeglaubten, lebendig. Wie die sieben Mönche, die in Algerien ermordet wurden und deren Verfilmung im Herbst 2010 in Frankreich auf Platz 1 der französischen Kinocharts landete, und von dem Susan Vahabzadeh[85] schreibt, dass es ein Erfolgskonzept sei, »wenn man im Kino betrauern darf, dass die Welt so ist, wie sie ist.«



Michel de Certeau hat in seinem Buch über »Das Schreiben der Geschichte«[86] die Geschichtsschreibung als »Arbeit gegen den Tod« bezeichnet.[87] Sie setzt den Tod voraus und bekämpft ihn zugleich. »Der Diskurs über die Vergangenheit hat den Status, ein Diskurs über den Tod zu sein ... Von den Toten zu sprechen heißt, den Tod gleichermaßen zu leugnen und ihm ... zu trotzen. Solcherart ist die Geschichte. Ein Spiel von Leben und Tod entrollt sich in der ruhigen Entfaltung einer Erzählung ..., die Enthüllung einer toten Vergangenheit und Resultat einer gegenwärtigen Praktik ist.«[88]

So geht es der Literatur, wenn sie Figuren in Erinnerung ruft oder erfindet, so geht es der Geschichtsschreibung, wenn sie die Quellen Verstorbe-

84 | George Steiner, Von realer Gegenwart. Hat unser Sprechen Inhalt?, München, Wien 1990, 123, vgl. auch Seip, Wahrheit 52f. Zur antidestruktivistischen Konzeption von George Steiner vgl. Wright, Postmoderne 87–93. Zu George Steiner vgl. auch Langenhorst, Handbuch 226–229.

85 | Im Feuilleton der Süddeutschen Zeitung vom 2./3.10.2010, Nr. 228, 16.

86 | Michel de Certeau, L'écriture de l'histoire, Paris 1975. Diesen Hinweis verdanke ich Christian Bauer in seiner Dissertation (Manuskript Tübingen 2010): Ortswechsel der Theologie. M.-Dominique Chenu im Kontext seiner Programmschrift *Une école de théologie: Le Saulchoir*, 143ff.

87 | Certeau, L'écriture 19.

88 | Ebd. 73f.

ner in den gegenwärtigen Diskurs über das Vergangene einbringt, so geht es der Theologie, wenn sie die Zeugnisse der Vergangenheit für die Gegenwart als wertvoll anschaut. Und so geht es der Theologie auch, wenn sie die Texte der Dichter und Dichterinnen in ihrem eigenen Bereich vor dem Totsein rettet und sie in ihre Gegenwart einbringt und darin bespricht. Jeder Text von Verstorbenen oder auch von Menschen, denen man nicht begegnen kann, ist ein Textkörper, der für den Körper des Menschen steht, der ihn hergestellt hat. Er steht nicht nur für ihn, er muss ihn auch ersetzen. Aber im Ersetzen verliert er nicht die personale Qualität des in ihm und durch ihn abwesenden und zugleich vergegenwärtigten Menschen. Derart wird er in die Gegenwart aufgenommen,

beeindruckt darin die Rezeption in ihrer Affektivität und Rationalität. Mit Bezug auf Jaques Derridas dekonstruktiver Lektüre von Shakespeares Hamlet schreibt Certeau, auch im Horizont des fehlenden Körpers des Auferstandenen:[89] »Dieser Tote ... ist nicht mehr der Lebende und lässt dennoch keine Ruhe einkehren ... Er sucht unsere Orte heim. Eine Theologie des Gespenstes wäre ohne Zweifel im Stande, zu untersuchen, wie er auf einer anderen Bühne wieder auftaucht als auf der, auf welcher er verschwunden war. Auch das Gespenst des Vaters von Hamlet wurde einst zum Gesetz jenes Palastes, in dem es sich nicht mehr befand.«[90]
Nun haben wir zwar trotz vieler Genitivtheologien immer noch keine Theologie des Gespenstes, aber vielleicht genügt es auch, hier die Theologie des Geistes zu bemühen, allerdings in vielen individuellen Gegebenheitsformen in den »Geistern« der Verstorbenen bzw. Entfernten und im Versuch, sie aus ihren Texten heraus in der Gegenwart erscheinen zu lassen. Im Ergebnis erhalten wir aufgrund der Begrenztheit der gegenwärtigen Lektüren und des Verschwundenseins des Historischen, derer die gelebt haben also, in der Geschichtsschreibung »theoretische Fiktionen«. Es ist so eine Art Science Fiction in die Vergangenheit hinein, denn Subjekt der Vergangenheitserinnerung sind ja nicht die Vergangenen sondern die Gegenwärtigen. Dass auch die historische Wissenschaft derart eine Vermischung von Wissenschaft und Fiktion ist, möchte ich nicht mit HistorikerInnen ausdiskutieren müssen.[91] Es dürfte allerdings un-

89 | Vgl. Bauer, Chenu 144.
90 | Michel de Certeau, La fable mystique, Paris 1982, 9f.
91 | Vgl. Michel de Certeau, Theoretische Fiktionen. Geschichte und Psychoanalyse, Wien 1997, 59–90.78–88, vgl. Bauer, Chenu 145.

gleich leichter fallen, was Certeau über die Geschichtsschreibung sagt, im Bereich der Literatur und Poesie zu verifizieren. Wenn ich Certeau hier abwandeln darf, dann handelt es sich dabei im Bereich der Prosa um *figurale Fiktionen*, die gleichwohl auf ihre Weise am Kampf gegen den Tod und für Totenerweckung arbeiten.

Christian Bauer bringt an dieser Stelle ein erhellendes Zitat von Michel Foucault: »Ich bin mir dessen bewusst, dass ich niemals etwas anderes als Fiktionen geschrieben habe. Ich will nicht sagen, dass dies insofern außerhalb der Wahrheit liege. Es scheint mir vielmehr die Möglichkeit zu geben, ... Effekte von Wahrheit mit einem Diskurs der Fiktion hervorzurufen und somit zu erreichen, dass der Diskurs der Wahrheit etwas ... fabriziert, was noch nicht existiert.«[92] Oder was nicht mehr existiert. Es geht also nicht nur um die stärkere Betonung der Fiktionalität unserer Wahrnehmungen, sondern auch um die stärkere Betonung der Fiktionalität von Narrativität und Rationalität.[93]





Ich denke in diesem Zusammenhang an den neuen und letzten Roman von Tomás Eloy Martínez mit dem Titel »Purgatorio«, ein Roman über zwei Menschen in der Militärdiktatur Argentiniens. Hier sind Realität und Fiktion so ineinander verschlungen, dass tatsächlich nicht erkennbar ist, was im Roman Wirklichkeit und was darin Wunsch und Fiktion ist. Simón wurde vor dreißig Jahren von der Militärdiktatur verschleppt und ist nie mehr zurückgekehrt. Emilia sehnt sich nach der Rückkehr Simóns. »Es geht immer wieder um die andere Wirklichkeit, und am Ende ist nicht klar, bildet sich Emilia die Rückkehr Simóns nur ein oder findet er sich wirklich ein?« Hier fasst Martínez in einem »wütenden Werk« die Schrecken der Menschen, die tausendfach ähnliches erlebt haben in diesen Roman zusammen. Und es scheint so, als könne Emilia Simón »herbeilieben«.[94] »Emilia und Simón, sie werden gemeinsam in den Sonnenuntergang segeln. Vielleicht. Oder war alles nur eine Einbildung? Sehnsucht, Liebe, Leidenschaft überwinden selbst den Schrecken einer Diktatur, in der man die Illusion zum Überleben braucht. Das ist

92 | Michel Foucault, Les rapports de pouvoir passent à l'intérieur des corps, in: ders, Dits et Ècrits II. (1976–1988), Paris 2001, 228–236, 236.

93 | Vgl. Langenhorst, Theologie 227.

94 | Vgl. zu diesen Zitaten Alexandra Föderl-Schmid, Realität und Fiktion, ineinander verschlungen, in: Der Standard v. 2.10.2010, Album A11; zum Buch: Tomás Eloy Martínez, Purgatorio, Frankfurt am Main 2010.

Tomás Eloy Martínez’ Vermächtnis.«[95] Und so beantwortet der Autor die Frage: »Kann man einen Menschen herbeilieben? Kann die Sehnsucht so stark sein, dass dieser Mensch scheinbar leibhaftig mit am Tisch sitzt, im gleichen Bette liegt?« Hier zeigt sich in verschlungener Weise, wie eine Romanfiktion Realität und Fiktion in diesem Roman so verschweißt, dass die Realität außerhalb des Romans überlebt werden kann. Das ist seine »Wahrheit«.[96]

In seinen Anmerkungen zum Stück »Biografie: Ein Spiel« unterstreicht Max Frisch diesen Vorteil der Literatur und des Theaters, »das gestattet, was die Wirklichkeit nicht gestattet: zu wiederholen, zu probieren, zu verändern.« Das Problem ist nur, dass Kürmann zwar die Varianten pro-



biert, aber sich dabei nicht verändert und, wenn es zur Entscheidung kommt, alles beim Alten lässt (siehe unten Kap. 9.4). Es wäre schön, wenn die Theologie in ihrem Gespräch mit der Literatur und Poesie zu einer anderen Einsicht und zu einem anderen Ergebnis hinsichtlich ihrer eigenen Veränderungsmöglichkeit käme.[97] Die gelingt nur im Horizont der Moderne und der Postmoderne, die nach Terry Wright sich wieder auf jene Fragen zu konzentrieren scheint, die auch in der Moderne wichtig waren, ohne dabei regressiv werden zu müssen, sondern durchaus mit dem erworbenen kritischen Bewusstsein zum Verhältnis zwischen dem Wie und dem Was von Texten, ihrer radikalen Pluralität, ihrer Fiktionalität (mit dem schwierigen Verhältnis zur Realität) und ihrer Intertextualität bei gleichzeitiger Differenz zwischen Text und Kommentar.[98]

## *1.6 Parallele Welten*

Nicht nur Theologe und Theologin, sondern jeder Mensch ist versucht, Literatur zu »vereinnahmen«. Wenn damit keine absichtsreiche Instrumentalisierung für irgendetwas gemeint ist, kann sich niemand diesem Vorgang entziehen. Denn auch wenn die Literatur selber einnehmend ist, ist sie dies nur dann, wenn etwas in uns da ist, was darauf entsprechend zu reagieren vermag. Kein Mensch kann anders als aus seiner Identität heraus Menschen, Erfahrungen und Texten begegnen. Wer hier eine Vo-

95 | Föderl-Schmid, ebd.
96 | Ebd.
97 | Max Frisch, Biografie: Ein Spiel, Frankfurt am Main 1967, 119.
98 | Vgl. Wright, Postmoderne 80 und 87f.

gelperspektive beansprucht, täuscht sich darüber hinweg, dass genau dieser Anspruch seine dann etwas hypertrophe Identität ausmacht. Also ist es ehrlicher und auch wissenschaftlich legitimer, von vorneherein deutlich zu machen: Ich begegne der Literatur aus meiner eigenen Biographie heraus und darin eben auch als Theologe. Und ich bringe sie zuweilen in Kontakt mit jenen Gedankengängen, die mir auch in der Theologie wichtig sind.

Ich habe entdeckt, dass es so vieles Paralleles gibt, und genau der Begriff der Parallelität scheint mir ein interessantes Wort für das Verhältnis von Literatur und Theologie zu sein: Sie überschneiden sich nicht (oder erst im »Unendlichen«), sondern laufen parallel und reagieren in unterschiedlichen Welten eine Zeit lang oder eine Strecke lang auf Ähnliches in einer ähnlichen oder auch unähnlichen Weise. Garhammer spricht von einer »concordia discors«[99]. So geht es tatsächlich nicht um Vereinnahmung des Anderen, sondern um »eine vorgängige Offenheit für das Andere in der Überzeugung des gegenseitigen Aufeinanderangewiesenseins«, wenn es darum geht, mit den Erfahrungen des Menschseins nicht unterhalb des Niveaus dieser Erfahrungen umzugehen.[100]

Wenn ich hier und anderswo öfters von Strukturanalogie spreche, dann meine ich dies nicht im Horizont eines ontologischen Strukturalismus, sondern als Aufsuchung von Spuren zwischen Ähnlichkeit und Unähnlichkeit, worauf das Denken immer angewiesen ist. Allenfalls Walter Benjamins Vorstellung kann mitgedacht werden, dass je tiefer Wirklichkeiten in unterschiedlichen, voneinander entfernten Welten ausgelotet werden, desto mehr sie dann, wie Brunnen, auf das »gemeinsame« Grundwasser, auf eine Gleichursprünglichkeit hinunterreichen.

Die Freude am Schönen und das Leiden sind so unhintergehbar, wie eine Poesie, die diese Unhintergehbarkeit ins Wort bannt. Auch die Theologie beansprucht, mit Unhintergehbaren und Unüberbietbaren in Wort und Symbol in Kontakt zu geraten, und in dieser differenten Gleichursprünglichkeit stehen sie sich dann auch gegenüber und können sich niemals aufeinander reduzieren. In der Poesie und Literatur wandert das Unhintergehbare oft »nur« in die Form des Ästhetischen (was auch für viele

99 | Garhammer, Literatur 153.

100 | Andrea Henneke-Weischer, Poetisches Judentum. Die Bibel im Werk Else Lasker-Schülers, Mainz 2003, 450. Zum Verhältnis von Bibel und Literatur vgl. den differenzierten Überblick bei Langenhorst, Handbuch 77–109.

Ausdrucksformen des Glaubens in Spiritualität und Liturgie gilt), während es in der Theologie in der Form der Semantik zum Vorschein kommt. Es ist dann schon so etwas in beiden Bereichen wie etwas die Menschen unbedingt Angehendes, das sich »im Kunstwerk verbirgt und die Theologie (hat) die Aufgabe ..., dieses Verborgene zu entdecken.«[101] Auch im Realisationskonzept von Dorothee Sölle geht es um analoge und damit um parallele Problemzusammenhänge. Meine Erfahrungen treffen und trafen sich immer wieder mit dem Konzept von Sölle, nämlich, dass ich mit dem Weggehen in eine andere als die theologische Literatur hinein dort einer Ästhetik von Erfahrung und Inhalt begehen darf, die ich, wenn ich wieder zurückgehe, dort belassen muss, aber mit deren Signatur ich in den theologischen Bereich und überhaupt in die Benennbarkeit, oder auch Nicht-Benennbarkeit des Lebens, einen nicht kalkulierbaren Gewinn[102] mitbringe. Es ist ähnlich wie die Reise in ein anderes Land: Zurückgekehrt kann ich nicht anders, als aus manchen dort gemachten Erfahrungen heraus das Eigene anders und tiefer, oder kritischer und verzichtbarer zu sehen.[103]



Mit der Unterscheidung von Eigenem und Fremden ist es gar nicht so leicht, wie Langenhorst in seiner Kritik des Begriffs der Fremdprophetie für das Verhältnis von Literatur und Theologie bemerkt. »Die scheinbar klare Trennung in ›eigen‹ und ›fremd‹ wird der komplexen Beziehungsstruktur nicht gerecht ... das kann sich nur im Blick auf jeden einzelnen Text und jede Betrachtungsperspektive differenziert diskutieren lassen.«[104] Mancher Text aus der Literatur ist mir viel näher als nicht wenige Texte aus Bibel und Theologie. Allerdings darf dieser Gegensatz zwischen Eigenem und Fremden, wenn die angesprochene Konterkarierung und Flexibilisierung im Hinterkopf bleiben, auch wieder mit aller Vorsicht bemüht werden: Wenn ich ein Buch in die Hand bekomme, das ich noch nicht gelesen habe, dann ist es mir tatsächlich zunächst fremd, was nicht ausschließt, dass der Inhalt dies weniger ist. Und in der Dominanzverteilung merke ich dann doch: Theologische Bücher kommen mir meist weniger fremd entgegen als Texte aus der Literatur. Ansonsten

101 | Dorothee Sölle, Realisation, Darmstadt 1973, 20; vgl. Langenhorst, Handbuch 57.

102 | Zu diesem Gewinn vgl. auch Garhammer, Literatur 153–156 und Langenhorst, Handbuch 229–236.

103 | Vgl. dazu Ulrike Bechmann, Reise ins Andere und finde dich selbst, in: Heike Waltz, Christine Lienemann-Perrin, Doris Strahm (Hg.), Als hätten sie uns neu erfunden, Luzern 2003, 201–217.

104 | Langenhorst, Handbuch 225.

stimme ich Langenhorsts Kritik des Paradigmas der Fremdprophetie zu:[105] Gerade aus der Perspektive christlicher Inkarnationstheologie wäre es ein Missverständnis, die »andere Seite« erst theologisch aufwerten zu müssen, um sie wichtig nehmen zu können. Sie ist von vorneherein und als solche, und völlig verbindungslos mit der Theologie, elementar wichtig, nicht nur aus Gründen der Nichtvereinnahmung, sondern es ist ein Anliegen der christlichen Identität selbst, so mit der »Welt« (in sich und außerhalb) umzugehen. Für diese »Autonomie« der Lebensbereiche steht nicht zuletzt die Pastoralkonstitution des Zweiten Vatikanums *Gaudium et spes*.[106]

Ob der Literaturwissenschaft etwas fehlt, wenn ihr die Begegnung mit der Theologie fehlt, kann die Theologie wenig beurteilen, allerdings ist es schon interessant, wenn ein Literaturwissenschaftler zu dieser Fehlanzeige folgendes sagt: »Eigentlich ist meine ganze These, dass die Literaturwissenschaft mit ihrer theologischen Verweigerung ihren Gegenstand, sich selbst, ihre uneingestandenen Theologumena und ihre Wurzeln nicht wirklich begriffen hat.«[107] Es ist schon etwas daran, einen Gutteil der modernen Literatur in Deutschland auf dem Hintergrund der literarisch-religiösen Kategorienlehre von Wiederholung und Wiedererkennen, auch noch in der Differenz und Destruktion, wahrzunehmen. Auch die neuen Annäherungen der Literaturwissenschaft an die Religionswissenschaft bezeugen dies.[108]

Die Literaturwissenschaft missachtet die Theologie, nicht aber die Religionswissenschaft, vor allem hinsichtlich der neueren Diskussion um Opfer und Ritual.[109] Das Religiöse als solches ist also der Literaturwissenschaft nicht fremd, aber wissenschaftlich wird es fast nur im Bereich der Religionswissenschaft kontaktiert. Hier hat die Literaturwissenschaft Anteil an dem gigantischen Laizismusschub der letzten Jahrzehnte in Europa, wonach der Theologie als angeblich ideologieabhängiger und eine soziale Identität bestimmender Größe keine Wissenschaftlichkeit



105 | Hier in Spannung zur These von Garhammer, Literatur sei Fremdprophetie, in: Garhammer, Literatur 156.

106 | Vgl. dazu Sander, Theologischer Kommentar 581–886. Zur Rede von den »Autonomiebereichen« im Zweiten Vatikanum vgl. auch Seip, Wahrheit 142ff.

107 | Braungart, Literaturwissenschaft 48 (beim Autor kursiv). Zur gegenseitigen historischen Ermöglichung von biblischer Narrativität und literarischer Prosa vgl. Huizing, Protestantismus 101f.

108 | Vgl. Huizing, Protestantismus 114f.

109 | Vgl. Braungart, Literaturwissenschaft 53.

zugetraut wird (Forschungsanträge mit theologischen Anteilen haben in Brüssel einen schweren Stand, wenn sich letztere nicht religionswissenschaftlich zu maskieren bequemen), obgleich bei genauerem Hinsehen gerade in den sehr unterschiedlichen Disziplinen der Theologie eine vielgestaltete Wissenschaftstheorie entwickelt wurde und wird. Hier werden intellektuelle und soziale Abhängigkeiten expliziert und reflektiert, was man nicht für jede Wissenschaft sagen kann.[110]

Nach Braungart sollte sich die Theologie mit ihren Wissensbeständen und Theorieentwürfen, mit ihren internen disziplinären Differenzierungen in dieses Gespräch einmischen. Eine solche Begegnung könnte der Literaturwissenschaft dazu verhelfen, »ihre geheimen Interessen und Wünsche« aufzuklären, »wenn sie das Modell ästhetischer Subversion und Kritik eindeutig favorisiert«[111]. Doch wie soll das geschehen, wenn ein Partner nicht teilnimmt oder kaum teilnimmt?[112] Gleichwohl muss von Seiten der Theologie auch im Wartestand alles vermieden werden, was die Angst vor Autonomieverlust im Bereich von Literatur und Literaturwissenschaft strapazieren müsste.[113] Grundlegend bleibt, dass sich beide Seiten des Dialogs gleichstufig respektieren, auch und gerade wenn sie sich nicht »sehen«.[114]



## 1.7 Bedeutung statt Kultursnobismus

Nicht zuletzt unter Berufung auf den Satz von *Gaudium et spes* Nr. 53, dass, wo immer es um das menschliche Leben geht, »Natur und Kultur aufs innigste verbunden« sind, sei hier jedem idealistischen oder elitären Kulturbegriff eine Absage erteilt, wie er insbesondere bei Johann Gottfried von Herder zum Vorschein kommt, nämlich in der Unterscheidung zwischen Völkern, die eine Kultur haben, und Völkern, die keine haben, also Barbaren sind. In der neueren Ethnologie wurde diese Unterscheidung längst aufgegeben: Kultur haben alle Völker und alle Völker haben unterschiedliche Kulturen. So versteht man in der gegenwärtigen Kultur die Gesamtheit der Lebensäußerungen eines Volkes in ihren jeweils spe-

110 | Vgl. Ottmar Fuchs, Die theologisch-ethische Kompetenz in der Wissensgesellschaft, in: Thomas Laubach (Hg.), Angewandte Ethik und Religion, Tübingen 2003, 21–37.

111 | Braungart, Literaturwissenschaft 56.

112 | Vgl. ebd. 55.

113 | Vgl. ebd. 57.

114 | Wright, Postmoderne 98.

zifischen Gestaltungen und Gestaltwerdungen auf sämtliche Ebenen des Ausdrucks und der Kommunikation. Damit fallen auch jene symbolischen Äußerungen unter den Kulturbegriff, die von elitären (Sub-)Kulturen gerne als primitiv, vulgär oder kitschig deklassiert werden.[115]

Dies ist vor allem für den theologischen Zusammenhang wichtig. So gibt es im Bereich der religiösen Äußerungen des kirchennahen wie auch kirchenfernen Volkes[116] Bedeutungsträger, in denen sich theologisch relevante Erfahrungen bündeln, auch wenn es sich dabei um devotionale Massenware handelt. Umgekehrt gibt es hochwertvolle künstlerische Einzelstücke, die ihre theologische Symbolkraft verloren haben, ja zum machtgefälligen Klischee werden. Wenn Menschen an den Verkaufsständen von Wallfahrtskirchen eine Kerze mit dem Bild der Mutter Gottes, ein »goldig« gerahmtes Gnadenbild oder eine bunte Gipsfigur eines Heiligen kaufen, dann muss man genau hinschauen, welche Symbolwertigkeit diese Gegenstände in der Erfahrung dieser Menschen haben. Für viele sind es Zeichen, in denen ihre Hoffnungs- und Glaubensvollzüge »zusammenfallen«, also in diesem Sinne theologisch relevante Symbole, worin sich ihre Bitten, Tröstungen und Hoffnungen konzentrieren, verbunden mit der Aura des Geheimnisvollen, nämlich mit der Erinnerung an den Weg zu einem heiligen Ort, von dem man sich selbst etwas Heiliges mitbrachte, um die Stunde dieser kraftgebenden spirituellen Auferbauung auch im Alltag nicht zu vergessen. Diese Erfahrungen sind authentisch, auch wenn sie sich mit künstlerisch wenig authentischen Produkten verbinden. Deshalb ist zu unterscheiden: Aus praktisch-theologischer Perspektive (insofern diese die theologische Qualität der Praxis zu klären versucht) handelt es sich hier um keinen Kitsch, sondern um erfahrungshaltige Symbole einer realen Frömmigkeit. Was aus kunstästhetischer Perspektive relativ wertlos ist, kann also eine beachtliche theologische Dignität besitzen.

Umgekehrt kann wertvollste Kunst zu theologischem Kitsch verkommen. Ich habe noch gut eine Zeremonie im Gedächtnis, wo vor Jahren in Deutschland einem Politiker von einem kirchlichen Würdenträger ein





115 | Vgl. Franz Weber, Gewagte Inkulturation. Basisgemeinden in Brasilien, Mainz 1996.

116 | Dabei handelt es sich eindeutig auch um kulturelle Äußerungen einer Bevölkerungsgruppe, jedenfalls nach dem Kulturbegriff von Norbert Elias, wonach sich darin geistige, künstlerische und religiöse Fakten zeigen, in: Über den Prozess der Zivilisation. Soziogenetische und psychogenetische Untersuchungen, Bd. 1., Bern, München 1969, 2f.

Barockkreuz in einer Samtschatulle überreicht wurde, just in einer Zeit, in der sich der gleiche Politiker gegen den Boykott der damaligen Apartheidsregierung in Südafrika ausgesprochen hat. Wenn man dagegen in den Kirchen Sowetos die Kreuzwegstationen sieht, in denen in einer ganz einfachen Weise das Leben der farbigen Bevölkerung in den Kreuzweg Jesu eingezeichnet wurde, dann wird augenscheinlich klar: Dort verbindet sich das Kreuzessymbol in einer unmittelbar authentischen Weise mit den Erfahrungen der Menschen.[117] Das künstlerisch wertvolle Barockkreuz wird demgegenüber mit einem Kontext verbunden, der das Kunstwerk – theologisch gesehen – zum Kitsch werden lässt, zu einer beliebig austauschbaren Ware der Mächtigenehrung. Damit wird das christliche Symbol seines Inhalts beraubt. Es wird zum Klischee, das für alles Mögliche herhalten muss. Ähnliche Überlegungen gelten wohl für den explodierenden Antiquitätenmarkt. Da kauft man sich, soweit leistbar, Kreuze, Heiligengestalten und ganze Altäre für die künstlerisch-nostalgische Ausgestaltung des eigenen Wohnbereichs, aber meist jenseits jener spirituellen Anbindungen, wie sie die Volksfrömmigkeit mit ihren kitschigen Devotionalien verknüpft. Eine alte Kommunionbank fungiert dann durchaus als besonders attraktive Bar. Kurzum: Was künstlerisch gesehen Kitsch ist, muss nicht Kitsch im theologischen Kontext sein. Und was künstlerisch wertvoll[118] ist, kann sich unter theologischer Kritik als praktischer Kitsch herausstellen.



Ohne die Frage nach der literarischen Qualität eines Werkes gering zu schätzen, geht es aus theologischer Perspektive nicht nur um diese Ästhetikkritik, in dem Sinn, dass nicht nur die Werke der Besten (was ja ohnehin immer auch eine zeitbedingte Qualifikation darstellt) für würdig zu erachten seien, sondern auch um die Freiheit, neben Johann Wolfgang von Goethe auch Karl May ernst zu nehmen und dabei zu entdecken, dass beide in Fragen einer Theorie der interreligiösen Toleranz, horribile

117 | Vgl. Ottmar Fuchs, »Karfreitag ist ihr Festtag ...!«, in: Ludwig Mödl (Hrsg.), Ein sperriges Zeichen. München 1997, 155–164.

118 | Dass selbstverständlich auch künstlerisch Wertvolles durchaus theologisch Authentisches zu vermitteln vermag, zeigt Marc Chagall in seinen Golgatha- und Kreuzigungsbildern, die zum Ausdruck jüdischen Leidens werden: vgl. Ottmar Fuchs, Kontextuelle Christologie im Horizont unbedingter Solidarität, in: Manfred Görg, Michael Langer (Hg.), Als Gott weinte. Regensburg 1997, 162–202, 182–184. Zur Problematisierung des Kitsch-Begriffes und zur Grenzendurchlässigkeit zwischen Kunst und Kitsch vgl. die Beiträge in Wolfgang Braungart (Hg.), Kitsch. Faszination und Herausforderung des Banalen und Trivialen, Tübingen 2002, vor allem 4, 8, 64, 86. 88, 236, 251.

dictu, gar nicht so weit voneinander entfernt sein müssen.[119] Die inhaltliche Würdigung ist nicht direkt vom ästhetischen Niveau abhängig, wenngleich letzteres selbstverständlich dann auch für den Ausdruck dieses Niveaus von großer Bedeutung ist, wenn damit nicht ein geschmäcklerisches Elitebewusstsein verbunden wird.

## *1.8 Figurale Fiktionen*

Wozu schreiben die Menschen? Warum schreiben Dichter und Dichterinnen, Schriftsteller und Schriftstellerinnen, warum schreiben Theologen und Theologinnen? Eine erste Spurensuche führt zu überraschenden Konvergenzen, aber auch zu deutlichen Differenzen. Immerhin hat das Schreiben in beiden Fällen etwas mit der Wahrnehmung des menschlichen Lebens in seinen unterschiedlichen Welten zu tun und damit, wie dieses Leben gesehen wird, wie es gestaltet wird, mit welchem Vertrauen und mit welcher Hoffnungslosigkeit, aber auch nochmals das Letztere dem Buchstaben anvertrauend.





Literatur und Religion gehen auf ihre Weise mit beidem um, mit dem Staunen und mit dem Erschrecken, mit all dem, was Erstaunen hervorruft, und mit all dem, was in den Schrecken führt. Und beide gehen davon aus, dass es in der Sprache einen Ort gibt, wo beides ästhetischen bzw. religiösen (oft auch ineinander) Ausdruck gewinnt.[120]

Der englische Schriftsteller Ian McEwan erzählt in seinem Roman »Atonement«[121] von der 13-jährigen Briony, die schon in diesem Alter Texte für Theateraufführungen schreibt und überhaupt in ihrer regen Phantasie immer wieder neue Geschichten erfindet. Eine solche, katastrophal endende Geschichte erfindet sie auch in Bezug auf die Beziehung zwischen ihrer größeren Schwester Cicilia mit ihrem Freund Robbie, indem sie, als eine der jungen weiblichen Gäste angeblich vergewaltigt wurde, Robbie beschuldigt. Dieser wird daraufhin zu zwei Jahren Gefängnis verurteilt. Anstatt ins Gefängnis zugehen kann sich Robbie für den Kriegsdienst entscheiden, zieht in den zweiten Weltkrieg und kommt

119 | Siehe unten Kap. 5.2, auch 5.8.

120 | Zur Religion als Umgang mit dem Staunenswerten vgl. Arnold Benz, Samuel Vollenweider, Würfelt Gott? Ein außerirdisches Gespräch zwischen Physik und Theologie, Düsseldorf 2000, 32.

121 | Ian McEwan, Atonement, London 2001; dt.: Abbitte, Zürich 2004 (2002): Nach meinem Dafürhalten dürfte die Titelübersetzung nicht Abbitte heißen, sondern eher Sühne oder Wiedergutmachung oder auch Buße.

darin 1944 an einer Blutvergiftung um. Cicilia stirbt im September desselben Jahres durch eine Bombe, die eine Untergrundbahn in London zerstörte. Seit jener »Geschichte« sind sie sich also nicht mehr begegnet. Doch Letzteres wird erst am Ende des Romans offenbar. Der Roman selbst erzählt etwas anderes: Nämlich dass sie beide den Krieg überleben, dass sie sich wiedersehen und dass sie fortan ihre Liebe erleben durften. Briony wird Schriftstellerin und schreibt ein ganzes Leben an diesem »Roman«. Und so endet dieses Buch mit ihrem 77. Geburtstag. Sie schreibt: »Erst meine letzte Version geht für die Liebenden gut aus.« Denn sie fragt sich: »Welchen Sinn hätte es, welche Hoffnung, welche Befriedigung könnte ein Leser aus einer solchen Erzählung ziehen? Wer möchte schon glauben, dass sie sich nie wieder begegnet sind, dass sie niemals ihre Liebe erleben durften? Wer wollte das schon glauben, selbst wenn er dem trostlosesten Realismus huldigte? Ich konnte ihnen das nicht antun.«[122]



Und weiter: »Wenn ich tot bin ... und wenn der Roman schließlich veröffentlicht wird, dann werden wir nur noch als meine Schöpfung existieren ... Niemand interessiert sich dann noch dafür, welche Ereignisse, welche Gestalten verfälscht wurden, um sich zu einem Roman zusammenzufinden ... Solange es noch ein einziges Exemplar gibt, ein einsames Manuskript meiner letzten Version, solange werden auch meine impulsive, fortüne Schwester und ihr heilkundiger Fürst überdauern, um sich zu lieben. Das Problem in allen diesen 59 Jahren lautete folgendermaßen: Wie vermag eine Schriftstellerin Sühne zu erreichen,[123] wenn sie, die mit uneingeschränkter Macht über das Ende entscheidet, zugleich auch Gott ist? Es gibt niemanden, kein Wesen, kein höheres Geschöpf, an das sie appellieren, mit dem sie sich versöhnen, das ihr verzeihen könnte. Außer ihr ist nichts. In ihrer Phantasie (engl.: imagination) hat sie die Grenzen und die Bedingungen festgelegt. Keine Absolution für Götter oder für Romanschriftsteller, auch wenn sie Atheisten sind. Das war schon immer eine unlösbare Aufgabe, aber eben darauf kam es an. Der Versuch allein zählte ... Ich stelle mir gern vor, dass es weder Willensschwäche noch ein unlauterer Winkelzug, sondern ein letzter Akt der Güte ist, Widerstand gegen Verzweiflung und Vergessen, dass ich meine Liebenden leben lasse

122 | McEwan, Abbitte 532.

123 | Hier weiche ich von der deutschen Übersetzung ab und übersetze den Ausgangstext »achieve atonement« nicht mit »wie Absolution zu erlangen, wie Abbitte zu leisten«, wie die deutsche Übersetzung 533; der englische Text findet sich in: Atonement 371.

und sie am Ende miteinander vereine. Ich gab ihnen Glück, doch war ich nicht so selbstsüchtig, mir von ihnen vergeben zu lassen. Nicht ganz, noch nicht. Hätte ich die Macht, sie auf meiner Geburtstagsfeier heraufzubeschwören ... Robby und Cicilia, noch am Leben, noch verliebt, Seite an Seite in der Bibliothek ... Unmöglich wäre es nicht. Doch jetzt muss ich schlafen.«[124] Damit endet der Roman.

Was der religiöse Mensch in die Transzendenz verlagert, geschieht hier in der Immanenz der Literatur und gibt ihr zugleich jenen transzendenzoffenen Charakter, der zwar diesseits der Mauer zwischen Immanenz und Transzendenz anstößt, sich auch wund schlägt, aber doch auch eine letzte Sehnsucht darüber hinaus andeutet. Das geschieht alles gar nicht billig. Der Roman ist nicht einfach nur die Verarbeitung einer Schuld, sondern ist ein Sühnewerk, an dessen Ende keine Absolution steht, auch nicht für die Götter, wenn es sie geben sollte, und die ja letztlich, wenn es sie geben sollte, dafür verantwortlich sind, dass all dies geschehen kann. Hier meldet sich eine Klage, die aber zugleich verstummt. Was ein Gott tun müsste, übernimmt die Dichterin selbst, sie entscheidet über das gütige Ende, kontrafaktisch, und ohne Hoffnung auf Verzeihung. »Literatur ist nichts anderes als ein gelenkter Traum« (Jorge Luis Borges).





Aber auch der Text ist ein Faktum, ist eine Wirklichkeit, immerhin in der Imagination. Und die Liebenden bleiben darin so lange am Leben wie der Text existiert, wie es ein Exemplar und Manuskript dazu gibt. Das Motiv ist klar: Kein unlauterer Winkelzug um billige Sühne zu erhalten, sondern als letzter Akt der Güte, als Widerstand gegen Verzweiflung und Vergessen, wenigstens im Roman. Aber dieses Wenigstens ist im Prozess der Lektüre im Hineingehen in die Imagination, in diesem Augenblick des Lesens, zugleich alles. Die Schriftstellerin übernimmt das göttliche Werk der Auferstehung, im Roman: »Dass ich meine Liebenden leben lasse und sie am Ende miteinander vereine«.

Am Ende gibt es eine wenn auch sehr leise Hoffnung darauf, dass der Roman Wirklichkeit wird, dass die Imagination eine Spur von Realität in sich enthält, dass das Unmögliche so unmöglich nicht ist, möglicherweise in der Welt des Schlafens und des Träumens, möglicherweise darin, wofür das Schlafen der Vorbote ist, nämlich im Tod und darüber hi-

124 | Abbitte 533–534.

naus. Aber das Letztere ist schon wieder zu theologisch gesprochen und könnte als Vereinnahmung verstanden werden.

Ich meine an diesem Beispiel nur so viel: Es gibt, mit aller Vorsicht im Vergleich, strukturelle Analogien zwischen Literatur und Theologie, Sehnsuchts- und Aktionsanalogien mit jeweils unterschiedlicher Besetzung der Akteure. Im Folgenden geht es mir darum, diese komparativen Analogien zu entdecken, sie miteinander ins Gespräch und ins Bewusstsein zu heben, und sie dann aber auch wieder loszulassen in die Welt der Imagination auf der einen und in die Welt des Glaubens auf der anderen Seite, vielleicht aber auch so, dass sie nicht nur für sich in ihre eigenen Bereiche zurückkehren, sondern auf einmal merken, dass sie im anderen auch willkommen, vielleicht sogar zuhause sind. Dieses gemeinsame Zuhause ist möglicherweise der Kampf gegen das Vergessen und die immer drohende Wertlosigkeit des einzelnen Menschen, seines Glücks und seines Leidens, seiner Gutheit und seiner Schuld, seiner lustgebenden und verletzbaren Leiblichkeit.



Nach dem israelischen Schriftsteller David Grossmann ist es die Aufgabe der Literatur, das menschliche Antlitz der Menschen herzustellen, oder wieder herzustellen. Literatur hat von daher etwas Sensibles, Mütterliches, führt zur Geburt des Mysteriums des Menschen und seiner Einzigartigkeit. Literatur ist ein Schreiben gegen das Gefühl der Wehrlosigkeit des Verlorenen, sie ist die Möglichkeit eines Weges, nicht Opfer sein oder bleiben zu müssen, weder Opfer der Feinde noch Opfer der eigenen Ängste. Schreiben ist nach David Grossmann ein Akt gegen die Willkür und dagegen, ihr ausgeliefert zu sein.

Milan Kundera schreibt, dass »Romanpersonen nicht wie beliebige Menschen aus einem Mutterleib, sondern aus einer Situation, einem Satz, einer Metapher geboren (werden), in deren Kern eine Möglichkeit des Menschen verborgen liegt, von der der Autor meint, dass sie noch nicht entdeckt oder dass noch nichts Wesentliches darüber gesagt worden sei. ... die Personen meines Romans sind meine eigenen Möglichkeiten, die sich nicht verwirklicht haben. ... jede von ihnen hat eine Grenze überschritten, der ich selbst ausgewichen bin. Gerade diese unüberschrittene Grenze (die Grenze, jenseits derer mein Ich endet) zieht mich an. Erst dahinter beginnt das große Geheimnis, nach dem der Roman fragt.«[125]

125 | Milan Kundera, Die unerträgliche Leichtigkeit des Seins. Roman, München, Wien 1984, 212; auch Jörg Seip bringt dieses Zitat. Es zeigt, dass wir auf ähnlichen Spuren unterwegs sind, denn ich habe seinen Beitrag erst danach wahrgenommen: Jörg Seip, Einen Himmel aufspannen. Bau-

Nach einer Bemerkung des Literaturnobelpreisträgers 2010 Mario Vargas Llosa (in einem Fernsehgespräch) sei in jedem schreibenden Menschen die Sehnsucht nach der Bühne, die Sehnsucht danach, selber oder durch Schauspieler den fiktiven Gestalten Leben zu verschaffen, sie mit Wärme, Phantasie und Schmerz zu kreieren. Gleichwohl sagt der gleiche Schriftsteller: um der Welt nahe zu sein, musst du nicht schreiben. Manchmal genügt auch das Lesen![126]

## 1.9 *In der Spur des unbekannten Ich*

Von den vielen Säkularisierungsprozessen der Moderne besteht einer sicher darin, dass die religiös überirdische Transzendenz, die jenseits des Sichtbaren die unsichtbare Unendlichkeit und Geheimnishaftigkeit in Gott denkt, in das Subjekt hineintransformiert wurde, am deutlichsten in der Freudschen Psychoanalyse des dem Ich entzogenen, geheimnisvollen, schier unendlichen Unbewussten. Darin spiegelt sich nicht zuletzt auch ein bestimmtes Lebensgefühl, nämlich sich selbst zum Rätsel, zum Geheimnis und zum Ort des Unausschöpfbaren zu werden. Die Frage vom unbekannten Gott wechselt hinüber in die erlebnismäßig nicht weniger transzendenzträchtige Frage nach dem unbekannten Ich.





Doris Krockauer hat in den Werken von Paul Nizon die »Realisation jener Erkenntnis« verdeutlicht, »dass das Ich das Unbekannte ist und bleibt. Als existenzielles Fundament und als ästhetisches Projekt zugleich steht dieses Phänomen des unbekannten Ich nicht nur für die Unergründlichkeit menschlicher Existenz und für die Unfassbarkeit des Subjekts innerhalb eines innovativen anthropologisch-zentrierten dichterischen Entwurfs«, sondern dies geschieht gleichzeitig im »numinosen Zustand schöpferisch-fulminanter Leere«, die mit der Verlorenheit des Individuums, mit seiner Obdachlosigkeit, mit seinem »Erwandern von nichts, das der Vagant in seiner Nichtsesshaftigkeit ausdrückt«, in der »Leere des Raumes, in dem diese Ich-Figur gestellt ist«, gegeben ist.[127] Gerade in dieser Einmaligkeit lässt Nizon »signifikante Problemstellungen zeitge-

steine hermeneutischer Theorien der Fiktionalität, in: Theologie und Glaube 98 (2008) 164–178, 170; vgl. dazu auch Seip, Wahrheit 204ff.

126 | Zum Verhältnis von Theater und Realität im Horizont des Raumdenkens vgl. Arno Böhler, TheatReales Raumdenken, in: Erne, Schüz (Hg.), Religion 35–51.

127 | Doris Krockauer, Paul Nizon. Auf der Jagd nach dem eigenen Ich, München 2003, 247.

nössischer, aber auch neuzeitlicher Dichtung erkennen«, vor allem »angesichts des Verlusts des Relevanzgefüges von Wirklichkeit und Ich.«[128]
Die eigene Lebensgeschichte wird nicht durch ein von außen herkommendes Ziel bestimmt, sondern es gibt sie in dieser finalisierten Form überhaupt nicht. Das Schreiben hat insofern befreiende Wirkung (und auch dies ist ein Motiv) als es die Unbekannte des eigenen Ich versucht hervorzubringen. Das Ich wird zur Autofiktion.[129] Und was das Leben ist, was seine Wahrheit ist, ist nicht einfach in der Wirklichkeit vorfindbar, »sondern muss erst ästhetisch produziert werden«[130]. Für Nizon werden die eigenen Texte zu »Existenzpartituren«. So wird das Ich zur eigenen Erfindung und zerbricht gleichzeitig darin.[131]



Das Ich liegt der Hervorbringung der Literatur nicht zugrunde, sondern entsteht vorübergehend in ihr. Biographische Chronologie wird unwichtig, weil sich in dieser Ich-Imagination eine andere Zeit ereignet beziehungsweise weil sich diese Imagination in einer anderen Zeit ereignet. Biographie und Ich gehen dem Text nicht voraus, sondern entstehen in ihm. Das Ich ist »ein parallel zur Entstehung des Textes sich konstituierendes Subjekt.«[132] Und das Ich bleibt dabei entzogen, fremd.

Zu dieser Literatur gehört also die »Ästhetik des Fremdseins«: Der Autor sieht sich in seinem Werk wie »durch ein umgekehrtes Fernrohr«. Und er nennt es einen optischen Kurzschluss, zu meinen, der Schriftsteller sei das eigene Ich. »Wie komme ich dazu, mich in ihn zu verdoppeln? Wir haben nichts gemein.«[133] Eigenschaften, die vormals der göttlichen Sphäre zugewiesen waren, kommen nun dem Unbekannten des Ichs zugute und finden Ausdruck in einer ikonoklastischen Sprache, im Verzicht auf Linearität, in einem »kreativen, ungebändigten Schöpfungswillen«. Der Text wird zum autonomen Gebilde, nicht im Sinne der Wahrheit, sondern im Sinne der Sage, der Rede, als Fiktion. »Ich bin ein Sprachmensch, kein Inhalteverteiler. Nur die sprachgewordene ist an sich gebrachte Wirklichkeit. Aber es ist nur meine Wirklichkeit.«[134] Das

128 | Ebd. 241. Hier wird jene Hermeneutik des Ich-bin-seins, wie sie Ricoeur entworfen hat, in einer eigenartig gebrochenen Weise bestätigt: vgl. Paul Ricoeur, Hermeneutik und Strukturalismus, München 1973 (Paris 1969), 172f.

129 | Vgl. Krockauer, Nizon 260.

130 | Ebd. 257.

131 | Vgl. ebd. 262.

132 | Ebd. 245.

133 | Nizon zitiert ebd. 231 und 230.

134 | Nizon zitiert ebd. 14.

Ich erscheint als Unbekannte als unfassbare Größe, als Labyrinth, voll mit Wiederholungen, Paradoxien und Repliken.[135]

Es ist ja schon in der eigenen Biografie gar nicht so einfach, ein Verhältnis zur Vielfalt der eigenen Erfahrungen zu gewinnen. »Von tausend Erfahrungen, die wir machen, bringen wir höchsten eine zur Sprache, und auch diese bloß zufällig und ohne die Sorgfalt, die sie verdiente. Unter all den stummen Erfahrungen sind diejenigen verborgen, die unserem Leben unbemerkt seine Form, seine Färbung und seine Melodie geben. Wenn wir uns dann, als Archäologen der Seele, diesen Schätzen zuwenden, entdecken wir wie verwirrend sie sind. Der Gegenstand der Betrachtung weigert sich stillzustehen, die Worte gleiten am Erlebten ab, und am Ende stehen lauter Widersprüche auf dem Papier. Lange Zeit habe ich geglaubt, das sei ein Mangel, etwas, das es zu überwinden gelte. Heute denke ich, dass es sich anders verhält: dass die Anerkennung der Verwirrung der Königsweg zum Verständnis dieser vertrauten und doch rätselhaften Erfahrungen ist.«[136]





Und wenn es um den einzelnen Menschen geht, dann geht es ja nicht nur um seine gelebte Wirklichkeit, sondern auch um seine ungelebten Möglichkeiten, um das, was in ganz bestimmten Kontexten verhindert wurde. Wie Peter Bieri in Pascal Merciers Roman »Nachtzug nach Lissabon« anfragt: »Wenn es so ist, dass wir nur einen kleinen Teil von dem leben können, was in uns ist – was geschieht mit dem Rest?«[137] Landet alles, das Gelebte und Nichtgelebte auf dem Müllhaufen der Geschichte? Der Evolution ist dies alles gleichgültig. Und auch der Hegelsche Weltgeist »hat ja auch wahrlich wichtigeres zu tun, als sich darum zu kümmern, wie sich ein x-beliebiges Ich im Alltag der bürgerlichen Gesellschaft herumschlägt ...«[138] Es ist nicht selbstverständlich in der europäischen Geistesgeschichte, ganz und gar nicht, dass das Einzelne wertvoll ist. Es scheint eher unnotwendig, überflüssig, letztlich nicht brauchbar und nicht verwertbar zu sein.

135 | Vgl. ebd. 17.

136 | Pascale Mercier, Nachtzug nach Lissabon, München, Wien 2004, 28–29.

137 | Ebd. 29.

138 | Ullrich Schwarz, Einzelheiten: Abraum und Abfall der Geschichte, in: Anselm Wagner (Hg.), Abfallmoderne. Zu den Schmutzrändern der Kultur, Wien, Berlin 2010, 17–27, 23.

Reale und literarische (Text als Korpus[139]) Leiblichkeit, die es nie ohne Individualität geben kann, ist immer gegen angeblich Allgemeines in Schutz zu nehmen. Sie selbst kann nie flächig sein, wie es angeblich Allgemeines gibt, das für alles Einzelne gilt, wie zum Beispiel alle einzelnen Menschen der Allgemeinheit, der Gattung des Menschseins angehören, was immer letztere Abstraktion in bestimmten Diskursen bedeutet: als Basis allgemeiner Menschenwürde oder als Legitimation für die Ausgrenzung von bestimmten Individuen (die dem »gesunden« Menschsein angeblich nicht genügen) aus der Allgemeinheit. Was das Allgemeine wert ist, bemisst sich an seiner Auswirkung für die Einzelnen, nach innen wie nach außen. Allgemeines ist heikel, weil es seinen Ursprung ja doch in einzelnen Subjekten bzw. in einer begrenzten Übereinstimmung von (zum Beispiel europäischen) Diskursräumen hat. Heikel ist es auch, weil es als Segen oder als Fluch funktionieren kann, als Geschenk oder als Entzug. Im religiösen Bereich: gilt die Allgemeinheit, die Universalität der Liebe Gottes allen Menschen oder nur bestimmten? Ist überhaupt die Vorgegebenheit des Allgemeinen ein Getragensein oder ein Hinauswurf, eine Anerkennung oder eine Aberkennung, eine unbedingte und deshalb mit unbedingter Kraft treibende Gnade oder eine bedingungsreiche Leistung, die entsprechende ein- bzw. aussperrende Bedingungsgrenzen setzt?



## 1.10 *Wider das Generalat des Generellen*

Geistesgeschichtlich scheint das Allgemeine jahrhundertelang den Sieg über das Singuläre errungen zu haben, von Platon über, gemildert, Aristoteles, bis, verschärft, zum Neuplatonismus (Plotin) gilt das Allgemeine mehr als das Einzelne im Zustand seiner begrenzten und kontingenten Leiblichkeit. Was der Nominalismus im mittelalterlichen Universalienstreit[140] dagegen mit der Betonung des Wirklichen als des Individuellen erörtert hat, hat Hegel später gründlich zerstört. Nach Hegel ist die Wahrheit des Einzelnen das Allgemeine, und die Philosophie hat ihre

139 | Zum Verhältnis von leiblichem und textlichem Körper vgl. Ulrike Bail, Der Fall Isebel(s), in: Hedwig-Jahnow-Forschungsprojekt (Hg.), Körperkonzepte im Ersten Testament, Stuttgart 2003, 80–93.

140 | Vgl. Richard Heinzmann, Universalienstreit im Mittelalter, in: Journal für Philosophie (1995) 76–77.

Notwendigkeit zu ehren und die Einzelheit als Zufälligkeit zu verachten.[141]

Mit Nietzsche wird das Allgemeine brüchig und spätestens in der zweiten Hälfte des letzten Jahrhunderts kommt der Glaube an das Allgemeine endgültig unter die Räder:[142] Die Gegenkonzepte von Nietzsche über Horkheimer und Adorno, Popper und Feyerabend, Foucault und Levinas, treiben die alte Tradition des Nominalismus eines Wilhelm von Ockham bis in die Postmoderne hinein weiter. Derridas Déconstruction, Lyotards »kleine« Geschichten, Peirces unableitbares Individuelles, Deleuzes Singularitäten, um nur einige zu nennen, radikalisieren die Konzepte des Singulären.[143] Aber sie haben leider zu wenig Einfluss auf die herrschenden soziologischen und wirtschaftswissenschaftlichen Konzepte und nur begrenzten Einfluss auf eine gesellschaftliche und wirtschaftspolitische Wirklichkeit, in der der Einzelne über das hinaus, was er für die Funktion allgemeiner Systeme aufbringt, kaum von Interesse ist. Das Allgemeine des Geistes erlebt seine materiale Wiedergeburt im System.

Die postmodernen Diskurse rebellieren gegen gesellschaftliche Verhältnisse, die die Vereinzelung manifestieren und die Geringschätzung des Singulären zementieren. Letzteres ist bedeutungslos geworden, als irrelevante Privatheit, als für die eigentlichen gesellschaftlichen und wirtschaftlichen Prozesse und so genannten »Gesetze« eher banale Größen, grundsätzlich, also »allgemein« vernachlässigbar. Das Allgemeine hat also nicht nur einen abstrakten, sondern einen durch und durch pragmatischen »Sinn«, nämlich in der strukturellen Funktionalisierung des Individuellen in einem angeblichen Ganzen. Ohne die konstitutiven Kräfte der Singularisierung in den Gesellschaften zu übersehen, gilt doch auch: will sich der Einzelne gegenläufig in die herrschenden Prozesse und Systeme einmischen, bekommt ihm dies in der Regel schlecht. Die Globalisierung hat angeblich kein Subjekt und ist als solche eine Allgemeinheit, die gnadenlos aussondert und ausschließt, mittlerweile eine Milliarde



141 | Vgl. Schwarz, Einzelheiten 19.

142 | Vgl. Manfred Frank, Das individuelle Allgemeine. Textstrukturierung und Textinterpretation nach Schleiermacher, Frankfurt am Main 1985, 328, wo davon die Rede ist, dass erst der differenzierende Vergleich zwischen Einzelnen dem Allgemeinen der Intuition des unmittelbaren Selbstbewusstseins die distinkte Bedeutung einschreibt.

143 | Vgl. zu diesem Überblick Roland Krockenberger, Über das gebrochene Verhältnis der Philosophie zur Sinnlichkeit, in: Journal für Philosophie (1995) 57–61.

Menschen weltweit, die als unnütz und unbrauchbar hinsichtlich dessen gelten, was sie über ihre in Produktion und Konsum verweigerte Nützlichkeit hinaus sind.[144] An ihnen wird drastisch und in unerträglicher Weise deutlich, was bereits bei den noch bestens Funktionierenden in erträglicher Weise der Fall ist: was sie über die Funktion hinaus sind, diese vielen Einzelheiten ihrer unverrechenbaren Singularität, ist völlig uninteressant und wird mit ihnen mitbegraben und vergessen, all die Überfülle der Kontingenz ihrer leiblich verursachten und ermöglichten Individualität.

Dieser Bereich »setzt sich 24 Stunden am Tag, ein Leben lang aus Myriaden und Aber-Myriaden von Einzelheiten zusammen, die man nach dem herrschenden Standard der gesellschaftlichen Bewertung vielleicht nicht einmal zu Unrecht als banal, uninteressant, irrelevant, langweilig oder keiner Erwähnung wert bezeichnen würde ... Diese Überfülle der kontingenten Einzelheiten ist auch praktisch nicht kommunizierbar.« Sie ist ein »wertloses Eigentum ... Das allermeiste dieses Eigentums nimmt jeder Einzelne ohnehin mit ins Grab. Seine für ihn selbst mit Bedeutung versehene Akkumulation von Erfahrung blieb und bleibt zum allergrößten Teil für alle anderen unzugänglich. Sie spielt objektiv auch keine Rolle. Es handelt sich um die existentielle Restasche des einzelnen psychischen Systems im Rahmen der gesellschaftlichen Reproduktion.«[145]

All die Millionen von Erfahrungs-, Bewusstseins- und Sinneseindrücken, die ein Mensch im Leben anhäuft und verarbeitet, vermisst und ersehnt, vergisst und erinnert, landen milliardenweise auf dem Müllhaufen der Geschichte, konkret in die Verfallsprozesse der Leiber, die das alles biologisch ermöglicht haben und mit ihrer Zerstörung ebenso verunmöglichen. Die Evolutionstheoretiker lassen alles im kosmischen Abfall landen, und das geschieht »ewig«, mit allen entstehenden Welten. Und alles hängt an dieser Materialität, an dieser Leiblichkeit, die entsteht und wieder zu Staub und Asche verfällt. Dagegen ist kein Kraut gewachsen!

Höchstens ein fiktives. Man könnte, in Abänderung von Goethes Faust ausrufen »Es möchte kein Hund so länger leben, drum hab ich mich dem Roman ergeben!«. Der Roman (mit seinen medialen Ablegern in Kino,

144 | So der Grazer Soziologe Manfred Prisching, Trash economy. Abfallmaximierung als Wirtschaftsprinzip, in: Anselm Wagner (Hg.), Abfallmoderne. Zu den Schmutzrändern der Kultur, Wien, Berlin 2010, 29–44.

145 | Schwarz, Einzelheiten 22–23.

Theater und Fernsehen, vom literarischsten Opus bis hin zum Trivialroman) etabliert die Gegenwelt zu den dominanten Prozessen des »allgemeinen« Lebens, in der Fiktion, in der die Einzelheit menschlichen Lebens und die einzelnen Menschen selbst erzählt werden. Der Roman als imaginäre Lebenswelt Einzelner und ihrer Singularitäten. Anderswo wenig Erwähnenswertes gerät hier ins Zentrum, bis ins Detail. Dabei gibt es kaum Ausgeschlossene, von der anspruchsvollen Literatur in teuren Büchern bis hin zu den Ärmsten, die in ihren Hütten Stories fernsehen, Romanhefte und Comics lesen. Die Traumwelt des Romans (sowie die vielleicht deswegen explodierende Gattung der Biographie) befindet sich in universaler Solidarität mit den individuellen Kontingenzen, die Leiblichkeit nicht übersehend, in großer Solidarität also mit der Bedeutungslosigkeit der Menschen als Subjekte. Komisch ist, dass der Kapitalismus, der die Nichtigkeit des Individuellen betreibt, auch noch davon zu profitieren vermag. Romane retten fiktiv die Würde der subjektiven Erlebnisse, wenigstens für die Zeit der entsprechenden Lektüre (oder des Zuschauens).





## *1.11 Religion und Roman als »Abfallvermeidung«*

Der Kultursoziologe Ullrich Schwarz hat eine interessante Strukturanalogie zwischen Religion und Romanliteratur herausgestellt: nämlich dass in beiden der einzelne Mensch mit all seinen Erfahrungen einen Wert hat, dass er sowohl in der Religion, wie auch im Roman, wenn auch unterschiedlich, so doch in seiner unverwechselbaren Qualität Rettung erlebt. Dass nicht alles am Ende im Abfall landet, ohne Bedeutung und ohne Wert. Im Bereich der Religion zitiert er ein Kirchenlied aus dem 18. Jahrhundert:

> »Nun ist der Mensch gerettet und Satan angekettet,
> der Tod hat keinen Stachel mehr,
> der Stein ist weg, das Grab ist leer. Halleluja Halleluja!«

Und Schwarz schreibt weiter: »Das Grab muss leer sein, weil es sonst – unerlöst – nur ein Entsorgungsort wäre … Religion als metaphysische Abfallvermeidung?«[146] Im leeren Grab ist die versteckte Botschaft, die

146 | Schwarz, Einzelheiten 18.

durch die Auferstehungsbotschaft enthüllt wird, nämlich, dass nichts verloren geht von der Geschichte des Einzelnen, dass alles gerettet wird, und dass es einen Gott gibt, der dem einzelnen Menschen und allen überhaupt in ihrem Zusammenhang gerecht wird.

In der Diskussion seines Vortrags erzählt Schwarz von einem zufälligen Kirchenbesuch zur Osterzeit. Er hört dabei das alte Osterlied, in dem in der Auferstehung Christi die Auferstehung der Menschen besungen wird:

> »Christ ist erstanden von der Marter alle.
> Des solln wir alle froh sein; Christ soll unser Trost sein …
> Wär er nicht erstanden, so wär die Welt vergangen.
> Seit dass er erstanden ist, so freut sich alles was da ist.«



Religiös unvirtuos, beeindruckt ihn dieses Lied doch, diese Funktion der Religion als Auflehnung dagegen, dass alles am Ende zu Ende sei. Zum Glauben kommt er dadurch nicht, aber er sieht in der Religion und in ihrer Liturgie eine »Hohlform«, in der den Menschen ihre subjektive Unwichtigkeit genommen wird, von einem Gott, der ihnen unbedingte Anerkennung schenkt und, weil er allmächtig ist, diese auch mit ewigem Leben dotiert. Eine »Hohlform« hat immerhin die Potenz, wofür es Form ist, auch »einmal« in sich aufzunehmen.[147] Es handelt sich um so etwas wie »Glaubens-Simulationen«, die ihren eigenen Wert haben, auch jenseits kontinuierlicher Teilnahme und auch jenseits des damit zu verbindenden Glaubens.[148] Analog zu der Offenheit eines Kirchenbaus für Menschen, die dort das jeweils ihre suchen. »Bei solchen Glaubens-Simulationen muss offen bleiben, ob und wie sie durch einen authentischen Vollzug in der eigenen Lebenspraxis ratifiziert werden.«[149] Eine Offenheit schwingt hier mit, die es nicht selbstrühmerisch über sich bringt, den Glauben an die Auferstehung des Leibes positivistisch zu negieren.[150] Eine religiöse Form etsi deus daretur, als wenn es Gott gäbe, in eigenarti-

147 | Vgl. Martin Walser, Mein Jenseits. Novelle, Berlin [3]2010.

148 | Vgl. Thomas Erne, Grundwissen Christentum Kirchenbau, in: Erne, Schüz (Hg), Religion 181–199, 194.

149 | Ebd. 194.

150 | Wie Richard Dawkins, der in seinem Anti-Gotteswahn wissenschaftlich weit über seine gottverneinenden Behauptungsverhältnisse lebt: Der Gotteswahn, Berlin 2007; vgl. dazu Alister McGrath, Joanna Collicutt McGrath, Der Atheismus-Wahn, Asslar 2007.

ger Spannung, aber nicht im krassen Widerspruch zu dem religiösen Selbstverständnis, das sich die Wirklichkeit dessen im Glauben voraussetzt, wofür die Form »hohl« ist, was sie symbolisch repräsentiert, wofür sie mehr ist als ein »Merkposten«, nämlich eine stellvertretende Symbolisierung für das, was wirklich ist.

Wofür? Für einen Gott, der das Flüchtige sucht und sammelt (vgl. Koh 3,14), der all die Myriaden von Individuen und ihrer Einzelerlebnisse unendlich schätzt und schützt und aufhebt und ihnen ewige Bedeutsamkeit verleiht:[151] kontrafaktisch zum leiblichen Tod, der Allmacht Gottes die neue Schöpfung zutrauend, kontrafaktisch zu den evolutionstheoretischen Prognosen, nämlich in der Unendlichkeit von Leiblichkeit und Individualität. »Verklärt« nennt die Bibel diese Leiblichkeit. Der Ort des Zerfalls wird zum Ort des Lebens, weil Gott der Asche und dem Staub neues Leben eingibt, dann ein für alle mal. Die Protologie des Schöpfungsberichts wird von der Eschatologie der neuen Schöpfung überboten.

So eindrucksvoll die Religion die Kontingenz des Menschen mit Wirklichkeitsanspruch zu retten vermag, gibt es bis in die Moderne und Postmoderne hinein, mit ungeminderter Kraft und großer Reichweite, tatsächlich diesen anderen Raum, der sich um diesen »Abfall« menschlicher Einzelheiten kümmert, nämlich die imaginäre »Wirklichkeit« der Romane. Nach Milan Kundera ist der Roman »das imaginäre Paradies der Individuen.«[152] Für Kundera »ist nämlich nicht nur Descartes, sondern auch Cervantes Begründer der Neuzeit … falls es zutrifft, dass die Philosophie und die Naturwissenschaften das Sein des Menschen vergessen haben, zeichnet sich umso deutlicher ab, dass mit Cervantes eine große europäische Kunst entstand, die nichts anderes ist als die Erforschung dieses vergessenen Seins.«[153] Virginia Woolf schreibt hierzu: »Ist es nicht die Aufgabe der Romanschreibung, dieses sich Wandelnde, Unbekannte, Unumschreibbare wiederzugeben, wie verwirrend und komplex es auch sei?«[154] Bezeichnend ist hierfür Ulysses von James Joyce, der die Bewusstseinsimpressionen und Gedanken eines Durchschnittsmenschen an ei-



151 | Hier wäre systematisch-theologisch an die Recapitulationslehre zu denken, vgl. Bauer, Chenu 690ff.

152 | Milan Kundera, Die Kunst des Romans, München 2007, 200.

153 | Ebd. 12f.; vgl. auch Schwarz, Einzelheiten 23f.

154 | Zitiert bei Schwarz, ebd. 24.

nem Durchschnittstag in einem dicken Buch einsammelt. Hier zeigt sich: »Der Roman ist eben die Müllhalde der Kontingenz.«[155]

Aber nicht nur das: Indem er die Einzelheiten im Text rettet, wirkt er sich zugleich als Müll- und Abfallvermeidung aus. Das Einzelne verliert seinen Charakter als Abfall, indem es gelesen wird. »Es geht schlicht um die Solidarität der Bewohner des Reiches der Kontingenz. Die Kontingenz in der Fülle ihrer Einzelheiten hat eben keine Notwendigkeit, Systematik, keine allgemeine Verbindlichkeit. Im Gegenteil: Sie hat in diesem Sinne keine Bedeutung, ist Nichts. Die Solidarität des Romans gilt jedoch gerade dieser Bedeutungslosigkeit.«[156] Das »unnötige Detail, das nach George Orwell das unverwechselbare Kennzeichen der Romane von Charles Dickens ist, das überflüssige Detail erlebt im Roman seine Auferstehung. Claudio Magris formuliert dies bezüglich des europäischen Romans um 1900 so: »Es ist der Augenblick, in dem sich in der europäischen Literatur das überflüssige Detail, das anarchische, partikuläre und flüchtige Element auf Kosten des Allgemeinen und Universellen behauptet.«[157]

Am Ende seines Beitrages bringt Schwarz ein längeres Zitat des amerikanischen Romanautors Philip Roth, aus dem ich (in eigener Übersetzung aus dem englischen Zitat) einige Sätze wiedergebe: »Politik ist der große Generalisierer ... und Literatur der große Partikularisierer (Vereinzeler) ... Sie sind in einer antagonistischen Beziehung ... Wie kann man ein Künstler sein und die Nuance verabschieden? Aber wie kann ein Politiker die Nuance erlauben? Für einen Künstler ist die Nuance die Aufgabe. Seine Aufgabe ist nicht zu vereinfachen ... Nicht Widersprüche auszuradieren, ... sondern zu sehen, in welchem Widerspruch der gequälte Mensch lebt. Er hat das Chaos zuzulassen ... Literatur zerstört die Organisation, weil sie nicht allgemein ist.«[158]

In einer eindrucksvollen Weise verbindet Martin Walser in seinem »Lebensroman des Andreas Beck« dessen Sehnsucht, in seiner schriftstellerischen Tätigkeit vergessene Menschen »in eine vorläufige Unsterblich-



155 | Schwarz, ebd. 24.

156 | Schwarz, ebd. 24–25.

157 | Claudio Magris, Der Ring der Clarisse. Großer Stil und Nihilismus in der modernen Literatur, Frankfurt 1987, 118.

158 | Philip Roth, I Married a Communist, Boston, New York 1998, 223f., vgl. Schwarz, Einzelheiten 25–26.

keit (zu) retten«, mit dessen festem Glauben an die Auferstehung.[159] Nach Walser kann es Beck nicht ertragen, »all diese Menschen dort ungerühmt vergehen zu lassen.«[160] Deshalb betreibt er diese »Lebens-Archäologie« und setzt sich mit seinem Schreiben dafür ein, dass »ein solches Leben und Wirken nicht einfach verschwunden sein darf.«[161] Der Autor, der »die Menschen, von denen er erzählt, rückhaltlos liebt«, rettet sie in die »relative Unsterblichkeit des Buches«.[162] Walser verdeutlicht: »Die Radikalisierung, mit der der Autor diese Haltung ... entwickelt, ist dieselbe, die ihn an der Auferstehung festhalten lässt. Es ist sein Glaube, der ihn zu dieser Haltung befähigt.«[163]

Ist es zu viel gesagt, dass in allen Büchern, in denen Einzelne und Einzelnes aus solcher Liebe heraus dem Vergessen entrissen werden, von jener Sehnsucht nach Auferstehung getrieben sind, die Beck in seinem Glauben thematisieren kann? So dass alle potentiellen und wirklichen Bücher von Lebensgeschichten einmal tatsächlich leben werden? »Leben die Bücher bald?«[164]





159 | Vgl. Martin Walser, Der Lebensroman des Andreas Beck, seinen Büchern nacherzählt, Eggingen 2006, 58.79.

160 | Ebd. 58.

161 | Ebd. 67.69.

162 | Ebd. 62.69.

163 | Ebd. 79. Vgl. auch 89: »Der Widerstand gegen den übermächtig scheinenden Andrang des Beweisbaren entwickelt in ihm das Bedürfnis und die große Kraft, das Unbeweisbare gelten zu lassen, ihm Geltung zu verschaffen in sich und in der Welt.«

164 | Ebd. 81: Walser zitiert hier Hölderlin aus der Ode »An die Deutschen«, vgl. Friedrich Hölderlin, Sämtliche Werke und Briefe (hg. v. Günter Mieth), Darmstadt [2]1995, 326: Allerdings denkt Hölderlin hier daran, dass aus »Gedanken die Tat« werde, während es in unserem Kontext, wenig idealistisch, um das Leben und Überleben von Menschen und ihren Geschichten geht.

# 2. Gegenseitige Wegweisungen

## 2.1 Hermeneutik der »Realisation«

Welche »Hermeneutik«[1] ist angemessen zwischen Kultur und Glaube? Dorothee Sölle hat dieses Problem in ihrer literaturwissenschaftlichen Habilitationsschrift eingehend entfaltet und auf dem Gebiet des Verhältnisses von Theologie und Literatur genauer untersucht.[2] Sie führt mit dem Titel der Monographie »Realisation« einen inkarnationstheologisch motivierten Fachterminus ein, der beträchtlich weiterhilft: »Realisation ist die weltliche Konkretion dessen, was in der Sprache der Religion ›gegeben‹ oder versprochen ist.« Und: »Theologie und Literatur stehen hier im Verhältnis von Tradition und Konkretisierung, von Versprechen und Realisation.«[3] Auch wenn Sölle diese Einsichten vor allem am Beispiel der Funktion religiöser Sprache in der Literatur untersucht, so dürfen sie für die Literatur insgesamt generalisiert werden, zumal sie selbst auch »die nicht-religiöse weltliche Konkretion« (30) im Blick hat und weil es überhaupt nicht möglich ist, eine Literatur zu finden, die nicht im weiteren Sinn »mythisch«[4] ist.



Wie ist nun Sölles »Realisation« genauerhin zu verstehen? Dazu gleich ein Beispiel aus der literarischen Prosa. Es handelt sich um eine Begegnung zwischen Glaube und Kultur, die ich analoge Kooptierung nennen möchte.[5] Sie kann sich auf positive wie negative Realisationen dessen beziehen, was im Glauben wichtig ist. Damit soll Konzepten entgegengetreten werden, die von christlicher Seite her die kulturellen Gegebenheiten lediglich als Aufhänger und als Aufmerksamkeitssignale benutzt oder nur als Illustrationen und ästhetische Beigaben des Eigentlichen. Auch die Schwarz-Weiß-Benutzung kultureller und gesellschaftlicher Vorgegebenheiten als Antiwirklichkeiten zur Botschaft des Evangeliums

1 | Hermeneutik sei auch hier als ganzheitlicher, also nicht nur mentaler Begegnungsprozess verstanden.

2 | Vgl. Dorothee Sölle, Realisation. Studien zum Verhältnis von Theologie und Dichtung nach der Aufklärung, Darmstadt 1973.

3 | Ebd. 29.48.

4 | Vgl. Roland Barthes, Mythen des Alltags, Frankfurt am Main [3]1974. S. u. Kap. 2.4, 4.5, 5.8.

5 | Dies auf dem Hintergrund und in Weiterführung des »Paradigmas der konvergierenden Optionen«, wie sie Norbert Mette und Hermann Steinkamp entwickelt haben, in: Sozialwissenschaften und Praktische Theologie, Düsseldorf 1983, 170–172.

kann dann nicht mehr verfangen, zumal die durch Menschen repräsentierten Gegebenheiten des Evangeliums selber in sich immer auch sündenverfallen sind. Entsprechende Gegenüberstellungen müssten also immer mehr oder weniger quer verlaufen. Auch biblische Geschichten beinhalten immer beides, die Sünde und die Gnade.

Betrachten wir das Problem im Fokus des Verhältnisses von literarischer Prosa und biblischen Geschichten. Setzen wir voraus, dass zeitgenössische literarische Prosa immer eine bestimmte hermeneutische Qualität bezüglich der gegenwärtigen individuellen, gesellschaftlichen und politischen Verhältnisse aufweist. In ihr bündelt sich jedenfalls, verbunden mit Einseitigkeiten und Blickerweiterungen bzw. Blickverschärfungen, ganz bestimmte Wirklichkeits- und Wertigkeitsmomente unserer Lebenswelt.





Wann aber haben literarische Geschichten nicht nur diese kulturbezogene hermeneutische Relevanz, sondern auch eine religiöse Relevanz im Sinne der biblischen Botschaften? Wann explizieren sie etwa biblische Geschichten, die aus anderen kulturellen Bereichen kommen, im eigenen Kulturbereich und damit in einem meist anderen Sprachspiel? Diese Frage stellen heißt die Forderung nach einer komparativen Hermeneutik mit gegenseitigem Verweischarakter stellen: Es geht um den Vergleich der Interaktionen, wie sie in den unterschiedlichen kulturellen Texten zum Vorschein kommen, sowohl mit Gott (bzw. einer ähnlich im Menschenleben erlebten Transzendenz) wie zwischen den Menschen. Oder mit Sölle formuliert: Findet sich in der Prosageschichte eine Konkretion dessen, was in der Religions-Geschichte selbst gegeben oder versprochen ist?

Ilse Aichinger erzählt in ihrem Roman »Die größere Hoffnung«[6] die Geschichte einer jungen jüdischen Frau, die Nazi-Deutschland verlassen will (das ist ihre große Hoffnung) und sich im Durchkreuzt-Werden dieser Hoffnung für eine »größere Hoffnung« öffnet. Aichinger erzählt von Ellen, die angesichts der Bedrohung in eine menschenleere Kirche geht und dort mit dem heiligen Franz Xaver in eine Zwiesprache gerät, in der sie einerseits bittet, dass sie in die USA fliehen kann, andererseits aber im Prozess dieses Gesprächs von ihrem eigenen sehnlichsten Wunsch Ab-

6 | Vgl. Ilse Aichinger: Die größere Hoffnung, Frankfurt am Main 1978, erstmals erschienen in Amsterdam 1948, 20–22.

stand nimmt und es letztlich dem Heiligen selbst überlässt, was notwendig sei, damit sie frei werde.

Diese Szene »realisiert« haargenau den Prozess alttestamentlichen Klagegebets, in dem eine ähnliche Dynamik in der Gottesbeziehung durchlebt wird.[7] Ilse Aichinger hat diesen schmerzvollen und zugleich innerlich befreienden spirituellen Vorgang in einer genialen Weise zu Papier gebracht.

Ellen möchte sehnlichst das Land verlassen. Doch dafür braucht sie zwei Bürgen:

> »Zögernd betrat Ellen die menschenleere Kirche, überlegend bis zur letzten Sekunde, ob es nicht besser wäre, umzukehren. Sie fühlte sich gedemütigt und verabscheute ihre eigenen Schritte, die die Stille des Raumes zerbrachen. Sie riß die Mütze vom Kopf und setzte sie wieder auf, den Zeichenblock hielt sie fester als vorher. Verwirrt musterte sie die Heiligenbilder an den Seitenaltären ...
>
> Dunklen Blickes, das Kreuz in der erhobenen, hageren Hand, stehend auf einem glühenden Gipfel, zu welchem gelbe, erlösungsheischende Gesichter emporDrängten, wartete Franz Xaver. Ellen blieb stehen und hob den Kopf, aber sie bemerkte, daß der Heilige weit über sie hinweg sah. Vergebens suchte sie seine Blicke auf sich zu lenken. Der alte Maler hatte richtig gemalt.
>
> ›Ich weiß nicht, weshalb ich gerade zu dir komme‹, sagte sie, aber es fiel ihr schwer. Sie hatte diejenigen niemals verstanden, denen es Vergnügen machte, in die Kirche zu gehen, und die schwelgend davon sprachen wie von einem Genuß. Nein, es war kein Genuß. Eher war es ein Leiden, das Leiden nach sich zog. Es war, als steckte man jemandem einen Finger hin, der viel mehr als die ganze Hand wollte. Und beten? Ellen hätte es lieber gelassen. Vor einem Jahr hatte sie Kopfspringen gelernt, und es ging ähnlich. Man mußte auf ein hohes Sprungbrett steigen, um tief hinunter zu kommen. Und dann war es immer noch ein Entschluß, zu springen, es hinzunehmen, daß Franz Xaver nicht hersah, und sich zu vergessen.
>
> Aber es mußte sich jetzt entscheiden. Ellen wußte noch immer nicht, weshalb sie sich mit ihrer Bitte gerade an diesen Heiligen wandte, von dem in dem alten Buch stand, daß er zwar viele fremde Länder bereist hätte, angesichts des ersehntesten aber gestorben war.



7 | Vgl. dazu Ottmar Fuchs, Praktische Hermeneutik der Heiligen Schrift, Stuttgart 2004, 124–136.

Angestrengt versuchte sie, ihm alles zu erklären. ›Meine Mutter ist drüben, aber sie kann nicht für mich bürgen, niemand bürgt für mich. Könntest nicht du –‹ Ellen zögerte, ›ich meine, könntest nicht du jemandem eingeben, daß er für mich bürgt? Ich würde dich auch nicht enttäuschen, wenn ich erst einmal in der Freiheit bin!‹

Der Heilige schien verwundert. Ellen merkte, daß sie nicht genau gesagt hatte, was sie meinte. Mit Mühe schob sie beiseite, was sie von sich selbst trennte.

›Das heißt, ich würde dich keinesfalls enttäuschen – auch wenn ich hierbleiben, auch wenn ich in Tränen ertrinken müßte!‹

Wieder schien der Heilige verwundert und sie mußte noch weiter gehen.

›Das heißt, ich würde nicht in Tränen ertrinken. Ich würde immer versuchen, dir keinen Vorwurf zu machen, auch dann, wenn ich nicht frei würde.‹ 

Noch ein einziges stummes Verwundern Franz Xavers und die letzte Tür wich zurück.

›Das heißt, ich meinte – ich weiß nicht, was notwendig ist, damit ich frei werde.‹

Ellen kamen die Tränen, aber sie spürte, daß Tränen dieser Unterhaltung nicht gerecht wurden.

›Ich bitte dich: Was auch immer geschieht, hilf mir, daran zu glauben, daß irgendwo alles blau wird. Hilf mir, über das Wasser zu gehen, auch wenn ich hierbleiben muß!‹

Das Gespräch mit dem Heiligen war zu Ende. Alle Türen standen offen.«



## 2.2 *Theologische Wertschätzung*

Wilhelm Grenzmann hat bereits 1950 davon gesprochen, dass die zeitgenössische Literatur von Rang »die Bewusstseinslage unserer Gegenwart zu verdeutlichen und (dass) am Gebilde der Dichtung abzulesen (sei), welcher Problematik wir zugeordnet sind.« Er misst der Dichtung also eine zeitdiagnostische Kompetenz zu. In ihr kann Grenzmann die Zerbrochenheit, die Erschütterungen und die Krise der Zeit nach dem Zweiten Weltkrieg auffinden, auch Antwortversuche zwischen Hoffnungslosigkeit und Vertrauen.[8] Im Titel »Dichtung und Glaube« ist für Grenzmann der Glaube »nichts anderes als die in überrationalen Überzeugungen wurzelnde Anschauung vom Ganzen der Welt.« Dieser Glaubensbegriff

8 | Vgl. Wilhelm Grenzmann, Dichtung und Glaube. Probleme und Gestalten der deutschen Gegenwartsliteratur, Bonn ²1952 (1950) 9 (Zitat) und 10f.

schützt auch sein Gegenteil, nämlich den Unglauben, der sich solchen Überzeugungen, Anschauungen und Ganzheitssichten verweigert.[9]

Interessant ist hier, dass der Glaubensbegriff der Dichtung selber entnommen bzw. zugesprochen wird, in der Frage danach, was die Dichtung über ihre Zeitdiagnose hinaus und in der Art ihrer Darstellung vorder- oder hintergründig erleben, symbolisieren, durchscheinen lässt, an Vertrauenssplitter, an Hoffnungsversuchen oder an Verzweiflung. In dieser doppelten Hinsicht ist die Dichtung geeignet, »Gefäß für die Anliegen der Zeit zu sein.«[10] Wobei das Gefäß auch darin bestehen kann, dass in ihm bisherige Formen zerbrochen werden. So gilt also nicht die Gegenüberstellung von Dichtung und Glaube, sondern die Gegenüberstellung von Dichtung und Glaube auf der einen und Theologie als reflektierter Glaubenspraxis auf der anderen Seite.[11]

Ästhetik ist ja auch immer eine Frage der Einfühlung, nicht nur in die sprachlichen Möglichkeiten, sondern auch darauf bezogen, warum sich jemand in die sprachlichen Möglichkeiten hinein einfühlen will. Zwar ist die Intention des Autors eine Interpretation des Textes unter vielen, doch kann man nicht übersehen, dass sich der Text dieser Erstintention verdankt. Warum es eine Erinnerung und warum es einen Text und warum es ein Bild und warum es eine Musik gibt, verdankt sich einem Interesse oder einer Betroffenheit, einem Glauben oder Zweifel, einer Hoffnung oder Verzweiflung. Vinzenz van Gogh verdankt seine Bilder nicht nur einem rein optischen Erlebnis, sondern seiner Anteilnahme. »Seine Beziehung zur Umwelt ist das Mitleid.«[12] So gibt es das Motiv der »Jagd, auf der das Ich in ruheloser Selbstbeobachtung vor sich hergetrieben wird« (wie bei Kafka).[13] Oder Schreiben wird, wie bei nicht wenigen Autoren und Autorinnen nach der Shoah, zur Prozedur des Überlebens.

9 | Vgl. ebd. 9.

10 | Ebd. 24.

11 | Zum Begriff des Zeitgenössischen gehört in dem Maße auch die diachrone Dimension, als in der jeweiligen Gegenwart auch die Literatur aus anderen Zeiten und Jahrhunderten gelesen wird. Wie es auch heute Literaturen gibt, die kaum gelesen werden, und vielleicht erst in der Zukunft größeres Publikum gewinnen werden. Für den Begriff der Zeitgenossenschaft ist nicht die historische Zeit entscheidend, sondern das Faktum der Begegnung und der Anlass dafür, insofern er darin besteht, Inhalts- und Problemanalogien, vielleicht auch Ausweg- und Antwortanalogien zu entdecken. Ausführlicher dazu am Beispiel des Verhältnisses von biblischen Texten und gegenwärtigen Menschen und Erfahrungen, Fuchs, Hermeneutik 13–39.

12 | Paul Nizon, zitiert bei Doris Krockauer, Paul Nizon. Auf der Jagd nach dem eigenen Ich, München 2003, 109, vgl. auch 150, Anm. 299.

13 | Vgl. Krockauer, Nizon 230.

Friedrich Hahn hat 1966 in seinem Buch »Bibel und moderne Literatur« den Untertitel gewählt: »Große Lebensfragen in Textvergleichen«.[14] In seinem Vorwort spricht er davon, was sein Buch nicht will: die moderne Literatur ist nicht ein »hermeneutisches Brecheisen«, um biblischen Texten Bedeutung zu verschaffen. Es wäre »theologische Überheblichkeit«, Poesie und Literatur zur Illustration biblischer und dogmatischer Inhalte zu missbrauchen.[15] Sein Buch will vielmehr »Verständnis dafür wecken, dass es in der alten Bibel und in der neuen Literatur um die großen, im Leben des einzelnen Menschen und der Völker niemals auszuschöpfenden Fragen geht – um die Fragen nach dem Woher und Wohin, dem Warum und Wozu, dem Grund und dem Ziel unseres Lebens, um die Fragen nach dem Sinn des Leidens und dem Rätsel des Todes.«[16]



Hahn kommt auch nicht in die Versuchung, biblische Texte als Antworttexte gegenüber literarischen Texten hochzustilisieren, auch wenn er im Durchgang seiner Begegnungen zwischen biblischen und literarischen Texten dieser Versuchung nicht immer ausweichen kann. Gleichwohl erscheinen auch in biblischen Texten die Erfahrungen der Ohnmacht, der Antwortlosigkeit und der Gottverlassenheit. Vor allem sieht Hahn in der Begegnung mit literarischen Texten die gerade für die Theologie wichtige Erfahrung, sich irritieren zu lassen, also schnelle Antworten aus der Hand zu geben und vor allem zu verlernen, allzu schnell von »Gott zu plappern«.[17]



Hahn weiß, dass er als Theologe und nicht als Literaturwissenschaftler auf die Texte zugeht, er weiß aber auch um die Notwendigkeit »behutsamer Deutung« und darum, dass alle Analogien auch ihre Grenzen haben, und dass im Begriff der Analogie von Problemen, Fragen und Antwortversuchen und Antwortverlusten nicht nur die Ähnlichkeit, sondern auch die Differenz mitspielt.[18] Was beide, Bibel und Literatur, aber tatsächlich zusammenbringt, ist der Horizont, den Hahn folgendermaßen beschreibt: »Große, uns wirklich angehende Lebensfragen werden nicht erdacht, sondern erlebt. Sie werden schwer erlitten oder begeistert

14| Vgl. Friedrich Hahn, Bibel und moderne Literatur. Große Lebensfragen in Textvergleichen, Stuttgart 1966.

15| Vgl. ebd. 5.

16| Ebd. 5.

17| Ebd. 5 (Hahn zitiert hier Ernst Barlach).

18| Vgl. ebd. 8.

erfahren.«[19] Die Theologie kann dies aber nur entdecken, wenn sie sich in eine gleichstufige Begegnung mit der Literatur hineinbegibt und sich nicht »zum Richter über Dichter erheben« will.[20]
Übrigens deutet Hahn bereits an, was Dorothee Sölle als »Realisation« bezeichnen wird. Bei Hahn lautet sie so: »Andere Dichter versuchen, das biblische Zeugnis in die Sprache und Vorstellungswelt der Gegenwart zu übertragen. Sie begreifen ihre dichterische Aufgabe, wie Jochen Klepper einmal formulierte, als ›menschlichen Lobgesang in Antwort auf das göttliche Wort‹.«[21] Hahn formuliert diesen Zusammenhang allerdings in autorenintentionaler Perspektive, während Sölle intertextuell vorgeht und die Erfahrung dieses Zusammenhangs vor allem auf der Seite der Rezeption rekonstruiert. So dass bestimmte Texte tatsächlich etwas realisieren, was in der Theologie Bedeutung hat, was aber, möglicherweise überraschend, erst von Seiten der Theologie entdeckt wird und nicht Absicht des Autors sein muss. Zudem gilt bezüglich der Literatur immer erst die Einsicht von Kurt Marti, die auch Hahn zitiert: »Literatur ist Lob der Sprache«[22], und oft genug der Schrei nach einem göttlichen Wort, sein Vermissen, die Verzweiflung daran, oder auch das Einverständnis damit, dass es dieses Wort erfahrungsmäßig nicht gibt.



## *2.3 Suche nach Kriterien*

Im Vorwort seines Buches »Das Weihnachten der Dichter« verdeutlicht Karl-Josef Kuschel, warum er »Weihnachtstexte« von Schriftstellern und Schriftstellerinnen aufsucht. Die Grundfrage lautet: »Warum dieses Fest trotz aller Verflachung und Verschleuderung lebt ... Was macht sein ›Geheimnis‹ aus, dem auch seine Verächter noch verfallen sind? ... Wenn sie zum Thema ›Weihnachten‹ sich äußern: Erfahren wir dann etwas über den Zauber und das Geheimnis?«[23] Zwar unterstreicht Kuschel seine Gewissheit: »Die Schriften ersetzen mir nie die Schrift ... Rückerinnerung an die Ur-kunde also braucht es, aber zugleich auch den Scharfblick und die Sprachkraft der Schriftsteller, um diese Botschaft glaubwürdig unter

19 | Hahn in seiner Schlussbemerkung 339.
20 | Ebd. 5.
21 | Ebd. 6.
22 | Zitiert ebd. 339.
23 | Karl-Josef Kuschel, Das Weihnachten der Dichter. Große Texte von Thomas Mann bis Reiner Kunze, Düsseldorf 2004, 9.

den Bedingungen unserer Zeit sagen zu können.«[24] So sind diese Bezüge auf die Literatur unverzichtbar. »Es braucht den Thomas Mannschen Blick …«, und mit dem »es braucht« werden die Schriftsteller und Schriftstellerinnen aufgezählt: mit ihrem Besonderen, was sie mit Weihnachten verbinden. »Wer wir sind, was wir geworden sind, was aus unserem Lande geworden ist, in welcher Zeit und Gesellschaft wir leben: gerade die Texte zu ›Weihnachten‹ sind Spiegel der Selbsterkenntnis und Seismographen der Erschütterungen, mit denen wir leben müssen.«

Die Begegnung mit der Literatur »braucht es« für die Theologie: 1. als Spiegel der Selbsterkenntnis, 2. als Seismograph für die Zeit – Dietmar Mieth spricht hier von einer »soziologischen Relevanz« der Literatur für die Theologie (im Sinne der Wahrnehmung der »Zeichen der Zeit« als theologischem Ort)[25] –, 3. um an der Sprachkraft der Schriftsteller zu lernen, 4. um die eigene Urkunde glaubwürdig sagen zu können, 5. um nicht nur von der eigenen Urkunde, sondern von den Texten der Schriftsteller und Schriftstellerinnen etwas über das Geheimnis von Weihnachten zu erfahren, wobei betont wird, dass sie dazu »auf eigenes Risiko« leben und schreiben, also in Unabhängigkeit und Freiheit von kirchlichen und glaubensbezogenen Bindungen, was zugleich die Möglichkeit eröffnet, das Geheimnis von Weihnachten auch anders als bisher kennenzulernen.[26] Das Nichtalltägliche von Weihnachten, das zum Schreiben reizt, kann zum Ort der Alternative zu bisherigen Leseweisen von Weihnachten führen, sei sie destruktiver (aber auch hier noch Weihnachten sich voraussetzend), sei sie konstruktiver Art.

Hier haben wir so etwas wie das, was Dorothee Sölle Realisation nennt: es spiegelt sich in der Literatur, wie vielfältig und widersprüchlich Menschen mit Weihnachten umgehen. Es handelt sich hier um die weltliche Realisation dessen, was in der Sprache und damit im Brauch der Religion und im Inhalt des Glaubens »gegeben«, aufgegeben und verheißen ist.

Doch wie schaut die Verbindung zwischen der Urkunde des Glaubens und der Literatur tatsächlich aus? Wenn es bei Dietrich Bonhoeffer um die weltliche Interpretation Gottes geht, ist diese bereits inhaltlich bestimmt: nämlich den Blick frei zu machen »für den Gott der Bibel, der





24 | Ebd. 11.

25 | Vgl. Dietmar Mieth, Braucht die Literatur(wissenschaft) das theologische Gespräch? Thesen zur Relevanz »literaturtheologischer« Methoden, in: Jens u. a. (Hg.), Theologie 164–177, 165.

26 | Vgl. Kuschel, Weihnachten 9.

durch seine Ohnmacht in der Welt Macht und Raum gewinnt. Hier wird wohl die weltliche Interpretation einzusetzen haben.«[27] Walter Jens beruft sich auf dieses eindeutige theologische Kriterium für den Umgang mit Christusbildern in der Literatur und konstatiert, »wie kongruent die Christus-Darstellungen in Literatur, Malerei und Plastik heute sind: Immer wieder der Jesus patiens, immer wieder der Geschundene im Gespräch mit jenen ..., die wie er zu den Erniedrigten und Beleidigten zählen.«[28] Es ist die »analogia crucis«, in der das Unendliche in das Endliche einbricht, und die »unwiderrufbar auf den Erniedrigten verpflichtet«.[29] Wenn es darum geht, die Texte des Glaubens in die Bedeutung des Lebens zurückzuführen, formuliert auch Josef Wohlmuth diese entscheidenden Fragen: »Haben sie einen Quellort in der Leidenserfahrung ...? Haben sie einen Index der Sehnsucht nach dem Guten? Und haben sie eine Bewegung, ›die Himmel und Erde‹ verbindet, Gott und Mensch zu einander führt«?[30] – oder zerreißt?



Der letzte Roman von Nikos Kazantzakis »Brudermörder« kann als »Realisation« dieses erniedrigten Gottes wahrgenommen werden. So spricht der junge Mönch zum Pfarrer Jannaros: »Ich wollte einen armen Christus, Ehrwürden, einen barfüßigen, hungernden, leidenden.«[31] Der alte orthodoxe Priester Jannaros, dessen Sohn in den Bergen bei den Aufständischen gegen die Regierungstruppen kämpft, gerät zwischen die Fronten und kann in diesem schrecklichen Bruderkrieg in Griechenland zwischen 1944 und 1949 zwischen den Roten und den Schwarzen nur noch für die Toten, für die Mütter, für die Kriegskrüppel und für die Gelähmten stehen, die von den Roten genauso wie von den Schwarzen verursacht werden.[32] Und die Verbindung mit Gott ereignet sich in der beiderseitigen Ohnmacht zwischen Christus und Jannaros. Kurz bevor er erschos-

27 | Dietrich Bonhoeffer, Widerstand und Ergebung. Briefe und Aufzeichnungen aus der Haft, Gütersloh 1998, 535. Vgl. Walter Jens, Theologie und Literatur: Möglichkeiten und Grenzen eines Dialogs im 20. Jahrhundert, in: Walter Jens, Hans Küng, Karl-Josef Kuschel (Hg.), Theologie und Literatur. Zum Stand des Dialogs, München 1986, 30–56, 43. Vgl. Sölle, Realisation 100–102.

28 | Jens, Theologie und Literatur 48–49.

29 | Ebd. 49. Zum Aspekt einer Poetica Crucis und zum Sinn, der auch verfällt, vgl. außerdem Braungart, Literaturwissenschaft 59f.66.

30 | Josef Wohlmuth, Die Tora spricht die Sprache der Menschen. Theologische Aufsätze und Meditationen zur Beziehung von Judentum und Christentum, Paderborn 2002, 87.

31 | Nikos Kazantzakis, Brudermörder. Roman, München [3]1977, 74.

32 | Vgl. ebd. 302.

sen wird, spricht er mit Christus, dessen Evangelium er mit der Stola umschlungen in der Hand hält.

> »Die Welt braucht keine Gekreuzigten mehr, sie braucht ... Kämpfer. Genug jetzt des Klagens, der Passionen, der Kreuzigungen. Steh auf, rufe ich dir zu, erhebe deine Stimme, dass die himmlischen Heerscharen herabsteigen, bringe Gerechtigkeit! Genug haben sie uns angespien, uns gegeißelt, uns Dornenkronen aufgesetzt, uns gekreuzigt – jetzt kommt der auferstandene Christus an die Reihe! ...« Und er vernahm, im tiefsten Grunde seines Herzens, eine tieftraurige Stimme: »Ich kann es nicht ...« Da fielen Pfarrer Jannaros' Hände kraftlos herab: »Du kannst nicht?! Du willst, aber kannst nicht? Du bist gütig, gerecht, du liebst die Menschen, du willst der Welt die Gerechtigkeit und Freiheit und Liebe bringen, und kannst es nicht?« Feucht wurden die Augen des Pfarrers Jannaros. »Wie jammervoll« ... Tiefer Schmerz, Mitleid, zärtliche Liebe flutete durch sein Herz. Nie zuvor, niemals noch hatte er so innige Liebe zu Christus empfunden wie in diesem Augenblick. »Mein Kind ...« murmelte er und schloss seine Augen.
> Bevor ihn die Kugel trifft, schützt er Christus: »Komm hierher, mein Kind«, sagte er leise und zärtlich. »Komm, dass sie dich nicht verwunden!«[33]





Auch Johannes Bobrowski benennt seine inhaltliche Sicht der Dinge eindeutig. Es geht um das Wort »Mensch«: Im Gedicht »Das Wort Mensch« schließt er mit dem Zweizeiler

> Wo Liebe nicht ist,
> sprich das Wort nicht aus.[34]

Auf der andern Seite warnt Dietmar Mieth vor einer »religiösen Motivsuche«, die »sich rein an thematischen Querverbindungen orientiert und etwa Themen der Theologie aus der Literatur rekonstruiert.«[35] Aber nicht nur die Themen, sondern auch die ästhetischen Formen sind theologisch interessant. Doch dazu später.

Inhaltliche Eindeutigkeit, wie sie die Theologie vertritt, muss nicht dialogfeindlich sein. Im Gegenteil. Auch Literatur und Poesie können Ein-

33 | Ebd. 299–304. Vgl. auch Nikos Kazantzakis, Mein Franz von Assisi. Roman, Reinbek bei Hamburg 1981.

34 | Johannes Bobrowski, Ja, ich sprech in den Wind. Lyrik und Prosa, Gütersloh 1978, 37.

35 | Mieth, Literatur 165.

deutigkeit vertreten. Was die Theologie von der Literatur zu lernen vermag, ist: dass sie ihre Eingaben sowohl inhaltlicher wie ästhetischer Art in der Form einer »möglichen Wahrheit« anbietet, unter Verzicht auf die »Inthronisation der gewissen Wahrheit«.[36] Worauf gute Literatur verzichtet, muss auch die Theologie im Dialog mit der Literatur verzichten, nämlich auf jegliche Art von Indoktrinationsgehabe. Die Theologie wird eindeutig sein müssen, vor allem im Ernst und Extremfall, aber sie wird ihre Eindeutigkeit nicht in der Vermittlungsform der Nötigung, sondern als eine mögliche bessere Wahrheit behaupten und die Dringlichkeit dieser Wahrheit auf sich selbst beziehen, nämlich auf die gesteigerte Qualität, auch literarische Qualität, ihrer Darstellung und ihrer Bezeugung. Im Bereich der Gewalt ist sie genauso ohnmächtig wie die Literatur. Diese Ohnmacht durch Indoktrination wettmachen zu wollen zerstört den von Walter Jens eingebrachten theologischen Inhalt auf dem Weg der Vermittlung, abgesehen dass sie in »postmodernen Zeiten« ohnehin weitgehend wirkungslos ist.



Jens bringt aber noch ein anderes Kriterium, nun auf Seiten der Dichtung: »Nur in der Kunst, der Literatur voran, wird in nichtreligiöser Rede mit Hilfe einer *theologia concretissima* mitten im Profanen das ›Andere‹ sichtbar; scheint Verborgenes auf, das dem Menschen Authentizität gibt; ... gerät, im Augenblick des Gelingens, ein ›Unbedingtes‹ hinter dem Vermittelten, ein ›letzter Grund‹, ein metaphysischer, Sinn gebender Faktor ins Blickfeld, der den beschriebenen Fakten ihren Stellenwert gibt: ihre Signifikanz im Plan eines zeichenhaft evozierten Gesamt.«[37] Dieser »Ewigkeitsbezug« ereignet sich »in der profanen, mündigen, gottlosen, aber auf den verborgenen Gott angewiesenen Welt« und beim Menschen »in seiner Angst und Endlichkeit, seiner Schuld und Tragik, seiner Sünde und Skepsis.«[38]

Es gibt also auch so etwas wie eine »unbedingte« Nicht- oder auch Antirealisation des Religiösen in literarischen Texten, »wenn sie religiös entleert sind.«[39] Auch das ist für die Literaturwissenschaftler eine gültige Verwendung der mythischen Sprache. »Ja, die Reduzierung eines bibli-

36 | Vgl. Jens, Theologie und Literatur 55.

37 | Ebd. 52.

38 | Ebd. 52.

39 | Theodore Ziolkowski, Theologie und Literatur: eine polemische Stellungnahme zu literaturwissenschaftlichen Problemen, in: Jens u. a. (Hg.), Theologie 113–128, 123, vgl. auch Kuschel, Weihnachten 11, mit Berufung auf Heinrich Böll.

schen Stoffes auf das sprachliche Niveau eines jeden anderen mythischen Stoffes bei Günter Grass, James Joyce, oder Carlo Coccioli ist auch eine repräsentative Stufe in der Säkularisierung unserer Kultur, die man allzu leicht ignorieren könnte, wenn man bloß auf die Realisationen religiöser Impulse achtete.«[40] Hier wird das Gespräch mit der Literaturwissenschaft schon deshalb schwierig, weil sie nicht nach dem Was der Religion, sondern nach dem Wie fragt: »wie funktioniert sie in einem bestimmten Text?«[41] Sie fragt nach der Funktion der Religion in einem Text genauso wie sie nach der Funktion anderer kultureller Manifestationen und mythischer Stoffe in einem Text sucht. Die Literaturwissenschaft sucht nach formalen Kennzeichen, um die Kategorie des Religiösen zu identifizieren.[42] Hier wird die Theologie bescheiden, weil sie im Formalen keine Hierarchie gegenüber anderen mythologischen Leseweisen beanspruchen kann. Sie misstraut ihren eigenen allzu forschen Versuchen, was sie an Inhalten erwartet, dann auch zu finden.[43] Sie begibt sich, nicht strategisch, sondern wirklich, nicht servil, sondern erhobenen Hauptes in die Reziprozität des Fiktiven.





## 2.4 *Wirkliche Erdichtung*

Es kann religiöse oder mythische Sprache geben, deren Wirklichkeitsgehalt nur in der Sprache selbst liegt, der ansonsten aber keine außerästhetische Wirklichkeit unterstellt werden kann.[44] Es ist die reine Form, die einen Mehrwert gegenüber der Tatsachenwelt nur im dichterischen Werk selbst formuliert. Die Ästhetik ist der Ort einer nunmehr nur noch ästhetisch repräsentierbaren Transzendenz des Lebensvollzugs in seiner dichterischen Repräsentanz. Es gibt nicht nur die Gegenüberstellung von Form und Motiv, von Gestalt und Gehalt, sondern es gibt auch die Möglichkeit, dass sich ein Motiv (wie etwa das Motiv der Dauer und der Transzendenz) in der Form selber zeigt, so dass die Form nicht Ausdruck eines Motivs außerhalb ihrer selbst ist, sondern als Form Motiv ist.[45] Was Jens hinsichtlich des »Dahinter« in der Kunst andeutet, hat dann keinen in-

40 | Ziolkowski, Theologie und Literatur 123.
41 | Vgl. ebd. 126.
42 | Vgl. ebd. 126.
43 | Vgl. ebd. 116.
44 | Vgl. ebd. 123.
45 | Kritisch zu Mieth, Literatur 177.

haltlichen Eigenwert gegenüber der literarischen Ästhetik, sondern ausschließlich in ihr. Aber immerhin: Auch das ist eine Art von Transzendenz, die sich allein in der Form, also nicht im Begriff, mythologisch, sondern mythomorph ereignet.[46]

In der gedanklichen Schärfung des mythologischen Überbaus mag der Symbolbegriff, wie ihn Paul Ricoeur definiert hat, hilfreich sein: »Mit dem Symbolbegriff bezeichne ich jede Sinnstruktur, in der ein unmittelbarer, erster, wörtlicher Sinn überdies einen mittelbaren, zweiten, übertragenen Sinn anzielt, der nur durch den ersten erfasst werden kann. Und dieser Bezirk der doppelsinnigen Ausdrücke konstituiert das eigentlich hermeneutische Feld.«[47]



Es scheint ja tatsächlich eine Universalie zumindest mittlerer Reichweite zu sein, dass die Poesie diesen sprachlichen »Überbau« anstrebt, um der Wirklichkeit eine bestimmte Bedeutung, eine bestimmte Aura, eine mystische Qualität, einen bestimmten Zusammenhang zu geben und in der Poesie zu verdichten. Selbst so unterschiedliche Autoren wie Gottfried Benn und Ernst Jandl haben ein vergleichbares Bestreben, auch wenn Jandl nie, wie Benn, in seinem Gedicht »Gedichte« formulieren könnte:

> die Dinge dringen kalt in die Gesichte
> und reißen sich der alten Bindung fort
> es gibt nur ein Begegnen: im Gedichte
> die Dinge mystisch bannen durch das Wort.[48]

Gleichwohl ist es nach Norbert Hummelt auch Jandls »Unterfangen aller Poesie, in Sprache anwesend zu halten, was in der Welt außerhalb der Worte immerfort entgleitet: so dass uns am Ende nur bleibt, was wir auswendig können und damit inwendig besitzen.«[49]

Wenn es so etwas wie eine Literaturtheologie gibt, analog etwa zum Begriff der Befreiungstheologie, insofern sich eine Theologie mit der Be-

46 | Zu analogen Überlegungen im Bereich der Liturgie vgl. Ottmar Fuchs, »Unbedingte« Vor-Gegebenheit des Rituals als pastorale Gabe und Aufgabe, in: Theologische Quartalschrift 189 (2009) 106–129

47 | Ricoeur, Hermeneutik 22.

48 | Gottfried Benn, Gedichte, Zürich 1983, 188. Vgl. dazu Ingeborg Scholz, »Die Dinge mystisch bannen durch das Wort« – Poetologische Thesen in Gottfried Benns Marburger Vortrag »Probleme der Lyrik« (1951), Bernstein-Regal No. 6, Bonn 2010.

49 | Norbert Hummelt, Merk dir, du heißt Ernst Jandl. Eine Vermisstenanzeige, in: Eurozine (Online-Magazin), Wien 2000 (12.01), 2.

freiung der Menschen beziehungsweise mit der Literatur beschäftigt, sich auf diese Bereiche bezieht und sich von ihnen her neu rekonstruiert, dann gibt es auch so etwas wie eine Literaturmythologie, nämlich nicht nur in der Frage danach, welche Theologien literarische und poetische Werke »realisieren«, sondern welche darüber hinausgehenden »Mythologien« sie zum Ausdruck bringen, sei das Mythische bei ihnen privater, volksbezogener, antireligiöser, oder nur ästhetisher oder sonst welcher Art.[50]

Diese gegenseitige Sichtung vom Anderen in den je eigenen Bereich hinein und umgekehrt hat auch Auswirkungen auf die Literatur selbst: nämlich das, was die Theologie im Zusammenhang mit der Literatur einbringt, auch in sich selber zu identifizieren als das Verhältnis von mythomorpher oder/und mythologischer »Transzendenz« auf der einen und Wirklichkeitswahrnehmung auf der anderen Seite im eigenen literarischen Geschäft. Das Mythische ist die anthropologisch grundierte inhaltliche und ästhetische Eigenqualität, als »nichtgeschichtlich, anschauend, nichtbegrifflich, personalisierend, sinnverbürgend.«[51] Es ist jene Wahrnehmungs- und Erkenntnisform, die, strukturanalog gesehen, auch die Wahrnehmungs- und Erkenntnisform der Theologie ist. Die Differenz liegt im Inhalt und im unterschiedlichen Anspruch, referenzfähig zu sein, also Wirklichkeitsbezug über das Wahrnehmbare und Normale hinaus zu haben.

Erich Garhammer erinnert hier interessanterweise an den Dialog zwischen Umberto Eco und Kardinal Martini: In der großen Anerkennung von Eco für die erlösende Erfindung der theogonen Energie der Menschheit, mit der Antwort Martinis, dass der Glaube an die Wirklichkeit dieser »Erfindung« mit Berufung auf die Offenbarungskonstitution *Dei Verbum* des Zweiten Vatikanums im Wachsen der Überlieferung durch Nachsinnen und Studium, durch innere Einsicht und geistliche Erfahrung sowie durch die Verkündigung geschehe.[52] Damit antwortet Mar-





50 | Vgl. dazu Wilfried Barner, Literaturtheologie oder Literaturmythologie?, in: Jens u. a. (Hg.), Theologie und Literatur 146–163; zur diesbezüglichen Mythosdiskussion vgl. auch Fuchs, Praktische Hermeneutik 203–264.

51 | Barner, ebd. 160.

52 | Vgl. Garhammer, Literatur 155f., mit Berufung auf Carlo M. Martini und Umberto Eco, Woran glaubt, wer nicht glaubt?, Wien 1998 92f. Vgl. auch Karl-Josef Kuschel, Literatur und Theologie als gegenseitige Herausforderung, in: Garhammer, Langenhorst (Hg.), Totenerweckung 19–42, 35f.

tini durch Vorgänge, Prozesse und Begegnungen, in denen das Vertrauen darauf aufgebaut wird, dass »dahinter« Wirklichkeit steht. Genau dieses Vertrauen darf die Theologie in das Gespräch mit der Literatur einbringen, aber genauso bescheiden, wie Martini es tut: Ohne, wie Garhammer sagt, »defensive Selbstverteidigung« und ohne »eine triumphale theologische Antwort«.[53] Und diese in *Dei Verbum* angedeuteten Prozesse haben selbst inkarnatorischen Charakter und beinhalten bereits dieses Verhältnis: »Literatur muss nicht die Aufmerksamkeit von theologischen Fragen abziehen. Sie kann sie sogar ganz neu und überraschend, unverbraucht, dränglicher, kairologischer in den Blick nehmen ...«[54]



## *2.5 Theologie in der Kenosis*

Literaturwissenschaft und Theologie entdecken aneinander, dass sie längst schon ineinander existieren: wie in den literaturwissenschaftlichen Methoden der Bibelexegese, wie in der Dominanz narrativer und damit auch erzählanalytisch angehbarer Texte im religiösen Traditionsbereich, wie in der Übersetzungsarbeit zwischen religiöser und nichtreligiöser Sprache in Theologie und Verkündigung, wie in mythischen und mythologisierenden Sprachformen, wie im spannenden Verhältnis von literarischer Ästhetik und inhaltlicher Dringlichkeit. In dieser gegenseitigen Überlappung gilt es, in den verschiedenen Regionen Wahrnehmungs-, Problem- und Mythosanalogien zu bestimmen, miteinander ins Gespräch zu bringen, wenn nötig auch in »produktive Kollision«.[55]
Das Bindeglied zwischen autonomer Literatur und Theologie ist eben nicht nur die Moral,[56] sondern auch das, was sie im mythologischen Bereich verbindet, wie immer der sich in der Ästhetik oder zwischen Ästhetik und einer Wirklichkeit darstellt. Am Beispiel von Stefan George wird dieser Zusammenhang genauer zu prüfen sein (s. u. Kap. 6.9). Jedenfalls geht es darin um die Freiheit von Imperativen, die sich auf ein ganz bestimmtes vorgeschriebenes Verhalten beziehen. Gerade im Bereich ihrer Mythologien ist die Literatur selber ein Ort, wo Einstellungen vermittelt

53 | Garhammer, Literatur 156.
54 | Ebd. 154.
55 | Vgl. Mieth, Literatur 174f.
56 | Vgl. ebd. 169. Mieth urteilt m. E. mit dem Vorwurf einer Regelsätzemoral zu plakativ über die Volksreligiosität, denn letztere lebt, im Gegensatz zu einer prinzipiendurchsetzenden Theologie, eher von jener Narrativität, die die indirekte Ethik kennzeichnet (ebd. 170).

und Entscheidungen ermöglicht werden, aber nicht als moralisierender Imperativ, sondern als ein Raum der Ermöglichung: wenigstens für die Zeit der Lektüre ein anderer oder eine andere zu werden, im Horizont eines dramatisierten Lebens oder einer Poesie, deren Erfahrung auch auf den Alltag auszustrahlen vermag.

So sind die Gedichte von Stefan George praktisch unverbindlich, und das ist auch ihr Problem, aber das heißt nicht, dass sie in ihrem mythologischen Programm nicht als ein Raum erlebt werden könnten, der ganz bestimmte Tatbereitschaften ermöglicht, trägt, provoziert und aushalten lässt. Theologisch geht es also nicht nur um die Ethik, sondern noch ihr vorgängig gerade im Bereich der Poesie und Literatur auch um so etwas wie die Erfahrung der Gnade, dass es geschenkt wird, zumindest während der Lektüre in einer gnädigeren Welt zu leben.[57] Es ist jene Gnade, die von der Form dann auch bis in die Politik hinein ausstrahlt: »Wenn ich daran denke, welches Geschrei Böll geantwortet hat, als er es gewagt hatte, für die Baader-Meinhof-Leute ein Wort wie ›Gnade‹ zu fordern, ein Wort aus der Mitte des Evangeliums ...«[58] Ähnliches könnte man von Luise Rinser sagen.[59]

So strahlt die Ästhetik auf die entsprechende Gestaltung des Lebens aus. Mit Bezug auf John M. Coetzees Roman »Schande«[60] identifiziert Ammicht Quinn einen ethischen »Mehrwert« gerade in der Ästhetik dieses bestürzenden Romans: »Menschen ... befinden sich dort, im Zustand der ›disgrace‹, der abwesenden Gnade. Zugleich entsteht dort, wo die Abwesenheit der Gnade nicht mehr überspielt oder geleugnet, sondern als unausweichlicher Zustand des Daseins erfahren wird, eine neue, elementare, kreatürliche Form des Mitleids, die die Sehnsucht nach Gnade wach hält. Von hier aus entsteht eine neue, erahnte und nur vielleicht mögliche Geometrie: eine Geometrie nicht der Fallhöhe, sondern der Steighöhe in der Imagination des Raumes, den die Menschheit durchmessen müsste,





57 | Vgl. Mieth, Literatur 176.

58 | Podiumsdiskussion: Ist »Gott« heute literarisch darstellbar?, in: Jens u. a. (Hg.), Theologie 245–265, (Muschg) 258.

59 | Vgl. Rainer Bucher, Rainer Krockauer im Gespräch mit Ottmar Fuchs, Es geht nichts verloren, Würzburg 2010, 45ff.

60 | John M. Coetzee, Schande, Frankfurt am Main 1999 (Disgrace, London 1999); vgl. Regina Ammicht Quinn, Aus der Gnade gefallen, in: Garhammer, Langenhorst (Hg.), Totenerweckung 116–130.

bis das Leben wieder ›gut‹ wird. Hier, in dieser Imagination des Raumes treffen sich Literatur und Ethik.«[61]

Klaus Jeziorkowski formuliert diese Dimension des Ästhetischen folgendermaßen: »Ästhetisch strukturierte Texte sind Parabeln der Vollendung und der Erlösung, auch und gerade dort, wo sie Dissonantes und dissonierend gestalten. Ihre Struktur, ihr Werk-Sein ist Balance, ist Verweis auf Vollendung, Zuendekommen des Schmerzes, der Qual, des Terrors, des Schreckens. Ihr Geformtheit ist – verzeihen sie mir das nicht blasphemisch gemeinte Bild – ihre Auferstehung am dritten Tage und die Rückgewinnung des Paradieses.«[62] Literarische Texte schaffen eine »zweite Wirklichkeit, ihre eigene neue Welt, in der man umherspazieren



kann ...« Um solche Tagtraum- und Fiktionswelten zu schaffen, in denen ganze Generationen von Lesern mit immer neuer Entdeckerfreude umherwandeln, verfährt der literarische Text weithin narrativ, erzählend oder szenisch darstellend ...«[63]

Und weiter: »Das ästhetische Gebilde hat und gibt diese Seligkeit nur aufgrund seiner ästhetischen Organisation, die selbst noch nicht einmal ›stimmig« oder ›schön‹ sein muss. Auch und gerade ... chaotische Strukturen, die destruktiven fragmentierten Strukturen, die unserer Realitätserfahrung so vielfach entsprechen, haben aufgrund der Kohärenz, der inneren Beziehung der Teile, eben jene ästhetische Organisation, die im Vorschein und der Potentialität der Erlösung strahlt. Nichts muss an jener Organisation im Normalsinne schön oder gut sein. Jener Seligkeit der Struktur kommt es nicht darauf an, dass die dargestellte Welt gut ist, sondern dass die Welt gut dargestellt ist.«[64] So setzt sich Peter Handke »der Passion der Struktur« aus und formuliert: »sich nicht um den Anschluss an eine Religion zu bemühen, sondern sich in seiner Unerlöstheit geduldig und sachlich zu beschreiben, ist schon Religion«.[65]

Wo die Wirklichkeit in ihrer Unversöhntheit aufgedeckt wird, ist dieses Aufdecken als solches bereits in seiner ästhetischen Exklusivität, die dieser Wirklichkeit zugute kommt, ein Mythologem: eine Bewertung dahingehend, dass es notwendig ist, dieser Wirklichkeit eine besondere äs-

61| Ebd. 129–130.

62| Klaus Jeziorkowski, Zum Verhältnis von Theologie und Literaturwissenschaft, in: Jens u. a. (Hg.), Theologie 186–198, 190.

63| Ebd. 193.

64| Ebd. 195.

65| Zitiert ebd. 196–197.

thetische Form zu gönnen.[66] Kuschel formuliert in ähnlichem Zusammenhang, dass Theologie und Literatur ein einzig großer Versuch der »Entbanalisierung des Lebens« seien.[67] Der Mythos als Raum, als Schutzraum, als eine Wirklichkeit, der man sich verdankt und deren Machtzentrum außerhalb von uns selbst ist. Aber auch als eine Wirklichkeit, die in der Anklage und im Fluch angegangen werden kann.

Die Mythologie eines literarischen Textes selbst herauszuarbeiten nennt Kuschel an anderem Ort »Hermeneutik der Induktion«: nämlich nicht dem Autor vorgestanzte religiöse Kategorien von außen aufzustülpen[68] und ihn entsprechend zu vereinnahmen, sondern jene »Religiosität« oder »Transzendenz« in den literarischen Texten zu entdecken, die dort selbst ästhetisch und möglicherweise auch inhaltlich repräsentiert ist. So geht es darum, auf verfälschende Allegoresen gegenüber der Literatur zu verzichten (wie bereits gegenüber biblischen Texten[69]). Umgekehrt sind aber auch die kleinsten Allegoresen, die in den literarischen Texten selbst aufleuchten, nicht zu übersehen.[70] So wird Literatur zu einer intensiven Schule des Anderslesens von Wirklichkeit, der Abduktion von Bisherigem.

Immerhin gibt es eine gewisse Angst schreibender Menschen vor einer platten Vereinnahmung im Bereich der Theologie. »Die theologische Rezeption aber verdarb Dürrenmatt offensichtlich die theologische Pointe seines Textes. Sie entzog der Erzählung den religiösen Stachel und verharmloste die Provokation.«[71] Diese Befürchtung wirkt gestaltend auf das Werk selber zurück, indem Dürrenmatt da, wo er sich vereinnahmt fühlt, einfach das Wort Gott streicht.

Vor allem Jörg Scip unterstreicht die Möglichkeit der Theologie, bei ihm bezogen auf die Homiletik, dass das fiktionale Sprachspiel der Literatur





66 | Zur Unversöhntheit als von der Literatur eingebrachten Kritik allzu schnell vermittelnder religiöser Vorstellungen vgl. Karl-Josef Kuschel, Theologie und Literatur heute: Themen und Konsequenzen, in: Jens u. a. (Hg.), Theologie 199–222, 213f.

67 | Podiumsdiskussion: Ist »Gott« heute literarisch darstellbar?, in: Jens u. a. (Hg.), Theologie 245–265, 254.

68 | Hier mit Bezug auf Heinrich Heine: Karl-Josef Kuschel, Gottes grausamer Spaß? Heinrich Heines Leben mit der Katastrophe, Düsseldorf 2002, 15.

69 | Vgl. Ottmar Fuchs, Hat Adorno Ratzinger gelesen? Lazarus im »Jargon der Eigentlichkeit«, in: Hermann Häring (Hg.), »Jesus von Nazareth« in der wissenschaftlichen Diskussion, Wien, Berlin 2008, 231–250.

70 | Vgl. Podiumsdiskussion 257 (Wortmeldung von Muschg).

71 | Karl-Josef Kuschel, Im Spiegel der Dichter. Mensch, Gott und Jesus in der Literatur des 20. Jahrhunderts, Düsseldorf 1997, 205.

für die Homiletik auf formalem Wege fruchtbar gemacht werden soll, nach dem Motto »eine Vision der Welt setzt sich primär immer formal durch.« In der Begegnung mit der Literatur gewinnt die Homiletik sich selbst als Literatur zurück.[72] Bei Seip kann dabei nicht die Gefahr einer Ausbeutung der Literatur für die Homiletik aufkommen, weil es die Homiletik enorm viel kostet, das andere ihrer selbst zu werden, nämlich Literatur, um sich und die Literatur zu verstehen. Ausbeutung besteht immer dann, wenn man sich nicht verändert und das andere für die Absicherung der eigenen Herrschaftsbereiche instrumentalisiert. Die Begegnung, die Seip im Auge hat, verlangt viel zu viel Veränderung im eigenen Bereich im Horizont des anderen als dass sie unter diesen Verdacht geraten könnte. Die größte Herausforderung liegt vor allem darin, sich selbst in einen bestimmten Sinn als fiktionale Rede zu verstehen.[73]



So ist für Dürrenmatt nicht nur die eigene Dichtung, sondern auch der Glaube etwas Erdachtes: »Diese Fähigkeit der Einbildungskraft, aufs Ungewisse, bloß Vermutete zu springen, dürfen wir Glauben nennen: auch der Glaube ist eine Funktion der Phantasie. Der Mensch wurde Theologe.«[74]

Die sprachlichen Orte der Offenbarung sind aus dieser Perspektive als Literatur, als fiktionale eben, aufzufassen.[75] Was diese Einsicht an Spiritualität des Verzichts benötigte, wäre eigens zu diskutieren. Des Verzichts auf Sicherheiten im Namen eines Gottes, der selbst die Unsicherheit gesucht hat, der am Ende keine Antworten hatte, sondern die klagende und anklagende Frage nach dem Warum, so dass sich die Homiletik gegenüber der Literatur nicht im Verhältnis von Antwort und Frage aufbauen kann, sondern auch und besonders im Mitaushalten der Fragen, der Gottlosigkeit und Sinnlosigkeit.

Das lateinische Wort »fingere« bedeutet »sich vorstellen, erdichten« und kommt schon von daher der »Dichtung« nahe. Es geht mir dabei nicht um die ideologische Position, dass alle Begriffe nur lebensdienliche Fiktionen seien und sich gegenüber einem objektiv wirklichen Bezug nur in

72 | Vgl. Jörg Seip, Einander die Wahrheit hinüberreichen. Kriteriologische Verhältnisbestimmung von Literatur und Verkündigung, Würzburg 2002, 9.

73 | Vgl. ebd. 184ff.

74 | Friedrich Dürrenmatt, Werkausgabe in siebenunddreißig Bänden, Bd. 37, Zürich 1998, 35. Die auf Dürrenmatt bezogenen Hinweise verdanke ich vor allem Thomas Markus Meier, Der Zufall im Werk von Friedrich Dürrenmatt, Dissertationsentwurf Manuskript, Tübingen 2010.

75 | Vgl. Seip, ebd. 234.

einem Als-ob-Verhältnis befänden. Dies zu behaupten wäre selbst eine Fiktion in einem solchen Konzept. Es geht vielmehr darum, den objektiv wirklichen Bezug beweglicher, variabler und entfliehender aufzufassen als eine statische Ontologie dies wahrhaben möchte.[76] Und die Sprechakte der Kontakte zwischen Begriff und Wirklichkeit sind geprägt vom Glauben und vom Zweifel, von der Zuversicht und von der Verzweiflung, und manchmal auch von der Hoffnung wider alle Hoffnung.

Was hier geschieht, kann unschwer mit den rhetorischen Operationen der Metapher und der Metonymie assoziiert werden. Etwas in einem Bereich kann zur Metapher für den anderen Bereich werden. In der Metapher wird ein Wort auf einen anderen Anwendungsbereich übertragen, wobei eine Ähnlichkeit irgendeiner Art zwischen den beiden Bereichen angenommen oder hergestellt wird (z. B. »die *blühenden* Wangen«). Ein Wort wird also von seinem ursprünglichen Zusammenhang (blühende Blumen) auf ein anderes Anwendungsfeld übertragen und gewinnt damit eine übertragene Bedeutung. Hinzuzufügen ist, dass die rhetorischen Operationen ihre Entsprechung und wohl auch ihre Wurzeln in der Traumarbeit haben, dem Ursprung der rhetorischen bzw. künstlerischen, der literarischen und der religiösen Phantasie. Auch in der Bibel ist der Traum ein Ort der Enthüllung. Der Metapher entspricht dann die Verdichtung in der Traumarbeit: Ein Bildteil eines manifesten Traums kann eine Metapher für zwei und mehrere latente Traumgedanken bilden, also ähnliche, vielleicht sogar gegensätzliche Momente der latenten Traumgedanken verdichten. Derart kann Verdrängtes aus der Latenz herausgeholt geraten.

Man kann auf der anderen Seite den Vorgang aber auch als Metonymie besprechen. Bei der Metonymie entsteht eine Pars-pro-Toto-Setzung: Der Inhalt eines Gefäßes wird beispielsweise ersetzt durch die Nennung des Gefäßes selbst: »Das wievielte Glas haben sie schon?« Aus dieser Perspektive erscheint ein Wort als Pars pro Toto für die gemeinte Wirklichkeit, die durch die Nennung ihres »Gefäßes« zum Vorschein gebracht (nicht etwa ersetzt!) wird. In der Traumarbeit gleicht diese Operation der Verschiebung, durch die in einem manifesten Traum etwas emotional Bedeutsames durch etwas ganz anderes vorgesetzt wird, was die Traumdeutung auf die eigentlichen latenten Traumgedanken hin schwierig

76 | Zur Diskussion verschiedener Fiktionalitätskonzepte vgl. Seip, Himmel aufspannen.

macht.[77] Diese hier nur angedeuteten Überlegungen sollen lediglich kurz darauf verweisen, welch tiefgreifende kreative und phantasievolle Symbolproduktivität in der Kunst, in der Literatur und in der Religion am Werke ist.

Die Einsicht, dass theologische Sätze nicht einfachhin wahr sind, sondern der geglaubten und erhofften Wirklichkeit gegenüber immer unähnlicher als ähnlich, etabliert in der Theologie selbst jene Differenz zwischen Rede und Wirklichkeit, zwischen Verkündigung und Wahrheit, die nur in der Form der fiktionalen Rede überbrückbar (oder auch nicht überbrückbar, und dann die Lücke verschärfend) wird.



Bis hin zur Paradoxie: dass dem Satz von Günter Grass, nämlich mit Lügen die Wahrheit ans Licht zu bringen, die theologische Rede entspricht, dass Gott auch auf krummen Zeilen gerade schreibt.[78] Diese interessante Funktion der Lüge findet Ernst Bloch bei Karl May gegeben: »Obwohl Karl May nie tat, was er von sich erzählt, nie dort war, wo er jeden Strauch zu kennen vorgibt, findet ihn noch jeder Junge richtig. Also muss an der Lüge etwas dran sein, nämlich der echte Wunsch nach Ferne, den sie erfüllt.«[79]

## 2.6 Differenz im Konkreten

In der früheren Literatur zum Thema des Verhältnisses von Theologie und Literatur hat man den Eindruck, als würde nur *eine* Begegnungsmöglichkeit zwischen diesen beiden Bereichen gesucht oder auffindbar sein. Aber schon die unterschiedlichen Publikationen und die unterschiedlichen Aufsätze in den neueren Tagungsbänden zu diesem Thema zeigen unterschiedliche bis gegensätzliche Vorschläge dazu. Und nicht alle, aber viele haben ihre Plausibilitäten, ihre notwendigen Provokationen und weiterführenden Einsichten. So sehr, dass man sie gar nicht in eine einzige Begegnungsform mit ganz bestimmten Kriterien hineinbringt. Es gibt viele Kriterien, die je nach Situation und Beteiligten unterschiedlich gewichtet und beansprucht werden können.

77 | Vgl. Werner W. Kemper, Der Traum und seine Be-Deutung, München 1977, 73ff.84ff.

78 | Vgl. Seip, Wahrheit 207.

79 | Ernst Bloch, Die Silberbüchse Winnetous, in: Helmut Schmiedt (Hg.), Karl May, Frankfurt am Main 1983, 28–31, 28.

So darf es jene Begegnung geben, in dem die Theologie auch die Inhalte der Dichtung genauer anschaut und auf dem Hintergrund der »Realisation« der eigenen Inhalte der Kritik aussetzt. Schließlich hat die Literaturwissenschaft nachgewiesenermaßen selbst Interesse an einer Theologie, die nicht hinsichtlich der Literatur und Literaturwissenschaft antichambriert.[80] Es muss auch in diesem Dialog jene dialogethische Perspektive möglich sein, dass die eine Seite tatsächlich daran glaubt, inhaltlich das Bessere, Notwendigere und Wichtigere zu haben als die andere. Dies darf nicht von vornherein als Vereinnahmung deklassiert werden. Denn wenn man sich zur Herausforderung werden will, dann geschieht dies nicht ohne entsprechende Provokation.

So spricht Friedrich Dürrenmatt von einem belasteten Verhältnis zur Theologie, weil er »als Pfarrerssohn von einer natürlichen Abneigung gegen alles Theologische geprägt« sei: »Ich verdanke der Theologie vieles, von ihren gegensätzlichen Impulsen freilich.«[81] Und so darf Amadeus in Merciers »Nachtzug nach Lissabon« entgegengehalten werden, dass er die Bibel zu wenig kennt, wenn er sagt: »Die Poesie des göttlichen Worts, sie ist so überwältigend, dass sie alles zum Verstummen bringt und jeder Widerspruch zum jämmerlichen Kläffen wird.«[82] Denn Gott bestätigt Hiob das Recht seiner Klage und wenn 40% der Psalmen Klage und Anklagepsalmen gegen Gott sind, dann muss man diese Teile der Bibel nicht wegwerfen. Es ist die große Anfrage, die Ignazio Silone in den Mund des zerbrechlichen Gebildes der alten Großmutter von Christina legt, die eben trotzig gesagt hat, weil sie sich nicht bekehren will »dann gehe ich eben in die Hölle«: »Wie lange dürfen diejenigen, die nicht bereuen und in die Hölle kommen, vor dem Höchsten Richter verweilen? Haben sie wenigsten Zeit, ihm die Wahrheit ins Gesicht zu sagen?«[83]

Aber Mercier hat natürlich auch Recht mit seinem Widerstand um der Freiheit willen: Wenn im Raum der Kirche die Rede von Gott derartig als Unterdrückung und Lebensverlust erlebt wird, ist es nur ein kurzer Weg dahin, diese Art von »Verkündigung« mit Gott selbst zu verwechseln und dann beides abzuschaffen, damit »wir unsere Versklavung (nicht)





80 | Vgl. Jens u. a. (Hg.), Theologie 8 (im Vorwort).

81 | Dürrenmatt, Werkausgabe, Bd. 33, 127–128.

82 | Pascal Mercier, Nachtzug nach Lissabon. Roman, München 2006, 199–200.

83 | Ignazio Silone, Wein und Brot. Roman, Köln 1974, 290–291; zur Anklage Gottes im »Jüngsten Gericht« vgl. Ottmar Fuchs, Das Jüngste Gericht. Hoffnung auf Gerechtigkeit, Regensburg ²2009.

eigenhändig in unsere tiefsten Tiefen hineintreiben und das auch noch freiwillig und mit Freuden tun. Kann es eine größere Verhöhnung geben?«[84]

Was theologisch wichtig ist, kann zwar substantiell gegeben sein, kann aber nur aus dem Bereich der Theologie heraus expliziert, identifiziert, beim Namen genannt werden. Die Frage »nach der theologischen Bedeutung religiösen Stoffes (ist) Aufgabe des Theologen ... – nicht des Literaturwissenschaftlers.«[85] Nur von der Theologie her kann qualifiziert werden, was eine weltliche Interpretation des Evangeliums ist und was nicht! Sie gibt im Bereich der Weltlichkeit nicht ihre Maßstäblichkeit auf. So mahnt Paul Konrad Kurz auch die Differenz zwischen Theologie beziehungsweise Glaube und Literatur beziehungsweise Literaturwissenschaft an, wenn er die Differenz der Sprachspiele betont und zur Vorsicht mahnt, theologische oder religiöse Worte nicht allzu schnell äquivok zu gebrauchen. Religiöse und literarische Texte sind also bei aller gegenseitigen Erschließung auch zueinander ganz anders. Ansonsten wäre ihre Begegnung auch ziemlich langweilig.[86] Der Schriftsteller Jürgen Rennert spricht sogar von einer »klugen und freundlichen Feindschaft«.[87]



Aus dieser Perspektive gibt es also nicht nur die Gefahr, dass die Theologie die Literatur für sich vereinnahmt, sondern auch die Gefahr, dass sich in der Begegnung mit der Literatur »urkundliche« theologische Perspektiven auflösen, und das umso mehr, je sprachlich wirkungsvoller und eindrücklicher (als die alten religiösen Texte) die Literaturen sind. Dass sich solche grundlegenden theologischen Perspektiven, wie sie Jens benennt, auch im Raum von offiziellen Kirchen und Glaubensgemeinschaften auflösen können, sei aber genauso realistisch dazugesagt.

Die Feindschaft, von der Jürgen Rennert spricht, bezieht sich nicht nur auf die Lizenz der Literatur, das Religiöse zu konterkarieren, sondern auch auf die Lizenz der Theologie, gegenüber literarischen Texten Widerspruch anzumelden. Hätte man in der Theologie beispielsweise in antimodernistischen Zeiten ein kritischeres Verhältnis zur Ambivalenz

84 | Mercier, Nachtzug 201. Vgl. den Zugang, ebenfalls im Modell einer »Anknüpfung im Widerspruch«, zu Merciers Nachtzug bei Jan-Heiner Tück, Hintergrundgeräusche, Ostfildern 2010, 32–55 bzw. 25–29.

85 | Ziolkowski, Theologie und Literatur 126.

86 | Vgl. Paul Konrad Kurz, Theologie und Literatur: kritische Anmerkungen, in: Jens u. a. (Hg.), Theologie 223–229, 227.

87 | Im Diskussionsbericht Jens u. a. (Hg.), Theologie 241.

des Rituals gehabt, hätte man auch eine andere Kompetenz aufbringen können, rein ästhetische Ritualisierungen (einschließlich der von Stefan George, s. u. Kap. 6.4–5), als solche (noch gar nicht auf die Motive und Inhalte bezogen) in ihrer Ambivalenz aufzudecken.

Doch kann sich eine solche gegenseitig kritische Wahrnehmung nur auf der Basis einer gegenseitigen reziproken Achtung ereignen, von Seiten der Theologie vor allem in der Anerkennung verschiedener Formen von Transzendenz im motivationalen, inhaltlichen und vor allem ästhetischen Bereich. Dialogbezogen wird sie sich als eine Mythologie unter vielen in das Gespräch bringen und das Bessere nicht in einer hierarchischen Position vorsetzen, sondern im Begegnungsprozess selbst aufs Spiel setzen wollen. Ähnliches gilt für die Einsicht der Theologie in die fiktionale Qualität der eigenen Sprachformen.





Die Begegnung zwischen Literatur und Theologie wird damit zu einer sehr vielschichtigen Angelegenheit im Horizont einer Dialogethik, die an einer entsprechenden Begegnungsethik Maß nimmt: die unbedingte gegenseitige Anerkennung als Basis und Lizenzraum für viele möglichen Begegnungsschichten und Auseinandersetzungen. Das ist in der Theologie selbst nichts Neues. Es gibt verschiedene Begegnungen mit biblischen Texten: die historisch-kritische, die befreiungstheologische, die feministische, die intertextuelle, die Nachahmung und den Widerspruch im existentiellen Zugang, die spirituelle und die ethische u.v.m. All diese Wege hängen auch zusammen, in unterschiedlicher Weise jeweils, aber sie sind auch zueinander anders, voneinander differenzierbar, sich gegenseitig bedingend oder auch nicht.

So gibt es zwischen Theologie und Literatur Differenzmöglichkeiten im Was und im Wie, im Motiv und in der ästhetischen Gestaltung. Was beide aber gemeinsam haben, wenn Dichtung Dichtung und Theologie Theologie sein wollen, ist die für sie immer notwendige Kategorie einer literarischen Form, die die Wahrnehmung transzendiert, sei es als semantische Fiktion, sei es allein in der Form der ästhetischen Gestaltung.

## 2.7 *Widerspruch am Beispiel Schuld*

Schuld ist letztlich nicht abstrakt definierbar, sondern immer nur in Geschichten erzählbar. Und die kirchliche Form, das Böse Erbsünde zu nennen, ist Ausdruck dafür, dass die Menschen oft genug rücksichtslos und gewalttätig sein können und in bestimmten Situationen Bestien werden können, dass das Böse nicht eine abstrakte Macht darstellt, sondern eine Macht in den Menschen selbst, und damit konkret benenn-, erzähl- und erfahrbar ist.

War oben bereits von Schuld die Rede, und davon, wie in einem Roman Schuld ihren Ausdruck findet und, in der Fiktion, eine Art von »Wiedergutmachung« ermöglicht, so gibt es in der Literatur auch Beispiele, wo dies ganz und gar nicht geschehen kann. Was also zur Analogie zwischen Literatur und Theologie gesagt wurde, beinhaltet nicht nur das positiv Entsprechende in der Analogie, sondern auch das negativ Widersprechende. Damit werden Glaube und Theologie auf eine besondere Weise herausgefordert, sich nicht unterhalb des Niveaus der Herausforderung dem Leben zu stellen.

Nach einer magischen Sitzung, um darin die innersten Geheimnisse eines ermordeten Toten herauszufinden, worin auf einmal teuflische Abgründe spürbar werden, fragt die Kriminalinspektorin die Frau, die sie in diese esoterischen Riten eingeführt hat, »Meinst du, dass er in der Hölle ist?«, und bekommt die Antwort: »Nein. Es gibt keinen Ort, der Hölle heißt. Weißt du, was die Hölle ist?« Als die Inspektorin verneint, fährt die Ritenmeisterin fort: Hölle ist: »Dass alles zu spät ist. Dass man nichts mehr ändern oder wieder gutmachen kann. Dass man auch nach dem Tod noch der ist, der man im Leben gewesen ist. Dass du nichts mehr, was du gesagt oder getan hast, ändern kannst, und dass das alle Menschen, denen du begegnet bist und die dir nahe waren, noch lange nach deinem Tod beeinflusst. Generationen lang, Jahrhunderte ... ja, vielleicht für alle Ewigkeit. Alle Religionen versprechen Frieden und Erlösung von den Sünden nach dem Tod. Die Wahrheit ist, dass man nicht von sich erlöst werden kann.«

In dieser Szene bringt die schwedische Autorin Helene Tursten in ihrem Kriminalroman »Tod im Pfarrhaus«[88] eine unheimliche Gnadenlosigkeit zum Ausdruck, die in der Tat eine neue Art von Hölle konstituiert, nämlich auf sich selber unveränderbar festgenagelt zu sein, ohne Hoff-

88 | Helene Tursten, Tod im Pfarrhaus, München 2002, 155. Zum Verhältnis von Theologie und Kriminalroman, auch zu der Funktion von Kriminalromanen als Zeitsymptomen vgl. H.-G. Janßen, Mord und Totschlag. Die Theologie und der Kriminalroman, in: Orientierung 65 (2001) 217–222; zur Gattungsanalyse vgl. Ulrich Suerbaum, Krimi. Eine Analyse der Gattung, Stuttgart 1984; zum Schuldproblem in Theologie und Literatur vgl. auch Langenhorst, Handbuch 165–168.

nung, von seinen eigenen Grenzen und Destruktionen jemals erlöst werden zu können. Diese Höllenvision ist aber nicht nur gnadenlos, sondern auch gerechtigkeitslos. Denn diese Unveränderbarkeit ist eiskalt, mit kausalen Verursachungen, die durch die Geschichte gehen. Hier kann auch nicht der leiseste Gedanke an die Möglichkeit aufkommen, dass die Opfer gerettet und die Täter zur Verantwortung gezogen werden. Diese Hölle ist keine Konsequenz eines gerechten Gerichtes, sondern ist bereits im Gesetz des Lebens und des Todes selber verankert. Opfer und Täter bleiben ewig, was sie sind. Gegen diese esoterische Wahrheit, dass der Mensch nicht von sich erlöst werden kann, setzen, auch nach dem Zitat, die Religionen ihr Versprechen von Frieden und Erlösung von Sünden, es wäre noch zu ergänzen, auch das Versprechen einer universalen Gerechtigkeit.





Der christliche Glaube ist eine solche Religion, gestaltet diesen Zusammenhang allerdings in einer eigenen Weise, von der der christliche Glaube annimmt, dass sie von Gott selbst geschenkt ist. Ein zentraler Vollzugsort dieses Geschenkes ist in Bibel und Christentum die Sündenvergebung im Horizont einer Gottesbeziehung, in der Gott die Menschen als Sünder und Sünderin offen legt, aber nicht darauf zurückwirft, sondern sie als solche unbedingt annimmt und dadurch die Möglichkeit der Veränderung schenkt. Nicht zuerst die Umkehrbereitschaft der Menschen, sondern die vorgängige Umkehrermöglichung von Gott her bildet das existentielle und auch hermeneutische Zentrum christlicher und kirchlicher Existenz wie auch für ihr Ergreifen und ansatzhaftes Begreifen.

Dass das Sprachspiel der Sünde auf das religiöse Feld abgedrängt wurde, sagt noch nichts darüber aus, was unter anderen Sprachspielen dann doch an entsprechender menschlicher Erfahrung benannt und ausgetauscht wird: mit den Begriffen des Gewissens, der Verantwortung (und den Gegenbegriffen der Gewissenlosigkeit und der Verantwortungslosigkeit) zum Beispiel.[89] Und auch eine Therapie, die nicht das Schuldiggewordensein von Menschen bzw. die Opfer dieses Schuldiggewordenseins ernst nimmt, operiert am Kern der Probleme vorbei. Kürzlich hat Dieter Hildebrandt seine Art, politisches Kabarett zu gestalten, in

89 | In dem oben gebrachten Zitat aus dem Kriminalroman ist übrigens aufschlussreich, dass hier die Frage nach der Erlösbarkeit von Schuld mit der religiösen Frage nach der Erlösung von den Sünden verbunden wird.

einem Fernsehinterview mit der Fähigkeit in Verbindung gebracht, ein Gewissen zu haben, und zwar persönlich wie auch den Vorgängen der Gesellschaft gegenüber.

Nach alledem scheint es mir fast so, dass das Zitat aus »Tod im Pfarrhaus« in signifikanter Weise zum Ausdruck bringt, dass gegenwärtig nicht der Unschuldswahn das Problem ist, sondern der Wahn, auf Beschuldigung und Selbstrechtfertigung festgenagelt zu sein, in einem permanenten Wiederholungszwang, ohne Hoffnung, aus diesem Teufelskreis heraustreten zu können bzw. eine Begegnung geschenkt zu bekommen, die es ermöglicht, herauszutreten, und zwar so herauszutreten, dass die eigene Unzulänglichkeit und das eigene Schuldigwerden ungeschminkt wahrgenommen werden können, ohne dass man dabei Anerkennung und Akzeptanz verliert bzw. in einer umso heftigeren Selbstrechtfertigung die Kompensation suchen muss.



Hier kann, um nochmals auf die Kategorie der Kriminalromane zurückzukommen, Pater Brown zitiert werden, der sich, als Priester und Christ, die Aussage leisten kann: »Ich bin ein Mensch, und habe daher alle Teufel im Herzen. Vielleicht habe ich mich nicht recht glücklich ausgedrückt, aber was ich gesagt habe ist wahr. Kein Mensch taugt in Wirklichkeit etwas, ehe er nicht weiß, wie schlecht er ist oder doch sein könnte, ehe er nicht einzusehen vermag, dass es vermessen ist, in dieser hochmütigen und verächtlichen Weise über ›Verbrecher‹ zu sprechen, als wären dies Affen in einem zehntausend Meilen entfernten Urwald. Erst muss er sich von dieser elenden Selbsttäuschung, von ›Verbrechertypen‹ und ›anomalen Schädeln‹ zu sprechen, frei machen, sich frei machen von dem ganzen salbungsvollen Pharisäertum, bis er schließlich erkennt, dass jeder Mensch zum Verbrecher werden kann …«[90] Werner Berthel schreibt von Pater Brown: »Er weiß als Priester, dass es das Böse in der Welt gibt, und wenn er Kriminalfälle löst, versucht er einer Gerechtigkeit zum Siege zu verhelfen, die nicht nur von dieser Welt ist.«[91]

Die schonungslose Offenlegung der wirklichen und potentiellen Destruktivität der Menschen im Umgang miteinander und mit der Natur, einer Destruktivität, die in vielen Aufbrüchen von Kriegen, Genoziden,

90 | Gilbert K. Chesterton, Pater Brown und das blaue Kreuz, Bergisch Gladbach, o. J., 188f.; vgl. dazu auch Janßen, Mord 219f.

91 | Werner Berthel, Mit Lupe und Verstand. Zur Figur des Detektivs, in: ders. (Hg.), Die großen Detektive, Frankfurt am Main 1975, 303–316, 313.

Misshandlungen und Missachtungen von Frauen und Kindern unablässig in der Geschichte der Menschen zum explosiven Ausdruck kommt, diese Offenlegung kann nur dann nicht noch einmal für sich selbst zerstörend für die Menschen sein, wenn sie dabei einer machtvollen Gnade gegenübertreten dürfen, die sie gerade in dieser abgrundhaften Sündigkeit noch von einem tieferen, nämlich unendlich tiefen Grund her annehmen und auffangen. Ist es genau diese Botschaft, die heute, und gerade jetzt überfällig wird? Auch gegenüber jeder Banalisierung des Bösen und Sündhaften und damit auch der Tiefe des Erlösungsgeschehens in der christlichen Verkündigung selbst?

Es scheint so, als hätte der Kreuzestod Jesu diesbezüglich seine entscheidende Dimension verloren. Am Kreuz stockt der ganzen Welt der Atem: Wird nun Gott auf Grund der Unfähigkeit der Welt, seine Mensch gewordene Botschaft anzunehmen, die Welt in den Abgrund stürzen lassen, oder gibt es für sie auch noch in der Ablehnung der Liebe Gottes eine Rettung? Dieses zentrale theologische Problem ist zugleich das zentrale geschichtliche und anthropologische Existenzproblem: Gibt es eine Rettung für Mensch und Welt aus dem Teufelskreis der Sünde heraus, auch der Sünde, zu Gott Nein gesagt zu haben? Und es zeigt sich vom Kreuz her, dass die Liebe des Gottessohnes stärker ist als die radikalste menschliche Absage: »Vater, vergib ihnen, denn sie wissen nicht, was sie tun!« (Lk 23,34). Diese unbedingte und nicht auszuhebelnde Liebe Gottes, die am Karfreitag und am Karsamstag jeden sündigen Menschen nochmals in Geschichte und in der Hölle unterfängt, zeigt eine Proexistenz des Gottessohnes, die für die Leidenden gilt und vor den Tätern nicht Halt macht.[92]

Deswegen gelten das Zitat aus dem Kriminalroman und die darin behauptete Wahrheit nicht! Eine andere Wahrheit ist demgegenüber zu behaupten und im Lebenszeugnis zu bezeugen, nämlich die des zur Sünde und zur Sühne gemachten Christus am Kreuz (vgl. 2 Kor 5,21).[93] Denn von daher müssen die Menschen ihre Sündigkeit nicht mehr voreinander verbergen durch permanente Anderenbeschuldigung und Selbstrecht-



92 | Vgl. hierzu die einschlägigen Arbeiten von Hans Urs von Balthasar zur Karsamstagschristologie: u. a. Theologische Besinnung auf das Mysterium des Höllenabstiegs, in: ders. (Hg.), Hinabgestiegen in das Reich des Todes, Freiburg i. Br. 1982, 84–98.

93 | Vgl. dazu Helmut Merklein, Der Sühnegedanke in der Jesustradition und bei Paulus, in: Albert Gerhards, Klemens Richter (Hg.), Das Opfer: Biblischer Anspruch und liturgische Gestalt, Freiburg i. Br. 2000, 59–91, 83.

fertigung, was beides wieder nur Destruktion bringt, sondern können sich im Bewusstsein ihres eigenen höllischen Abgrunds von einem noch tiefer reichenden Grund her getragen wissen, der ihnen die permanente Umkehr ermöglicht und die dabei erfahrene Erfolglosigkeit nicht zum Anlass nehmen lässt, mit der Umkehr jemals aufzuhören. »Wie soll der Mensch mit dem Zerbrechen seines eigenen Bildes umgehen, das ihm die eigene Identität authentisch zu repräsentieren schien? Oder darf man es wagen, im Bild des zerbrochenen Menschen die Antwort zu sehen ...?«[94] So gilt: »Der Gekreuzigte deckt die anthropologische Wahrheit auf (nämlich die des Schuldigseins), eine Wahrheit, die ohne den Gekreuzigten wahrscheinlich gar nicht auszuhalten, ja nicht einmal zu erkennen ist.«[95] Dies heißt, dass es einen Ausweg gibt aus der Fatalitätssicht von menschlicher und individueller Geschichte, einen Ausweg aus dem Festgenageltsein in der eigenen sündigen Unbeweglichkeit.[96]



94 | Ebd. 88.
95 | Ebd. 87.
96 | Vgl. dazu Ottmar Fuchs, »Stellvertretung« – eine christliche Möglichkeit, in: Theologische Quartalschrift 185 (2005) 95–126. Fehling, Jesus ist für unsere Sünde gestorben.

# 3. Weitere Zugänge





## 3.1 Intertextualität

Im Gespräch zwischen Theologie und Literatur, selbst wenn es nur virtuell von TheologInnen in Szene gesetzt wird, geht es nicht so sehr um die Analyse dieser Elemente in einem bestehenden Text als um eine neue Kombination von unterschiedlichen Texten zugunsten eines neuen Textes, in dem beide, Theologie und Literatur, wie in einem Knotenpunkt zusammengeraten und zu neuen Konstellationen führen. Mit dem Stichwort von neuen Konstellationen zugunsten heutiger Bedeutung könnte man an jener Einsicht der Intertextualität anknüpfen, dass alle Texte immer eine Rekombination von Elementen aus anderen Texten sind.[1] Im Sinne von Gérard Genette (im Anschluss an Julia Kristeva) geht es um eine ganz bestimmte Transtextualität, nämlich theologischer Texte zu literarischen auf der einen Seite und literarischer zu theologischen Texten auf der anderen Seite. Prinzipiell ist diese Intertextualität unbegrenzt, kann sich selbstverständlich nur in begrenzten Ausschnitten verwirklichen.

Meine hier dargestellten Versuche bilden insgesamt also einen Text, in der theologische und literarische Texte miteinander verwoben werden. Dies schließt nicht das analytische Moment aus, nämlich bereits in bestehenden literarischen bzw. theologischen Texten solche Verwobenheiten wahrzunehmen und als Wegweisungen ernst zu nehmen. Wie schon immer habe ich hier in einer besonderen Weise erfahren, wie mein Text von den Texten anderer abhängig ist und ohne sie nicht hätte geschrieben werden können. Diese Einsicht hat auch einen Zukunftsanteil: Sind Leser und Leserin immer potenzielle Texte, so ist jedes Schreiben die Verwirklichung dieser Potenzialität, bei gleichzeitigem Zurückweichen des Autors in die Potenzialität angesichts neuer potenzieller Texte in der künftigen Lektüre.[2]

1 | Vgl. Julia Kristeva, Bachtin, das Wort, der Dialog und der Roman, in: Jens Ihwe (Hrsg.), Literaturwissenschaft und Linguistik III, Frankfurt am Main 1972, 345–357; auch Gérard Genette, Palimzeste. Die Literatur auf zweiter Stufe, Frankfurt am Main 1983.

2 | Vgl. dazu Stefan Alkier, Intertextualität – Annäherungen an ein texttheoretisches Paradigma, in: Dieter Sänger (Hrsg.), Heiligkeit und Herrschaft. Intertextuelle Studien zu Heiligkeitsvorstellungen und zu Psalm 110, Neukirchen-Vluyn 2003, 1–26.

Auch wenn Intertextualität analytisch gesehen nichts damit zu tun hat, welchen Einfluss ein schreibender Mensch als solcher auf den anderen hat, ist es dennoch ihm zu verdanken, dass solche Texte dann jenseits ihrer Personalisierung als intertextuelle Systeme wahrgenommen und in ihren Überschneidungen, Auslagerungen und Überlagerungen geschrieben werden können. Meine Überlegungen können als entsprechende Durchführungsversuche betrachtet werden. So kann präziser beschrieben werden, was Sölle unter Realisation versteht und wie sich diese zwischen literarischen und theologischen Texten in entsprechenden Überlagerungen und Überschneidungen eingebrachter Texte ereignet. Bei den theologischen Anteilen muss es hier bei Andeutungen bleiben, mit Verweisen auf genauere Ausführungen in der theologischen Literatur.



Mit den intertextuellen Vorgängen der Dialogizität und der Ambivalenz ist die kreative Verbindung unterschiedlicher Texte in einem Text beschreibbar: Einmal ist ein Text immer »eine Überlagerung von Text-Ebenen, ein Dialog verschiedener Schreibweisen: der des Schriftstellers, der der Adressaten, der des gegenwärtigen oder vorangegangenen Kontextes.«[3] Im Vorgang der Ambivalenz geht es um die Doppeldeutigkeit, »die davon lebt, dass sich eine Zeichenstruktur in eine andere Zeichenstruktur einschreibt, ... und aus dem Spiel zweier Wertsysteme neue und miteinander überraschende Sinneffekte generiert.[4]

Die oben angesprochenen inhaltlichen Kriterien, die von Seiten der Theologie einzubringen wären, sind ins Gespräch zu bringen mit jenen ethischen Maximen, die auch innerhalb einer politischen Intertextualitätsdebatte diskutiert werden können. Kristevas Konzept wird nicht zuletzt von einer politisch-ethischen Einstellung getragen, indem sie »die Frage der politischen Relevanz der Literatur« stellt, wenn sie Einzeltext und Kulturtext als relationale Größen bestimmt, die diese Relationalität dann auch außerhalb einer fixierten Logik der Macht gestalten dürfen.[5]

Alkier nennt hier drei Kriterien: Das Realitätskriterium, in dem das vorliegende Andere, ein anderer Text also, nicht symbiotisch vereinnahmt,

3 | Julia Kristeva, Bachtin, das Wort, der Dialog und der Roman, in: Texte zur Literaturtheorie der Gegenwart, Stuttgart 1996, 335; vgl. dazu auch Alkier, Intertextualität 8ff.

4 | Alkier, Intertextualität 9; vgl. dazu auch Michael Schneider, Texte – Intertexte – Schrift. Perspektiven intertextueller Bibellektüre, in: Christian Strecker (Hg.), Kontexte der Schrift, Bd. II, Stuttgart 2005, 361–376.

5 | Vgl. Alkier, Intertextualität 7.

sondern respektvoll behandelt wird;[6] das Sozietätskriterium, wonach eine Interpretation dann gut ist, »wenn sie sich als ein Beitrag zu einer gemeinschaftlichen Wahrheitssuche versteht und andere Interpretationen als Beitrag zu dieser vom dynamischen Objekt motivierten Wahrheitssuche respektiert.«[7] Und das Kontextualitätskriterium, indem die Textaufnahme »ihre kulturelle und das heißt auch ihre politische Verortung offenlegt und sich als ein Beitrag zur kommunikativen Erschließung der Welt präsentiert.«[8]

Die Intertextualität umgreift auch Literaturen unterschiedlicher literarischer und poetischer Qualität. Es gibt eine literarische Ästhetik, die volksbezogen hohe Auflagen ermöglicht. Und es gibt eine literarische Ästhetik, die nur von wenigen wahrgenommen werden kann. Und es gibt ein breites Band literarischer Ästhetik zwischen diesen Extremen. Was mancher literarischen Ästhetik an Qualität abgesprochen wird (von den Anhängern anspruchsvoller literarischer Ästhetik), wird durch eine gesteigerte Rezeptionsästhetik wettgemacht, indem der Geschmack vieler Menschen getroffen wird, was nicht identisch sein muss mit affirmativer Literatur (s. u. Kap. 5.2). Auch diesbezüglich gegenläufige, harsche und kritische Literatur kann durchaus die Sehnsucht eines größeren Publikums ansprechen.





Intertextualität ist ja in der Literaturwissenschaft wahrhaftig nichts Neues, auch quer zu den bestimmten Epochen zuteilenden Einteilungen, auch quer zu differierenden Ästhetiken. Ein eindrückliches Beispiel ist dafür die Art und Weise, wie über Karl May (!) in der Literaturwissenschaft gesprochen wurde: Dort kommt er mit der Erziehung des Menschengeschlechts bei Lessing und Herder in Kontakt,[9] mit heilsgeschichtlichen Vorstellungen des Mittelalters genauso wie mit Aufklärungsgedanken,[10] oder er gerät in motivgeschichtlichen Gegensatz zu Antigone von Sophokles, von Schillers Wilhelm Tell, von Brechts Der gute Mensch von Sezuan.[11] Oder in Ähnlichkeit zu Nietzsches

6 | Vgl. Stefan Alkier, Neutestamentliche Wissenschaft – Ein semiotisches Konzept, in: Strecker (Hg.), Kontexte II, 343–360, 352.

7 | Ebd. 353.

8 | Ebd. 354.

9 | Vgl. Gert Ueding, Der Traum des Gefangenen. Geschichte und Geschichten im Werk Karl Mays, in: Helmut Schmiedt (Hg.), Karl May, Frankfurt a. M. 1983, 160–187, 174.

10 | Vgl. Martin Schenkel, »Babel und Bibel«. Ein aufklärerisches Drama des Mittelalters, in: Schmiedt (Hg.), May 278–309, 282.

11 | Vgl. ebd. 284.

Zarathustra,[12] zu Bunyans Pilgrim's Progress,[13] zu Tendenzen in der modernen Literatur bei Joyce und Musil[14] und zu vielen anderen. Diese Vernetzungen ergeben sich jeweils von den Werken selbst her, induktiv wachsen sie aus dem Vergleich der Texte heraus.

Anders als bei der Intertextualität in der kanonischen Lektüre der Bibel[15] handelt es sich bei literarischen Texten um einen prinzipiell unbegrenzten »Kanon«, der lediglich durch entsprechende ästhetische Entscheidungen qualifiziert ist. Die Gefahren der kanonischen Bibellektüre spiegeln sich hier aber ähnlich: nämlich in der Gefahr, zu schnell zu systematisieren und den Einzeltext bzw. ein einzelnes Œuvre methodisch nicht ernst genug zu nehmen. Wobei man im exegetischen Bereich der Bibellektüre selbstverständlich gar nicht darauf verzichten kann, die zeitgenössischen außerbiblischen Literaturen in die Intertextualität aufzunehmen. So gibt es einen weiteren und einen engeren Raum kanonischer Intertextualität: einmal die biblischen und die je zeitgenössischen Texte, zum anderen allein die Texte im Kanon der Bibel. Von den Kontexten der Rezeptionsgeschichte und der Gegenwart ganz zu schweigen. Dementsprechend wäre jede Intertextualität durch ihre Interkontextualitat zu ergänzen.



In diesem Geflecht ist es nicht zuletzt die Zufälligkeit, die die Kreativität und Überraschungspotenz steigert. Umgekehrt gilt: Man kann nie etwas völlig Eigenes sagen. Jeder Anfang ist ein pragmatischer Anfang. Und anfanghaft ist alles möglich. Neue Bedeutungen entstehen durch neue Engagements der Relektüre, der Verdichtung, der Hervorhebung, der Verschiebung, der Kollusion, der Allusion usw.[16]

Für die Literaturwissenschaft könnte dies bedeuten: nicht nur eine Literaturgeschichte zu schreiben und darin die Autoren und Autorinnen bestimmter Epochen miteinander zu verbinden, sondern über die Epochen

12 | Vgl. ebd. 182f.

13 | Vgl. Bernd Steinbrink, Initiation und Freiheit. Karl May und die Tradition des Abenteuerromans, in: Schmiedt (Hg.), May 252–277, 262ff.

14 | Vgl. Ueding, Traum 171.

15 | Zur Intertextualität im Verhältnis von Bibel und Literatur vgl. Andrea Henneke-Weischer, Christoph Gellner, Bibel und Literatur, in: Garhammer, Langenhorst (Hg.), Totenerweckung 157–167, 161; zur literarischen Bibelrezeption als außerkanonischer Schriftauslegung vgl. ebd. 165–167; vgl. dazu auch Ottmar Fuchs, Hermeneutik 404–407. Zum Verhältnis von interkulturellen Theologien und der Beziehung zwischen Literatur und Theologie vgl. Kuschel, Im Spiegel der Dichter 29–34; vgl. dazu auch Fuchs, Hermeneutik 394–400, auch 334–338.

16 | Vgl. Seip, Wahrheit 402.

hinweg, sozusagen im Wildwuchs, intertextuelle Gespräche zu inszenieren.

## 3.2 Im Horizont der Ironie

Sölle versteht das Verhältnis von Literatur und Theologie derart, dass die Literatur eine andere Verwirklichung dessen sein kann, was in der Theologie gegeben, versprochen, erhofft, geglaubt oder nicht geglaubt wird. Betont man dabei das Andere dieses anderen Sprachspiels derart, dass diese Andersheit sich auch als Widersprüchlichkeit und Gegensätzlichkeit zeigen kann,[17] dann kann man das Verhältnis zwischen Theologie und Literatur auch als Ironie verstehen. Denn die ironische Rede konstituiert sich dadurch, dass zwischen zwei Sprachspielen widersprüchlich vermittelt wird.





So kann es eine ärgerliche oder auch humorvolle Lüge sein, jemanden, der oder die von sich selbst die Meinung hat, alles besser zu machen, im Testfall eines Fehlers zu sagen: »Du bist ein ganz Gescheiter«, oder: »Du bist eine ganz Kluge!« Im Sprachspiel der empirischen Objektbezogenheit erweist dieser Mensch sich überhaupt nicht als gescheit oder klug; im mythischen Sprachspiel, das sich von dieser Wirklichkeit ablöst, wird mit einer ganz bestimmten Absicht (des Tadels, der Demütigung, aber möglicherweise auch der Ermutigung und der lässigen Hinnahme) das zu dieser Wirklichkeit Gegenteilige behauptet. Oder: Dem werd ich was flüstern! (= den werde ich laut zurechtweisen!); Das hab ich gern! (= das hab ich nicht gern!); Du bist mir der Richtige! (= du bist der Falsche!).[18]

Aus dieser Perspektive ist die Ironie eine Lüge, und wurde auch als solche von Thomas von Aquin ethisch verurteilt. Sprechaktbezogen geht es hier aber gar nicht um die Kategorie der Lüge, sondern um den sprachlichen Ausdruck einer widersprüchlichen Vermittlung zwischen der empirischen und der imaginierten Welt, wobei sich die beteiligte fiktionale Vorstellungskraft auf alles beziehen kann, auf Selbstbewusstsein, Selbsttäuschung, Philosophie, Mythologie und dann eben auch auf Theologie. Die Ironie konstituiert sich dann dadurch, dass sie Täuschungen durch Vortäuschungen entlarvt, dass sie Stellungen durch Verstellung irritiert.

17 | Zum Verhältnis negativer Analogie und Fiktionalität vgl. auch Seip, Wahrheit 160ff.

18 | Vgl. zu diesen Beispielen Marika Müller, Die Ironie. Kulturgeschichte und Textgestalt, Würzburg 1995, 159.

Nun wäre dieses ironische Verhältnis zwischen Theologie und Literatur höchst problematisch, würde es nicht für die Wechselseitigkeit der ironischen Rollen offen sein. Es geht nicht darum, die Überlegenheit des Ironikers nur einer Seite zuzusprechen. Vielmehr geht es darum, beiden Seiten den freien Geist zum Widerspruch und zur Verwundung des anderen zuzugestehen.[19]

Der Begriff der Ironie beinhaltet noch einige andere Haltungen, die für das Verhältnis von Theologie und Literatur wichtig sind. Zunächst einmal sei festgehalten, dass es sich hier nicht um eine humorlose Angelegenheit handelt, sondern dass hier auch so manche Heiterkeit, auch Verschmitztes mitspielen kann. Damit hängt die implizite gegenseitige Einladung zusammen, bei diesen Begegnungen nicht auf Selbstironie zu verzichten, also den eigenen Standpunkt, die eigene Welt, das eigene Sprachspiel nicht glatt oder gar totalitär vertreten zu wollen, sondern in ironischer Gebrochenheit. Dogmatismus im gesellschaftlich gängigen Sinn des Wortes ist auf keiner Seite angebracht. Gleichwohl kann auch die anklagende und ernsthaft kritische Dimension zwischen beiden Wirklichkeiten fällig werden.



Die Voraussetzung, dass sich die Ironie nur dann einstellen kann, wenn ein bestimmtes Subjekt in einem bestimmten Kontext zwei Sprachspiele miteinander konfrontiert, ist also mit den beiden Sprachräumen von Literatur und von Theologie gegeben. Ironie kann dabei eine besonders charmante Weise sein, wie ich literarische Texte erlebe und mit Literaturen im Bereich des christlichen Glaubens in Verbindung zu bringen versuche.

Von der sokratischen Ironie her, die sich gegen die Besserwisserei der Sophisten richtet, sei gelernt: dass die Basis der gegenseitigen Wahrnehmung und Erkenntnis nicht die Belehrung, sondern das Fragen ist, in der Kommunikation nicht der Monolog, sondern der Dialog als Zwiegespräch, als gegenseitige Eröffnung von Reden und Schweigen.[20] Allerdings unterstellt Platon der befragten Wirklichkeit eine ideenhaltige Wahrheitssubstanz universaler Art, die hinter der Abrüstung des Normalwissens ahnbar wird. Es geht um die Entbindung des Geistes, der im Körper eingekerkert ist, gegenüber der täuschenden sichtbaren Welt.[21]

19 | Vgl. dazu Romano Guardini, Der Tod des Sokrates, Hamburg 1959, 16–17.

20 | Vgl. Müller, Ironie 6; zum nicht einseitig Lehrhaften der sokratischen Ironie vgl. ebd. 23

21 | Dabei kann das Sichtbare zur Metapher für das Geistige werden, allerdings nur, wenn in der Metapher selbst das Sichtbare gebrochen, ironisch gebrochen wird. Vgl. Rafael Capurro, Ironie. Be-

Es gehört zur hermeneutischen Vorentscheidung des Sokrates, mit dem eigenen Wissen nicht groß, sondern klein zu tun, als einer der nichts weiß und zugleich wissbegierig ist. Wenn man dies nicht als eine Überlegenheitsstrategie interpretiert, sondern wenn man in dieser Art von Ironie die Haltung wahrnimmt, die andere Seite tatsächlich als einen neuen Geburtsort von Bedeutung und Einsicht wahrzunehmen, und die Hebammenkunst als die Beschreibung der eigenen Offenheit für die Wahrnehmung dieser Geburten versteht, dann kann man auch so etwas wie ein hermeneutisches Prinzip für das Verhältnis von Literatur und Theologie erkennen: nämlich den Verdacht der Sophisterei auf beide Seiten zu beziehen und auf der eigenen Seite deshalb erst einmal das eigene klein zu sehen um die andere Seite groß werden zu lassen, jedenfalls für den Zeitraum der Begegnung selbst. Ohne diese vorübergehende Asymmetrie im Starkmachen der anderen Seite gibt es keine neuere Konstruktion des Eigenen im Angesicht des Anderen, die dann wieder symmetrisch vertreten werden kann.[22]





Manchmal kann auch etwas Komisches dabei sein, beide Seiten miteinander ins Gespräch zu bringen, komische Verzerrungen der einen durch die andere Seite, die aber gerade als solche bisherige Anschauungen erweitern. Mit dem folgenden Zitat von Marika Müller zwischen der Bühne als moralischer Anstalt und der Bühne als Dialogangebot wird umso mehr deutlich, was die Theologie im Gespräch mit der Liturgie zu verlernen hat, nämlich »Verkündigungstheater« zu sein. Nicht dass diese Begegnung nicht auch Verkündigungscharakter haben könnte, doch nicht mehr in monologischer, sondern in dialogischer Form und damit im Sich-selbst-aufs-Spiel und Ins-Spiel-Setzen angesichts des Gegenübers.

»Das dritte prototypische Paradigma von Ironiesignalen wird durch die Spielarten der Parabase repräsentiert. In der Komödie steht sie im Gegensatz zu den ›geschlossenen‹ Formen des Dramas, die formal bereits eine dogmatische Ethik und Wahrheitslehre verkörpern. Die durch die Parabase erfolgende Öffnung der Bühne von einer ›moralischen Anstalt‹ (Klassik und Klassizismus) zu einem Medium möglicher Meinungen relativiert die Position des *auctors*. Er tritt zwar einerseits deutlicher hervor

griffsgeschichtliche Erörterung einer menschlichen Grundstimmung, unveröffentlichte Abhandlung aus dem Jahr 1990, im Internet: http://www.capurro.de/ironie.html, 5–6.

22 | Zu den auf Kierkegaard zurückgehenden Begriffen des Groß- und Kleintuns im Zusammenhang mit der sokratischen Ironie vgl. Müller, Ironie 8–9.

… andererseits jedoch entkleidet er sich der ›gottähnlichen‹ Verborgenheit hinter gemäß natürlicher Ordnung inszenierten Geschehensabläufen. Die als artifiziell entlarvten Vorgänge auf der Bühne werden unausweichlich unglaubwürdig und damit ironisch gebrochen. Die Illusion des Zuschauers, belehrt und geläutert nach Hause zu gehen, wird zerstört. An die Stelle des Verkündigungstheaters tritt nun deutlich ein inszenierter Vorschlag, sich als Zuschauer selbst eine Meinung zu bilden. Die sokratisch-offene Form trägt provozierende antwortverlangende und damit dialogische Züge. Sie kann sich auch außerhalb der Theaterbühne und sogar in schriftlichen Texten manifestieren. Metasprache und Diskontinuität der Textgestaltung sind hier ihre wesentlichen Merkmale.«[23]



Auch wenn es in jedem Dialog vorübergehende Ana- und Katabasen gibt, denn nur solche Gefälle ermöglichen neue Einsichten, ereignet sich dies alles, was die gegenseitige Anerkennung, den Respekt und die Hochschätzung anbelangt, im Raum der Parabase, in dem die Bühne jederzeit wechseln kann.

Das Stichwort der Parabase kann in der Literatur selbst identifiziert werden, in der gekonntesten Entfaltung wohl bei Don Quijote. Der vorliegende Band ist also so etwas wie eine Don Quijoterie in der Begegnung von Literatur und Theologie. Bei Don Quijote stoßen und überlappen sich immer wieder unterschiedliche Konstruktionen der Realität: »im Wechselspiel des sich zunächst noch autonom Entfaltenden und dann plötzlich seiner Autonomien beraubten Kontinuums von Sub-Realitäten, wird die Gesamtironie dieses Werkes deutlich: Jede Sub-Realität – die des Helden Don Quijote, die der anderen Romanfiguren, die des Autors und die des Lesers – verfügt einerseits über einen Rahmen, der die jeweilige ›Realität‹ scheinbar exakt abgrenzt, andererseits vollziehen sich in jeder beliebigen Kombination wechselseitige *Rahmenbrüche*, in deren Verlauf die jeweils beteiligten ›Realitäten‹ ineinandergreifen. In dieser Kaskade von einander autonom begegnenden und sich dann plötzlich ineinander ergießenden Sub-›Realitäten‹ wird der Grundzug der Ironie deutlich, der darin besteht, eine gesetzte These (Aussage, Fiktion) mit selbstwidersprüchlichen Signalen und Kontextmerkmalen zu versehen, welche jeden Wahrheitsanspruch relativieren. Fiktionalisierung und De-

23 | Müller, Ironie 24–25.

Fiktionalisierung durchdringen einander in einer Fülle von ... Sphärenvernetzungen.«[24]

In der parabatischen Ironie verweigert das Artefact eine eindeutige Botschaft. Diese »Fiktionsironie« ist genau das, was die Theologie herausfordert, vor allem wenn sie eindeutige Botschaften und Wirklichkeitsbestimmungen sucht. Im Gespräch mit der Literatur muss sie, um diesem Gespräch gewachsen zu sein, sich selbst in der Form der Literatur konstituieren und dazu bereit sein, dass ihr Wahrheitsanspruch angesichts des dichterischen Artefacts desillusioniert und zurückgewiesen wird. Dies ist keine Beleidigung der Theologie, sondern das Ansinnen, dass es sich für diese Begegnung in einer angemessenen Weise präpariert.[25]

So sei es eine Tugend der Theologie, sich den Dichtern und Dichterinnen in dieser Weise zu nähern: »Es ging um die Frage, ob die Metaphern und Rätsel und Wortspiele, die von den Dichtern anscheinend zum bloßen Vergnügen ersonnen werden, nicht zu neuen und überraschenden Spekulationen über die Dinge anregen können, und ich sagte, dass auch dies eine Tugend sei, die man vom Weisen verlange ...«[26] Vielleicht gibt es deswegen vonseiten der Dichtung so wenig Reaktion auf die theologischen Dialogangebote, weil die Theologie noch zu wenig in diese Tugend eingestiegen ist.

Wenn man das Paradigma der Inkulturation[27] für das Verhältnis von Theologie und Literatur bemüht, dann geht es nicht nur darum, dass in der Kultur Wirklichkeiten zu finden sind, die ein besonderes Licht auf die Substanz christlicher Theologie wirft, sondern dass in der Kultur selbst bereits Geheimnisse zum Vorschein kommen können, die völlig neu und selbst substantiell sind und derart vom Glauben beleuchtet werden.[28]

Dann kann man sagen, dass sich Celans Lyrik nicht theologisch eindeutig auf den Begriff bringen lasse, muss aber genau dazu sagen, dass es auch von theologischer Bedeutung ist, wenn dies nicht der Fall ist und



24| Müller, Ironie 53–54.

25| Zum Verhältnis von Artefact, Wahrheit und Desillusionierung vgl. Müller 266f.

26| Umberto Eco, Der Name der Rose, München, Wien 1982, 110.

27| Vgl. Michael Heberling, Gerhard Rott, Horst Sing (Hg.), Inkulturation als Herausforderung und Chance, Aachen 2001, 183–226.

28| Zur christologischen Begründung, nämlich dass die Schöpfung durch Christus geschaffen ist und dass nicht nur die Gnadenordnung der Offenbarung Christus »treibt«, vgl. Ottmar Fuchs, Hermeneutik 394–400, auch 328–356; vgl. dazu auch Seip, Wahrheit 150f.

dass auch die Vielzahl der Perspektiven in der Lyrik Celans nicht aus der theologischen Würdigung herausfällt, sondern in Texten der Bibel und der Tradition vielfältige Resonanz finden kann, die entweder auf den Begriff oder auch nicht auf den Begriff zu bringen ist.[29] Selbst das Antikirchliche, Blasphemische kann dann das theologisch Entscheidende sein.[30]
Mit der Aufnahme der Ironie und des Widersprüchlichen wird einmal mehr ein mögliches Missverständnis des Realisationsbegriffes abgewehrt, nämlich dass Realisation nur analog (im Vergleich positiv) und nicht auch analog (im Vergleich negativ) verstanden wird. »Analogie und Ironie kreisen um das Problem des, wie wir heute sagen, Übersetzens von einem ›Sprachspiel‹ zum anderen bzw. um das hermeneutische Problem, wie Sprachwendungen innerhalb eines gewissen Vorverständnisses in ein anderes übertragen werden können, wobei dadurch zwar keine logische aber doch eine Sinnerweiterung stattfindet.«[31] – oder eine Erweiterung des Sinnverlusts!



Man muss also ein Stück negative Theologie lernen, wenn man auf die Literatur zugeht. Diese Begegnung erweist sich als eine Radikalisierung jener Glaubensanalogie aus dem Vierten Laterankonzil, die das Eigene enttotalisiert angesichts der einzigen Totalität, nämlich Gottes. »Denn zwischen dem Schöpfer und dem Geschöpf kann man keine so große Ähnlichkeit feststellen, dass zwischen ihnen keine noch größere Unähnlichkeit festzustellen wäre.«[32] Karl Rahner spricht von der »Schwebe zwischen Ja und Nein«[33] und Walter Schulz von der »Metaphysik des Schwebens«: »Man entfernt sich von der Wirklichkeit und gerät ins Schweben. Nicht die Wirklichkeit, sondern der Diskurs über sie ist maßgebend. Das Gespräch muss aber ironisch zweideutig sein, insofern es die Wirklichkeit trifft, insofern es sie nicht trifft. Anders: wir sind immer unschuldig, aber vielleicht – im metaphysischen Sinn – doch immer die Schuldigen.«[34]
Man kann die Frage nach dem Wirklichkeitsgehalt der Gottesfiktion durchaus in der Schwebe lassen, kann und muss sie auch gar nicht end-

29 | Zu der entsprechenden Kritik an Kuschels Umgang mit Celans Lyrik vgl. Seip, Wahrheit 138ff.
30 | Vgl. Seip, Wahrheit 310.
31 | Capurro, Ironie 10–11.
32 | Vgl. Heinrich Denzinger, Peter Hünermann, Kompendium der Glaubensbekenntnisse und kirchlichen Lehrentscheidungen, Freiburg u. a. [37]1991, 361–362.
33 | Vgl. Karl Rahner, Erfahrungen eines katholischen Theologen, in: Karl Lehmann (Hg.), Vor dem Geheimnis Gottes den Menschen verstehen, Freiburg i. Br. 1984, 105–119, 106–108; vgl. Karl Rahner, Von Gott muss geredet werden, in: Orientierung 53 (1989) 61.
34 | Walter Schulz, Metaphysik des Schwebens. Zu Geschichte der Ästhetik, Pfullingen 1985, 380.

gültig beantworten. Denn die endgültige Antwort erfolgt ohnehin erst, so oder so, nach dem Tod.

Unter Theologie verstehe ich in diesem Zusammenhang nicht die Totgeburt der Religion, insofern nur das Religiöse etwas Lebendiges, Kreatives sei, und die Theologie dessen rationalistische und strukturelle Domestizierung, sondern es ist gerade das Ziel der Praktischen Theologie, das schöpferische Religiöse als Basis der Theologie zu begreifen und letztere nicht als den Ort, wo dem Religiösen die Basis entzogen wird. Dürrenmatt formuliert hier: »Jedes Religiöse ist etwas Lebendiges, Sich-Wandelndes, Kreatives, aus diesem schöpferischen Zentrum heraus entstanden und entstehen immer neue und alte Mythen, wurden und werden umgewandelt; beschäftigt doch nichts so sehr die Phantasie wie das Religiöse.«[35] Die Nähe des Religiösen zur Phantasie des Dichterischen liegt hier zumindest strukturanalog auf der Hand. 

Friedrich Dürrenmatt hat durchaus mit Anerkennung vom Theologen als Don Quijote gesprochen, wenn dieser fähig ist, sich selbst als Reisenden, Irrenden und Fragenden zu begreifen »... die Theologen, ... sind ... die wahren Don Quijotes unserer Zeit. Was gibt es größeres, als ein Don Quijote zu sein?«[36] Dürrenmatt verbindet das Verhältnis von Zweifel und Glauben mit der Zeit, mit der Unterschiedlichkeit des Augenblicks: »Denn ich glaube, je nach dem Augenblick. Es gibt Augenblicke, da ich zu glauben vermag, und es gibt Augenblicke da ich zweifeln muss.« Und: »... nur wer seine Zweifel nicht unterdrückt, ist imstande, sich selbst zu bezweifeln, ohne zu verzweifeln, denn wer glauben will, verzweifelt, wenn er plötzlich nicht glauben kann. Aber wer sich bezweifelt, ohne zu verzweifeln, ist vielleicht auf dem Weg zum Glauben.«[37] Für die Theologie steht also an, in der Begegnung jenen Augenblick der gegenseitigen Befragung, der Irritation, auch der Bezweifelung ernst zu nehmen.

So kann Emil Weber in seiner Arbeit zu Friedrich Dürrenmatt dessen frühe Prosa als kritisches Korrektiv zum Christentum begreifen, vor allem im Zerbrechen ihrer Festlegungen und im Aufbrechen des Gottesbegriffes durch Frage und Zweifel.[38] »Gerade dadurch aber, indem Dür-



35 | Dürrenmatt, Werkausgabe, Bd. 33, 196.
36 | Dürrenmatt, Werkausgabe, Bd. 33, 197.
37 | Dürrenmatt, Werkausgabe, Bd. 14, 326–327.
38 | Vgl. Emil Weber, Friedrich Dürrenmatt und die Frage nach Gott. Zur theologischen Relevanz der frühen Prosa eines merkwürdigen Protestanten, Zürich 1980, 239.

renmatt auf direkte Mitteilung eindeutigen Schlusses verzichtet, realisiert er das Kierkegaardsche Sprachprinzip der indirekten Aussage des subjektiv existierenden Denkers.«[39] In diesem Zitat von Rusterholz fällt just das Wort, das auch Sölle eingeführt hat, nämlich das Realisieren. Dürrenmatt realisiert in seiner Dichtung etwas, was im Bereich einer bestimmten Theologie eine prinzipielle Bedeutung hat.

Dies bezieht sich übrigens auch auf die Kategorie des Einzelnen, des Individuellen.[40] »Jenseits eines über die Menschen hereinbrechenden Fatums ist der Zufall ... einzig die sich aus dem nicht zu eliminierenden Spielraum menschlicher Individualität ergebende überraschende und unerwartete Konstellation, deren Folgen positiv oder negativ sein können ... Indem der Einzelne sich nicht aus dem Allgemeinen ergibt, indem er ›außerhalb der Berechnung steht‹, entsteht das Zufällige.«[41] Dem liegt die »Vorstellung einer Welt zugrunde, die sich nur in ihren äußersten Konturen anhand von Regeln fassen lässt, deren innerstes Geschehen indes entsprechend der Mannigfaltigkeit der Individuen in unüberschaubar viele, unvorhersehbar kollidierenden Handlungsstränge zersplittert ist.«[42] In der ästhetischen Form dieser Anliegen des Zufalls und des Einzelnen gegen allgemeine Regeln im sozialen Sein und im Bewusstsein konsultieren beide, Dürrenmatt und Kierkegaard, die Mittel der Ironie und der Parodie.



## *3.3 Theologie und Literatur als »Gabe«*

In der Begegnung mit der Literatur entdeckt die Theologie ihren eigenen metaphorischen Charakter, ja ihre eigene fiktive Redeform, ohne dabei die Hoffnung auf deren Bewahrheitung zu verlieren. Kierkegaard hat diesen Aspekt in der sokratischen Ironie verdeutlicht: indem der menschliche Geist nur an die Grenze zur Idee kommen kann, also selbst in der

39 | Peter Rusterholz, Theologische und philosophische Denkformen und ihre Funktion für die Interpretation und Wertung von Texten Friedrich Dürrenmatts, in: Claudia Brinker u. a. (Hg.), Contemplata aliis tradere. Studien zum Verhältnis von Literatur und Spiritualität, Bern 1995, 481.

40 | Siehe oben Kap. 1.9.

41 | Annette Mingels, Dürrenmatt und Kierkegaard. Die Kategorie des Einzelnen als gemeinsame Denkform, Köln 2003, 8 (das Zitat im Zitat stammt aus Dürrenmatts »Das Versprechen«).

42 | Mingels, ebd. 315.

Negativität verharrt, die noch keine Positivität hervorbringt.[43] Die Theologie wird allerdings nicht so weit gehen, wie Nietzsche bei diesem Thema gehen möchte, nämlich zur totalen Demaskierung der Metaphysik als Schein, im radikalen Gegensatz zu Sokrates, für den die menschlichen Erscheinungen nur ein Vorschein der Ideenwirklichkeit sind. Wozu man aber keinen Atheismus braucht, ist die Einsicht Nietzsches, dass es eine schier unendliche Vielfalt von unterschiedlichen Perspektiven von Erfahrungen und Texten gibt, mit unabsehbarer, nie berechenbarer schöpferischer Kraft. Denn auch eine göttliche Unendlichkeit kann sich in Geschichte und Leben als Lizenz zur unabsehbaren Vielfalt spiegeln und brechen.[44]

Peter Sloterdijk spricht angesichts der Natalität, des ungefragten Geborenwerdens von jener Kommunikation der Schriftsteller und Schriftstellerinnen, »dass sie den unteilbaren Nachteil geboren zu sein, aufs Spiel setzen und mit anderen teilen«, dass sie also das Geborensein im Geburtlich-Werden in der Sprache einholen und damit das Unteilbare der Geburt zu teilen versuchen.[45] Die Begegnung der Theologie mit der Literatur und Dichtung ist von daher ein Vorgang, im Teilen des Eigenen mit den anderen das Eigene und vielleicht auch beides in neuer Form geburtlich werden zu lassen: im Unterwegssein des Denkens, im begrenzten Ereigniswerden angeblich unbegrenzter Begriffe.[46]





Damit sind wir bei der postmodernen Ironie, die skeptisch ist gegen jede Art von moralischer und ideeller Überlegenheit und Erhabenheit und einen Widerstand setzt gegen die Haltung »im Besitz der richtigen Werte zu sein«.[47] Es geht dabei nicht um die Zerstörung wahrer und menschenwürdiger Wertorientierung, sondern um die Frage danach, dass schon die Vollzugsform des Besitzens einen Unwert darstellt, auch wenn es sich um richtige Werte handelt: oder besser gesagt, letzteres kann dann gar

43 | Vgl. Capurro, Ironie 19, mit Bezug auf Sören Kierkegaard, Über den Begriff der Ironie mit ständiger Rücksicht auf Sokrates, Gütersloh 1984.

44 | Vgl. Capurro, Ironie 25.

45 | Vgl. Peter Sloterdijk, Zur Welt kommen – Zur Sprache kommen, Frankfurt am Main 1988, 138ff; vgl. dazu auch Capurro, Ironie 27, auch 28: Hier ergeben sich Verbindungen zum »schwachen Denken« Gianni Vattimos, Das Ende der Moderne, Stuttgart 1990.

46 | Zur Natalität, zur Geburtlichkeit, als Metapher »eines nicht verfügbaren Anfangs« vgl. Josef Wohlmuth, Die Tora spricht die Sprache der Menschen. Theologische Aufsätze und Meditationen zur Beziehung von Judentum und Christentum, Paderborn 2002, 88, vgl. dazu Hannah Ahrendt, Vita activa oder Vom tätigen Leben, Zürich 1989, 167: Natalität, »kraft derer jeder Mensch einmal als ein einzigartig Neues in der Welt erschienen ist«.

47 | Capurro, Ironie 29.

nicht der Fall sein. Die Kritik, die von daher auf einen besitzorientierten Glaubensbegriff fällt, ist offensichtlich: In einer menschenwürdigen Religion kann es nicht um die Selbsttotalisierung dieser Religion und ihrer Gläubigen gehen, weil sie an Gott glauben und sich von daher selbst vergöttlichen, sondern genau um das Gegenteil: um die Selbstrelativierung angesichts der einzigen Totalität, die »es gibt«: wobei dieses »es gibt« im Sinne von Derrida keine Leistung ist, sondern eine Gabe, die, wird sie als Besitz begriffen, bereits vernichtet ist.[48] Die hier fälligen Sprechakte sind die des Vertrauens, der Hoffnung und der Liebe und eben nicht des Zugriffs.

So lässt sich die Theologie von der Dichtung möglicherweise ironisch sagen: »Das sagt hier die richtige!« Und die Theologie wird sich konstruktiv in dieses ironische Spiel hineinbegeben. Auch umgekehrt kann es dann sein, dass die Theologie sagt: »Das sagt mir der richtige«, etwa wenn sie einem so absolut unironischen Poeten begegnet wie Stefan George. Und dann selbst die Verantwortung übernimmt, George in das ironische Spiel zu verfangen und mit jener Realität zu konfrontieren die er sich so nicht gedacht und gewünscht hätte (s. u. Kap. 6.3 und 6.9).

So zeigt sich, dass ein literarischer oder poetischer Satz tatsächlich eine »eigene Wahrheit« darstellt, in der es nicht um die Richtigkeit oder Falschheit des Referenzbezugs auf die Wirklichkeit geht, jedenfalls nicht zuerst, sondern um eine eigene Wirklichkeit, die im Text hergestellt wird. Auch dies ist eine empirische Realität, insofern sie »vom Rezipienten unmittelbar als wahr, nämlich als seiend rezipiert« [49] wird. Ob und wie ein solcher Text dann einen Bezug zur Erkenntniswelt hat oder bekommt, liegt in der Rezeption der nicht erzählten, aber die Erzählung wahrnehmenden Personen. Denn die Lektüre bleibt so oder so nicht ohne Wirkung auf das Leben. Alles, was einmal möglich ist, muss erst erdacht, erdichtet, erzählt werden. Fiktionalität ist also ein Vollzug von Transzendenz, ein Überschritt von der Wirklichkeit in die Möglichkeit.[50]



48 | Vgl. Jaques Derrida, Falschgeld. Zeit geben I, München 1993, 9–48. Vgl. dazu Ottmar Fuchs, »Unmögliche« Gegenwart der Gabe. Elisabeth und Derrida als akute Provokation, in: Franz Gruber, Christoph Niemand, Ferdinand Reisinger (Hg.), Geistes-Gegenwart. Vom Lesen, Denken und Sagen des Glaubens (Linzer Philosophisch-Theologische Beiträge 17), Frankfurt 2009, 155–178, 171f.

49 | Jürgen H. Petersen, Über Fiktionalität und fiktionales Erzählen, in: Euphorion 89 (1995) 95–115, 98–99, vgl. auch Seip, Wahrheit 190.

50 | Vgl. Robert Musils »Der Mann ohne Eigenschaften«, Reinbek bei Hamburg 1981: ein dickes Buch voll von der Sehnsucht nach dem ganz anderen Zustand.

Wenn Gott nicht nur die Summe alles Realen, sondern auch alles Möglichen ist,[51] befindet man sich nicht nur mit der Empirie, sondern auch mit der Fiktion im Raum seiner Wirklichkeit.

Wenn Leser und Leserin in einer Lektüre sich selbst in erzählten Personen oder in Poesien wiederfinden bzw. sich von den Unbestimmtheitsnischen eines Textes herausfordern und beunruhigen lassen[52], dann bezeugen sie in ihrer Existenz seine Wirkmächtigkeit. Wer sich im Textraum als darin gemeint erfährt, kann den eigenen oft zerstörenden Raum im Textraum auf eine andere Zukunft hin leben.[53] Derart wird der Text zu einem auf Hoffnung hin offenen Raum des Überlebens.[54]

Auch die biblischen Texte geben in ihrer Fiktionalität die Richtung[55] der Wahrheit an, die aber nie im Endlichen, sondern erst im unendlichen Zusammenkommen unendlicher Fiktionalität und des unendlichen Gottes erreicht wird. Es ist die Hoffnung, »dass die Fiktionalität ihren Grund eben nicht in einer Fiktion hat, sondern in der Offenlegung, der Offenbarung, die an den Menschen als ›Hörer des Wortes‹ ergangen ist und … je ergeht. … die Offenbarung erfolgt mittels eines fiktionalen Sprachspiels, ohne selber fiktional zu sein. Dieses fiktionale Sprachspiel ermöglicht dem Hörer (auf der einen Seite des Feldes) vielwegige Anknüpfungen in seiner beziehungsweise gleicher Zeit.«[56]





Die Texte ermöglichen derart und fordern zugleich heraus, mit Hilfe der eigenen Existenz neue Geschichten zu erfinden, die ihrerseits das Leben prägen. Die Geschichten der Bibel sind alle Fiktion (selbst wenn sie einen historischen Kern haben), denn sie stehen nur im Text. Hörer und Hörerinnen des Wortes wird man nur, wenn man in einer neuen eigenen Geschichte dafür einsteht, dass das Alte erzählbar bleibt. Die Fiktion der Texte rettet sowohl die Freiheit wie die Kontinuität der Offenbarung.

51 | Vgl. Rainer Bucher, Nietzsches Mensch und Nietzsches Gott, Frankfurt a. M. 21993, 272; Fuchs, Das Jüngste Gericht 161–165.

52 | Zur Kritik der Kategorie der Leerstelle als Versuchung der Vereinnahmung von theologischer oder auch pädagogischer Seite (und nicht als eine Kategorie, die erst einmal in der Lesesemantik auszuhalten ist und, wenn überhaupt, dort einige Klärung finden kann) vgl. Braungart, Literaturwissenschaft 46f. Zur Warnung, Leerstellen als Raum des Harmlos-Ungefähren aufzusuchen, vgl. ebd. 68.

53 | Vgl. Ulrike Bail, »Die verzogene Sehnsucht hinkt an ihrem Ort«, Literarische Überlebensstrategien nach der Zerstörung Jerusalems im Alten Testament, Gütersloh 2004, 9ff.

54 | Vgl. Bail, ebd. 148.

55 | Vgl. Ottmar Fuchs, Alle Zugänge sind erlaubt, wenn die »Richtung« stimmt. Zum Verhältnis biblisch bezeugten und gegenwärtigen Lebens, erscheint in: Joachim Kügler (Hg.), Bibel und Praxis, Münster 2011.

56 | Seip, Wahrheit 312, zur Präzisierung des Begriffes des Fiktionalen vgl. ebd. 181f.

Ohne Fiktionalität gibt es keine existentielle Bewahrheitung der Offenbarung. Und ohne Fiktionalität gibt es auch keine abgrundtiefe Differenz zwischen Gottes wirklicher Wirklichkeit und unserer Erfahrung von Gott, die diesem Gott gegenüber immer fiktional bleibt, allerdings mit dem großen Vertrauen und der großen Hoffnung, dass die Richtung dieser schier unendlichen Semiose als Fiktiose stimmt. Mehr kann eine Offenbarung nicht leisten, aber indem sie dies leistet, leistet sie bereits alles, was möglich ist![57] Was also die Theologie von der Fiktionalität der Literatur lernen kann, ist die Zumutung negativer Theologie im Bereich ihres fiktionalen Sprechens.



Die Begegnung mit der Literatur bringt der Theologie also nicht nur eine Bereicherung im Formalen, sondern auch im Inhaltlichen, und zwar gerade im Lernen ihrer eigenen Andersheit im Bereich des Fiktionalen, aber auch überhaupt ihrer Andersheit Gott gegenüber durch das Fiktionale.[58] Der Unterschied liegt also nicht in der Differenz zwischen Fiktionalität und Empirie oder Nichtfiktionalität, sondern zwischen Fiktionalität und Fiktionalität, also welche Fiktionalität die bessere ist, welche dem Leben hilft, aufhilft und welche über die schärfste Empirie, nämlich die des Todes hinaus nochmals Hoffnung in eine nackte Fiktionalität setzt. Denn von drüben ist noch niemand herübergekommen und konnte etwas über das Empirische des Drüben Auskunft geben. Doch nach Heinrich Böll gilt: »Die Hoffnung ist wie ein wildes Tier, das nicht so leicht totzukriegen ist.«[59]

In der konzeptionellen Modellierung des Verhältnisses von Literatur und Theologie habe ich bisher Modelle unterschiedlicher Herkunft aufgesucht, die sich gegenseitig ergänzen und erschließen, stellenweise auch korrigieren, die aber alle in eine ähnliche Richtung zeigen. Diese polyvalente Modellierung sei am Ende im Feld der Semiotik vorläufig abgeschlossen.

57 | Zum Verhältnis von Fiktion und Offenbarung vgl. ebd. 152

58 | Vgl. Seip, Wahrheit 146, Anm. 479.

59 | Heinrich Böll, Die Hoffnung ist wie ein wildes Tier. Briefwechsel mit Ernst-Adolf Kunz 1945–1953, Köln 1994, 119 (in einem Brief Bölls an Kunz). Vgl. dazu Seip, Wahrheit 266, wo das Problem von Fiktion und Unkontrollierbarkeit angesprochen wird.

## 3.4 In semiotischer Perspektive

Wenn eben von Semiose die Rede war, muss auch von Semiotik die Rede sein. Hans-Joachim Sander hat zur Bestimmung dessen, was in der Pastoralkonstitution mit der Entdeckung der Zeichen der Zeit gemeint sei, selbst, methodisch konsequent, ein Außen des Konzils bemüht, um seine programmatische Valenz zu explizieren: nämlich eine ganz bestimmte philosophische Zeichentheorie. Im Sinne der pragmatizistischen Semiotik von Charles S. Peirce konstituiert sich ein Zeichen dadurch, dass zwischen Subjekt und Objekt, zwischen Innen und Außen eine Verbindung hergestellt wird, die das Zeichen konstituiert. So gewinnt die materiale Wirklichkeit eines Tisches erst durch ein Außen seiner selbst, hier dem vorliegenden Sprachsystem und dem darin angebotenen Wort »Tisch«, den Charakter einer zeichenrelevanten Wirklichkeit. Zugleich eröffnet dieses Zeichen einen Handlungsraum, in dem die materiale Wirklichkeit, die Tisch genannt wird, auch als Tisch behandelt wird. In dieser Behandlung ist dann erst überprüfbar, ob es sich tatsächlich um einen »Tisch« handelt.





Von diesem kleinen Beispiel zu der Trias von Bezeichnetem (Signifikat), Bezeichnendem (Signifikant) und Zeichen her lässt sich verdeutlichen, wozu die Semiotik dient, nämlich »eine Innen-Außen-Konstellation methodisch aufzuarbeiten ... Sie verbindet ein Außen mit einem Innen, ohne ihren Kontrast aufzuheben, und überschreitet ein Innen zum Außen, ohne ihre Verbindung zu leugnen. Das Instrument solcher Realisierung ist das Zeichen. Zugleich benennt Semiotik jene Realität, welche die Bedeutung dieser Realisierung begreifen lässt: die vom Zeichen erzeugten Handlungskonstellationen. Das Zeichen verwirklicht im Handeln, das es ermöglicht, die innere Verbindung von Innen und Außen. Zugleich bleiben in den durch das Zeichen ermöglichten Handlungen Außen und Innen in einer kreativen Differenz zueinander.«[60] Und: »Wer ein Innen darstellen will, bedarf des Außens zu seiner Bezeichnung ... Die Verfremdung im Perspektivenwechsel zerstört nicht die Identität einer Tatsache, sondern konstituiert sie. Erst in einer semiotischen Konstellation wird eine Tatsache für andere und anderes bedeutsam.«[61] Das

60 | Hans-Joachim Sander, Glauben im Zeichen der Zeit. Die Semiotik von Peirce und die pastorale Konstituierung der Theologie, Habilitationsschrift, Würzburg 1996, 55f.

61 | Ebd. 18.

Entscheidende ist, dass mit diesem Konzept auch das Handeln in die Wahrnehmungstheorie von Zeichen einbezogen ist. Denn durch das Zeichen »wird zwischen Subjekt und Objekt eine Relation hergestellt, entlang derer sich praktisches Handeln ereignet.«[62] Gerade darin liegt die pragmatizistische Pointe in der Semiotik, dass der Wahrheitsgehalt sprachlicher Zeichen in diesen Handlungsräumen überprüfbar ist.

So installiert *Gaudium et spes* für die Kirche die »pragmatische Maxime einer Kirche, die um die Innen-Außen-Konstellation des Glaubens der Zeit weiß«; wer zum Beispiel »in Solidarität mit den Menschen von heute ... handelt, schafft damit ein Zeichen des Glaubens, das die ganze Bedeutung des Evangeliums zu begreifen ermöglicht.«[63] Wenn in *Gaudium et spes* Nr. 1 davon die Rede ist, dass Trauer und Freude der Menschen auch Trauer und Freude der JüngerInnen Christi sind, wenn dann eine besondere Wahrnehmungskonzentration bezüglich der Armen hinzugefügt wird, und wenn selbstverständlich vom Gesamttext her ein entsprechendes Handeln der Solidarität (vgl. Nr. 3) unerlässlich ist, dann erschließt sich erst die integrale Bedeutung der semiotischen Sicht, insofern sich der Begriff der Wahrnehmung auf alle vier Anteile dieses Prozesses bezieht: Nämlich in der Wirklichkeit Zeichen wahrzunehmen, sie aus einer ganz bestimmten Perspektive wahrzunehmen, sich vom Zeichen her selbst die Wahrnehmung mitkonstituieren zu lassen und jenes Handeln wahrzunehmen (im Sinne von Projektieren und Durchführen), das die Wirklichkeitsbasis des Zeichens möglicherweise so verändert, dass ein neues Zeichen entsteht.

Aus dieser Perspektive ist das Konzil der »institutionelle ›Interpretant‹ einer pastoralen Konstituierung der Kirche im ›Zeichen‹ aktueller Herausforderungen und Chancen zu verstehen ...«[64] So geht es bei dieser an der Semiotik orientierten Ästhetik, also Wahrnehmungs- und Zeichenlehre, darum, »das Innen von dem, was es überschreitet, neu zu entdecken. Ihre Stoßrichtung ist polar; sie repräsentiert das Außen im Innen und verändert das Innen vom Außen. Sie arbeitet mit den Zeichen allgemeiner Gedanken in pragmatizistischer Hinsicht.«[65]



62 | Vgl. Christian Bauer, Peuple de dieu dans le monde. Exposé (Manuskript) Tübingen 2001, 20.
63 | Die beiden Zitate Sander, Glaube 661.
64 | Bauer, Peuple 21.
65 | Sander, Glaube 21.

Wenn man im Wahrnehmungsbegriff zudem den Begriff der Wahrheit schwer nimmt, dann beinhaltet eine solche Ästhetik darüber hinaus die Frage nach jener inhaltlichen Perspektivität, in der sich eine ganz bestimmte Wahrheit sowohl in der Wahrnehmung des Sehens wie auch in der Wahrnehmung des Handelns realisiert. Näherhin wird die Frage nach der Wahrheit in zwei Entscheidungen virulent: In der Frage nach der Selektion dessen, was als Zeichen promoviert wird (denn es gibt aufdringliche Wirklichkeiten, die keinen dringlichen theologischen Zeichencharakter entwickeln, und es gibt sicher auch versteckte und auch aufspürbare Wirklichkeiten, die in diesem Zeichenkonstitutionsprozess zu entbergen und zu entnebeln sind), dann in der Priorisierung der Zeichen wie auch der in ihnen und zwischen ihnen liegenden Wahrnehmungsdominanzen im Erkennen bzw. Handeln (so gibt es Zeichen, die etwa aus diakonischen Gründen in einer bestimmten Stunde unmittelbar Vorrang vor anderen haben).



Diese Wahrnehmung von Bestehendem beinhaltet auch die Wahrnehmung des gnadenhaft Gegebenen. Damit ist auch die Wahrnehmung all jener Symbole und Symbolhandlungen, auch jener künstlerischen und dichterischen Ausdrucksformen gemeint, die die motivationale und religiöse Tragfähigkeit dessen schenken, was in der Wahrnehmung des Handelns zu tun ist. Auch dafür braucht es eine inhaltliche Perspektivität, nämlich die pneumatologische der Unterscheidung der Geister. Denn auch kollektivistische faschistische Ästhetiken können erlebnistief tragfähig sein, aber wofür?[66]

Sanders Rekonstruktion der Entdeckung der Zeichen der Zeit im Horizont der pragmatizistischen Semiotik von Charles S. Peirce verdeutlicht die angesprochene semiotische Grundstruktur, nämlich dass Wahrnehmungsvorgänge nie ohne die erschließende Kraft des Zeichenbegriffs rekonstruiert werden können, weil es bereits die Wahrnehmungen nicht ohne Zeichenbeanspruchung gibt. »Wer oder was immer ins Außen seiner selbst hineingeht, ist auf Zeichen angewiesen, um sich zu orientieren, und kann auf Zeichen zurückgreifen, um sich zu präsentieren.«[67]

66 | Zur Ambivalenz solcher Erfahrungen vgl. Ottmar Fuchs, Die Menschen in ihren Erfahrungen suchen. Zur Unentrinnbarkeit und Ambivalenz der persönlichen und gesellschaftlichen Erfahrungsorientierung, in: Rainer Bucher, u. a. (Hg.), In Würde leben. Interdisziplinäre Studien zu Ehren von Ernst Ludwig Grasmück, Luzern 1998, 109–234.

67 | Hans-Joachim Sander, Die Zeichen der Zeit erkennen und Gott benennen. Der semiotische Charakter von Theologie, in: Theologische Quartalschrift 182 (2001) 5.

Denn erst auf der »Ebene der Zeichen, also der Interpretanten, wird die Differenz zwischen Innen und Außen, zwischen der eigenen sprachlichen Welt und der Realität, der man sich gegenübersieht, zum Thema.«[68] Ohne Zeichen gibt es keinen Realitätsbezug: »Der Realitätsgehalt von etwas Gesagtem ist eine Zeichengröße und in der Macht der Zeichen fassbar; das ist die große Entdeckung von Peirce. Deshalb sind die Zeichen, die die Theologie zwangsläufig verwenden muss, um sich zu Gehör zu bringen, zugleich der Ort, an dem sie das Problem ihrer Außendarstellung lösen kann. Ohne Zeichen ist sie im Außen ihrer selbst sprachlos, aber wenn sie über Zeichen für ihre eigene Sache tatsächlich verfügt, kann sie den Realitätsgehalt ihrer Aussagen präsentieren.«[69]



Diese Präsentation der eigenen Inhalte in der Realität der Welt kann in einem doppelten Handeln geschehen, nämlich im Reden und im Tun. Und oft genügt nicht das Reden, um die entsprechende Signifikanz des Eigenen im Anderen zu erschließen. Oft genug muss erst einmal etwas getan werden, damit die Signifikanz zum Vorschein kommt.

Da Gott selbst kein Ding unter den Dingen der Welt ist, da er immer nur über die Zeichen zugänglich ist, konzentriert sich in ihm der Ernstfall der Zeichen und ihrer Semiose überhaupt. Das unendliche Geheimnis schlägt sich in seiner Bezeichenbarkeit in einer ganz besonderen Weise, in einer extremen Weise, als die unabschließbare Semiose schlechthin nieder. Die Zeichenketten, die sich auf ihn beziehen, haben im Bereich des Endlichen einen analog unendlichen Charakter. Und dieser unendliche Charakter ist selbst noch einmal der Unendlichkeit Gottes gegenüber mehr unähnlich als ähnlich. Jeder Mensch, jede Epoche, jeder Raum bekommt immer nur einen Ausschnitt dieser Semiose mit, wie ihn zum Beispiel Goethe im Faust vorführt:

> Geschrieben steht: »Im Anfang war das Wort!«
> Hier stock' ich schon! Wer hilft mir weiter fort?
> Ich kann das Wort so hoch unmöglich schätzen,
> Ich muß es anders übersetzen,
> Wenn ich vom Geiste recht erleuchtet bin,
> Geschrieben steht: Im Anfang war der Sinn.

68 | Ebd. 5.

69 | Ebd. 6–7.

Bedenke wohl die erste Zeile,
Daß deine Feder sich nicht übereile!
Ist es der Sinn, der alles wirkt und schafft?
Es sollte stehn: Im Anfang war die Kraft!
Doch, auch indem ich dieses niederschreibe,
Schon warnt mich was, daß ich dabei nicht bleibe.
Mir hilft der Geist! Auf einmal seh' ich Rat
Und schreib' getrost: Im Anfang war die Tat!

Christian Bauer schreibt hierzu: »In der semantischen Verschiebung von ›Wort‹ über den ›Sinn‹ zur ›Kraft‹ bringt Goethe den endlosen Widerstreit sprachlicher Zeichen von Gott an einen vorläufigen Schlusspunkt, wenn er ihn auf dem weiten Feld der ›Tat‹ enden lässt.«[70] Aber dabei bleibt es selbstverständlich nicht, denn die Tat drängt wieder danach, erzählt zu werden, ins Wort und in die Erinnerung zu kommen. Und sprechakttheoretisch gesehen ist das Sprechen zwar kein Tun, aber ein Handeln in bestimmten Bereichen oder virtuellen Begegnungszusammenhängen. Und theologisch ist darauf zu bestehen, dass der Weg vom Wort zur Tat zwar eine Steigerung in der Authentizität des Menschen, einer Gruppe oder einer Kirche darstellt, nicht aber eine Reduktion der negativen Analogie: Auch mit der Tat kommt man der Unergründlichkeit und der Geheimnishaftigkeit Gottes nicht näher als mit dem Wort. Gerade Tatmenschen sind daraufhin aufzuklären, dass sie sich mit der Tat keinen größeren Zugriff auf Gott leisten können als mit dem Wort, nämlich keinen.[71]

Bezogen auf das Verhältnis von Theologie und Literatur ist die Semiose in paralleler Wortbildung als »Fiktiose« aufzufassen, insofern der Bedeutungsraum, in dem sich die Semiose des Gotteszeichens ereignet, die Literatur des Fiktiven ist, sowohl in der Heiligen Schrift und in der Theologie, wie auch in der Literatur. Ulrich H. J. Körtner spricht davon, dass die kirchliche Bibelexegese nicht nur faktisch, sondern wesenhaft allegorisch ist, insofern an die Stelle des vorfindlichen unverständlich





70 | Christian Bauer, Peter Hardt, Vom UnSagbaren Sprechen. Postmoderne Sprachprobleme und theologische Erkenntniswege, in: Thomas Dörfler, Claudia Globisch, (Hg.), Postmodern Practices. Beiträge zu einer vergehenden Epoche, Münster 2002, 47–57.

71 | Vgl. Ottmar Fuchs, Die Pastoral im Horizont der »unverbrauchbaren Transzendenz Gottes« (Karl Rahner), in: Theologische Quartalschrift 185 (2005) 268–285.

gewordenen Textes »ein fiktiver, sei es derjenige eines allegorischen Schriftsinns, sei es derjenige einer postulierten literarischen oder gar vorliterarischen Quelle oder Urfassung« tritt.[72]

Der Begriff der Allegorese wird hier prinzipiell als eine Andersheit gelesen, die es immer zwischen Text und Rezeption gibt, als der Versuch, die Herkunft des Textes, die hinter dem Text im Dunkeln bleibt, neu zu erfinden: die Herkunft, in der diese Texte noch Ausdruck lebensrelevanter Fiktionen vom Leben waren.[73] Dieses prinzipielle Unverständnis dem Urverständnis der Texte gegenüber ermöglicht ja erst die mehrfachen Auslegungsmöglichkeiten hinsichtlich eines vielfachen Schriftsinns, weil es gar keine exklusive Festlegung auf die Urbedeutung geben kann.



Theologisch-inhaltlicher Maßstab für die Beurteilung einer Allegorese, also eines metaphorischen Anderslesens der Wirklichkeit (auch von literarischen Texten) ist der Horizont der Gnade, nämlich dass die entsprechenden inhaltlichen Mythologien und ästhetischen Mythomorphien nicht als zerstörend, sondern als tragend und aufbauend, als motivstärkend und als für die Freiheit und für das Gute kräftigend erlebt werden.[74] Hier, im ästhetisch-mythologischen, im fiktionalen Bereich also, könnte es die intensivste und zugleich strittigste Annäherung zwischen Theologie und Dichtung geben.

## *3.5 Mut zur Literatur-Halacha*

Es ist ausgesprochen spannend, dass diese Gebrochenheit und zugleich Freiheit zwischen religiösem Text und Lebenswelt im jüdischen Bereich das Verhältnis von Tora und Lebens*begehung* prägt. Die Halacha kann sich als lebensgestaltende Bedeutung der Tora erheblich vom Wortlaut der Tora entfernen.[75] Es gibt in der Halacha keine akademische Exegese, die vom historischen Setting eines Textes seine Bedeutung kontrollieren wollte.[76] Dabei wird dies nicht etwa als Entfernung von der Tora interpretiert, sondern tatsächlich als ihre Auslegung, als etwas, was mit der Auto-

72 | Ulrich H. J. Körtner, Der inspirierte Leser. Zentrale Aspekte biblischer Hermeneutik, Göttingen 1994, 57.

73 | Vgl. Körtner, ebd. 52ff.

74 | Vgl. Bauer, Peuple de dieu.

75 | Vgl. Karlheinz Müller, Anmerkungen zum Verhältnis von Tora und Halacha im Frühjudentum, in: Erich Zenger (Hg.), Die Tora als Kanon für Juden und Christen, Freiburg 1995, 287–291, 280.

76 | Vgl. ebd 281. Zur »Realisation als Weiterschreiben der Schrift« vgl. Sölle, Realisation 43.

rität der Tora gedeckt ist. Es geht also nicht um verschiedene Schriftsinne, sondern um eine praxisbezogene vielfältige Auslegung »innerhalb des sensus literalis«.[77] Die Tora selber ist »unerschöpfliche Spenderin und Erzeugerin von weittragenden Analogien«.[78]

Die Bedeutung ist es, »welche die Abgeschlossenheit des Zeichens durchbricht und das Zeichen auf anderes hin öffnet«[79]. Ich würde nicht so weit gehen, dass der primäre Verweisungsbezug, der einen Text verursacht hat, zur Zerstörung freigegeben ist, denn dann wären all die Texte, die den vorliegenden Text ermöglicht haben, ihrerseits von der Bedeutungspotenz ausgeschlossen. Richtig ist aber, dass auch eine solche durch historische und historisch-kritisch-exegetische Forschung ermöglichte Einsicht für den sekundären Verweisungsbezug hinsichtlich der Gegenwart erst noch zu erfinden wäre. Mit dem historischen »Hintersinn« ist noch nicht jener »Vordersinn« erreicht, den der Text eben nicht nur hinter, sondern vor sich hat.[80] Aus dieser Perspektive geht es nicht um die Mehrdeutigkeit des Textes, sondern um die Mehrdeutigkeit der Welt, wie sie sich in diesem Text in Bezug auf künftige Möglichkeiten entworfen findet.

Claude Chabrol hat 1971 davon gesprochen, dass der Sinn eines Textes nicht hinter ihm liegt: »er ist vielmehr das System von Regeln, das erlaubt, das Differenzen setzende Spiel der Gegensätze zu schaffen, nach dem sich mein Lesen ... richtet, von dem der tatsächlich gelesene Text ja nur eine zufällig begrenzte, d. h. historisch begrenzte Verwirklichung ist. Das aber bedeutet die Unmöglichkeit, den Verweis der Sinnträger auf weitere Sinnträger und dadurch den entsprechenden Verweis der gemeinten Sachverhalte anzuhalten.«[81] Wenn man in dieses Zitat die Unterscheidung von Sinn und Bedeutung, wie sie Frege vorgeschlagen hat, einbringt, müsste man den von Chabrol apostrophierten Akt des Lesens als jene Bedeutung schaffende Bezogenheit auffassen, »die unsere Wörter und unsere Sätze in der Realität verankert«.[82] Damit ist klar, dass we-





77 | Vgl. Körtner, Leser 95.
78 | Müller, Halacha 282.
79 | Ricoeur, Hermeneutik 111.
80 | Vgl. dazu mit Bezug auf Ricoeur Körtner, Leser 102–103.
81 | Claude Chabrol, Probleme erzählender Semiologie in biblischen Texten, in: ders., Louis Marin (Hg.), Erzählende Semiotik nach Berichten der Bibel, München 1973 (Paris 1971), 15–29, 18.
82 | Paul Ricoeur mit Bezug auf Frege, in: Hermeneutik und Strukturalismus, München 1973 (Paris 1969), 111.

der ein idealistischer Sinn noch eine nur bewusstseinsorientierte Bedeutung gemeint sind, sondern dass hier phänomenologisch gedacht wird: »denn ungewollt entdeckte sie (die Phänomenologie) statt eines idealistischen Subjekts, das in ein Bedeutungssystem eingeschlossen wäre, ein lebendiges Seiendes, dessen Bewusstseinsbeziehungen sich im vorgegebenen Horizont einer Welt, der Welt, entfalten.«[83] Die Beschäftigung mit der Literatur ist ein Aspekt eines solchen In-der-Welt-seins.[84]

Der Gegensatz dazu wäre eine fundamentalistische Auslegung, die nur einen, meist den wörtlichen, Schriftsinn favorisiert. Demgegenüber gilt: »Die Gebrochenheit zwischen dem Sinn der Schrift und der Bedeutung ihrer Aussagen jenseits der Schrift, zwischen Text und Geschichte, zwischen Aussagen und diskursiver Praxis ... wäre ... wichtig für die Autorität der ›mehreren Sinne‹.«[85] In dieser Gebrochenheit geht es nicht nur um eine problemlösende Analogie zwischen damals und heute, sondern auch um eine problemgenerierende Analogie.[86] Sich in diese Kreativität hineinbegeben benötigt zwar ein entsprechendes Tun, was sich darin allerdings ereignet, kann nur als nicht verrechen- und nicht planbare Gabe begriffen werden.[87]



Indem die Literatur als Verstehensweg für gegenwärtige Verhältnisse aufgerufen wird, kann sie sich zugleich als Nichtverstehensweg für einen theologisch herkömmlichen Text erweisen. Sie steigert dann die Gebrochenheit zwischen dem Sinn theologischer Inhalte und ihrer Bedeutung für die Gegenwart. Sie hat damit abduktiven Charakter, indem sie erst einmal wegführt, wobei dieses Wegführen auch mehr oder weniger ein Wegführen von der Gegenwart sein kann, insofern Literatur und Poesie immer auch eine Form der Mythologisierung, der Metaphorisierung und anderer literarischer Transformationen des empirisch Erfahrbaren darstellen. Abduktion führt verschiedene Elemente, die vorhanden sind (sei es in einem theologisch relevanten Text, sei es in einem literarischen Text, sei es zwischen ihnen) in einer völlig neuen Weise zusammen, im Horizont eines Zusammenhangs, »von dem wir nie geträumt hätten, es

83 | Ebd. 18.

84 | Zur Leidenschaft für das Mögliche im Horizont einer Freiheit, die sich für die Hoffnung öffnet, vgl. Ricoeur, Hermeneutik 204ff.

85 | Hans-Joachim Sander, Die kritische Autorität der Exegese für die Dogmatik, in: Ulrich Busse (Hg.), Die Bedeutung der Exegese für Theologie und Kirche, Freiburg 2005, 38–75, 63.

86 | Ergänzend zu Sander, kritische Autorität 62.

87 | Vgl. Körtner, Leser 60.

zusammenzubringen«, dies »lässt blitzartig die neue Vermutung in unserer Kontemplation aufleuchten.«[88] So können sich beide Räume gegenseitig als abduktive Wege zu Neuem erweisen: Die Theologie indem sie der Literatur begegnet, aber auch die Literatur, wenn sie sich in ein solches kreatives Wechselverhältnis hineinbegibt.[89]

Gerade die angesprochene Gebrochenheit ist die Bedingung dafür, dass solche Konstellationen und darin konstellatives Denken möglich werden.[90] Ein Text aus vergangener Zeit, auch der biblische, ist bereits der »Totenschein« für die »unmittelbare Einheit von Entstehung und Wirksamkeit«.[91] Das Verstehen dieses Zusammenhangs ist wichtig, ist aber noch nicht identisch damit, dass das Vergangene für heute Bedeutung gewinnt.[92] Denn man kann das Verstandene nicht einfach nachahmen. Dazwischen ist ein eigener kreativer Begegnungsprozess nötig, der mit der Fremdheit des Textes nicht unterhalb des Niveaus dieser Fremdheit umgeht und der das bedeutungshafte Gestorbensein des Textes ebenfalls so ernst nimmt, dass für seine Neubelebung nicht weniger als »Auferstehung« notwendig ist.





Die Einsicht, dass Texte bezüglich ihres Erstzusammenhangs zugleich »Totenscheine« sind und deswegen in neuen Zusammenhängen neu »auferweckt« werden, gilt selbstverständlich nicht nur für biblische und überhaupt theologisch herkünftige Texte, sondern auch für literarische und poetische Texte. Sodass sich in der Begegnung zwischen Theologie und Literatur nichts anderes als diese beidseitigen Resurrektionen begegnen.

Im Anschluss an die hermeneutische Theorie von Paul Ricoeur kommt Körtner zu der Einsicht, dass man »die Entäußerung des Geistes in die Materialität der Schrift keineswegs nur negativ« sehen muss. Dies hat zur Folge: Wo sich nun ein neues, für heute bedeutungsvolles (Nicht-)Verstehen einstellt, »muss es vielmehr als Auferstehung bzw. Auferweckung des Textes, d. h. aber von der Christologie aus als ein Handeln Gottes bzw. als ein Wirken des göttlichen Geistes gedeutet werden.«[93]

88 | Charles Peirce, Vorlesungen über Pragmatismus 123.

89 | Zur Abduktion im theologischen Diskurs vgl. Ottmar Fuchs, Ohne Wandel keine inhaltliche Kontinuität, in: Theologie und Glaube 100 (2010) 288–306.

90 | Vgl. Theodor W. Adorno, Denken in Konstellationen, in: Negative Dialektik, Frankfurt am Main 1975, 164f.

91 | Vgl. Körtner, Leser 54, der sich hier auf F. Overbeck, Christentum und Kultur, Basel 1919, beruft.

92 | Vgl. dazu Georg Steins, Der Bibelkanon als Denkmal und Text, in: J.-M. Anwers (ed.), The biblical canons (BEThL 163), Leuven 2003, 177–198, 197.

93 | Ulrich Körtner, Rezeption und Inspiration, in: NZSTh 51 (2009) 27–49, 47.

Das neue Verstehen ist also nicht eine Leistung des Lesers, sondern ein Geschehen, »in welchem die tote Sinnspur des Geistes zu neuem Leben erweckt wird und zugleich den Leser erfasst, der seinerseits zu einem neuen Leben und einem neuen Verständnis seiner Existenz gelangt.«[94] »Verstehen« kann auch nicht verstehendes Fragen und Klagen bedeuten.

Versteht man derart Erinnerung als Auferwecken der Toten und hier der toten Texte, dann ist jede derartig schöpferische Erinnerung zugleich ein eschatologisches Datum: nämlich eine diesseitige Vorwegname dessen, was in der Hoffnung des Glaubens im Tod und den Toten geschieht: »Die Auferstehung des Textes wie die Neuschöpfung des Lesers.«[95]



Interessant ist, wie Friedhelm Kemp in seinem Nachwort zu der von ihm 1958 herausgegebenen deutschen geistlichen Dichtung Literatur und Theologie gestalttypologisch miteinander in eine spannungsreiche Begegnung bringt.[96] In dieser Gestalt sucht er die Stelle, an welcher und durch welche die Dichtung »in der Heilsgeschichte des Evangeliums ungeschmälert mitgedacht werden darf.« Dies schmeckt zunächst nach Vereinnahmung, und kann auch diesen Geschmack nicht ganz verlieren, beinhaltet aber gleichwohl einige interessante Aspekte, vor allem den, dass das Außerhalb der Dichtung in der christlichen Theologie selber als ein dialektisches und dialogisches Innerhalb gedacht werden kann: weil in Gott insgesamt und in Christus konkret das am weitesten Auseinanderliegende und Gegensätzliche in eigenartiger Weise »zusammenfällt«,[97] hier nichts entschärfend und dann heimholend, sondern alles wird heimgeholt bei gleichzeitiger Verschärfung der Gegensätze. Dafür steht in narrativer Analogie jene Verschärfung der Gottesklage des menschgewordenen Gottessohnes selbst am Kreuz.[98] Gott selbst ist nichts äußerlich: in Christus sind ihm alle nahe, auch alle Differenzen.

Aber zurück zu der typologischen Auslegung von Kemp: »Ließe sich aber unter denen, die Jesus nachfolgen, jemand anders finden, bei dem weltliche Zier und Wohlgefälligkeit so ganz in geistliche Schönheit hinüber-

94 | Ebd. 48.

95 | Ebd. 48.

96 | Vgl. Friedhelm Kemp, Deutsche Geistliche Dichtung aus tausend Jahren, München 1958, 471–485 (Nachwort), hier 474.

97 | Zum Verhältnis von Sünde, Sühne und Gott vgl. Fuchs, Gericht 103ff; Ruth Fehling, »Jesus ist für unsere Sünden gestorben.« Eine praktisch-theologische Hermeneutik, Stuttgart 2010.

98 | Vgl. dazu Fuchs, Gericht 70–109.

verwandelt wird, als Maria Magdalena, die große Sünderin und größere Liebende des Herrn? … die durch keine ausdrückliche Berufung Ausgesonderte – doch vielfacher Gnaden gewürdigt: sie darf die Füße des Lebenden und des Sterbenden umfassen, so nahe ist sie zugelassen, und doch wieder in Entfernung gehalten durch den Auferstandenen; sie darf ›mit den Tränen prangen‹, darf ihn salben mit köstlicher Spezerei, begegnet ihm als erste in der Osterfrühe und wird die Botin seiner Auferstehung; … und hat doch keine Befugnis der Verkündigung. Sie ist die einzige Gestalt um den Herrn, die wir uns geschmückt und in deren Händen wir uns einen Spiegel denken dürfen. So auch die Dichtung: sie ist der Wahrheit allernächst, zugelassen in ihrer ganzen Zier, und doch gegen deren Innerstes, Weltentrücktes in Entfernung gehalten, ohne Beglaubigung, ohne Ermächtigung; da hebt sie ihren Spiegel, und was in ihm aufscheint, will als ein Strahl in unser Herz stoßen. Sie darf beten, tanzen, spielen, klagen, den Spiegel drehen und wenden, sie ist kreatürliches Wort, ein Gleichnis des Magdalenen-Sinnes in der Geschichte, eine Allegorie der ewigen Weisheit.«[99]



Denkt man bei Maria Magdalena noch alles mit, was im Verlauf der Jahrhunderte mit ihr in Verbindung gebracht wurde, von der Sünderin zur Prostituierten, von der Gefährtin Jesu bis zu seiner Geliebten, von der Frau, die bis zuletzt beim leidenden Christus ausgehalten hat, bis hin zur Ehebrecherin, von der Jungfrau zur Personifizierung der leiblichen Lust, dann kann man die Bandbreite erahnen, die das Bild von Kemp mitassoziiert.[100] Was bei Kemp beeindruckt, ist die Tatsache, dass mit dieser Analogie die Dichtung etwas ganz Besonderes ist: Sie hält bei den Leidenden aus, sie verzichtet auf die Befugnis zur Normativität, sie kann ihren Spiegel überall hinrichten, sie tanzt und spielt, sie klagt, sie bringt Weisheit zum Vorschein, sie ist auch schön, sie bringt köstliche Spezerei und kann viele Tränen vergießen. Gegenüber einer Wahrheit, die weltentrückt, zuinnerst und bestimmend ist, ist sie weltzuinnerst und bestim-

99 | Kemp, Geistliche Dichtung 474.

100 | Diese phantasiereiche Freizügigkeit hinsichtlich der Maria Magdalena beginnt schon in den Apokryphen, und wandert weiter durch die kirchliche Tradition bis hinein in die gegenwärtige Romanliteratur, vgl. beispielsweise Laurence Gardner, Hüterin des Heiligen Gral. Maria Magdalena – die Frau Jesu, Bergisch Gladbach 2006. Interessant bei dieser Zusammenstellung ist, dass die Literatur selbst bis hin zur Unterhaltungsliteratur Maria Magdalena als Sujet beansprucht.

mungsvariabel der Wahrheit zuallernächst, weil sie eine vitale Zier der Schöpfung darstellt.

Interessanterweise vertieft Jahrzehnte später Kuschel das Magdalena-Paradigma und konzentriert sich dabei auf den Aspekt des nicht mehr körperlich greifbaren Auferstandenen.[101] Und so wird Magdalena Jesu anderswo finden als sie vermutet hatte. Aber genau dieses Anderswo lebt von der Verheißung, die in dieser Ortsverlagerung liegt. Die Frage nach dem »Wo bist du?«[102] erreicht auch die Literatur. Aufschubfähigkeit und Nicht-Zugriffigkeit sind die notwendigen Haltungen, in denen Theologen und Theologinnen der Literatur begegnen können und sie als Ort des Lebens erfahren. In ihrem Glauben begegnen sie dabei nicht zuletzt dem



lebendigen Christus, durch den nach dem Kolosserbrief die Welt erschaffen wurde und erhalten wird, und dessen Geist nach Röm 8,26 in allen Tiefenerfahrungen der Menschen »mitseufzt«, nicht nur im Leid, sondern auch in der Freude. Dieser theologische bzw. christologische Gedanke ist keine Vereinnahmung, sondern als die vorgängige Anerkennung des Anderen im Horizont der eigenen Glaubensidentität, die *wir* in dieser Weise nötig haben, nicht die anderen.[103]

101 | Vgl. Karl-Josef Kuschel, Literatur und Theologie als gegenseitige Herausforderung, in: Garhammer, Langenhorst, (Hg.), Totenerweckung 19–42, 31–32.

102 | Vgl. mit Bezug auf Michel de Certeau Christian Bauer, Kritik der Pastoraltheologie. Nicht-Orte und Anders-Räume nach Michel Foucault und Michel de Certeau, in: ders., Michael Hölzl (Hg.), Gottes und des Menschen Tod?, Mainz 2003, 181–216, 205.

103 | Zum Begriff des Aufschubs in diesem Zusammenhang vgl. Erich Garhammer, Schreiben ist Totenerweckung, in: ders., Langenhorst (Hg.), Totenerweckung 13–16, 15, mit Bezug auf Gregor den Großen: »Heilige Sehnsucht wächst durch den Aufschub.«

# 4. Goethe: Faszination muslimischer Poesie

## *4.1 Streit um Mahomet*

In der gegenwärtig vitalen Frage nach den Ermöglichungsgegebenheiten (und erst dann nach den entsprechend zu stellenden Verhaltensforderungen, die ohne die ersteren oft nur defensiv machen) interreligiösen und interkulturellen Zusammenlebens ist für mich Johann Wolfgang von Goethes »West-östlicher Divan« in einer doppelten Hinsicht interessant:[1] einmal hinsichtlich seiner poetischen Hermeneutik einer fremden Welt gegenüber, zum anderen wie er mit den Inhalten dieser fremden Welt umgeht, was er darin hochschätzt beziehungsweise ablehnt. Goethe war zeitlebens nicht nur für die griechisch römische Antike aufgeschlossen, sondern auch für die Kultur des alten und des neuen Orients. 1773 bereits versucht er sich an einem Mahomet-Stück. Später, aus der zeitlichen Entfernung heraus, wird Goethe in »Dichtung und Wahrheit« 1814 von seiner Absicht sprechen, insofern er das generelle Muster eines großen Charakters und Geistes an Mahomet verdeutlichen wollte: »Das Himmlische, Ewige wird in den Körper irdischer Absichten eingesenkt und zu vergänglichen Schicksalen mit fortgerissen.«[2] Goethe schreibt: »so entwickelte sich bei mir der Vorsatz, an dem Leben *Mahomets*, den ich nie als einen Betrüger hatte ansehn können, jene von mir in der Wirklichkeit so lebhaft angeschauten Wege, die anstatt zum Heil, vielmehr zum Verderben führen, dramatisch darzustellen. Ich hatte kurz vorher das Leben des orientalischen Propheten mit großem Interesse gelesen und studiert, und war daher, als der Gedanke mir aufging, ziemlich vorbereitet ... Alles was das Genie durch Charakter und Geist

1 | Wichtige Anregungen für dieses Kapitel verdanke ich unserem gemeinsamen interdisziplinären Hauptseminar (mit den Kollegen Karl-Josef Kuschel und Bernd Jochen Hilberath) im Sommersemester 2009 an der Katholisch-Theologischen Fakultät Tübingen, vor allem der Bearbeitung (Thesenpapier) des Themas »Der Islam im Spiegel von Goethes West-östlichem Divan« am 26.6.2009 durch Katharina Braungart.

2 | Johann Wolfgang von Goethe, Klaus-Detlef Müller, Aus meinem Leben, Dichtung und Wahrheit, Text und Kommentar (3. Teil, 14. Buch, 1814), Frankfurt a. M. 1986, 685.

über die Menschen vermag, sollte dargestellt werden, und wie es dabei gewinnt und verliert.«[3]

Gegenüber dem Rationalisierungsschub der Aufklärung begibt sich Goethe hier in den »Sturm und Drang« einer verstandlich nicht einholbaren Welt der Empathie, der Empfindungen und der Gefühle.[4] So lässt er Mahomet sagen: »Siehst du ihn nicht? an jeder stillen Quelle, unter jedem Blühenden Baum begegnet er mir in der Wärme seiner Liebe. Wie dank ich ihm er hat meine Brust geöffnet, die harte Hülle meines Herzens weggenommen, daß ich sein Nahen empfinden kann.«[5] Wie wichtig ihm gerade dieses Bild ist, zeigt sein Wunsch, den er in einen Brief an Herder 1772 so formuliert: »Ich möge beten wie Moses im Koran: Herr



mache mir Raum in meiner engen Brust.«[6] Der Gott, den Mahomet nach Goethe erlebt, ist ein all-liebender, und vor allem ein Einziger, und darin allmächtiger, der auch nicht auf den Wunderglauben der Menge angewiesen ist. Er zeigt sich vielmehr im Genie, im genialen Menschen, im »Strom des Genies«, vom Felsenquell ausgehend nimmt er all die Seitenflüsse mit bis in den ewigen Ozean hinein.[7] »Grenzenlos strömende Schöpferkraft treibt das Genie (auch das religiöse) in die Entgrenzung, ins Unendliche der göttlichen Allnatur, die hier der ›Vater‹ Ozean versinnlicht.«[8] Goethe konzentriert sich also auf den charismatischen Propheten Mahomet, beansprucht ihn als besonders eindrucksvolles, weil auch aus einer attraktiven Fremde herauskommendes Beispiel eines begeisternden genialen Menschen und befindet sich damit in der Genie-Diskussion seiner Zeit.[9] So wird auch die eigene Subjektivität in der Allliebe Gottes entworfen und verwurzelt.

Gegenüber der herrschenden Ansicht seiner Zeit, dass Mahomet ein betrügerische Schwärmer und ein skrupelloser Machtpolitiker war, erschließt sich Mahomet für den jungen Goethe (wie auch für Herder),

3 | Ebd. 685 und 687.

4 | Vgl. Gerhard Sauder (Hg.), Theorie der Empfindsamkeit und der Sturm und Drang, Stuttgart 2003.

5 | Johann Wolfgang von Goethe, Mahomet, Fragment (1772), in: Gerhard Sauder (Hg.), Johann Wolfgang von Goethe. Sämtliche Werke nach Epochen seines Schaffens, Band 1.1, Der junge Goethe 1757–1775, München 1985, 517.

6 | Zitiert im Kommentar zu Mahomet, Fragment, Text und Kommentar, in: Sauder (Hg.), Der junge Goethe 941.

7 | Vgl. ebd. (Goethe, Mahomet) 518–519.

8 | Ebd. (Mahomet, Kommentar) 943.

9 | Vgl. ebd.943.

nicht zuletzt auf dem Hintergrund neuerer Übersetzungen und Werke in der damaligen Orientalistik, als jenes literarisches Muster, in dem in einer fremden Welt auch die Besonderheit des genialen Menschen erfahrbar wird. Dies zeigen auch Goethes Koran-Auszüge (1771/72), deren Auswahl und Formulierung auf eine ähnliche Aneignung schließen lassen: »Gott ist auch nicht geneigt, daß er euch bekannt mache, was ein Geheimnis ist, sondern er wählt einige von seinen Gesandten, welche er will ...« (aus Sura III).[10] Und hier findet sich auch der bereits erwähnte Text aus der XX. Sura: »Er sprach (Moses) o mein Herr mache mir Raum in meiner engen Brust. Mache mir auch mein Geschäft leicht. Löse auch auf das Band von meiner Zunge.«[11]

Hinsichtlich der interreligiösen Hermeneutik Goethes kann hier bereits festgehalten werden: Die zur Umwelt alternative positive Sicht Mahomets, auch des Korans, allerdings unter der Bedingung einer höchst zugriffigen Aneignung in der Form einer idealistischen Interpretation, die sich nun durchaus in Übereinstimmung mit einem beträchtlichem Teil der damaligen Geisteswelt befindet, nämlich in der Wahrnehmung und Konzeption genialer Menschen für andere Menschen und für die Geschichte. Dabei werden die negativen Anteile nun auf das Niveau des Scheiterns des Genies in widrigen Verhältnissen gehoben. In dieser Kategorie verlieren sie ihre ausschließlich negativen Konnotationen. Was andere als Verbrechen, Skrupellosigkeit und Betrug anschauen, wird derart in das Muster eines genialen Menschen integriert, dessen Leben anstatt zum Heil sich vielmehr zum Verderben entwickelt.[12] So wird einem beträchtlichen Teil der Vorurteilstruktur der eigenen Welt (Mahomet als Betrüger) widersprochen, und dies geschieht gleichzeitig in der Aufnahme eines gängigen zeitgenössischen Diskurses (über das Genie), der nun seinerseits zum hermeneutischen Schlüssel zum Verstehen des fremden Mahomet wird. Letzterer wird also nur insofern in die eigene Hochschätzung aufgenommen, als er in dieses eigene Muster des genialen Menschen hineintransformiert werden kann.





10 | Johann Wolfgang von Goethe, Koran-Auszüge (1771/72), Texte und Kommentar, in: Sauder (Hg.), Der junge Goethe 444.

11 | Ebd 446. 1772 war die erste deutsche Übertragung des Koran erschienen, »aus der Gs nicht allzu wörtliche Exzerpte stammen.« (Kommentar ebd. 852).

12 | Vgl. Goethe (Müller), Dichtung und Wahrheit 685.

Mit diesem Muster ereignet sich ein enormer Toleranzgewinn: Interreligiöse Grenzlinien und Schablonen werden aufgebrochen und im Horizont des allgemein menschlichen Dramas des Genies angeeignet und nahegebracht. Gleichwohl vermögen das Fremde, Mahomet und der tatsächliche gesamte Text des Korans mit allen seinen Anteilen nur wenig konträre Bedeutung in dieses Spiel und gegenüber diesem Spiel einzubringen. Nur was in dieses Drama hineinpasst, einschließlich eines allgütigen und universal liebenden Gottes, der sich so quer durch alle Kulturen und Religionen in den Genies offenbart, wird in diese Begegnung eingeschlossen.



Strukturanalytisch müsste man sagen: Goethe schätzt im Anderen jenes Eigene, das er besonders bewundert. Alles andere, zum Beispiel, dass es eine Hölle geben und dass Gottes Liebe an die Bedingung des Glaubens gebunden sein könnte, bleibt schon allein deswegen auf der Strecke, weil es mit der interreligiösen Toleranz und mit der relativen Vergleichgültigung der interreligiösen Sanktionsgrenzen auf dem Hintergrund generalisierter menschlicher und göttlicher Dramatik abgelehnt werden muss. So entdeckt Goethe das Gute des Eigenen im Fremden des Anderen und gönnt ihm von daher größte Hochschätzung, um den Preis, dass der andere sich erst einmal diesem Muster zu unterwerfen hat. Denn nur dieses inhaltliche Muster kann mit einer begrenzten Pluralität von Menschen in unterschiedlichen Religionen und Kulturen in Verbindung gebracht werden.

Man kann sich deshalb die Schwierigkeiten Goethes vorstellen, als ihn sein Herzog Karl August, ein großer Anhänger Voltaires, bat, Voltaires »Mahomet«-Drama zu übersetzen, damit es in das Repertoire des Weimarer Theaters aufgenommen werden könne, und zwar fast drei Jahrzehnte nach Goethes eigenem Mahomet Fragment. Goethe konnte dem Herzog gegenüber, dem er viel verdankte, nicht nein sagen. Voltaires Mahomet wurde am 30.1.1800 zum Geburtstag der Herzogin Luise aufgeführt.[13] Das Problem der Übersetzung bestand darin, dass Voltaire gewissermaßen Repräsentant der anderen, der Mehrheitsmeinung in der damaligen Bildungsgesellschaft war, nämlich, dass Mahomet ein skru-

13 | Vgl. Johann Wolfgang von Goethe, Übertragung von Voltaires »Mahomet« (1799/1800), Text und Kommentar, in: Victor Lange (Hg.), Johann Wolfgang von Goethe. Sämtliche Werke nach Epochen seines Schaffens. Weimarer Klassik 1798–1806, München 1988, Kommentar 918–924.

pelloser religiöser Machtpolitiker, mit gewalttätigen und betrügerischen, auch verbrecherischen Tendenzen eines Fanatikers gewesen sei. Goethe hatte förmlich alle Hände voll zu tun, »die Gestalt Mahomets von seinen verbrecherischen und ehrgeizigen Zügen zu reinigen und ihn zu einer dämonisch besessenen Gestalt zu machen. Alles nur Lehrhafte wird gekürzt, das Direkte und Nüchterne aufgelockert und gefärbt, ... seine Änderungen sind ... gezielt, dienen der Belebung und wollen die eigenen Vorstellungen von einer resonanten deutschen Bühnensprache vermitteln. Wenn er sich bewusst von Voltaires Vokabular entfernt, will er dessen oft rücksichtslos rhetorische und ideologische Taktik mildern«[14] So spricht er nicht vom Betrüger, sondern vom Verführer, nicht vom Aufstand, sondern vom inneren Sturm.[15] Die Rezensionen zur Aufführung sind durchweg höchst kritisch.[16] Auch hier zeigt sich der zugriffige Gestaltwillen Goethes: Er übersetzt nicht, sondern er transformiert das für ihn nicht Akzeptable sowohl in seiner dramatischen Form wie in seinem Inhalt, also in der Semantik, soweit wie möglich in jene Vollzugsformen hinein, wie er sie selbst vertritt und will.





Es ist schon eigenartig: Voltaire und Goethe wollen in ihrer Intention Ähnliches, nämlich die Erweiterung der Toleranz, gehen aber auf völlig gegensätzlichen Wegen diesem Ziel entgegen. Während Voltaire aus seiner Abneigung gegen fanatisierende Religionen und ihre gewalttätigen Grenzziehungen nach innen und nach außen keinen Hehl macht, wobei dieser Fanatismus allein schon darin gegeben ist, dass die Glaubens- die Heilsgrenzen sind und auch entsprechend mit den Nichtgläubigen umgegangen wird, während also Voltaire diese durchaus erlebbare Destruktivität zwischen den Religionen im Bild von Mahomet aufspießt (und so, strukturanalog gesehen, ebenfalls Mahomet einem ganz bestimmten Muster unterwirft), hebt Goethe Mahomet in den Himmel des idealen Menschen, des Genies, um in seinem Bild und in seiner Autorität die die Religionen und ihre Grenzen überspringenden universalen guten Geister von Mensch und Gott in Mahomet zu beschwören und ihn (und damit dieses Muster) für die eigene Kultur als zutreffende Lebens-, Menschen-, und Gottessicht einzuschärfen. Beiden dient Mahomet als abstoßender oder attraktiver Reflektor für die eigenen Vorstellungen und Ansichten.

14 | Ebd. 924.
15 | Vgl. ebd. 924.
16 | Vgl. ebd. 922f.

## 4.2 Poetische Anverwandlung

Was bei Goethe und seiner Abneigung gegen das Mahomet-Bild Voltaires bereits Bedeutung gewinnt, wird den altgewordenen Goethe umso mehr bewegen, als er 1814 den Divan, also die Gedichtsammlung des persischen Dichters Hafis kennenlernt, die ein Jahr vorher in deutscher Übersetzung erschienen ist.[17] 1799 hatte schon die gleichzeitige Lektüre von »1001 Nacht« »seine Sympathie für orientalische Stimmungselemente« gefördert und vor allem die Übersetzung der Gestalt der Palmire (der Sklavin Mahomets) aus Voltaires Mahomet in die Richtung einer »menschlichen Wärme« beeinflusst.[18]



Indem Goethe nun dem persischen Dichter begegnet, einem Poeten also, begibt er sich auf diesem Niveau nochmals in eine ganz andere Beziehung mit dem Fremden hinein, nämlich im Bereich der »gemeinsamen« Poesie. Es ist dies die Hermeneutik der Anverwandlung, der poetischen Empathie. Goethe geht jetzt weiter als vorher: Nicht mehr gilt Mahomet als Projektionsfläche für ein europäisches Geniemuster, sondern nun erfolgt zwischen 1814 und 1819 eine Art von Hingabe des Poeten an den anderen Poeten, durchaus verbunden mit Anteilen einer Selbstaufgabe in dieser Begegnung. Conrady spricht von einem »schöpferischen Ereignis«, dass »Goethe im siebten Lebensjahrzehnt eine solche Fülle von Lyrik gelang«, dass er eine »neue Lyriksprache« auszubilden vermochte.[19]

Prophet und Poet sind von Gott ergriffen, »der Poet aber vergeudet die ihm verliehene Gabe im Genuss um Genuss hervorzubringen«, er versäumt Zweckausrichtungen, »sucht mannigfaltig zu seyn, sich in Gesinnung und Darstellung grenzenlos zu zeigen. Der Prophet dagegen sieht nur auf einen einzigen bestimmten Zweck ... Irgend eine Lehre will er verkünden und, wie um eine Standarte, durch sie und um sie die Völker versammeln. Hiezu bedarf es nur dass die Welt glaube, er muss also eintönig werden und bleiben. Denn das Mannigfaltige glaubt man nicht, man erkennt es.«[20] Im Gegensatz zum Poeten wäre dann nach Goethe der

17 | Vgl. zum Folgenden Katharina Mommsen, Goethe und die Arabische Welt, Frankfurt a. M. 1988, 194–238; vgl. in neuer Auflage dies., Goethe und der Islam, Frankfurt a. M., Leipzig 2001, 31–95.

18 | Vgl. Lange (Hg.), Goethe. Weimarer Klassik, im Kommentar 920, vgl. dazu vor allem Katharina Mommsen, ›G. und 1001 Nacht‹, Frankfurt a. M. 1981, 68ff.

19 | Karl Otto Conrady, Goethe. Leben und Werk, Frankfurt am Main 1987, II, 390.

20 | Johann Wolfgang von Goethe, West-östlicher Divan (hg. von Michael Knaupp), Stuttgart 1999 (einschl. Besserem Verständnis 1819), 287.

»Poet« George eigentlich ein Prophet, der Herrschaft ausübt, der führt und verführt.[21] Hafis und Goethe aber sind Poeten und bringen so quer durch alle Kulturen und Religionen hindurch und sie überbrückend eine eigene Qualität der gegenseitigen Annäherung mit sich, das »Gefühl nachbarlicher Verhältnisse«.[22] Die Dichtung wird so zum »imaginativen Freiraum zum Entwurf interkultureller Balance«, weltliterarische poetologische Empathie vermittelt interkulturelle Kommunikation.[23]
Zu Goethe ist im Tagebuch von Ludwig Börne vom 27.5.1830 hinsichtlich des west-östlichen Divans die Rede davon, dass sich Goethe »das zahme Dienen trotzigen Herrschern ... unter allen Kostbarkeiten des orientalischen Basars am begierigsten angeeignet (habe). Alles andere *fand* er, dieses *suchte* er ...«[24]
Der Dichter und Orientalist Friedrich Rückert hat diese »Leistung« Goethes folgendermaßen im Gedicht »Schöpft der Greis itzt« nicht ohne leicht spöttische, wenn auch zugleich respektvolle Ironie ins Wort gebracht:

Wollt ihr kosten
Reinen Osten
Müßt ihr gehn von hier zum selben Manne,
Der vom Westen
Auch den besten
Wein von jeher schenkt' aus voller Kanne.
Als der West war durchgekostet,
Hat er nun den Ost entmostet.
Seht, dort schwelgt er auf der Ottomane.

Abendröthchen
Dienten Goethen
Freudig als dem Stern des Abendlandes;





21 | Vgl. Norbert Hummelt, Wer die Flamme je umschritt (Besprechung zu Karlaufs Stefan George Biographie) in: Tagesspiegel v. 9.9.2007 (im Internet v. 4.11.2010), 2. Siehe unten Kap. 6.4.
22 | Johann Wolfgang von Goethe, (Einleitung zu:) Thomas Carlyle, »Leben Schillers«, Frankfurt 1830, VII.
23 | Braungart, Thesenpapier 1.
24 | Zitiert bei Eckhard Henscheid, F.W. Bernstein, Unser Goethe. Ein Lesebuch, Frankfurt am Main 1987 (1982), 415.

Nun erhöhten
Morgenröthen
Herrlich ihn zum Herrn des Morgenlandes.
Wo die beiden glühn zusammen,
Muss der Himmel blühn in Flammen,
Ein Diwan voll lichten Rosenwandes.
…
Aus iran'schen Naftabronnen
Schöpft der Greis itzt, was die Sonnen
Einst Italiens ihm, dem Jüngling, kochten.[25]

120 Goethe ist in dieser Anverwandlung phasenweise nicht allein. Die enthusiastische Zuneigung, die er für Frau Marianne von Willemer in Frankfurt empfand, fand auch in der »Partnerschaft in einer literarischen Konstellation« Ausdruck, nämlich »im dichterischen Spiel der Hafis-Welt.« Beide finden sich im Namen der Hafis-Gedichte wieder und beide sind dabei, diese Gedichte ihrer eigenen Ausdrucksfähigkeit und Beziehung anzuverwandeln. »Jetzt konnte sich, was er erlebte und ihn beglücken sollte, in die poetische Konstellation einfügen und mit ihr eins werden: Hatem-Goethe und Suleika-Marianne …«[26]. Marianne von Willemer »vermochte mit eigenen Gedichten zu antworten, und sie fand so genau den Hafis-Suleika-Ton, dass ihre Verse bruchlos in den *Divan* integriert wurden.«[27]

1815 schreibt Goethe, dass die Gedichte Hafis auf ihn lebhaft eingewirkt haben: »… und ich musste mich dagegen produktiv verhalten, weil ich sonst vor der mächtigen Erscheinung nicht hätte bestehen könne. Die Einwirkung war zu lebhaft, … und ich musste also hier Veranlassung finden zu einer Teilnahme.« Es geht Goethe also nicht nur um das rezeptive Lesen, sondern um ein eigenes produktives Verhalten, um eine Partizipation an der Poesie des persischen Dichters. Dies geht nicht anders denn durch ein Nachdichten seiner Poesie, durch eine »imitatio«, nicht im oberflächlichen Sinn, sondern im Sinn einer Verhaltenshermeneutik, analog zur Verhaltenstherapie, in der nicht nur und zuerst über die Analyse, sondern über die eigene unmittelbare Verhaltensveränderung

25 | Zitiert in Henscheid, Bernstein (Hg.), Unser Goethe 421–422.
26 | Conrady, Goethe II, 396, hier bezogen auf Sommer und Herbst 1815.
27 | Ebd. 397.

Verstehen ermöglicht wird. Goethe schreibt dazu, ebenfalls 1815: »Ich habe mich nämlich im stillen längst mit orientalischer Literatur beschäftigt und, um mich inniger mit derselben bekannt zu machen, mehreres in Sinn und Art des Orients gedichtet. Meine Absicht ist dabei, auf heitere Weise den Westen und Osten, das Vergangene und Gegenwärtige, das Persische und Deutsche zu verknüpfen und beiderseitige Sitten und Denkarten übereinandergreifen zu lassen ...«[28]

Es ist eine Art experimenteller Archäologie, insofern in der eigenen Welt experimentell umgesetzt wird, was damals (in der Archäologie) beziehungsweise heute anderswo (im interkulturellen Bereich) gelebt und erlebt wurde beziehungsweise wird. Um zum Beispiel tatsächlich zu erfahren, wie die Menschen in den Pfahlbauten gelebt haben, versucht eine experimentelle Gruppe heute in diesen Bauten unter ähnlichen Voraussetzungen wie vor Hunderten von Jahren zu leben. Damit gräbt man nicht nur Gegenstände aus, sondern rekonstruiert den lebendigen Kontext der Gegenstände im eigenen Erlebnisbereich. Was in der experimentellen Archäologie durch Rekonstruktion geschieht, geschieht in der experimentellen poetischen Hermeneutik Goethes durch die Überbrückung der Exteriorität mit Hilfe der dichterischen Empathie. Vielleicht kann man sie als eine nicht kolonialistische, uneigennützige Weise beschreiben, sich in das Innere der anderen Welt hineinzubegeben und dafür alles aus dem eigenen Bereich heraus zu investieren, um dieses Innen möglichst authentisch zu erleben, wenigstens nachzuerleben.

Die Verhaltenstherapie ist das Gegenstück zu den tiefenpsychologisch motivierten Anamnesetherapien, insofern hier über eine vorstellungsfähige Verhaltens-vor-schrift ein verändertes Leben möglich wird, vor allem wenn die Zeit zur ausgiebigen Anamnese knapp wird oder wenn es zu wenig Kapazitäten gibt, das Erinnerte »aufzuarbeiten«. Für den interkulturellen und interreligiösen Bereich könnte dies bedeuten: Dass wir oft sozialpolitisch keine Zeit haben, erst einmal die andere Seite gründlich in ihrer Geschichte und in ihrer Gegebenheit kennenzulernen und zu verstehen, sondern dass jetzt das Verhalten unbedingt zu verändern ist, damit für benachteiligte Seiten ein Überleben möglich wird. Verstehen ist wichtig und notwendig und erleichtert Solidarität, darf

28 | Beide Zitate: Goethe in einem Brief an Cotta vom 16.5.1815, in den Tag- und Jahresheften (unter 1815), zitiert in den Anmerkungen zu Johann Wolfgang von Goethe, West-östlicher Divan, München 1982, 133.

aber nicht zur Bedingung der letzteren werden. Man kann auch etwas in die Mimesis aufnehmen, was man nicht versteht, und dem Nichtverstandenem dadurch die Chance geben, in der (auch spiegelneuronal verwurzelten) Mimesis eine eigene Form des Nachvollziehenkönnens zu eröffnen. Eine solche interpoetische Annäherung und Anverwandlung führt selbstverständlich zu einer Relativierung nicht nur des Eigenen, sondern vor allem dessen, was im Horizont des Propheten und des Glaubens zwischen innen und außen Grenzen zieht und Sanktionen aufbaut.



Es handelt sich hier also nicht um einen flachen Imitationsbegriff, in dem Sinne, dass man Literatur nur zitiert[29] und derart integralistisch nachahmt,[30] sondern um eine Imitatio als Tiefenerfahrung des Anderen im eigenen Ich. Es geht um den Mimesisbegriff, wie ihn Braungart theologischerseits im Anschluss an die poetische Dogmatik von Alex Stock[31] bespricht: die Mimesis, die zur Imitatio des Auferstandenen mit seinen Wundmalen und mit seinem ausstrahlenden Licht und damit zur Compassio in Leid und Freude wird. »Lesen heißt mit einem fremden Kopfe, statt des eigenen, denken.«[32]

## *4.3 Reise in die Weite*

Goethe weiß, dass dies eine lange Reise bedeutet. So beginnt er den Divan mit dem Gedicht »Hegire«, der zu Goethes Zeit üblichen französischen Form, von der Hidschra zu sprechen, also von der Auswanderung Mahomets von Mekka nach Medina im Jahre 622. Auch Goethe begibt sich auf eine Auswanderung, auf ein Weggehen vom Bisherigen, auf eine Reise: »Der Dichter betrachtet sich als einen Reisenden. Schon ist er im Orient angelangt. Er freut sich an Sitten, Gebräuchen, an Gegenständen, religiösen Gesinnungen und Meinungen, ja, er lehnt den Verdacht nicht ab, daß er selbst ein Muselman sei.«[33]

29 | Zur »Zitierhomiletik« vgl. Langenhorst, Handbuch 207ff.

30 | Zur Kritik einer solchen Imitation vgl. Langenhorst, Handbuch 211.

31 | Vgl. Braungart, Literaturwissenschaft 60; vgl. Alex Stock, Poetische Dogmatik – Christologie. Figuren (Bd. 4), Paderborn 2001.

32 | Arthur Schopenhauer, Panerga und Paralipomena II, Frankfurt a.M. 1991, 438. Vgl. zur entsprechenden Konstruktion des Markusevangeliums Ottmar Fuchs, Sucht ihn in Galiläa, in: Franz Kaspar, Dieter Zeller (Hg.), Predigten zum Lesejahr B, Mainz 1978, 48–52.

33 | So Goethe in seiner Ankündigung des Divans, Morgenblatt 1816, zitiert in: Goethe, Divan, Anmerkungen 136.

Hegire[34]

Nord und West und Süd zersplittern,
Throne bersten, Reiche zittern,
Flüchte du, im reinen Osten
Patriarchenluft zu kosten,
Unter Lieben, Trinken, Singen
Soll dich Chisers Quell verjüngen.[35]

Dort im Reinen und im Rechten
Will ich menschlichen Geschlechten
In des Ursprungs Tiefe dringen,
Wo sie noch von Gott empfingen
Himmelslehr in Erdesprachen
Und sich nicht den Kopf zerbrachen.
...
Will in Bädern und in Schenken,
Heil'ger Hafis dein gedenken;
Wenn den Schleier Liebchen lüftet,
Schüttelnd Ambralocken düftet.
Ja des Dichters Liebeflüstern
Mache selbst die Huris lüstern.[36]

Wollet ihr ihm dies beneiden,
Oder etwa gar verleiten;
Wisset nur, daß Dichterworte
Um des Paradieses Pforte
Immer leise klopfend schweben,
sich erbittend ew'ges Leben.

Hier wird deutlich: Der Poet erreicht eine ursprünglichere Tiefe als der Kopf denken kann. Dort finden sich die Dichterworte, die an der Pforte des Paradieses klopfen.

34| Goethe, Divan 5–6.
35| Chiser ist der Hüter des Lebensquelles.
36| Huris sind schönäugige Gespielinnen der Seligen im Paradies.

Im Buch des Unmuts wendet sich Goethes entsprechende Kritik gegen den eigenen Glaubensbereich:

Was? Ihr mißbilliget dem kräft'gen Sturm
Des Übermuts, verlogne Pfaffen!
Hätt Allah mich bestimmt zum Wurm,
So hätt er mich als Wurm geschaffen.[37]

Goethe entdeckt auch im eigenen Bereich die Vielfalt, entdeckt die Bibel selbst als einen Ort der Pluralität:



Vom Himmel steigend Jesus bracht
Des Evangeliums ewige Schrift
Den Jüngern las er sie Tag und Nacht;
Ein göttlich Wort es wirkt und trifft.
Er stieg zurück, nahm's wieder mit;
Sie aber hatten's gut gefühlt,
Und jeder schrieb, so Schritt für Schritt,
Wie er's in seinem Sinn behielt,
Verschieden. Es hat nichts zu bedeuten:
Sie hatten nicht gleiche Fähigkeiten;
Doch damit können sich die Christen
Bis zu dem Jüngsten Tage fristen.[38]

Den Ausruf

»Hafis o lehre mich,
Wie du's verstanden!«[39]

verbindet Goethe nicht nur im Schenkenbuch mit dem Genuss, vor allem auch dem des Trinkens:

Und mit diesem Lied und Wendung
Sind wir wieder bei Hafisen,

37| Goethe, Divan 47.
38| Aus dem Buch der Parabeln, Goethe, Divan 98.
39| Im Schenkenbuch, ebd. 86

Denn es ziemt des Tags Vollendung
Mit Genießern zu genießen.[40]

Aus dem Nachlass kommt wie eine Quintessenz:

Wer sich selbst und andre kennt,
Wird auch hier erkennen:
Orient und Okzident
Sind nicht mehr zu trennen.[41]

Goethe schreibt zu dieser Reise: »Am liebsten aber wünschte der Verfasser vorstehender Gedichte als ein Reisender angesehen zu werden, dem es zum Lobe gereicht, wenn er sich der fremden Lesart mit Neigung bequemt, deren Sprachgebrauch sich anzueignen trachtet, Gesinnungen zu theilen, Sitten aufzunehmen versteht. Man entschuldigt ihn, wenn es ihm auch nur bis auf einen gewissen Grad gelingt.«[42]
So schreibt Goethe im Buch Hafis im Gedicht »Nachbildung«:

In deine Reimart hoff ich mich zu finden,
Das Wiederholen soll mir auch gefallen,
…
Denn wie ein Funke fähig zu entzünden
Die Kaiserstadt, wenn Flammen grimmig wallen,
Sich winderzeugend, glühen von eignen Winden,
Er, schon erloschen, schwandt zu Sternenhallen:
So schlang's von dir sich fort mit ew'gen Gluten,
Ein deutsches Herz von frischem zu ermuten.[43]

So ist nach Goethe der Divan »der Charakterisierung, Schätzung, Verehrung dieses außerordentlichen Mannes gewidmet. Auch wird das Verhältnis ausgesprochen, in welchem sich der Deutsche zu dem Perser



40| Im Buch des Sängers, Goethe, Divan 13.
41| Ebd. 117.
42| Goethe, Besserem Verständnis, in: Goethe, Divan (hg. von Knaupp) 264.
43| Goethe, Divan 21–22.

fühlt, zu welchem er sich leidenschaftlich hingezogen äußert und ihn der Nacheiferung unerreichbar darstellt.«[44]

Im Buch Hafis thematisiert Goethe die Spannung, auch den Widerspruch zwischen Glaube und Poesie, zwischen Hafis und dem Koran: In dem Gedicht »Anklage«[45]:

Wißt ihr denn, auf wen die Teufel lauern,
In der Wüste, zwischen Fels und Mauern?
Und, wie sie den Augenblick erpassen,
Nach der Hölle sie entführend fassen?
Lügner sind es und der Bösewicht.



Der Poete, warum scheut er nicht,
Sich mit solchen Leuten einzulassen!

»Weiß denn der, mit wem er geht und wandelt,
Er, der immer nur im Wahnsinn handelt?
Grenzenlos, von eigensinn'gem Lieben,
Wird er in die Öde fortgetrieben
Seiner Klagen Reim', in Sand geschrieben,
Sind vom Winde gleich verjagt;
Er versteht nicht, was er sagt,
Was er sagt, wird er nicht halten.«

Doch sein Lied, man läßt es immer walten,
Da es doch dem Koran widerspricht.
Lehret nun, ihr, des Gesetzes Kenner,
Weisheitfromme, hochgelahrte Männer,
Treuer Mosleminen feste Pflicht.

Hafis insbesondre schaffet Ärgernisse,
Mirza sprengt den Geist in's Ungewisse,
Saget, was man tun und lassen müsse?

44| Diese Geistes- und Dichterverwandtheit formuliert Goethe in der Ankündung des Divans (Morgenblatt 1816), zitiert bei Goethe, Divan, Anmerkungen 138.

45| Goethe, Divan 19.

Nach dieser Anklage erfolgt die Fetwa, das Rechtsgutachten in Glaubensfragen.[46]

Hafis' Dichterzüge sie bezeichnen
Ausgemachte Wahrheit unauslöschlich;
Aber hie und da auch Kleinigkeiten
Außerhalb der Grenze des Gesetzes.
...
Denn Allah gab die Gabe jedem Dichter;
Missbraucht er sie im Wandel seiner Sünden,
So seh er zu mit Gott sich abzufinden.[47]





Das Problem wird nochmals im Gedicht »Offenbar Geheimnis« aufgenommen:

Sie haben dich, heiliger Hafis,
Die mystische Zunge genannt,
Und haben, die Wortgelehrten,
Den Wert des Worts nicht erkannt.

Mystisch heißest du ihnen,
Weil sie Närrisches bei dir denken
Und ihren unlauteren Wein
In deinem Namen verschenken.

Du aber bist mystisch rein,
Weil sie dich nicht verstehn,
Der du, ohne fromm zu sein, selig bist!
Das wollen sie dir nicht zugestehn.[48]

In seinen Noten zum Buch der Liebe spricht Goethe davon, dass dieses Buch geeignet sei zu »symbolischer Abschweifung, deren man sich in

46 | Goethes Gedicht lehnt sich hier an ein Gutachten über Hafis an, das Ebusuud Effendi, ein berühmter Mufti aus dem 16. Jahrhundert schrieb: »Die Gedichte Hafisens enthalten viele ausgemachte und unumstößliche Wahrheiten, aber hie und da finden sich auch Kleinigkeiten, die wirklich außer den Grenzen des Gesetzes liegen.«, zitiert ebd., Anmerkungen 138.

47 | Ebd. 19.21.

48 | Ebd. 22.

den Feldern des Orients kaum enthalten kann. Der geistreiche Mensch, nicht zufrieden mit dem, was man ihm darstellt, betrachtet alles, was sich den Sinnen darbietet, als eine Vermummung, wohinter ein höheres geistiges Leben sich schalkhaft-eigensinnig versteckt, um uns anzuziehen und in edlere Regionen aufzulocken.«[49] Das Bild von der Vermummung ist hier deswegen interessant, weil es sich gut, wenn auch in einem anderen Sprachspiel, mit einem anderen Text vermitteln lässt: »Was man Idee nennt: das, was immer zu Erscheinung kommt und daher als Gesetz aller Erscheinungen uns entgegentritt.«[50] Hier zeigt sich, dass die Poesie dieses »dahinter«, so vielfältig sie sein mag, aufdeckt und im Bereich des dichterischen Geistes zugleich zusammenhält.



Erst eine genaue Textvergleichsanalyse zwischen Goethes Gedichte und den Gedichten von Hafis könnte belegen, ob Goethe im Fremden tatsächlich etwas Fremdes entdeckt und sich darin hineinbegibt, oder ob er darin doch nur Vertrautes entdeckt, also nichts Neues eigentlich, ob die poetische Verwandtschaft die Alterität erschlägt oder befördert, ob dahinter die poetische Einbildung stärker ist, als die tatsächliche interkulturelle Offenheit und Kraft. Doch nehmen wir hier das Wort für die Tat, denn es ist wertvoll genug, um den Vorgang interkultureller Begegnung zu beeindrucken, zu stärken und zu vertiefen.

Kann man bei dem frühen Goethe in seiner Beziehung zu Mahomet eine Strukturanalogie zu den Orientbänden von Karl May argwöhnen (nämlich nur das eigene Gute im Anderen zu identifizieren und dies als Anlass zu nehmen, den anderen in dieser Hinsicht hochzuschätzen, s. u. Kap. 5.6), selbstverständlich mit der Anerkennung einer unvergleichlich anderen poetischen Qualität, so bringt die Begegnung Goethes mit Hafis darüber hinaus etwas ganz Besonderes und Neues, zumindest im Bereich des Beabsichtigtem und Konzeptionellen. Denn hier geht es nicht mehr um die Identifizierung des eigenen Selbst im Anderen (als Bedingung der Anerkennung), sondern um die unverfügbare und unbedingte Anerkennung von vorneherein im Bereich der gemeinsamen Poesie und der darin liegenden Freiheit des Geistes und der Mannigfaltigkeit und darin zugleich um jene Operation, in der Eigenes zugunsten des Anderen aufgegeben, also hingegeben wird, um dem Anderen in der eigenen Em-

49 | Zitiert bei Goethe, Divan, Anmerkungen 139.

50 | Goethe in den Maximen und Reflexionen Nr. 1136, zitiert bei Goethe, Divan, Anmerkungen 142.

pathie Raum zu verschaffen, damit er darin aufleben und aufblühen kann.

## 4.4 Entgrenzungen

Auch heute ist die Suche nach grenzüberschreitenden Tiefenerfahrungen brisant, analog zur Poesie, die auch Verstehensgrenzen zu überbrücken vermögen. Es geht zum Beispiel um die vorgängige Bedeutung des konkreten Zusammenlebens für die Möglichkeit und die zu akzeptierende Grenze des Verstehens. »In einer globalisierten Welt werden nie alle alles verstehen können, egal wie viele Dialogbemühungen es gibt. Das Verstehen kann also letztlich nicht die Bedingung der Anerkennungen eines friedlichen Miteinanders sein. Auch was nicht verstanden wird, darf in seiner Existenz nicht gefährdet sein. Die Anerkennung der Anderen als Andere gilt es einzuüben!«[51] Im Bereich der Diakonie gibt es dafür in den Religionen entsprechende Ressourcen.[52] »Die Bedeutung des Begriffs Dschihad im Quran liegt im intensiven Bemühen, leidenschaftlich und nachhaltig für etwas Gutes einzutreten. Die Armen zu speisen, Obdachlose zu beherbergen, Institutionen für die Unterstützung der Bedürftigen zu errichten, Schulen und Ausbildungsstätten zu gründen, gelten nicht nur als gute Tat, sondern als religiöse Verpflichtung.«[53] So wirft der diakonische Blick ein anderes Licht auf den Dschihad-Begriff als er in den gegenwärtigen Massenmedien und im gesellschaftlichen Bewusstsein gängig ist. Es ist ja immer schon viel, wenn Gläubige unterschiedlicher Religionen in ihrer eigenen Identität die religiöse Wertschätzung dessen auffinden, was sie zusammen mit Andersgläubigen tun.

Auch Goethe identifiziert die poetische Begegnung mit ganz bestimmten Inhalten der »mohammedanischen Religion«, wie er sie aus seinem Zugang heraus dann auch inhaltlich umso präziser zu profilieren ver-





51 | Ulrike Bechmann, Besprechung von Kuschel, Karl-Josef: Juden – Christen – Muslime, in: Theologische Revue 105 (2009) 342–348, 347.

52 | Beispielhaft dafür: Ulrike Bechmann, Sevda Demir, Gisela Egler, Frauenkulturen. Christliche und muslimische Frauen in Begegnung und Gespräch, Düsseldorf ²2003: vgl. auch das Innsbrucker Projekt: Daniela Kästle, Martina Kraml, Hamideh Mohagheghi (Hg.), Heilig und Tabu (Kommunikative Theologie 13), Ostfildern 2009.

53 | Hamideh Mohagheghi, Unterschiedliche Spiritualitäten – eine Caritas?, gehalten beim Netzwerktreffen der TheologInnen im Caritasverband Rottenburg-Stuttgart vom 15.–17.3.2009, 5.

mag: »Unbedingtes Ergeben in den unergründlichen Willen Gottes, heiterer Überblick des beweglichen ... Erdetreibens, Liebe, Neigung zwischen zwei Welten schwebend, alles Reale geläutert, sich symbolisch auflösend.«[54] Das Ergeben in den unergründlichen Willen Gottes spiegelt sich methodisch in der symbolischen Auflösung, die es ohne Selbsthingabe für den anderen Bereich nicht gibt.

1827 schreibt Goethe: »Da sich gar manches unserer Erfahrungen nicht rund aussprechen und direkt mitteilen lässt, so habe ich seit langem das Mittel gewählt, durch einander gegenübergestellte und sich gleichsam ineinander abspiegelnde Gebilde den geheimeren Sinn dem Aufmerkenden zu offenbaren.«[55] Diese Freiheit in der wechselseitigen Spiegelung



fasziniert Goethe, fasziniert dann auch Heine in seiner Reaktion auf den Divan.

Heinrich Heine erkannte diese Schönheit des Divan: »... den berauschendsten Lebensgenuss hat hier Goethe in Verse gebracht, und diese sind so leicht, so glücklich, so hingehaucht, so ätherisch, dass man sich wundert, wie dergleichen in deutscher Sprache möglich war ... und da ist Goethe immer ruhig lächelnd, und harmlos wie ein Kind, und weisheitsvoll wie ein Greis ... Und die großen Goetheschen Gedanken treten dann hervor, rein und golden, wie die Sterne. Unbeschreiblich ist der Zauber dieses Buches ...«[56] Nur eines: Hat Heine hier vielleicht übersehen, dass es Goethe, jedenfalls intentional gar nicht um die Goetheschen Gedanken ging, sondern um die Anverwandlung des Geistes von Hafis?

Es ist dies eine Art »freier geistiger Handelsverkehr«[57], in der es keine Reglementierung durch die Lehre gibt, in der all die vielen tatsächlichen und möglichen Eigenschaften in ihrer gegenseitigen Bedeutung dadurch reduziert werden, dass eine Eigenschaft »das eigentümlich Recht behauptend, hervorträte.«[58] Ein Zeichen der Freiheit des Geistes und damit der Freiheit der Poesie und damit auch der Freiheit der poetischen Nach-Dichtung ist ja gerade das Mannigfaltige, das sich keinem be-

54 | Goethe in einem Brief an Zelter vom 11.5.1820, zitiert bei Goethe, Divan, Anmerkungen 134.

55 | Goethe in einem Brief an den Orientalisten Iken vom 27.9.1827, zitiert bei Goethe, Divan, Anmerkungen 134.

56 | Heinrich Heine, Die romantische Schule, Erstes Buch, Hamburg 1836, zitiert bei Goethe, Divan, Anmerkungen 135.

57 | Goethe zu Carlyle VII.

58 | Goethe, in den Noten zum besseren Verständnis 456, zitiert bei Goethe, Divan, Anmerkungen 134.

stimmten Zweck unterwirft, auch nicht, jedenfalls nicht endgültig und von vorneherein, dem Glaubenszweck des Propheten. Anstelle dessen tritt die Hybridbildung, welche auf neuer Ebene Gegensätzliches überbrückt, Überraschendes miteinander verbindet, zuweilen auch synthetisiert und symbiotisiert. Die Entdeckung dieser interpoetischen Ähnlichkeit bei aller kulturellen und religiösen Differenz führt auch zu einem anderen Zeitverständnis: nämlich zur Anerkennung der Flüchtigkeit gegenüber strukturell und damit auch zeitlich Dauerhaftem. »Die Aehnlichkeit Hafisens mit Horaz in den Ansichten des Lebens ist auffallend, und möchte einzig nur durch die Aehnlichkeit der Zeitalter, in welchen beyde Dichter gelebt, und, wo, bey Zerstörung aller Sicherheit des bürgerlichen Daseyns, der Mensch sich auf flüchtigen, gleichsam im Vorübergehen gehaschten Genuß des Lebens beschränkt, zu erklären seyn.«[59]
Auch andere Texte Goethes gehen in die Richtung, die Nationalliteratur zu entgrenzen und mit der Weltliteratur in Verbindung zu bringen. So konnte eine aufs Deutsche beschränkte Nationalbibliothek für ihn nicht genug sein. Demgegenüber formuliert er 1808 folgende Änderungswünsche: »ja man müsste ausdrücklich auf Verdienste fremder Nationen hinweisen, weil man das Buch ja auch für Kinder bestimmt, die man besonders jetzt früh genug auf die Verdienste fremder Nationen aufmerksam zu machen hat«.[60] Dabei hält Goethe auch das für wichtig, was nicht nur dem eigenen anverwandelbar ist, sondern ihm widerspricht: »... so wird es nicht fehlen, dass jede (Nation) in der andern etwas Annehmliches und etwas Widerwärtiges, etwas Nachahmenswertes und etwas zu Meidendes antreffen wird«.[61]

Goethe reflektierte den poetischen Weg zwischen zwei Welten in der Unterscheidung von drei Übersetzungsweisen: In der ersten geht es darum, mit dem Auslande bekannt zu werden, »eine schlicht-prosaische ist hiezu die beste.« Die zweite geschieht, »wo man sich in die Zustände des Auslandes zwar versetzen, aber eigentlich nur fremden Sinn sich anzueignen und mit eignem Sinne wieder darzustellen bemüht ist.« Die höchste Form der Übersetzung aber ist, »wo man die Übersetzung dem Original identisch machen möchte, so dass eins nicht anstatt des andern, sondern an der Stelle des andern gelten solle. Diese Art erlitt anfangs den größten

59 | Goethe, Besserem Verständnis, in: Goethe, Divan (hg. von Knaupp) 268.
60 | Zitiert bei Conrady, Goethe II, 499.
61 | Zitiert aus Goethe zu Carlyle, Leben Schillers, bei Conrady II, 500.

Widerstand; denn der Übersetzer der sich fest an sein Original anschließt giebt mehr oder weniger die Originalität seiner Nation auf, und so entsteht ein Drittes, wozu der Geschmack der Menge sich erst heran bilden muss.«[62] Hier stutzt man zunächst, bei diesem »an die Stelle des andern treten«. Goethe meint aber gerade nicht, dass das eigene das andere ersetzt, sondern er spricht die umgekehrte Dynamik an: Nämlich dass das andere im Eigenen, das aufgegeben wird, leben und aufleben darf. Denn der Widerstand kommt ja von der Seite, dass dabei die Originalität des Eigenen aufgegeben wird, dass es sich also um eine Art Hingabe des Eigenen an das Andere handelt. Erst dadurch geschieht ein »Drittes«, wofür die meisten Menschen nach Goethe noch keinen Sensus haben. Goethe geht es aber genau um diese im Anderen »gefühlte« Bedeutung.[63]



»Goethesche Frömmigkeit fühlte sich hier, beim persischen Lyriker Hafis (1220–1390), wohl: Anschauen und Verehren Gottes in den unzähligen Verwandlungen und Erscheinungen seiner Schöpfung; ... Religiosität, aber weit gespannt, nicht begrenzt von den Linien einer bestimmten Konfession.«[64] In den Talismanen, am Anfang des Divan, lobt Goethe Gott in seinen hundert Namen. »Wesentlich ist, dass sich die Vorstellung Allahs kräftiger mit einer unbefangenen Lebensfreude verbinden ließ, als es Goethe beim Gott des Christentums möglich schien.«[65] So nimmt Goethe »Weisheit und Erkenntnisse an, wo sie sich ihm bieten.«[66] Dieses Verhältnis von Gott und Vielfalt spiegelt sich auch in Goethes Verständnis des symbolischen Sprechens. Darin ereignet sich ein geistiges Schauen, »dem die Phänomene zu etwas Gleichnishaftem wurden, das über sich hinaus wies.«[67]

Mit und seit den Gedichten des Divan geht zwar die Sicht aufs »Typische, Allgemeine nicht verloren, aber nun konnte die ganze Vielfalt der Phänomene zeichenhafte Bedeutsamkeit gewinnen, noch die einfachste Er-

62 | Goethe, Besserem Verständnis, in: Goethe, Divan (hg. von Knaupp) 280.

63 | Vgl. dazu auch die Übersetzungstheorie von Rudolf Pannwitz und Walter Benjamin (Illuminationen, Frankfurt am Main 1977, 59ff.; vgl. dazu auch im Zusammenhang einer interkulturell konzipierten diachronen Hermeneutik zwischen Bibel und Gegenwart Fuchs, Praktische Hermeneutik 318ff.), nicht zuletzt die Überlegungen von Paulus, nämlich den Juden ein Jude zu werden, vgl. 1 Kor 9,19–23. Was für Goethe die Poesie bewirkt, bewirkt bei Paulus in funktionaler Strukturanalogie das Einssein in Christus, vgl. Gal 3,26–29.

64 | Conrady, Goethe II, 402.

65 | Ebd. 402.

66 | Ebd. 402.

67 | Ebd. 403.

scheinung symbolischen Gehalt tragen und transparent werden für geistig bedeutsame Beziehungen.«[68] Die Phänomene sind nicht Raum und Schatten einer Idee, sondern selbst Orte der Offenbarung des Unerforschlichen. Gerade in ihrer Vielseitigkeit sind die Erscheinungen unendlich wirksam in der Offenbarung dessen, was unendlich, unaussprechlich und unerreichbar bleibt.[69]

## *4.5 Symbolische Horizonte*

Für die Sturm- und Drangzeit war die Einsicht bedeutsam, dass die Geschichte und Natur und auch die die Geschichte der Menschen bewegende Grundkraft weniger erkannt »denn als schöpferische Lebendigkeit gefühlt, und erst wenn sie gefühlt und gelebt wird kann sie auch verstanden werden.«[70] Während nach Schiller Goethe seine Anschauungen und Empfindungen generalisiert, versteht er sich auf eine andere Kunst: »Er kann mit Gedanken Empfindungen beherrschen, er kann sie sogar hervorrufen. Ein Beispiel dafür ist Schillers Enthusiasmus, jene gefühlsstarke Beschwingtheit, die nicht primär aus der Empfindung, sondern aus dem Gedanken kommt. Enthusiasmus ist bei Schiller etwas Gedankliches, das die Empfindung mitreißt. Die Magie einer Empfindung aber, die von sich aus dem Leben das Gesetz gibt, ist ihm fremd.«[71] Doch kann Schiller auch so weit gehen, dass er sich nicht vom allgemeinen Begriff fesseln lässt, dass er »den Gattungsbegriff immer beweglich« erhalten will und dass er »bei einem neuen Stoff die Form neu zu erfinden« offen und bereit ist.[72] Trotz der Beweglichkeit bleibt aber auch hier der Gattungsbegriff inhaltlich bestimmend, während Goethe gewissermaßen die symbolistische Revolution gelingt, die in seiner Be-





68 | Ebd. 404.

69 | Vgl. ebd. 406; dazu auch 411: Die neue dichterische Sprache des Divan erteilt der klassizistischen Kunst keine generelle Absage, »es war vielmehr eine Rechtfertigung der Entspannung, der sich der Dichter überlassen hatte, und eine Beglaubigung der neuen Lyriksprache, die das Vielerlei des Lebens berühren durfte und auf den bedeutenden Gegenstand nicht mehr eingeschworen war.« (411–412). Das antike Kunstideal wurde nicht aufgekündigt, aber unverkennbar ist eine »Auflockerung seines geistigen Habitus« (411). Gegenüber Schiller, der von der Allgemeinheit der Idee das Einzelne entwickelt, erschließt sich für Goethe die Idee im Schauen des einzelnen Phänomens (vgl. ebd. 405).

70 | Rüdiger Safranski, Schiller oder Die Erfindung des Deutschen Idealismus, München, Wien [2]2008, 50.

71 | Safranski, Schiller 406.

72 | Zitiert bei Safranski, Schiller 518.

schäftigung mit Hafis und damit beim altgewordenen Goethe, so überschwänglich zum Ausdruck kommt.

Mit dem Begriff des Symbolistischen bin ich selbstverständlich in einer anderen Zeit gelandet, die ich hier auf Goethe zurückprojiziere. Kennzeichen des französischen, englischen und deutschen Symbolismus ist gerade die Einsicht: »In dem eigentlichen Symbol ... liegt stets mehr oder weniger deutlich und direkt eine Verkörperung und Offenbarung des Unendlichen. Das Unendliche verschmilzt sich mit dem Endlichen, es wird darin sichtbar und gleichsam erreichbar ...« Überall sieht sich der Mensch also »von Symbolen umgeben, die als solche erkannt oder nicht erkannt sind.«[73] Dichtung, Musik und Kunst entdecken solche Offenbarungen und heben sie in eine aktuelle Erfahrbarkeit.



Goethe scheint hier selbst bereits den Weg zu gehen, der nach ihm gegangen wurde, nämlich vom Genie zum Symbol als Offenbarungsort des Unendlichen.[74] Der englische Künstler George F. Watts (1817–1904) formuliert dies so: »Klarer als je zuvor wird die Dichte jenes Schleiers wahrgenommen, der das Geheimnis unseres Seins bedeckt, der stets undurchdringlich ist und sein muss, und den wir, entgegen dieser Einsicht leidenschaftlich zu durchstoßen verlangen. Dieses Verlangen findet seinen natürlichen Ausdruck in der Dichtung, in der Kunst und in der Musik.«[75]

Man darf nicht übersehen, dass die symbolistische Epoche sich nicht nur auf die Dichtung, sondern auch auf die Malerei und Musik bezog und dass dabei Richard Wagner eine herausragende Rolle spielte. »Die Erhabenheit der Wagnerschen Musik zählte aus Sicht der Symbolisten zu den größten Meisterleistungen der Kunst überhaupt ...«[76] Zola lässt eine seiner Romanfiguren folgendermaßen diesem allgemeinen Gefühl Ausdruck geben: »O Wagner, der Gott, in dem sich Jahrhunderte der Musik verkörpern! ... Was für ein revolutionäres Befreien im Unendlichen! ... Die Tannhäuser-Ouvertüre, ach, das erhabene Halleluja des neuen

73 | Zitiert bei Andrew Wilton, Der Symbolismus in Großbritannien, in: Andrew Wilton, Robert Upstone (Hg.), Der Symbolismus in England 1860–1910, Katalog einer Ausstellung im Haus der Kunst, München, Ostfildern-Ruit 1998, 11–33, 30, aus Thomas Carlyle, Sartor Resartus oder Leben und Meinungen des Herrn Teufelsdröckh, Ausgewählte Schriften (Bd. 5), Leipzig 1855, 99.

74 | Vgl. dazu Mary Anne Stevens, Der Symbolismus – ein französisches Monopol?, in Wilton, Upstone (Hg.), Symbolismus 47–63, 52.

75 | Zitiert bei Barbara Bryant, G. F. Watts und die symbolistische Vision, in: Wilton, Upstone (Hg.), Symbolismus 65–81, 72.

76 | Wilton, Symbolismus 28.

Jahrhunderts.«[77] Hier werden die hellen Höhen und dunklen Tiefen der Geschichte, der menschlichen Seele, der menschlichen Größe und des menschlichen Schicksals ausgelotet, und zwar bis zu einer Grenze und über diese Grenze hinaus, wo diese Musik für alle Tiefen steht, dort hineinreißt, von der Benennbarkeit erlöst und enteignet, in die Tiefe der reinen Empfindung, die dann auch, ambivalent genug, Quelle und Basis aller möglichen Konkretionen sein kann. Die Musik Wagners untertieft auch noch einmal das dramatisch Dargestellte und macht es zum letztlich austauschbaren Symbol für das Geheimnis.[78]

Wie sehr auch heute noch stellenweise Literatur und Malerei zusammenhängen, zeigt sich zum Beispiel bei Paul Nizon im Verständnis seiner eigenen Werke als Aktionsprosa, parallel zu den Grundvorgängen des Action-Painting.[79] Milan Kundera formuliert in seinem Roman »Die unerträgliche Leichtigkeit des Seins« eine ähnliche Sehnsucht von der Bedeutung zu ihrer Auflösung in der Musik, wenn auch nicht mehr in der Aura des Geheimnisses:

»Es wurde ihm klar, dass er seit seiner Jugend nichts anderes tat als reden, schreiben und Vorlesungen halten, Sätze bilden, nach Formulierungen suchen und sie verbessern, so dass ihm zum Schluss kein Wort mehr präzis vorkam und der Sinn verschwamm; ... Da sehnte er sich unwiderstehlich, wenn auch unbestimmt, nach einer gewaltigen Musik, nach einem riesigen Lärm, einem schönen und fröhlichen Krach, der alles umarmte, überflutete und betäubte, in dem der Schmerz, die Eitelkeit und die Nichtigkeit der Wörter für immer untergingen. Musik war die Negation der Sätze, Musik war das Anti-Wort!«[80]

In der Musik wird die Loslösung von der Bedeutung erlebt: »den Symbolisten wurde die Musik mit ihrer Fähigkeit, einen Geisteszustand unabhängig von bestimmten Bedeutungen auszudrücken, zur Obsession.«[81]





77 | Zitiert aus dem Roman »Das Werk« (1886) von Émile Zola, München 1976, bei Wilton, Symbolismus 29.

78 | So vollzieht sich dann auch die Vernetzung von Malerei und Wagner im Symbolismus, vgl. dazu die erste Szene aus Das Rheingold, Gemälde von Henri Fantin-Latour (1836–1904), wo die Sinnästhesie von Musik und Malerei sehr eindrucksvoll zum Vorschein kommt, auch darin, dass die Selbstwertigkeit dieses Bildes darin besteht, ein eigenes, völlig nicht alltägliches Gefühl wachzurufen, eine eigene Welt, die mit dem Bild für sich steht, vgl. Tafel 85 in: Wilton, Upstone (Hg.), Symbolismus 213–215.

79 | Vgl. Doris Krockauer, Paul Nizon. Auf der Jagd nach dem eigenen Ich, München 2003, 249.

80 | Milan Kundera, Die unerträgliche Leichtigkeit des Seins. Roman, München, Wien 1984, 91.

81 | Vgl. Wilton, Upstone (Hg.), Symbolismus 108.

In der symbolistischen Malerei kann es gelingen, Wagners musikalische Leitmotive und seinen Kompositionsstil in die Komposition und in die Elemente eines Bildes zu transformieren.[82] Die Musik konnte noch einmal ganz anders der angesprochenen Obsession Ausdruck verleihen als die Poesie, weil es die Poesie nie ohne minimale sprachliche Konkretionen gibt. Aber diese Sprache wurde in die Dynamik dessen hineingenommen, was in der Musik möglich war, nämlich eine Kunst für die Kunst selbst zu sein, eine Sprache für die Eigenwertigkeit der Poesie gegenüber der Bedeutung und damit gegenüber der Realität. George wird von der gleichen Sehnsucht getrieben sein (s. u. Kap. 6.2–3).



Charles Baudelaire formuliert dies so: »Die Natur ist ein Tempel, wo aus lebendigen Pfeilen zuweilen wirre Worte dringen; der Mensch geht dort durch Wälder von Symbolen, die mit vertrauten Blicken ihn beobachten. Wie langer Hall und Widerhall, die fern vernommen in eine finstere und tiefe Einheit verschmelzen, weit wie die Nacht und wie die Helle, antworten die Düfte, Farben und Töne einander.«[83]

Hier zeichnet sich auch schon der Übergang zur abstrakten Kunst ab: »Dieser Wunsch, in der Malerei nonverbale, nicht genau bestimmbare Botschaften wie in der Musik zu vermitteln, ist von größter Bedeutung für die Entstehung der abstrakten Kunst im frühen 20. Jahrhundert, die in wichtigen Aspekten als die logische Weiterentwicklung des Symbolismus betrachtet werden kann.«[84]

Dass solche Erfahrungen zeitlich so begrenzt und flüchtig sind, dass sie nur wenig in planbare Strukturen hineinzubringen sind, hängt mit ihrer immer nur vorübergehenden Tiefendimension zusammen, die nicht einfach zu veralltäglichen ist. Anke Bosse bringt dafür ein eindrückliches Beispiel: nämlich Daniel Barenboims und Edward Saids Orchesterprojekt »West-Eastern Divan«, in dem israelische und palästinensische junge Menschen gemeinsam musizieren. Sie können heftig diskutieren, aber wenn einer das A anspielt, dann nehmen alle das A und justieren ihr Instrument. Im Bereich der Musik, der gemeinsamen Proben und der Aufführungen wird dabei von den Musizierenden und auch vom Publikum auf eine gewisse Zeit hin, nämlich so lang gewissermaßen die Mu-

82 | Vgl. ebd. 189.

83 | Zitiert ebd. 108, aus Charles Baudelaire, Sämtliche Werke: Briefe, Bd. 3, München 1975, 68f.

84 | Wilton, Upstone (Hg.), Symbolismus 186 (im Abschnitt Musik und Dichtung, ohne Autorenangabe).

sik spielt, eine Verbindung erfahren, die in sich selbst alle anderen als musikalischen Differenzen im Vollzug vergleichgültigt, in einer Musikerfahrung, die die kulturellen und religiösen Differenzen hintergeht, unterläuft und in dieser neuen und anderen, gewissermaßen vierten Dimension eine neue Gemeinsamkeit erleben lässt. Doch dieser ästhetische Raum, der alle trägt, geht wieder zu Ende. Aber es wurde etwas erlebt, was dann doch in den Alltag hinein ausstrahlt und nicht leicht vergessen wird, was dann auch manche Einstellung zum Anderen um bisherige Erstreaktionen bringt und so neue Möglichkeiten eröffnet.[85] Viele der MusikerInnen sind in ihren verfeindeten Heimatländern diejenigen, die sich für Frieden einsetzen.[86]





Kulturpolitisch wird man beide Wege gehen: den Weg, den Goethe weist, nämlich sich in den ästhetischen Raum des Anderen so hineinzubegeben, dass man sich darin im besten Sinn des Wortes verliert und dann aber auch neu und anders gewinnt (mit dem einfachen Beispiel: wenn Moscheen beziehungsweise Kirchen in Zeiten der offenen Türen Menschen in den eigenen Bereichen des Glaubens einladen und die dortige Ästhetik erfahrbar werden lassen); und der Weg, den Daniel Barenboim andeutet, nämlich neue gemeinsame ästhetische Räume zu entdecken und aufzubauen, in denen auf einer anderen Ebene über alle Differenzen hinweg Gemeinsames erlebt werden kann.

Solche Erfahrungen haben oft mit dem »Überflüssigen« zu tun. Wer Dichtung wahrnimmt, leistet sich einen durchaus vermeidbaren, zum Leben (auf dem ersten Blick) nicht notwendigen, zeitverschwenderischen »Luxus«, aber wenn, dann oft mit überwältigenden ästhetische Erfahrungen, denen man sich kaum entziehen kann und bei denen es schwerlich gelingt, »diese Erfahrung diskursiv fassbar zu machen.«[87] Sie kommen semantisch ohne Ostern aus, aber allein schon die Tatsache, dass geschrieben wird, ist ein Akt der Wiederbelebungen von Vergessenem und der Belebungen von Möglichem in eine andere Welt hinein. Wenn

85 | Vgl. Anke Bosse, Interkulturelle Balance statt »clash of cultures«. Zu Goethes »West-östlichem Divan«, in: Etudes germaniques 60 (2005) 2, 231–248, 244 (diesen Hinweis verdanke ich Katharina Braungart, Tübingen).

86 | Wenn Daniel Barenboim am 7. Juli 2001 das erste Mal in Israel öffentlich Richard Wagner dirigiert hat, zeigt sich darin der schwierige und auch sehr kritisierte Versuch der Wiedergewinnung Wagners für eine Musik, die verbindet und davon befreit wird, nur auf ihre Instrumentalisierung durch den Nationalsozialismus für die Ästhetisierung schrecklicher Ausgrenzung und Zerstörung fixiert zu bleiben.

87 | Braungart, Literaturwissenschaft 62.

man dabei nicht nur die Theologie beansprucht, sondern den Glauben der Gläubigen und ihre impliziten Theologien, dann gibt es auch dort »das gelingende Leben in ›sinnlosem‹, nur *aisthetischen,* nur auf das sinnliche Wohlbehagen setzenden, ganz unökonomischen Überfluss als Zeichen übergroßer Zuneigung. *Es gibt auch diese Zustimmung zum Konkreten, zum Leiblichen, zur Vitalität und zum Augenblick.*« [88] Dies gibt es auch in der Bibel zuhauf. Wie etwa die Sünderin, die mit teuerstem Öl dem Meister die Füße salbt (Lk 7,36ff.). Es sind all die Geschichten, die in der Bibel »vom unnützesten Überfluss gesprochen haben.«[89] Es sind dies alle Räume, die in ihrer Unhintergehbarkeit herrschende Gegensätze hintergehen: auf einem neuen Niveau der gegenseitigen Wahrnehmung.



Aus dieser Perspektive bräuchte man eine Gesellschafts- und Kulturpolitik neuer ästhetischer Räume der Unterhaltung, mit der Frage danach, wie weit unsere Unterhaltungs- und Massenmedien, wie weit Film und Fernsehen, Theater und Museen, Kunst und Musik, Literatur und Religion schier unendlich weite Räume und Quellen der Phantasiebildung sind, für die in einem Menschenleben und in einer Gesellschaft schier »unendlich« viel Zeit aufgebracht wird, in sich so gestaltet sind, dass sie in einer bestimmten tragenden und Solidarität ermöglichenden Weise auf das alltägliche Leben und die kleinen und großen politischen Entscheidungen ausstrahlen: wie z. B. jene Fernsehshows, die mit großem Erfolg für die Solidarität für die Flutopfer in Pakistan warben, gegenläufig zu weit verbreiteten Ressentiments gegenüber muslimischen Ländern.

Ich denke hier an eine frappierende Erkenntnis in der neueren Evolutionswissenschaft. Wenn der Urknall nicht der Anfang der Schöpfung ist, sondern wenn es etwas davor »gegeben« hat, dann muss es etwas sein, was nicht die Eigenschaft des Raumes und der Zeit hatte, sondern etwas wo Raum und Zeit noch »beieinander« waren, in einer unvorstellbaren Verdichtung. Dann ergibt sich so etwas wie eine rhythmische Sicht der Evolution zwischen Verdichtung und wieder Explosion in Raum und Zeit hinein, die dann in eine neue Verschmelzung hinein verschwindet. Die Ewigkeit dieses Vorgangs ist nicht beweisbar, genauso wenig wie ihre Endlichkeit. Und die mathematische Physik kann bislang noch nicht

88 | Ebd. 62.

89 | Ebd. 62; vgl. auch Ottmar Fuchs, Verschwendung. »Sie haben keinen Wein mehr« (Joh 2,3), in: ders., Denn für Gott ist nichts unmöglich, Würzburg 1998, 39–46; Robert Ochs, Verschwendung. Die Theologie im Gespräch mit Georges Bataille, Frankfurt am Main 1995.

über den Urknall zurück in jene Verdichtung hineindenken. Es ist eine »Wirklichkeit«, wo alles noch zusammengeschweißt ist, wo es noch keine Differenzen und keine Unterscheidbarkeit gibt.

Der Urknall ist dann eine Durchgangsphase und nicht der Anfang. Kann dieses Vorgängige und der Mathematik nicht Zugängige, wo alles noch in unglaublicher Verdichtung zusammengehört, kann dieses innere Wesen der Schöpfungen nicht eine Spur sein für das »Zusammenfallen« im »Symbol« vorgängiger Einheit?

Strukturanalog denkt man hier als praktischer Theologe an Friedrich Schleiermachers Verhältnis von Gefühl und Wirklichkeit. Wenn sich nach Schleiermachers allgemeiner Erkenntnistheorie Theologie und Philosophie den gleichen transzendentalen Bedingungen im unmittelbaren Selbstbewusstsein verdanken und wenn letzteres in seiner Vorgegebenheit unbestimmt ist, dann ist ihre Verbindung in einem Bereich verankert, der durch ein unbestimmtes allgemeines Sich-haben gekennzeichnet ist. Philosophie und Theologie werden in einem Grund verbunden, in dem sie ohnehin noch nicht unterscheidbar sind; eigene Wege gehen sie erst im Bereich des reflektierten Selbstbewusstseins.

Was also Philosophie und Theologie zutiefst verbindet, verbleibt im Anderen des Denkens selbst, ist ununterscheidbar und damit ohne Semantik, also bedeutungslos. Das Denken kann hier nur nachhinken und den Grund seiner selbst nie gänzlich begreifen. Was ist nun die Erlebnisform dieses unmittelbaren Selbstbewusstseins? Ist es das Gefühl? Dann dürfte es in Konsequenz zu Schleiermacher keine Richtung haben, die inhaltlich bestimmbar wäre. Wenn aber das Gefühl die Erfahrungsform dieser Unmittelbarkeit ist und dann auch als richtungslos zu definieren wäre, haben wir im Gefühl eine vorgängige Wirklichkeit, in der noch alles verschmolzen ist, dem sich aber zugleich »später« Theologie und Philosophie und überhaupt die Differenzen verdanken. Entscheidend ist in unserem Zusammenhang die Frage: Gibt es eine inhaltliche, eine richtungsbezogene Verbindung zwischen Gefühl, zwischen dem Vorgängigen, und dem Darauffolgenden?

Anthropologisch sind menschliche Gefühle bereits gerichtet, aber die meint Schleiermacher nicht, sondern diese sind bereits Ausformungen des Gefühls schlechthin. Im Zusammenhang von Gefühl und Offenbarung verbindet sich allerdings die Unmittelbarkeit des Gefühls mit der Mittelbarkeit der Schrift, damit es zu einer authentischen Selbstverwirklichung im Bereich des Geschichtlichen und des Narrativen kommt. Damit haben wir eine differenzierungsfähige Kriteriologie hinsichtlich der Auswirkungen des vorgängig Ununterscheidbaren.[90] Literatur, Musik und Kunst sind aus dieser Perspektive ähnliche »Medien«, ganz nahe gebaut an das Vorgängige, mit bestimmten Auswirkungen auf die Alltäglichkeit, erlebnistief und zugleich darin ambivalent und von den Auswirkungen her kritisierbar.

Kurz vor Drucklegung dieses Buches erschien (in der FAZ vom 13.1.2011) ein Beitrag des Dortmunder Literaturwissenschaftlers Jürgen Link zu Goethes Islambild, auf dem Hintergrund der aktuellen deutschen Leitkulturdebatte, für die auch Goethe herhalten muss, mit dem Titel: »Mohammed war doch der Prototyp des prophetischen Genies!« Link resümiert: Im Gegensatz zu Voltaires »niederer Aufklärung« heißt »höhere Aufklärung ..., positive Religionen symbolisch aufzufassen – sie werden dadurch auch pluralisiert und entdogmatisiert, das heißt entfanatisiert ... Goethe scheint ... zu sagen: Lest alle Heiligen Schriften symbolisch ...« Was hier und nachher bei Karl May als »symbolisch« besprochen wird, kann in den Religionen eine bestimmte Spiritualität sein, in der die eigenen Texte gelesen werden und ihre unbegrenzte solidaritätssteigernde Kraft zu entfalten vermögen. So dass das je eigene vereindeutigende Offenbarungswort nicht ausgrenzend definiert, »sondern Raum schafft für eine Wirklichkeit jenseits aller sichtbaren Wirklichkeit.«[91] Es kommt immer auf diesen Horizont an. Je weiter er ist, desto mehr steigert sich die Fähigkeit zur Allegorese, zum permanent offenen und nichtfixierenden Anderslesen der eigenen Texte. Begibt sich die Theologie derart in den Raum der Poesie und auf den Weg der Literatur, kann sie »den eigenen Glaubensvollzug überprüfen« (Wolfgang Frühwald in FAZ Nr. 12, 2011, 31), nämlich ob sie universale Solidarität verhindert oder beschleunigt. Denn der angesprochene Horizont kann nicht weiter sein, als dass man ihn Gott nennt: ebenso unendlich wie geheimnisvoll und unverfügbar.



90 | Vgl. dazu Ottmar Fuchs, Praktisch-theologische Aspekte zu Johann Sebastian Dreys Biblischer Hermeneutik, in: Michael Kessler, Ottmar Fuchs (Hg.), Theologie als Instanz der Moderne, Tübingen 2005, 145–171, 156f. Vgl. Ottmar Fuchs, Die Menschen in ihren Erfahrungen suchen. Zur Unentrinnbarkeit und Ambivalenz der persönlichen und gesellschaftlichen Erfahrungsorientierung, in: Rainer Bucher u. a. (Hg.), In Würde leben, Luzern 1998, 209–334; zur Kritik öffentlicher Ästhetikprodukte vgl. Wolfgang Welsch, Grenzgänge der Ästhetik, Stuttgart 1996.

91 | Erich Garhammer, »Hier ruft nur Gott an«. Wider die kurzschlüssige Vereinnahmung von Literatur in der Theologie, in: Mariano Delgado, Hans Waldenfels (Hg.), Evangelium und Kultur, Stuttgart 2010, 339–347, 347.

# 5. Karl Mays Orient

## *5.1 Warum Karl May?*[1]

Für einen, der fast zwanzig Jahre im oberen Stockwerk des Hauses in der Bamberger Hainstraße gewohnt hat, wo im Hochparterre bis in den Beginn der 90er-Jahre des letzten Jahrhunderts das Karl May-Museum Besucher jeden Alters angezogen hat,[2] war es naheliegend, im Sommersemester 1992 (als ich noch an der Katholisch-Theologischen Fakultät der Universität Bamberg lehrte) mit der islamwissenschaftlichen Kollegin Rotraud Wielandt ein interdisziplinäres Hauptseminar mit dem Titel »Islam und Christentum bei Karl May« anzubieten.[3] Textgrundlage war vornehmlich der erste Orientzyklus von Karl May:[4] »Durch die Wüste«, »Durchs wilde Kurdistan«, »Von Bagdad nach Stambul«, »In den Schluchten des Balkan«, »Durch das Land der Skipetaren«, und: »Der Schut«.





Es sind die Orientbände, die Ernst Bloch für die besseren (als die indianischen) hält.[5] Wahrscheinlich hängt es mit dem »Orientgefühl« zusammen, das bei May »unendlich viel stärker als bei vielen Reiseschriftstellern (ist), die hundertmal dort gewesen sind und bei denen jeder Satz von

1 | Eine kleinere Erstfassung des May-Kapitels ist in der Festschrift für meinen verehrten Tübinger Kollegen Karl-Josef Kuschel erschienen (Liebe als »Erkennungszeichen des wahren Glaubens«. Christentum und Islam in den Orienterzählungen von Karl May, in: Christoph Gellner, Georg Langenhorst [Hg.], Herzstücke. Texte, die das Leben ändern. Ein Lesebuch zu Ehren von Karl-Josef Kuschel zum 60. Geburtstag, Düsseldorf 2008, 253–266), leider ohne meine Widmung mitabzudrucken, was ich hier nachholen will: mit der Hoffnung, dass diese Überlegungen den Erforscher des christlich-muslimischen Dialogs auf der einen und den großen Brückenbauer zwischen Theologie und Literatur auf der anderen Seite ein wenig interessieren könnten. Jedenfalls möchte ich Karl-Josef Kuschel diesen Beitrag mit einem herzlichen Dank für alles, was ich ihm für mich und für mein eigenes praktisch-theologisches Fach verdanke, mit dem Wunsch für eine in jeder Hinsicht gute Zukunft widmen.

2 | Einige Jahre nach der Wende wurde das Bamberger Karl May-Museum wieder an seinen ursprünglichen Ort transferiert, nämlich nach Radebeul, wo es in das dortige Karl May-Museum integriert wurde. Eine besondere Attraktion des Bamberger Karl May-Museums war, dass es mehrere Jahre sogar einen »echten« Indianer angestellt hatte. Wenn er so richtig in seiner prächtigen Häuptlingsbekleidung entgegenkam, war Winnetou leibhaftig erfahrbar.

3 | Erinnert sei an die Themenbearbeitungen von Gaby Straßburger, Nicola Kontzi, Birgit Hoyer, Ines Weinrich, Johannes Wolfrum, Ralph Fischer, Ulrike Bechmann, Anto Blazevic, Georg Friedmann, Martin Weiß, Wolfgang Janus.

4 | Vgl. dazu im Überblick Hermann Wiegmann, Der Orientzyklus, in: Gert Ueding (Hg.), Karl-May-Handbuch, Stuttgart 1987, 177–205.

5 | Ernst Bloch, Die Silberbüchse Winnetous, in: Helmut Schmiedt (Hg.), Karl May, Frankfurt am Main 1983, 28–31, 31.

Wirklichkeit nur so strotzt.«[6] Bei Karl May kommen keine Kinder vor. Es ist der Übergang von den Abenteuern von Kindern zu den Abenteuern von Erwachsenen.[7] Es ist der Übergang von der Kindheit zur Jugend. Meine eigene diesbezügliche Leseerfahrung kann ich ganz gut mit jenen Kontexten und Erfahrungen in Verbindung bringen, wie sie Alfred Pfaffenholz für sich beschrieben hat.[8]

Fachliterarisch kann ich nicht beurteilen, ob die Schriften und wenn, welche Schriften literarische Qualität und Bedeutsamkeit haben. Es dürfte meist noch so sein, wie Ernst Bloch es bedauert, nämlich dass Karl May »als anrüchige Sache, höchstens als Ulknummer ohne literarischen Wert«[9] betrachtet wird.


Karl May ist von sich aus gesehen kein Jugendschriftsteller. Genauso wenig wie Jonathan Swift, James F. Cooper oder Herman Melville hat er für Kinder und Jugendliche, sondern für Erwachsene geschrieben. »All die Beladenen, die wenigstens zeitweise ihrem Alltag entkommen wollten und denen May den Weg wies in eine Welt jenseits der Fabriken, Kontore und Kanzleien.«[10] Die erwachsenen Leser scheinen schon seit langem endgültig verloren zu sein, und die jugendlichen Leser und Leserinnen stürzen sich weitgehend auf andere medialen Angebote. So gilt vielleicht für heute, was bereits für die zweite Phase von Karl May gilt: »Anerkennung fand May damit kaum. Denn der seriösen Rezeption standen die Prozesse um seine Person im Weg.«[11] Heute müsste man sagen: Der seriösen Rezeption steht »nur« noch im Weg, dass es gar keine Prozesse um seine Person mehr gibt. Mein Anliegen ist es, das drohende Vergessen jenes Schriftstellers, der mir so viele spannende Stunden geschenkt hat, zu verzögern. Vielleicht wird man sich seiner zu seinem hundertsten Todestag am 30. März 2012 auch wieder in der Öffentlichkeit erinnern.

6 | Harald Eggebrecht in: Rückblick auf Karl May, Hans Wollschläger im Gespräch mit Harald Eggebrecht, in: Harald Eggebrecht, Karl May der sächsische Phantast. Studien zu Leben und Werk, Frankfurt am Main 1987, 131–153, 133.

7 | Vgl. Barbara Sichtermann, Die Mayschen Reiseerzählungen als Jugendlektüre, in: Eggebrecht (Hg.), Phantast 63–77, 71.

8 | Vgl. Alfred Pfaffenholz, Kleine Fluchten oder: Der Traum vom Paradies. Eine Erinnerung an Karl May und seine Wiederentdeckung, in: Eggebrecht (Hg.), Phantast 45–62.

9 | Zitiert bei Andreas Austilat, Durch die Wüste. Zum 150. Geburtstag von Karl May, in: Weltspiegel 23.2.1992, Nr. 14 122 (Sonntagsbeilage), S. I, Spalte 1.

10 | Austilat, Wüste, Spalte 3.

11 | Austilat, Wüste, Spalte 5.

Seit der Karl May-Lektüre meiner Generation hat sich die gesellschaftliche, politische und globale Situation verändert hat. Vieles bekommt heute eine bedrängende Brisanz, und zwar in eine doppelte Richtung: Zuerst dahingehend, dass das Islambild Karl Mays sowohl aus dialogtheoretischer wie auch aus theologischer Perspektive[12] zu korrigieren ist. Von daher stellt sich umso mehr die kritische pädagogische Frage: Die Orientbände haben durch Generationen hindurch das Islambild meist männlicher Kinder und Jugendlicher geprägt. Qualitativ-empirische Untersuchungen könnten hier wahrscheinlich einiges an subkutanen Beeinflussungen zu Tage fördern.
Auch wenn mir als »altem« Karl May-Fan, der in etwa zwei Jahren fast alle Bände gelesen hat, jeder Textzugriff ein Gräuel ist, kann man diese Art und Weise des Umgangs mit dem Islam, wie sie in den Dialogen der Orientbände zum Vorschein kommen, nicht mehr ohne Kommentar und Korrektur der Lektüre überlassen. Dabei will ich nicht übersehen, dass seine Texte im letzten Drittel des 19. Jahrhunderts durchaus einen Fortschritt in der Wahrnehmung und in der Toleranz einer fremden Religion gegenüber darstellten.[13] Denn immerhin erfuhr man etwas vom Islam (einschließlich langer Originaltexte aus dem Koran, wie die Auferstehungssure 75, die Kara Ben Nemsi während der Begräbnisfeier für einen Muslim selbst spricht[14]). Vielleicht verdankt es beispielweise Manfred Weippert nicht zuletzt Karl May, dass er sich für orientalische Sprachen begeistern konnte und später Alttestamentler wurde: Als 14-Jähriger hat er ein arabisch-deutsches Wörterbuch an Hand der Orientbände angelegt.[15] Und immerhin erfolgen die Wahrnehmung und Achtung dessen auf muslimischer Seite, was auch, in der Meinung Karl Mays, dem Christentum elementar wichtig ist. Übrigens kann es im heutigen Kontext nicht weniger junger Menschen, die wenig oder gar nichts über das



12 | Vgl. dazu die einschlägigen Arbeiten von Karl-Josef Kuschel; man denke auch an das Konzilsdokument *Nostra aetate* (vgl. dazu den Kommentar von Roman A. Siebenrock, in: Herders Theologischer Kommentar zum Zweiten Vatikanischen Konzil, Bd. 3, 591–694) und an das Dokument *Dignitatis humanae,* Die Erklärung über die religiöse Freiheit (vgl. dazu den Kommentar von Roman A. Siebenrock, in: Herders Theologischer Kommentar zum Zweiten Vatikanischen Konzil, Bd. 4, 125–218).

13 | Vgl. dazu Ernst Koch, Zwischen Manitou, Allah und Buddha. Die nichtchristlichen Religionen bei Karl May, in: Dieter Sudhoff (Hg.), Zwischen Himmel und Hölle, Bamberg, Radebeul 2003, 113–208, 175.

14 | Vgl. Karl May, Von Bagdad nach Stambul, Bamberg 1951, 157.

15 | So erzählt Manfred Weippert im kleinen Kreis, mit der Lizenz zur Veröffentlichung.

Christentum wissen, einen interessanten Nebeneffekt in der Karl May-Lektüre geben: nämlich dass sie darin etwas über das Christentum erfahren, wenigstens in der Form, wie sie Karl May bezeugt.

Nochmals zu der erwähnten Begräbnisfeier, um einen ersten Einblick in die Textarbeit Mays zu gewinnen: May hat in seinem Roman »Von Bagdad nach Stambul« die zwei ihm vorliegenden Koranübersetzungen von Ullmann und Wahl herangezogen, hat dabei Verse ausgelassen und andere inhaltlich stark umgeprägt. Es geht um die Erzähleinheit, in der der sunnitische Freund Kara Ben Nemsis begraben wird. An diesem Begräbnis nehmen ein Christ, zwei Sunniten und ein Schiit teil. Alles findet nach muslimischem Brauch statt. Kara Ben Nemsi nimmt zwar an, dass



Mohammed ihm die Leitung des muslimischen Ritus nicht erlaubt hätte, hat aber eher das Problem, ob er dabei nicht seine christliche Identität verleugne. Deshalb begründet er sein Tun folgendermaßen: »Was mich betrifft, so glaube ich keine Sünde zu tun, wenn ich vom toten Freund Abschied nahm in der Sprache, die er im Leben gesprochen.«[16] Um eines Freundes Willen schlüpft er in dessen Sprache und fast in dessen Glauben, wenn auch mit gewissen Modifizierungen, um in dieser Identifikation das eigene Christsein nicht aufgeben zu müssen. Um einer Freundschaft Willen begibt er sich in den anderen Bereich seiner selbst, allerdings nicht, wie bei Goethe, um diesen anderen Bereich als solchen am eigenen Leib erspüren zu können, sondern um der Freundschaft einem Muslim gegenüber gerecht zu werden. Immerhin ist interessant, dass auch bei Karl May so etwas stattfindet wie eine Nachahmung, freilich nicht um den Islam besser erspüren, sondern um die Freundschaft zu einem Muslim besser ausdrücken zu können.[17]

So lässt May aus Sure 75 die Verse 42f. weg, in denen die Wahrhaftigkeit »des Gesandten«, also von Mohammed, betont wird. Zu den Gemeinsamkeiten zählen allerdings die zentralen theologischen Aussagen über die Auferstehung, über das Wesen Gottes, über Gott als Richter, als Schöpfer, als Zuflucht, als Sieger über den Tod, über das Wesen des Menschen als Gottes vergängliches Geschöpf, als Gott im Glauben verpflich-

16 | May, Von Bagdad nach Stambul 159.

17 | Ähnlich gut könnte man die Absicht Kara Ben Nemsis einordnen, dass er fast Lust hätte, einmal nach Mekka zu gehen, ja dass er schon in Mekka war, vgl. Karl May, In Mekka, Radebeul 1927; Von Bagdad nach Stambul 172f. Aber hier geht es eher um das Übertreten eines islamischen Gebotes und die Verletzung religiöser Gefühle anderer.

tetes Wesen. Strukturanalog geht May hier ähnlich wie Goethe vor: Was er vom Koran nicht übernehmen kann und will, bleibt draußen oder wird nicht erwähnt oder aber kritisiert (wie Goethe die Angriffe des orthodoxen Islam auf Hafis). Im Gegensatz zu May bringt Goethe allerdings keine Falschinformationen über den Islam.

Nur vereinzelt bewundert Kara Ben Nemsi nicht nur das, was bei den Anderen mit dem Eigenen identifizierbar ist, sondern auch das diesbezüglich nicht Integrierbare, das Fremde also: wie in seiner Hochschätzung erfahrener Gastfreundschaft und in seinem Respekt vor muslimischer Frömmigkeit.[18] So gibt es neben dem trägen Türken auch den braven Türken, neben dem rachsüchtigen und ungebildeten Araber auch den gelehrten und für Gerechtigkeit und Versöhnung offenen Araber: Doch das sind Ausnahmen.[19] So gibt es bei den Indianern in den Amerikabänden auch wenige »edle Wilde«. In ihnen wird das Fremde verständlich gemacht, indem es vom Eigenen her entschärft oder erfunden, jedenfalls aus der Perspektive des selbstdefinierten »Edlen« domestiziert wird. Wo das nicht gelingt, werden die unverstandenen Medizinmännern zu Scharlatanen und die völlig fremd dahertanzenden Derwische zu Auslösern von Übelkeit.[20]

Was vorherrscht, ist die domestizierende Wortwahl über das Fremde aus der Perspektive der eigenen von vorneherein besseren Kultur und Religion, was den Wissens- und Bildungsstand wie auch das Offenbarungsbewusstsein anbelangt. Karl May vertritt hier eine Konsensideologie eigener Art, nämlich dass nur all das akzeptabel und gut ist, was in Konsens mit dem Eigenen zu bringen ist. Dann wird dieses Eigene im Anderen hoch geschätzt und damit, zugegebenermaßen nur sehr indirekt, partiell das Andere selbst, so dass es immer wieder zu Dialogen kommen kann, in denen diese Spannung dramatisiert und zugunsten konstruktiver Verhältnisse mit muslimischen Menschen gewendet werden kann. »Für ihn war das Christentum zwar dem Islam überlegen, aber dieser war für ihn doch eine Religion, mit der sich die Auseinandersetzung lohnte und der er – von wenigen ›Ausrutschern‹ abgesehen – mit Toleranz und Achtung begegnete.«[21] Genau dies macht die Spannung der

18 | Vgl. Karl May, Durch die Wüste, Zürich 1990, 136.
19 | Vgl. May, Durch die Wüste 490.
20 | Vgl. Karl May, Sand des Verderbens, Bamberg 1952, 405ff.
21 | Koch, Manitou 177.

Lektüre aus: Kara Ben Nemsi ist immer der Bessere. So ruft Halefs kleiner Sohn aus »Er (Kara Ben Nemsi) ist größer, als ihr alle seid!«[22] Er, und damit das Gute siegen am Ende, und somit ist Karl May tatsächlich eine vergleichsweise (analog zu den Märchen) angemessene Kinder- und Jugendliteratur. Nur darf man darüber eben nicht vergessen, was dieser »Sieger« gleichzeitig an Einstellungsreservoir mittransportiert oder ist dies dann für junge Menschen doch nicht so wichtig? Vergessen sie es? Es wäre ein lohnendes Forschungsprojekt, diese Frage bei jetzigen Lesern und Leserinnen wie auch bei Erwachsenen, die Karl May gelesen haben, sozialempirisch zu untersuchen.

Man wird aus diesem Grund die Orientbände am besten mit entsprechenden Einführungen den Kindern zur Lektüre geben, nicht um ihren Spaß an Karl May zu verderben, sondern um ihnen schon frühzeitig ein kritisches Verhältnis zu diesen Texten (und damit auch zu Texten überhaupt) zu vermitteln, etwa: mit zusätzlichen Informationen über den Islam, mit lektürebegleitenden Anmerkungen usw. – gewissermaßen eine kritische Ausgabe für junge Leser und Leserinnen. Oder man streicht bestimmte Passagen und überlässt sie den literaturkritischen Ausgaben.



## 5.2 *Nicht ganz so trivial!*

Sogenannte Trivialliteratur muss nicht nur Bestehendes festlegen, sondern kann auch alternative Anteile haben. Plakative Zuordnungen von ästhetischer Qualität und Alternativität auf der einen und Trivialität und Affirmation auf der anderen Seite sind zu einfach.[23] Karl May hat selber formuliert, dass er niemand sei, der für die Intellektuellen und Kunstkritiker geschrieben habe. Vielmehr spiele sich sein Schreiben auf einer anderen, »seelischen Ebene« ab.[24] Es geht immer um den mühseligen Weg von den Niederungen in die Höhe.[25] Davon wird später noch zu reden sein.[26] In seinen Abenteuerromanen verwirklicht May jene Literatur, die

22 | May, Der Schut 370f.

23 | Vgl. Jochen Schulte-Sasse, Karl Mays Amerika-Exotik und deutsche Wirklichkeit. Zur sozialpsychologischen Funktion von Trivialliteratur im wilhelminischen Deutschland, in: Schmiedt (Hg.), May 101–129, 124f.

24 | Vgl. Eggebrecht, Rückblick 151.

25 | Vgl. Sahlberg, Therapeut 194.

26 | Vgl. Eggebrecht, Rückblick 151.

»durch Identifikation vorstellungsweise zum Spielraum der Praxis ihrer Leser werden« kann.[27] Seine Erzählungen führen eine stimmige Welt vor und heben dadurch »einige Wertvorstellungen aus dem Bereich der alltäglichen Verunsicherungen heraus und ... festigen sie als richtige.«[28] Dadurch werden ganz bestimmte Wertorientierungen favorisiert, die es zwar in der Gesellschaft gibt, die aber auch mit anderen in der Gesellschaft präsenten Orientierungen konkurrieren. Indem Karl May ganz bestimmte Haltungen und Einstellungen in seine »fiktionalen Imaginationsräume« aufnimmt und darin verstärkt und verinnerlicht sein lässt,[29] kritisiert er implizit und explizit gängige Einstellungen, die diesen Orientierungen zuwiderlaufen.

»Karl Mays Welt ist wie die des Märchens handfest dualistisch.[30] Darin spiegeln sich auch soziale Widersprüche. Immerhin gilt: »... nur Märchen ... reden so häufig und obstinat von Hunger und Essen wie der in kümmerlichen Verhältnissen aufgewachsene Webersohn aus Sachsen.«[31] Karl Mays Familie gehörte zu den Ärmsten der Armen.[32] Mangelkrankheiten waren die Regel. Dies war wohl auch die Ursache für die Erblindung des Kindes kurz nach der Geburt. Erst im fünften Lebensjahr gewinnt Karl May durch Dresdener Ärzte sein Augenlicht wieder.[33] Später schreibt May: »ich habe in meiner Kindheit stundenlang still und regungslos gesessen und in die Dunkelheit meiner kranken Augen gestarrt ...«[34] Wollschläger schreibt: »Wann erstmals die Wachtraumbewegungen der jugendlichen Phantasie einsetzten ... ist nicht entscheidbar; sie mögen gleich aus der allerersten Kindheitsdämmerung herauf sich eingestellt haben, die Grenze überhaupt vertuschend ...«[35]

Gert Ueding erfasst diesen Zusammenhang folgendermaßen, nämlich »dass Kompensation und Verleugnung ebenso schöpferische Kräfte für





27 | Schulte-Sasse, Exotik 123.

28 | Ebd. 124.

29 | Vgl. ebd. 125.

30 | Volker Klotz, Durch die Wüste und so weiter, in: Schmiedt (Hg.), May 75–100, 85.

31 | Wolf-Dieter Bach, Karl May – Abgrund und Hunger, in: Eggebrecht (Hg.), Phantast 153–188, 187; vgl. auch Wolf-Dieter Bach, Abenteuer als Angstbewältigung: Beweggründe der Phantasie Karl Mays, in: Schmiedt (Hg.), May 245–251, 248

32 | Zur Biographie von Karl May vgl. das eindrucksvolle Buch von Hans Wollschläger, Karl May. Grundriss eines gebrochenen Lebens, Zürich 1976.

33 | Vgl. Wollschläger, May 14.

34 | Zitiert ebd. 15.

35 | Ebd. 15. Zum Verhältnis von kindlicher Blindheit, märchenhafter Phantasie und religiöser Ausdrucksform vgl. Britta Berg, Religiöses Gedankengut bei Karl May (Sonderheft der Karl May-Gesellschaft Nr. 47), Hamburg 1984, 29f.

den historischen Prozesse darstellen wie die kontinuierliche Entfaltung aus den Bedingungen und Voraussetzungen der Vergangenheit.« Denn Karl Mays lebensgeschichtliche Hoffnung bestand in nichts geringerem, »als aus eigener Kraft aus dem ›Sumpf‹ zu entkommen, in welchem ihn die Ketten der sozialen, juristischen und historischen Gesetzlichkeit festhalten wollten.«[36] Er kommt ja nicht aus der Bürger- oder gar Oberschicht, sondern aus einer unteren sozialen Schicht, mit intensiver Erfahrung von Leiden, Armut und Hunger und dem darin entstehenden Druck zur Befreiung und zur Erlösung. Karl Mays Phantasie ist also intensiver mit der Realität verbunden als die Form der Phantasie dies zunächst vermuten lässt.


Auch Wolf-Dieter Bach bestätigt auf seine Weise den Realitätsbezug Mays. In der Verbindung vergleichender Mythenforschung mit psychoanalytischen Deutemustern gelangt Karl May von den Durstlandschaften in Wüste und Schlucht zu den Paradiesen der Erfüllung, der Hungerstillung, der Befreiung.[37] Aber gerade diese Phantasie Mays ist mit seiner Realität zutiefst verwurzelt, zunächst mit seiner persönlichen des Hungers und des Gefängnisses und spätestens nach 1900 mit der entsprechenden Ausweitung des Ichs auf die Rettung und Versöhnung der ganzen Welt.[38] Und in beiden Phasen geht es nicht um ein Abbilden der Realität in diesem Realitätsbezug, sondern um eine Art von Flucht, um wieder in neuer Weise darauf zurückzukommen: »nicht Mittel irgendeines Abbildens der Realität, sondern Mittel der Entgrenzung, des Hemmungslosen prägen diese Gebilde einer einzigartigen Phantasie.« In dieser Phantasie erzählt Karl May, »um sich seines Ichs und auch dieser Welt zu vergewissern; und umgekehrt füllt er die Welt mit seinem Ich, bis sie seine Welt ist.«[39]

Ueding spürt dem soziokulturellen Kontext der damaligen Zeit nach und vermerkt dabei die Spannung und Spaltung vieler Menschen, die wirtschaftlich und bürgerlich emporkommen und gleichzeitig das Gefühl der sozialen und kulturellen Minderwertigkeit nicht loskriegen, verbunden mit den Ängsten, die mit den Brüchen der überhitzten Kon-

36 | Gert Ueding, Der Traum des Gefangenen. Geschichte und Geschichten im Werk Karl Mays, in: Schmiedt (Hg.), May 160–187, 163.

37 | Vgl. Wolf-Dieter Bach, Fluchtlandschaften (Jahrbuch der Karl-May-Gesellschaft 1971).

38 | Vgl. Oskar Sahlberg, Therapeut Kara Ben Nemsi, in: Eggebrecht, Phantast 189–212, 191f.; Harald Eggebrecht, Abenteuer-Konzeptionen, in: ders. (Hg.), Phantast 223–234, 224.

39 | Eggebrecht, Abenteuer 233.

junktur im letzten Viertel des 19. Jahrhunderts zusammenhängen. Das Wirtschaftswunder der Gründerjahre nach der Reichsgründung 1871 wird gegen Ende des Jahrhunderts brüchig. Bismarck scheitert am konstruktiven Umgang mit nationalen Minderheiten und mit den sozialen Aufbrüchen im Zusammenhang mit der rasant anwachsenden Industrialisierung. Als er 1890 von Bord gehen muss, wird dies verschiedentlich als Symptom einer kommenden Destabilisierung wahrgenommen. Karl May bringt hier den therapierenden Gegenentwurf, nämlich dass die Größe des Menschen darin liegt, dass man bei ihm vom Äußeren auf das Innere schließen kann und dass es dann darin keine Zwiespältigkeit gibt.[40] Dazu kommt, dass May nicht nur biographisch eine Mittelstellung zwischen Unter- und Oberschicht einnimmt, sondern diese verschiedenen Schichten auch in seiner LeserInnenschaft vereinigt.[41]





Man mag bei Karl May mit Sicherheit jenen Kitsch feststellen, der »sich durch die naiv-maßlose Übertreibung seiner sämtlichen Begriffe auszeichnet«[42]. Abgesehen davon, dass sich darin auch eine Detailversessenheit zeigt, Martin Walser nennt sie »Wortoper« (in SZ, Nr. 4, 2011, 31), leistet sich May gleichwohl gerade in den Kolportageromanen (1882–1888) Passagen, in denen er solche Texte wieder zurücknimmt, in denen er ihnen widerspricht, mit der Wirkung, dass sich die Lektüre in die Irre geführt erfährt. Es ergibt sich also die kuriose Situation, dass May mit großer Energie einen für den Inhalt des Romans wichtigen Gedanken zu artikulieren versucht und ihm, gewissermaßen im gleichen Atemzug, entschieden widerspricht.[43] Dies kann nicht nur als Fehlleistung Mays zu interpretieren sein, sondern solche »skurrilen Gegensätze« sind auch als Stilmittel zu identifizieren[44], in denen im Text der Reiseerzählungen bereits eine gewisse Doppelschichtigkeit auftritt, die später, nach der Kehre[45], eine neue Qualität erhält.

Pragmatisch motiviert ist diese Form sicher auch durch die Textsorte der Kolportageromane, die in Fortsetzungsgeschichten in bestimmten Zeit-

40 | Vgl. Ueding, Traum 181.

41 | Vgl. Berg, Gedankengut 4.

42 | Helmut Schmiedt, Die Thränen Richard Wagners oder Der Sinn des Unsinns. Thesen zu einem Konstruktionsprinzip in Mays Kolportageromanen, in: ders. (Hg.), May 229–244, 237.

43 | Zu dieser doppelbödigen Schreibweise vgl. Schmiedt, Thränen 231f.

44 | Vgl. ebd. 234 (Zitat), 236 und 237. Zu den Münchmeyer-Romanen vgl. Wolfgang Hermesheimer, Stefan Schmatz, Traumwelten, Bamberg 2004, 330–354, 421.

45 | Siehe unten Kap. 5.7.

schriften oder eigens gebunden unter die Leute gebracht werden und die nicht primär von linearen Vorwärtsbewegungen leben, sondern von zeitlichen und räumlichen und auch inhaltlichen Sprüngen. Textexterne Kolportage und textinterne Kollage entsprechen sich und machen wohl einen Teil des Erfolgs aus:[46] »der ›Sinn‹ der Kolportageromane läuft oftmals darauf hinaus, einsehbare Zusammenhänge, konsequente stilistische Entwicklungen, inhaltliche ›Aussagen‹, eben Sinngehalte, systematisch zu unterminieren und zu zerstören; was konstruiert wird, wird im gleichen Moment demontiert.«[47] Schmiedt kann diesen Zusammenhang an einem Beispiel aus dem letzten Münchmeyer-Roman[48] verdeutlichen.[49] Hier muss man nicht zuerst darum streiten, ob es sich um Trivialromane oder nicht handelt, sondern kann wahrnehmen, dass sie »dennoch Erkenntnisse ganz gegensätzlicher Qualität freigeben«.[50] Es ist also nicht so, als gebe es für spätere Kehre nach 1899 nicht bereits im früheren Werk Mays entsprechende Offenheiten und Vorzeichen. Es sind zum Beispiel jene Passagen schon in seinen Kolportageromanen, in denen er eigene Texte im Folgetext konterkariert, demontiert und parodiert.[51]



## *5.3 Das Bild der »mohammedanischen« Orientalen*[52]

Zunächst geht es um die Begegnung zwischen Christentum und Islam in den frühen Orientbänden. Durchgehend ergibt sich ein Kara Ben Nemsi gegenüber kontrastives und abgestuftes Bild der Orientalen im Glauben des Islam: Während Kara Ben Nemsi die Liebe und den Frieden predigt, während er die Rache ablehnt und die Verhältnismäßigkeit von Fehlverhalten und Bestrafung vertritt, sind die Muslime vom Gedanken der Blutrache geprägt. Sie haben kein Vertrauen in Rechtssysteme, weil die gerichtlichen Institutionen ohnehin bestechlich sind. Sie wollen nur ih-

46 | Vgl. ebd. 238.

47 | Ebd. 241.

48 | Vgl. Klaus Hoffmann, Karl May. Leben und Werk, Radebeul 1988, 14ff. Der Verlag Münchmeyer war 1882–1886 jener auch mit Hilfe Mays explodierende Kolportageverlag, verbunden mit einer enormen Verbreiterung der lesenden Bevölkerung bis in die Arbeiter- und Bauernschicht hinein.

49 | Schmiedt bezieht sich auf Passagen in Mays Roman »Weg zum Glück« (1886–87), in: Thränen 231ff.; vgl. auch Herbert Schneider, Karl May in der Lederhose, München 1961.

50 | Schmiedt, Thränen 242.

51 | Vgl. Schmiedt, Thränen 241f.

52 | Vgl. dazu Koch, Manitou 134–179.

ren Besitz erweitern, durch Raub, Geiselnahme und Lösegeldforderungen. Sie nutzen berufliche Machtstellungen aus, um andere zu schädigen.

Kara Ben Nemsi dagegen achtet fremdes Eigentum und ist nicht auf Bereicherung aus. Er ist es, der sich den orientalischen Sitten und Gebräuchen so weit wie möglich anpasst. Aber nur so weit, als sie den christlichen Werten nicht widersprechen. Niemals würde er andere wegen ihres nichtchristlichen Glaubens schlecht behandeln. Die Orientalen dagegen beschimpfen die Ungläubigen, grenzen sie aus und sehen ihren Unglauben als Rechtfertigung, sie umso schlechter und niederträchtiger zu behandeln. Kara Ben Nemsi kennt die Muslime besser als die Muslime sich selbst. So weiß Kara Ben Nemsi seine »mohammedanischen« Gesprächspartner über die Entstehungsgeschichte des Koran zu unterrichten und über die Fragwürdigkeit des Propheten.[53] Er kennt den Koran aufgrund seiner hervorragenden Sprachkenntnisse und ist immer wieder dabei, die Orientalen über ihre eigene Geschichte und die Muslime über ihren eigenen Glauben aufzuklären. Die Orientalen dagegen haben kaum Bildung, und wenn, dann fällt es auf. Sie kennen keine fremden Länder und Sprachen. Und sie kennen auch nicht die andere Religion des Christentums und haben vom zeitlichen und inhaltlichen Vorrang der Bibel keine Ahnung. Sie lösen ihre Probleme nicht rational, sondern emotional und im Glauben an das Schicksal.

Sogar hinsichtlich der Speisevorschriften kann Kara Ben Nemsi vehement werden: »Aber ich sage dir, dass der Prophet sich an seinen Gläubigen schwer versündigt, wenn er ihnen diese Speise (vom Vortext handelt es sich um den verbotenen Schinken des Schweins, O.F.) verbietet. Es ist ein Genuss höchster Ergötzlichkeit. Kein gebratenes Huhn kommt ihm gleich.«[54] Hier wird die abstufende Differenz zur andern Religion sogar in die genau so abstufende Differenz zwischen Schwein und Huhn hineinprojiziert, bei gleichzeitiger Differenz zwischen Speisenfreiheit und Speisenunfreiheit. Claude Lévy-Strauss würde sich über diese Methode des sich gegenseitig erschließenden Strukturverhältnisses von Speise- und Sozialstruktur, aber nicht über die Abwertung freuen![55]

53| Vgl. May, Durch die Wüste 159f. und 252–254, auch: Der Schut 46 und 55.
54| May, Der Schut 55.
55| Vgl. Claude Lévy-Strauss, Das wilde Denken, Frankfurt am Main 1973.

Kara Ben Nemsi steht fest in seinem Glauben, will aber (angeblich) nicht missionarisch tätig sein. Er ist vielmehr tolerant gegenüber den muslimischen Gläubigen und begründet diese Toleranz mit den Gemeinsamkeiten, die Islam und Christentum haben. Die Orientalen dagegen sind in ihrer Religion stark mit dem Aberglauben verbunden. Sie können sich gar nicht vorstellen, dass man etwas anderes glauben kann als sie selbst. Deshalb sind sie immer darum bemüht, die »Ungläubigen« zum wahren Glauben zu bekehren. Sie haben keine religiöse Toleranz.[56]

Kara Ben Nemsi zeigt sich also nicht nur als christlicher Abenteurer, der Frieden will und den ungerecht Behandelten beisteht, sondern als Orientalist, der über die Orientalen besser Bescheid weiß als diese es in ihrer Ignoranz und Engstirnigkeit selbst begreifen können. Bezeichnend ist beispielsweise folgender Dialog:



»Wie viele Male hast du eine Intikam (Blutrache) gehabt?«. So fragt ein Muslim Kara Ben Nemsi, dieser antwortet: »Noch nie. Mein Glaube verbietet mir, selbst meinen Feind zu töten; er wird getötet durch das Gesetz.« ... »Du darfst dich nicht rächen?« ... »Nein, denn unsere Religion gebietet uns, selbst unsere Feinde zu lieben. Nur die Behörde hat das Recht, den Bösen zu bestrafen, und ihr seid keine Richter.« ... »Deine Religion ist lieblich; wir aber sind keine Christen und werden den Feind bestrafen, weil er beim Richter Schutz finden würde.« Oder: »Du hast sie getötet und das Schiff beraubt?« (so fragt Kara Ben Nemsi) »Beraubt? Was meinst du mit diesem Worte? Gehört nicht dem Sieger das Eigentum des Besiegten? Wer will uns streitig machen, was wir gewonnen haben?«[57]

Der gebildete Orientalist begegnet den ungebildeten »Mohammedanern« und lässt ihnen in ausgiebigen Dialogen an seiner Bildung teilhaben. Kara Ben Nemsi besiegt seine Gesprächspartner wider ihren Willen mit seiner argumentativen und wissenden Kraft, etwa wenn er sagt, dass die Bibel viel älter als der Koran sei und dass Mohammed von der Bibel abgeschrieben habe, darauf die Antwort: »Du bist ein Effendi, und ein Effendi muss immer Gründe und Beweise finden, selbst wenn er Unrecht hat.«[58] Kara Ben Nemsi ist also nicht nur immer Sieger im christlichen Glauben und im Guten, sondern auch Sieger an Wissen und aufklärender Bildung. Durchgehend ist den Gesprächen zu entnehmen: je mehr die

56 | Vgl. dazu May, Durch die Wüste, 55f.72.222.224.232.248.267.256f.476f.488f.

57 | Ebd. 218.

58 | Ebd. 116f.

Muslime gebildet sind, desto weniger unduldsam müssen sie sein. So gibt es ein komplementäres Verhältnis von Bildung und Toleranz: »Die Beteiligung des Persers aber war ein Beweis, dass er an Bildung des Geistes und Herzens den muslimischen Tross weit überragte. ... Ich wusste es längst: er war, ohne es selbst zu ahnen, nur noch äußerlich ein Muslim, innerlich aber bereits ein Christ.«[59] Was das Verhältnis von Bildung und Duldsamkeit anbelangt, werden auch heutige Bildungstheoretiker Karl May recht geben, wenn man dabei nicht die Ambivalenz und Dialektik vergisst, dass dabei der Bildungsbegriff geklärt sein muss und nicht selbst auf hohem Niveau, möglicherweise umso unduldsamere Intoleranz begründet.[60]

Bei allem Nahebringen des Islam verbreitet May zugleich eine Menge Irrtümer: May irrt zum Beispiel, wenn er dem Islam Blutrache unterstellt. Richtig ist vielmehr: »Das vorislamische absolut verpflichtende Gesetz der Blutrache wurde also durch den Islam gemildert. Ablösung und Ermahnung zur Duldung zeigen einen Weg aus der alten Institution.«[61] Ähnliches gilt für Mays plakatives Verständnis von »Kismet«. Hinsichtlich der Seele schreibt May:[62] »und der Islam lehrt, das Weib besitze keine Seele und könne also nicht teilnehmen an den ewigen Freuden des Paradieses.« May kann diese Vorstellung, wenn er sie nicht selbst erfunden hat, nur aus irgendeinem gesellschaftlich flottierenden Vorurteil im deutschsprachigen Gebiet haben. Denn weder im Koran noch in irgendeiner islamischen Lehrmeinung ist die Vorstellung zu finden, die Frau besitze keine Seele oder komme nicht ins Paradies. Nach Sure 33,35 werden alle, die nach der Rechtleitung leben, ob männlich oder weiblich, ohne Unterschied des Geschlechtes nicht unbelohnt ausgehen.

Hierher gehört auch die pejorative Beschreibung des Derwischordens,[63] die Beschreibung eines ekelerregenden schiitischen Bettlers, dem Kara am liebsten eine Ohrfeige versetzen möchte (womit er nicht gerade liebevolles Verhalten an den Tag legt).[64] Und wie Kara nach allen Kräften mit-



59 | May, Von Bagdad nach Stambul 159f.

60 | Vgl. Ottmar Fuchs, Die theologisch-ethische Kompetenz in der Wissensgesellschaft, in: Thomas Laubach (Hg.), Angewandte Ethik und Religion, Tübingen 2003, 21–37.

61 | Anton Vorbichler, Inge Hofmann, Das Islam-Bild bei Karl May und der islamo-christliche Dialog, Wien 1979, 187.

62 | Karl May, Am Jenseits, Wien, Heidelberg 1951, 74.

63 | Vgl. May, Von Bagdad nach Stambul 406f.

64 | Vgl. ebd. 260.

hilft, dass Muslime ihr Verbot, Schweinefleisch zu essen und Wein zu trinken, übertreten.[65] Das Exotische allerdings weiß May sehr wohl für das Abenteuerliche zu beanspruchen, wie etwa das Geheimnis des arabischen Pferdes Rih.[66] So bricht immer die Faszination vor dem exotischen Fremden durch, die Bewunderung der stolzen wilden Araber und die tief im Herzen wurzelnde Religiosität halbwilder Menschen.[67]

Und so gibt es nicht einmal im vorislamischen Arabien Menschen, die bei ihrem Barte, und im Islam gibt es keine Gläubigen, die beim Barte des Propheten schwören würden. Dies »wissen« nur Karl May-LeserInnen. »Die alten Araber schwören bei Gott und den Göttern, bei ihren Leben, beim Leben ihrer Väter, und bei sehr vielen andern Dingen, nur nicht bei ihrem Barte.«[68]



Interessant ist auch, was May gar nicht erwähnt, obwohl es im Islam von großer Bedeutung ist: wie etwa die fünf Säulen des Islam, auch vom Fasten ist nicht die Rede. »eine solche Form von Selbstbeherrschung aus religiöser Überzeugung konnte Karl May einem Gegner nicht zubilligen«.[69] Und schließlich unterstellt May, dass im Islam keine elaborierte Theologie, keine Philosophie, keine Mystik und keine architektonische und künstlerische Schönheit existiere. So wird der Islam auf ganz bestimmte Elemente reduziert, die dazu oft noch verzerrt oder falsch sind. Auch die Sichtweise, Jesus unmittelbar mit Muhammad zu vergleichen, und damit anzunehmen, Muhammad nehme im Islam dieselbe Position ein wie Jesus im Christentum, ist durch und durch irrig. Deswegen sind die Muslime auch nicht als »Mohammedaner« zu bezeichnen.

Woher May seine Vorstellungen und Vorurteile über den Islam hatte, ist unsicher. Wohl weniger aus der damaligen Fachliteratur denn aus Reisebeschreibungen, die in Karl Mays Buchbestand waren. Hieraus hat er seitenweise ganze Passagen übernommen. Vor allem offensichtlich aus K. Andrees »Burton's Reisen nach Medina und Mekka«,[70] wie etwa die Windigkeit der Derwische, die Zechgelage der Muslime, das Motiv der Blutrache. Sehr viel angestrichen ist auch im Buch von J. Braun »Gemälde

65 | Vgl. May, Durch die Wüste 447.451, auch Der Schut 46f.55.
66 | Vgl. May, Durch die Wüste 316ff.
67 | Vgl. May, Durch die Wüste 136.
68 | Julius Wellhausen, Reste arabischen Heidentums, Berlin [3]1961, 186.
69 | Vorbichler, Islam-Bild 119.
70 | Vgl. Karl Andree, Burton's Reisen nach Medina und Mekka, Leipzig 1861.

der mohammedanischen Welt«,[71] mit ähnlichen Klischeebildungen. Ungewiss ist immer noch, woher Karl May die Vorstellung hatte, dass die Frau im Islam keine Seele habe.

May ist also in dieser europäisch arroganten Einstellung auch ein Kind seiner Zeit: in der kolonialistischen Überheblichkeit, in der europäischen Superiorität und in einer Selbstsicherheit des Christentums, das vor allem im 19. Jahrhundert, wo es in Europa an Zulauf verlor (vor allem in der Arbeiterschaft und in der Bildungselite), dies zu kompensieren wusste durch einen umso schärferen Missionsdrang in andere Erdteile hinein, vor allem nach Afrika, um die dort noch von der Aufklärung unbeleckten »edlen Wilden« zum wahren Glauben zu führen.[72]

Man kann gerade darin, dass May bestimmte Muslime und Musliminnen als solche identifiziert, die eigentlich im Geiste des Christentums leben, als eine besonders raffinierte Art anschauen, sich mit dem Anderen des anderen nicht auseinanderzusetzen zu wollen. In jeder Hinsicht jedenfalls bestimmt Kara die Spielregeln. Der umgekehrte Tausch gilt nämlich nicht: Im Christentum ist nichts Muslimisches zu finden, was das Christentum bereichern und aufwerten könnte.

Diese Art eines erfundenen und missbrauchten Orients ist bis zum heutigen Tag aktuell. Es sind jene Klischees, die schon bei Karl May vorhanden sind, die bis in die Gegenwart hineinwirken, nämlich den Islam mit Gewalt, Intoleranz, Fatalismus, Unterdrückung der Frau, Wissenschaftsfeindlichkeit, fehlendem Freiheitsbewusstsein, Obrigkeitshörigkeit usw. zu identifizieren. Hier gilt ein Doppeltes: dieser Klischeebildung entgegenzuwirken, nicht zuletzt auch mit Karl May selbst, vor allem mit dem, was in den älteren Schriften zum Vorschein kommt. Und wenigstens auch mit dem, wofür es selbst in den Abenteuerromanen Ansätze gibt, nämlich die kritische bis pejorative Sicht des anderen auf keinen Fall als Rechtfertigung dafür zu benutzen, sein Lebensrecht in Frage zu stellen, und auch dafür »Abenteuer« zu riskieren. Auch das begegnet in den Orientbänden. Diese Seite, und wenn man auch noch vom späten Karl May keine Kenntnis nimmt, kann eine von vorneherein fremdenfeindliche und chauvinistische Rezeption leicht übersehen. Man kann May nicht vorwerfen, dass

71 | Vgl. Julius Braun, Gemälde der mohammedanischen Welt, Leipzig 1870.

72 | Vgl. zur christlichen Mission vom 19. auf das 20. Jahrhundert Ottmar Fuchs, Pastoraltheologische Reflexionen globaler Katholizität, in: Michael Heberling, Gerhard Rott, Horst Sing (Hg.), Inkulturation als Herausforderung und Chance, Aachen 2001, 183–226, 203ff.

Kaiser Wilhelm und Karl Liebknecht, Adolf Hitler und Erich Mühsam seiner Faszination in völlig unterschiedliche Richtungen erlegen sind.[73]
Ein besonderer Grund für die Überlegenheit des Christentums über den Islam liegt bei Karl May auch im unterschiedlichen Wesen der Frauen in beiden Religionen und Regionen. Signifikant dafür ist, was Kara Ben Nemsi denkt, als ein Muslim eingesteht, dass sein »Weib« eine Christin sei: »Ein braves Weib ist die ›Seele des Hauses‹ eine erfolgreiche Trägerin der Gesittung und der wahren Gotteserkenntnis.«[74] Karl May geht hier vom Idealbild der Frau aus, wie es im 19. Jahrhundert allgemein, jedenfalls bei der Mehrheit der Frauen und Männer, existiert. Diesem biedermeierschen Frauentyp stellt er typische Merkmale muslimischer Frauen gegenüber, in denen auch in diesem Vergleich die Vorrangigkeit des Christentums gegenüber dem Islam deutlich wird.



Während die türkischen Frauen in ihrer Fettleibigkeit, Eitelkeit und in ihrem Schmutz durchgehend schlecht wegkommen, gibt es bei den Araberinnen zwei Frauenbilder, die unterschiedlicher nicht sein können: Da ist die eitle, fette und unansehnliche Matrone, die ihren Mann unter dem Pantoffel hat und so ihre Unfreiheit nach außen durch Herrschsucht nach innen kompensiert. Und da ist jene Amazone Amscha, freiheitsliebend, ihre Ehre verteidigend, eigenständig denkend, bis zu den Zähnen bewaffnet, kriegerisch und furchtlos, viel mehr auf die Waffen als auf den Koran vertrauend. Sie ist frei, allerdings nur als vermännlichtes Wesen, also auf Kosten ihres Frau- und Mutterseins. Denn ihre körperliche Schönheit ist vergangen, sie zeigt sehr maskuline Züge und wirkt daher sehr geheimnisvoll. Diese Frau fasziniert offensichtlich, bei gleichzeitiger Betonung, dass die orientalische Frau ihre Freiheit nur auf Kosten der Weiblichkeit erkaufen kann, während die Frau im Westen in wahrer Freiheit, nämlich aus der Freiheit des christlichen Glaubens lebt. »Sie machte ganz den Eindruck einer selbstständigen, furchtlosen Amazone, und dieses letztere Wort war ganz am Platze, dass solche kriegerischen Frauen in manchen Gegenden des Orients öfters zu sehen sind, als im Abendlande, wo dem Weibe doch eine freiere Stellung gewährt ist.«[75] So wird das Ressentiment vermittelt: Islam und Freiheit für die Frauen schließen sich aus.

73 | Vgl. Austilat, Wüste, Spalte 3.
74 | May, Von Bagdad nach Stambul 160.
75 | May, Durch die Wüste 222.

Auch gegen den Schleier wendet sich Kara Ben Nemsi: »Warum wolltest Du das Angesicht meines Weibes sehen?«, fragt der Muslim, und Kara Ben Nemsi antwortet: »Weil ich ein Franke bin, der gewohnt ist, stets das Angesicht dessen zu sehen, mit dem er spricht.«[76]

Karl Mays Frauenbild ist im Familienideal seiner Zeit verwurzelt. Der Platz der Frau ist das Haus, das sie mit ihrem Fleiß, ihrer Ordnung und Sauberkeit zu einem Hort der Rekreation für den Ehegatten macht, der unterdessen mit seinem Talent im Zeitalter der industriellen Revolution die Welt gestaltet. Sparsamkeit und Selbstlosigkeit sind hingegen die bürgerlichen Tugenden, mit denen die Frau zum Wachstum des Wohlstands beiträgt. Ab Mitte des 19. Jahrhunderts wird vor allem die Mutter- und Erziehungsrolle der Frau hervorgehoben. Deswegen werden der Frau Bildungsmöglichkeiten zugestanden, die außerhalb der Mutterrolle nicht so leicht möglich wären. So kommen neue Anforderungen an die Frauen zu: denn nun sollen sie ihre Erziehung nicht mehr nur instinktiv erfüllen, sondern sie benötigen dazu ein entsprechendes Wissen. Selbstverständlich sind für dieses Frauenideal die »weiblichen Tugenden« wie Keuschheit und Feinfühligkeit prägend.

Friedrich Schiller repräsentiert dieses Frauenbild im »Lied von der Glocke« (hier im Fließtext geschrieben): »Und reget ohn' Ende | Die fleißigen Hände, | Und mehrt den Gewinn | Mit ordnendem Sinn, | Und füllet mit Schätzen die duftenden Laden, | Und dreht um die schnurrende Spindel den Faden, ... | Und füget zum Guten den Glanz und den Schimmer, | Und ruhet nimmer.«, bzw.: »Und drinnen waltet | Die züchtige Hausfrau, | Die Mutter der Kinder, | Und herrschet weise | Im häuslichen Kreise | Und lehret die Mädchen | Und wehret den Knaben.«

Selbstverständlich handelt es sich hier nur um eine grobe Dominanzbestimmung des Frauenbildes des 19. Jahrhunderts, mit der Vernachlässigung vor allem der Frauenbewegungen, die aus der Revolution von 1848 hervorgingen und in den 60er-Jahren mit der Gründung des Allgemeinen Deutschen Frauenvereins eine institutionelle Fassung erreichten. Später teilte sich diese Bewegung in Gruppierungen mit zum Teil gegensätzlichen Anliegen: die Arbeiterinnenvereine unter Führung von Clara Zetkin und die bürgerliche Frauenbewegung mit einem mehr radikalen und einem mehr gemäßigten Flügel. Dort blieben der Primat der Familie



76 | May, Durch die Wüste 72.

genauso wie die Anliegen der Mutterschaft, des Haushalts und der Erziehung wichtig, allerdings mit einem gesteigerten Engagement für die Bildung von Mädchen und Frauen und für die soziale Wohlfahrt mit ehrenamtlicher karitativer Tätigkeit (vor allem für Frauen aus der Unterschicht). Die »radikaleren« Gruppen wandten sich gegen die soziale Ächtung und Rechtlosigkeit der ledigen Mütter, gegen die sexuelle Doppelmoral und forderten das aktive und passive Wahlrecht für Frauen.[77]

Wie sehr Karl May die mütterlich-fraulichen Tugenden und das damit verbundene erzieherische Handeln und die christliche Frömmigkeit der westlichen Frau hervorhebt, zeigt folgender Text, den Karl May einem Muslim in den Mund legt: »Ihr habt Mütter, ihr habt Frauen; wir haben keine von beiden. Gib uns Mütter, so werden sich unsere Kinder auch bald mit den euren messen können. Das Herz der Mutter ist der Boden, in dem der Geist des Kindes Wurzel schlägt. Oh Mohammed, ich hasse dich, denn du hast unseren Frauen die Seele genommen und sie zu Sklavinnen der Sinneslust gemacht! Du hast dadurch unsere Kraft gebrochen, unser Herz versteinert, unsere Länder verödet und alle, die dir folgen, um das wahre Glück betrogen!«[78]

Findet May Frauen im Orient, die dem Christentum näher stehen beziehungsweise selbst Christinnen sind, dann steigert sich der positive Eindruck. Es sind einmal arme Frauen, denen Kara Ben Nemsi beisteht. Und ganz herausragend ist Marah Durimeh, die sich für den Frieden einsetzt und die Menschen vom Bösen und vom Krieg abzuhalten versucht. Sie ist eine Greisin, und wird durch ihre Weisheit zur Autorität.[79]

Neben dem dominanten gesellschaftlichen Familien- und Frauenbild hatte Karl May aber auch ganz bestimmte persönlich geprägte Frauenbilder, die ebenfalls in seinen Orienterzählungen zum Vorschein kommen: wie etwa im Motiv dieser märchenhaften Großmutter Marah Durimeh und der »geheimnisvollen Greisin«. Gestaltbildend ist hier die



77 | Vgl. dazu die Beiträge von S. Meyer (Demonstrativer Müßiggang), S. Scarr (Das Ideal der Mutterschaft) und H. Schenk (Schillers Idealbild) in: Andrea van Dülmen (Hg.), Frauen. Ein historisches Lesebuch, München 1988; Ute Frevert, Frauen-Geschichte. Zwischen bürgerlicher Verbesserung und neuer Weiblichkeit, Frankfurt am Main 1986, 65 und 131.

78 | May, Von Bagdad nach Stambul 174f.

79 | Vgl. Ueding, Traum 167. Zur Türkin: Karl May, In den Schluchten des Balkan, Bamberg 1949, 101 und Durch die Wüste 66f.; zu Amscha: Durch die Wüste 232f.; zur Seele: Bagdad nach Stambul 174f. Vgl. auch Werner Tippel, Hartmut Wörner, Frauen in Karl Mays Werk (Sonderheft der Karl May-Gesellschaft 29), Hamburg 1981.

Erfahrung mit der eigenen Großmutter, »der Person, die in seelischer Beziehung den tiefsten und größten Einfluss auf meine Entwicklung ausgeübt hat; ... ein ganz eigenartiges, tiefgründiges, edles und, fast möchte ich sagen, geheimnisvolles Wesen ... ein herzliebes, beglückendes Rätsel, in dessen Tiefen ich schöpfen durfte, ohne es jemals ausschöpfen zu können ...«[80]
Später, im Band »Himmelsgedanken« (mit Gedichten und Aufsätzen von 1900–1910) drückt May seine Verehrung für seine eigene Großmutter in dem Gedicht »Großmütterchen« aus, mit dem Glauben daran, dass auch die verstorbene Großmutter jetzt noch segnet: sie wird zum symbolischen Raum der Transzendenzgeborgenheit überhaupt:





> Zwar ist sie längst von mir gegangen;
> Ich selbst bin alt, fast schon ein Greis,
> Und fühl mich doch von ihr umfangen,
> Die mich noch jetzt zu segnen weiß.[81]

Auch Karl Mays Erinnerung an seine Mutter formt manche Romangestalt. Von seiner Mutter schreibt Karl May: »sie war eine Märtyrerin, eine Heilige, immer still, unendlich fleißig, trotz unserer eigenen Armut stets opferbereit für andere ... sie konnte noch so schwer leiden, kein Mensch erfuhr davon.«[82] So begegnet er Anka, einer Bulgarin: Sie ist kräftig und arbeitsam, geschickt und fleißig, gutmütig und selbstlos. Sie ist genügsam und behält den körperlichen wie auch den seelischen Schmerz für sich. Selbstverständlich gehört sie keiner anderen Religion an, sondern eröffnet, dass sie Katholikin sei.

## 5.4 *Superiorität als Basis der Toleranz?*

Die Superiorität des Eigenen verbindet May allerdings mit einer Ethik, die auf keinen Fall Andersgläubigen ihr Lebens- und Wohlergehensrecht bestreiten will. Genau diese Ethik wird wiederum mit den Kernsätzen des Christentums begründet und vertreten. Hierin liegt nun der positive

80 | Zitiert bei Wollschläger, May 16.
81 | Karl May, Himmelsgedanken, Radebeul 1910, 110.
82 | Zitiert bei Wollschläger, May 17.

Ansatz der Karl May'schen Toleranz: nämlich auf der Tatebene das Leben der Anderen und nicht Dazugehörigen nicht nur nicht in Gefahr zu bringen, sondern auch zu schützen. Die Superiorität ist gerade nicht Anlass, das Lebensrecht der Andern zu beeinträchtigen, sondern entlässt aus ihrer Inhaltlichkeit eine, wenn auch immer wieder gönnerhafte Toleranz gegenüber den Anderen. Insofern kann man die Orientbände tatsächlich als eine erste Stufe zur faktischen Toleranz betrachten, die deswegen unbedingt notwendig ist, weil sie das inhaltliche Zentrum der Superiorität selber ausmacht.

Und selbstverständlich ist Kara Ben Nemsi (und mit ihm Karl May) damit in einer indirekten Weise missionarisch, einmal jenen »Mohammedanern« gegenüber, die sich von seinen gescheiten Argumentationen beeindrucken lassen, dann jenen gegenüber, die sein Zeugnis für den christlichen Glauben beeindruckend finden. Indirekt geschieht damit so etwas wie eine Einflussnahme auf die Leser und Leserinnen selbst: nämlich das Christentum als die einzig wahre Religion anzuerkennen und zugleich ihren Inhalt in die Tat umzusetzen, nämlich in jene Tat, die Anderen und selbst die Feinde zu lieben und sie nicht (wenn nicht Notwehr nötig ist) in Gefahr zu bringen.



Dies ist sicher ein Toleranzprogramm, das hinter Lessings Ringparabel zurückbleibt, aber doch eines, das die Nichtzerstörung Andersgläubiger in der Superiorität des eigenen Glaubens selber verankert. Von daher hat es seine Logik, wenn Karl May bei den muslimischen Gläubigen vor allem kritisiert, dass sie ihre eigene Superiorität im Glauben als Anlass dafür nehmen, die Ungläubigen schlechter zu behandeln oder gar zu töten. Superiorität ist also nicht gleich Superiorität. Das Hauptproblem liegt darin, mit welchen Inhalten sie sich zu Gunsten oder zu Ungunsten der nicht Dazugehörigen auswirkt. Wird in der Superiorität das absolute Lebensrecht aller Menschen behauptet, dann kommt dies auch der Praxis anderen Kulturen und Religionen und deren Menschen gegenüber zugute. Das Christentum darf also nur insofern »siegen«, als es sich in universaler Liebe aller Menschen gegenüber verwirklicht.[83] Hier ist vielleicht noch etwas von jenem evangelischen Pietismus wirksam, den May in seiner Kindheit aufgenommen hat: in dem nach O. Forst-Battaglia das

83 | Vgl. Ernst Seybold, Aspekte des christlichen Glaubens bei Karl May (Sonderheft der Karl May-Gesellschaft 55), Hamburg 1985, 9.

Christentum von Dogmatik nur gestreift wird, weil es eher in der praktisch angewandten Christlichkeit wurzelt.[84]

Aber selbstverständlich ist die Superiorität selbst ein Problem, vor allem wenn sie mit solcher Arroganz und Selbstsicherheit vertreten wird. Denn dadurch wird sie selber zum Vergehen am anderen Menschen: verletzend, entwürdigend und verkleinernd, jedenfalls so, dass er nur auf gleichem Bildungs-, Glaubens und Reflexionsniveau anerkannt werden könnte, wie es in der westlichen Kultur und im Christentum angeblich verwirklicht ist. Dieses positivistische, undialektische und selbstrühmerische Verhältnis zur eigenen kulturellen und religiösen Identität bezeugt nicht nur eine fatale Naivität (oder ein Nichtwissenwollen) hinsichtlich der eigenen Ambivalenzen in Geschichte und Gegenwart, sondern ist gerade von christlicher Theologie her absolut unzulässig: nämlich in der Dialektik zwischen Bestimmtheit in den Offenbarungstexten und entzogener Geheimnishaftigkeit Gottes, die jeden selbstrühmerischen Zugriff auf ihn obsolet macht.[85]





Gerade hier ähneln Kara Ben Nemsis Superioritätsbehauptungen- und handlungen den Superioritäten, die er bei den mohammedanischen Gegnern verurteilt. Der einzige Unterschied liegt darin, dass er diese Superiorität elaborierter zu vertreten vermag, als er es in seinen Erzählungen bei den muslimischen Gegnern zulässt. Das Schlimmste ist dabei, dass er in der von den Muslimen behaupteten Superiorität gegenüber den Ungläubigen überhaupt nichts muslimisch Eigenständiges als Gutes und Positives findet und zulässt, sondern eben nur das, was dort ohnehin vom Christentum her kommt bzw. christlich ist. So gibt es kaum einen Eigenwert des Fremden, der dann möglicherweise auch fremd und unverständlich sein dürfte.

Im Roman »Menschenjäger« inszeniert May einen Dialog zwischen dem religiös toleranten und aufgeklärten Muslim Reis Effendina und Kara Ben Nemsi: Ersterer fasst die Religionen als Mitglieder einer einzigen großen Familie auf, die einen gemeinsamen Vater haben, allerdings jedes Kind mit seinen besonderen Gaben.[86] Hier vertritt Karl May mit Kara Ben

84 | Vgl. Otto Forst de Battaglia, Karl May. Traum eines Lebens. Leben eines Träumers, Bamberg 1966, 159; vgl. auch Seybold, Aspekte 7.

85 | Vgl. dazu Ottmar Fuchs, Die Pastoral im Horizont der »unverbrauchbaren Transzendenz Gottes« (Karl Rahner), in: Theologische Quartalschrift 185 (2005) 268–285.

86 | Vgl. Karl May, Menschenjäger (Im Lande des Mahdi I), Heidelberg 1951, 101.

Nemsi eine kritische Position gegenüber dem Aufklärungsargument, dass allein das ethische Verhalten entscheidend sei, und wendet sich dagegen, dass die Forderung nach religiöser Toleranz mit religiösem Indifferentismus gleichgesetzt wird. Da ihm aber die universale Liebe ebenso wichtig ist, löst er das Problem mit großem Geschick. Er sieht in dem toleranten Muslim einen Beinahe-Christen, der sich von der für Karl Mays Islambild typischen Unduldsamkeit des Islam lossagte und somit faktisch aufhörte, ein Muslim zu sein. Die universale Liebe ist Karl May schon hier wichtig, aber er identifiziert sie inhaltlich nur mit dem Christentum und kann deswegen für beides stimmen: für die universale Liebe genauso wie für religiöse Unbeliebigkeit, wenn andere Religionen mit ihren Botschaften aus der Liebesidentität fallen, wobei es dann noch die Möglichkeit gibt, dass ihre Gläubigen in ihrer Praxis der universalen Liebe, wie sie das Christentum vertritt, dann doch nahe kommen können. Eine eigenartige Position, die Lessing auf der einen Seite unterläuft (der Superiorität des Christentums) und gleichzeitig den von Lessing vertretenen Umgang der Religionen, bei May eigentlich nur der Gläubigen verschiedener Religionen, miteinander nicht aufgibt und dies auch bei den Muslimen auf der Handlungsebene anzuerkennen, aber dann wieder nur als etwas Christliches wahrzunehmen vermag: Von Halef kann er sagen »er war, ohne es selbst zu ahnen, nur noch äußerlich ein Muslim, innerlich aber bereits ein Christ.«[87]

Hier findet selbstverständlich eine unerträgliche Vereinnahmungsstrategie statt, die aber nicht ganz schwarz zu sehen ist, sondern die auch ihre praxisbezogenen positiven Anteile hat. Immerhin wird darin nach einer Basis der Anerkennung des Anderen gesucht, auch wenn diese Basis ausschließlich im Eigenen fest gemacht wird. Ob etwas mehr Vereinnahmung oder mehr Anerkennung ist, ist im Einzelfall der Texte und auch der Wirklichkeit zu entscheiden. Immerhin geschieht jede Anerkennung aus der Perspektive des Eigenen heraus, wenn sie keine Vogelperspektive beansprucht. Im Spätwerk von Karl May scheint sich der Superioritätsanspruch in eine Melioritätsvorstellung hinein abzumildern und es ist prinzipiell davon auszugehen, dass Melioritätsvorstellungen, die humanisierender sind als andere Vorstellungen, gegenüber diesen auch als solche zu behaupten, zu vertreten und zu realisieren sind.

87 | May, Von Bagdad nach Stambul 160.

Karl May bringt in extremer Weise zum Ausdruck, was Gotthold E. Lessing[88] in seinem Konzept der zueinander gleichstufigen abrahamitischen Religionen nur schwach andeutet, nämlich dass sie nicht nur zueinander anders sind und diese Andersheit in zueinander gleich gültiger Weise auf den einen Gott zu beziehen vermögen, sondern dass zwischen Konfessionen und Religionen die Andersheit immer auch mit einem Wertgefälle gegenüber der anderen Seite verbunden ist. Es ist der Übergang von der Superiorität zu der Gleichwertigkeit in der Beziehung, die gleichwohl gerade darin wechselnde Meliorität ermöglicht. Saladin muss dies im Gespräch mit Nathan einsehen.[89] Zunächst Saladin:

> Der Christ ist zwischen uns. – Von diesen drei
> Religionen kann doch eine nur
> Die wahre sein. –



Nathan korrigiert diese Vorstellung auf dem Hintergrund von drei Ringen, von denen einer angeblich der ursprüngliche, also der wahre ist. Aber er hat eben drei Söhne und nicht nur einen. Und er liebt sie alle drei, gleichermaßen, was aber nicht verhindert, sie von Zeit zu Zeit jeweils unterschiedlich wahrzunehmen einmal den und dann den und den anderen besser:

> Die alle drei er folglich gleich zu lieben
> Sich nicht entbrechen konnte. Nur von Zeit
> Zu Zeit schien ihm bald der, bald dieser, bald
> Der dritte – so wie jeder sich mit ihm
> Allein befand und sein ergießend Herz
> Die andern zwei nicht teilten – würdiger
> Des Ringes ...

Hier begegnet die Meliorität: »würdiger«. Gleichzeitig verlagert Nathan die entscheidende Frage von der Echtheit der Ringe auf die Praxis, die mit

88 | Vgl. Karl-Josef Kuschel, Vom Streit zum Wettstreit der Religionen. Lessing und die Herausforderung des Islam, Düsseldorf 1998.

89 | Vgl. Gotthold Ephraim Lessing, Nathan der Weise, in: Gesammelte Werke in drei Bänden, Band 1. Dramen, Gütersloh 1966, 471–610, Zitate: 539, 542, 544, 547.

dem Besitz der Ringe verbunden wird: denn diese Praxis wird mit der Echtheit argumentativ verbunden:

> Doch halt! Ich höre ja, der rechte Ring
> Besitzt die Wunderkraft, beliebt zu machen,
> Vor Gott und den Menschen angenehm. Das muß
> Entscheiden! ...

Und dann kommt sogar der Verdacht bei Nathan auf, dass alle drei nicht echt seien, dass der echte Ring verloren ging und der Vater drei »falsche« Ringe vergab:



> ... – Möglich, dass der Vater nun
> Die Tyrannei des *einen* Rings nicht länger
> In seinem Hause dulden wollen! –

Hier also wird die tyrannische Superiorität eines Rings heftig abgelehnt. Und schließlich:

> ... Wohlan!
> Es eifre jeder seiner unbestochnen,
> Von Vorurteilen freien Liebe nach!
> Es strebe von euch jeder um die Wette,
> Die Kraft des Steins in seinem Ring an Tag
> Zu legen. Komme dieser Kraft mit Sanftmut,
> Mit herzlicher Verträglichkeit, mit Wohltun,
> Mit innigster Ergebenheit in Gott
> Zu Hilf'! ...
> So lad' ich über tausend Jahre
> Sie wiederum vor diesen Stuhl. Da wird
> Ein weis'rer Mann auf diesem Stuhle sitzen
> Als ich und sprechen ...

Lessing überlässt die Frage nach der superioren Wahrheit im Grunde jener Aussage des Evangeliums, dass sie an ihren Früchten (nicht an ihren Wahrheitsansprüchen) zu erkennen seien. Doch ob sie daran zu erkennen waren, entscheiden nicht sie, sondern darüber befindet der zukünftige

Richter. Alle Religionen werden folglich als Ressourcen für die Gottes- und Menschenliebe aufgefasst. Und alle Religionen bzw. Menschen, die in ihnen glauben, sind in gleicher Weise vom Vater, von Gott, geliebt.

Karl May, der nachgewiesenermaßen unter dem Einfluss Lessings steht,[90] spricht schon in den »Geographischen Predigten« vom Reich Gottes, in dem weder Konfession noch Dogma, sondern die Liebe herrscht; und er kann Motive aus anderen Religionen beibringen, die, wie im Christentum, die gleiche Liebe fördern und fordern (von der nordischen Mythologie bis zum Islam und zur persischen Religion).[91] Frühere Stellen, die fast biblizistisch anmuten, weichen dann der Einsicht, dass die Bibel nur deswegen Gottes Wort ist, weil und wenn sie seine Liebe offenbart.





Im Gegensatz zu Lessing führt May von vorneherein die christliche Kriteriologie für die »Wahrheit« der Religionen ein: Sie sind nicht bereits aus sich heraus zueinander gleichwertig. May trifft sich aber mit Lessing in der Praxis der Liebe, die bei Lessing auch eschatologisch zum Wahrheitskriterium der »wahren« Religion wird. Deswegen ist es für May so schmerzlich, wenn im Christentum die Liebe zwar im Wort genannt aber in der Praxis hintertrieben wird. Derart plädiert May für eine neue Religiosität und vor allem für eine neue religiöse Praxis im Abendland, in der diese Spaltung zwischen Wort und Tat wesentlich verringert wird.

Wenn sich die Melioritätssuche auch auf diesen Wetteifer in der Liebe bezieht, anderen das Geliebtwerden von Gott nicht abspricht und damit keine arrogante Superiorität ist, sondern eine von der eigenen Identität herkommende Ansicht, dass gewisse Anteile der eigenen Identität »besser« oder »wahrer« sind als die in anderen Konfessionen und Religionen (wie etwa der Protestantismus das Recht hat, zu behaupten, dass in seinen Kirchen die Rechtfertigungstheologie des Paulus ernster genommen wird als in anderen), dann ist es ein gefährliches Unterfangen, diese Realität nicht auch in die Theorie der Toleranz aufzunehmen. Denn dann reicht die Toleranzkonzeption nicht tief genug in die Wirklichkeit der realen Gegebenheiten.[92] Von Karl Mays Toleranzkonzept ist hier allerdings strukturanalog zu lernen, dass sich diese Meliorität selbst auf der

90 | Vgl. Heinz Stolte, Auf den Spuren Nathans des Weisen. Zur Rezeption der Toleranzidee Lessings bei Karl May, Jahrbuch der Karl May-Gesellschaft 1977.

91 | Vgl. Berg, Gedankengut 9.

92 | Vgl. Ottmar Fuchs, Wahrheitsanspruch in ebenbürtiger Begegnung, in: Heinrich Schmidinger (Hg.), Identität und Toleranz, Innsbruck 2003, 85–114.

Praxisebene nicht nur nach innen, sondern auch nach außen als Lebensschutz und Lebensrettung auswirken muss. Gegen Karl May müsste man allerdings dazusagen: eine entscheidende Auswirkung dieses eigenen Melioritätsanspruchs müsste auch darin liegen, auch anderen Konfessionen und Religionen ihren Melioritätsanspruch ungönnerhaft zu gönnen und diesen selbst, auch dann, wenn er mit dem Eigenen nicht reformuliert und verstanden werden kann, unsuperiorisch stehen zu lassen und in seinem Melioritätsanspruch unbedingt zu schützen. Karl May überzieht den Aspekt der eigenen Meliorität bis in die Superioritätsbeanspruchung und zerstört damit die Dialektik von eigener und gegönnter Meliorität. Erst eine solche Dialektik ermöglicht einen Dialog, der an die Wurzeln gehen kann und sich nicht nur auf das zu konzentrieren vermag, was gegenseitig verständlich und an den Rändern der jeweiligen Identitäten konsensfähig ist, sondern der auch den Dissens aushält und den Streit um das für beide je Bessere trägt.



Jede Identität hat ihre eigenen Optionen und Prioritäten, die für sie wichtiger sind, was die Relevanz, besser, was die Ethik, und richtiger, was die Wahrheit anbelangt. Wobei sich der jeweilige Komparativ von anderen Identitäten abgrenzt, für die wieder anderes wichtiger, besser und richtiger ist. Es wäre für Religionen entscheidend, diese wechselseitige Meliorität nicht zum Superlativ werden zu lassen, einmal weil dadurch die melioritätsbeanspruchende und melioritätszusprechende Reziprozität zerstört würde, zum andern aber auch aus inneren theologischen Gründen, nämlich weil dadurch der einzige Superlativ menschlicher Existenz, nämlich Gott selbst in einer eigenartigen Subjektverwechslung außer Kraft gesetzt wäre: die schlimmste Häresie jeder Religion, wenn sie nicht Gott die Ehre gibt, sondern sich selbst divinisiert. Dies ist das Grundproblem des Fundamentalismus, dass die Frage nach der Sicherheit im Heil an die universalistische Gültigkeit des Eigenen gekoppelt wird. Denn wenn etwas sicher für mich ist, kann es nicht sicher sein, wenn es nicht auch für alle anderen sicher ist. Totale Sicherheit beansprucht totalitäre Universalität und wird fundamentalistisch, im Bereich der Geschichte dann totalitär gegenüber anderen Sicherheiten, die als Verunsicherung erlebt werden. Im religiösen Bereich geht damit ein Vertrauensdefizit gegenüber dem universalen Gott einher, insofern ihm nicht zugetraut wird, verschiedene Sicherheiten, eine Pluralität davon und damit verschiedene Wahrheiten zuzulassen und sich gegenseitig ermöglichen zu lassen. Dass sie in Gott, in einer dem Menschen entzogenen Transzendenz gründen, impliziert dann allerdings die Einstellung, in der eigenen Wahrheit den Schutz der anderen Wahrheit zu verankern. So unterschiedlich die Verwurzelung eines solchen Außenbezugs einschließlich seiner kritischen Anteile in der eigenen Tradition sein darf, so notwendig ist das gleiche Ergebnis: Erst der Wohlergehensschutz der anderen Seite ermöglicht gegenseitige Kritik und Meliorität.

## 5.5 *Karl Mays Verständnis des Christentums*[93]

Wenn bei Karl May schon die Bedeutung der Wertung der »Mohammedaner« von deren Nähe oder Ferne zum Christentum abhängt, dann wird diese Bedeutung erst präzise, wenn man die Frage stellt, welches Verständnis Karl May selbst vom Christentum hat. 

Karl Mays eigene christliche Grundhaltung kommt insbesondere in folgenden Textsorten zum Vorschein: in predigthaften Monologen des Kara Ben Nemsi, in Dialogen im Sinne von Streit-, Belehrungs- und Bekehrungsgesprächen und in narrativen Passagen, in denen in Handlungszusammenhängen die ethische und religiöse Überlegenheit des Christentums deutlich wird. Selbstverständlich gibt es auch Mischformen. In seinem Erstlingswerk »Geographische Predigten«[94] brachte May sein schriftstellerisches Anliegen bereits 1876 zum Ausdruck: »Der Titel besagt: Geographie und Predigten! Kenntnis der Erde und ihrer Bewohner und Aufschau nach einer lichteren Welt! Dieser Anfang meiner literarischen Laufbahn bildet die Grundlage für meinen späteren Werdegang; die ›Geographischen Predigten‹ erhalten den genauen Plan meiner sämtlichen Werke, den ich in der Folge treulich eingehalten habe.«[95]



Inhaltlich weist das Credo Karl Mays starke protestantische Anteile auf, hat aber auch romantisierende und katholisierende Elemente. Christus ist die geoffenbarte Wahrheit. Und die Bibel ist die alleinige Quelle, durch die diese Wahrheit erfahren werden kann. Dem protestantischen Kontext Mays ist es zu verdanken, dass die Tradition der Kirche nir-

93 | Vgl. dazu Ekkehard Bartsch, Christliche Religion in den Reiseerzählungen Karl Mays, in: Sudhoff (Hg.), Himmel und Hölle 51–112.

94 | Karl May, Geographische Predigten, Bamberg 1958.

95 | Zitiert im Vorwort von Euchar A. Schmid zur Auflage 1916 der Geographischen Predigten. Zum Verhältnis von Geographie und geistlichem Leben vgl. Berg, Gedankengut 8f.11f.

gendwo erwähnt wird. Als universalgültiges Wort Gottes zeigt die Bibel den richtigen Weg der Gotteserkenntnis. Diese geht weniger über die Vernunft denn über das Herz und das Vertrauen. Der menschliche Geist ist selber immer in der Versuchung, der dadurch zu begegnen ist, dass man wie Jesus »seinen Geist aufgibt« und sich so dem Willen Gottes ergibt.[96]

May vertritt das orthodoxe Gottesbild eines monotheistischen trinitarischen Gottes, der Schöpfer und Richter der Menschen, Anwalt der Schwachen und insgesamt ein Gott der Liebe und Gerechtigkeit ist. Jesus Christus ist Gottes Sohn und der Heiland, der durch seinen Sühnetod am Kreuz die Menschen erlöst hat. Das Kreuz wird allerdings vornehmlich von Ostern her gesehen. Jesus ist nur noch der siegreich auferstandene Sohn Gottes und nicht mehr der am Kreuz in und mit der Schöpfung Leidende.[97]



Dieser Theologie entspricht folgende Anthropologie: Die Siegerkategorie führt auch dazu, dass May das Kreuz entschärft, sowohl das Kreuz Christi wie auch das »Kreuz«, das Leiden, der Menschen, weil er alles vom künftigen Sieg her über Leid und Tod wahrnimmt. Jesus ist groß und mächtig, er ist der höchste Herr, der »himmlische Herr, der Spender der Seligkeit und der Richter ...«[98] Damit verbinden sich platonisierende Perspektiven: vor allem die Vorstellung vom Ab- und Aufstieg der Seele. Wenn sie ewiges Leben trinkt, ist sie »frei von Schmerz und Leid und achtet nicht die Klagen derer, die um die tote Hülle trauern ...«[99] Kampf und Leiden um das Gute und überhaupt das Leid werden nicht nur in diesen Texten verharmlost, sondern überhaupt dadurch, dass sie in die Kategorie von Abenteuern transformiert werden, die man bestehen kann.

Signifikant dafür ist zum Beispiel die Rettung Kara Ben Nemsis aus dem Sand des Verderbens: die Gegner bringen Kara Ben Nemsi in den Treibsand, um zu erfahren, ob denn sein Jesus ihn erretten werde. Fast analog zu Mk 15,32 und 35 wird er von den Gegnern verspottet, bis ins Wörtliche hinein: »Ruf ihn doch an, dass er dich befreien und vom Tod erretten

96 | Vgl. Karl May, Das versteinerte Gebet, Bamberg 1952, 15f.
97 | Vgl. ebd. 15f.; May, Schluchten des Balkan 244f.
98 | May, Das versteinerte Gebet 219–222.
99 | May, Von Bagdad nach Stambul 158.

soll.«[100] Selbstverständlich geschieht bei Kara Ben Nemsi das Wunder der Rettung, im Gegensatz zum Kreuz Jesu. Und der Scheich der Tuareg glaubt an die Größe Jesu, während der Hauptmann im Evangelium aus anderen Gründen glaubt.

Zwar wird Jesus auch bei Markus in der Auferweckung gerettet, doch nicht innerhalb seiner Geschichte und dieser Geschichte. May braucht eine Siegestheologie, die sich bereits hier ereignet. Und wenn Menschen diesbezüglich nicht siegen, dann folgen sie nicht dem Geist dieses Glaubens, sondern ihrem eigenen Geist.[101] Und der Tod ist nur noch der Übergang vom Festhalten am eigenen Geist zur Aufgabe dieses Geistes.

Im Menschen besteht der dauernde Widerstreit zwischen dem alten und neuen Adam, zwischen Gut und Böse. Das Leben ist ein innerer Kampf zwischen diesen Polen. Das Ziel des irdischen Lebens ist die Verwirklichung des »Edelmenschen« durch die völlige Überwindung des Bösen. Die menschliche Seele hat ihren Ursprung bei Gott. In der Geburt steigt die Seele hinab auf die Erde. Und nach dem Tod der leiblichen Hülle steigt sie wieder in den Himmel hinauf. Der Tod selber führt den Menschen zu seiner eigentlichen Bestimmung, zur ewigen Seligkeit im Jenseits. Man kann bei May nicht von Leibfeindlichkeit reden, aber doch von einer Unterordnung des Leibes gegenüber dem Seelischen. Von daher ist dann auch die Harmonisierung des Todes und die Verharmlosung leiblichen Leidens einsichtig. Das Sterben ist eben nur ein Übergang vom irdischen ins himmlische Leben.

Für die Ethik bedeutet dies: dass das irdische Leben ein Absterben des Bösen im Menschen sein muss, damit das himmlische Leben erreicht werden kann. Diese Vorbereitung auf den Himmel besteht in der ständigen Umkehr zur Verwirklichung des Edelmenschen. Der Mensch muss sich selbst vom Bösen erlösen, um ewig leben zu können. Auch wenn an wenigen Stellen von der Gnade Gottes die Rede ist, herrscht doch weitgehend das Ethos der moralischen Leistung. Mit der gnadentheologisch motivierten Ablehnung menschlicher Werkgerechtigkeit lutherischer Theologie könnte dies kaum in Übereinstimmung gebracht werden.

Zur Anthropologie Mays gehört es auch, dass er von der Physiognomie auf die innere Wertigkeit eines Menschen schließt und umgekehrt. Diese




100 | May, Sand des Verderbens 390.
101 | Vgl. May, Das versteinerte Gebet 15f.

Physiognomik wird im Bezug auf den einzelnen Menschen angewandt, aber auch auf ganze Volksgruppen. Hier dürfte May die Arbeiten von Johann Kaspar Lavater kennen, aber auch die von G. Ch. Lichtenberg.[102] Lavater geht in seinen Studien davon aus, dass »alles Äußere Ausdruck von der Beschaffenheit des Inwendigen sei«.[103] Von Lichtenberg lernt May, dass sich die Physiognomik nicht nur auf die Mimik, sondern auch auf die Gestik bezieht. Dabei wird auch die Tierwelt oder besser die Mythologie der Tierwelt in ganz bestimmten negativen oder positiven Vorstellungen miteinbezogen: so hat das Gesicht des Makredsch von Mosul »etwas Raubvogelähnliches« an sich.[104] Diese auf das Innere schließende Beschreibung des Äußeren bezieht sich dann auch auf die Kleidung. Wer »dünne, abgeschlurfte Pantoffeln« trägt, kann nur ein Geizhals sein.[105] Aber auch Veränderungen, die auf Verletzungen zurückgehen, werden entsprechend interpretiert: »ein Mensch mit winkeliger, gebrochener Kinnlade ist falsch«.[106] Solche Urteile beziehen sich auf ganze Volksgruppen: so gibt es die falschen Griechen, die sittenlosen Armenier, die rachsüchtigen Araber, die trägen Türken, die heuchlerischen Perser, die raubsüchtigen Kurden.[107] Man kann solche biologistisch anmutenden Vorurteile über Menschen und Völker durchaus als Vorstufe und Vorbereitung rassistischer Ideologie verdächtigen, obgleich May zwischendurch auch beteuert, dass es überall gute und böse Leute, unter den Muslimen und unter den Christen gebe.[108]



Bei Kara allerdings stimmt alles. Er sieht gut aus und hat ein gutes Herz. Er ist gescheit, beherrscht viele Sprachen, kennt sich überall aus und ist auch stark noch dazu, kann genial mit Waffen umgehen. Als solcher teilt er die Welt ein und durchschreitet sie siegend für das Gute und vernichtend für die Bösen, wenn sie nicht davon ablassen und andere gefährden. Kara ist die reine Omnipotenz, seine Triumphe gelten als »Korrekturen, die die Fiktion dem Autor gegenüber seiner Wirklichkeit gewährt.«[109] Als

102 | Vgl. Johann Kaspar Lavater, Aus der Physiognomik, in: Bibliothek der Deutschen Klassiker 7, Hildburghausen 1862; Georg Ch. Lichtenberg, Über die Physiognomik, Göttingen 1978.

103 | Lavater, Physiognomik 256.

104 | Karl May, Durchs wilde Kurdistan, Bamberg 1951, 46.

105 | Karl May, Durchs Land der Skipetaren, Bamberg 1951, 409.

106 | May, Bagdad nach Stambul 208.

107 | Vgl. May, Durch die Wüste 571.

108 | Vgl. May, Durchs wilde Kurdistan 544–563, 605.

109 | Helmut Schmiedt, Karl May. Studien zu Leben, Werk und Wirken eines Erfolgsschriftstellers, München 1979, 154.

solchem würde es ihm allerdings nie in den Sinn kommen, andere wegen ihres nichtchristlichen Glaubens schlecht zu behandeln (auch noch nicht allein wegen ihres schlechten Aussehens). So ist bereits in den Abenteuerromanen etwas, was einer hemmungslosen Welteinteilung in wertvollem und lebensunwertem Leben entgegensteht und diesbezüglich querbürstet. Einmal mit der Einsicht, dass es überall gute und böse Menschen gibt (genau das ist für May die entscheidende Frage, nicht letztlich die Frage nach dem Glauben, wenngleich für ihn der christliche Glaube der beste Weg zur Gutheit darstellt), und darin, dass er allen Menschen ihr Lebens- und Wohlergehensrecht zuerkennt, sofern er sich nicht selbst und sofern er nicht andere vor ihrer Bosheit zu schützen hat.



Hinsichtlich der Eschatologie übernimmt May interessanterweise katholische Elemente: Das Jenseits besteht aus Himmel, Fegefeuer und Hölle. Im »Märchen von Sitara« bringt Karl May in einer sprachlich wuchtigen Weise zum Ausdruck, wie es diesseits und jenseits des Todes um das Schicksal der Gewalt- und Egoismusmenschen auf der einen und der Edelmenschen auf der anderen Seite bestellt ist. Dort steht Ardistan für die Hölle der Ersteren, und hier Dschinnistan für die Letzteren. In Ardistan ist alles dem grausamen Vernichtungskampf der Gewaltmenschen unterworfen, in Dschinnistan dagegen ist ein siegesreiches unirdisches Leben möglich, wo alles edel und gut ist. Zwischen diesen Bereichen liegt Märdistan, das Zwischenland, wo es durch unvorstellbare Qualen durch Feuer hindurch, sich dem die eigene Seele im Feuer schmiedenden Schlaghammer hingebend, möglich ist, für Dschinnistan geläutert und gerettet zu werden.[110] Prinzipiell können alle Menschen die Erlösung ihrer individuellen Seele im Jenseits erfahren. Der Himmel ist allen Menschen zugänglich. »Es führen so viele Wege hinein, wie es Menschen gibt. Es steht ihnen allen offen, wenn sie nur kommen wollen.«[111]

Es kommt also in allen Kulturen und Religionen »nur« darauf an, das Böse zu besiegen und ein »Edelmensch« zu sein. In gewisser Weise entspricht hier May der Botschaft des Evangelisten Matthäus, dessen Einlassbedingungen in das Himmelreich in Mt 25 ebenfalls mit der entsprechenden Praxis gegenüber kranken und bedrängten Menschen

110 | Vgl. Karl May, Mein Leben und Streben, in: Ich. Karl Mays Leben und Werk (hg. v. Roland Schmid), [30]1976, 25–279. Mein Leben und Streben, Freiburg i. B. 1910, 1–7; vgl. dazu auch Bartsch, Christliche Religion 46ff.

111 | May, Das versteinerte Gebet 27.

verbunden werden. Über den Tod hinaus ist May also, was den Glauben anbelangt, bemerkenswert tolerant. Doch zeigen insbesondere die Streitgespräche dann doch, dass der christliche Glaube der hilfreichste Weg zur Bekämpfung des Bösen und damit zur Erreichung des Himmels ist. Dagegen führt der Islam die Menschen, so Karl May, weitgehend zu jenen Verhaltensformen, die den Zugang zum Himmel erschweren oder gar verschließen. Das Christentum dagegen eröffnet den Siegerweg, ohne Zweifel vertreten mit argumentativer Sicherheit und unerschütterlichem persönlichem Zeugnis.



Dagegen gibt es allerdings vereinzelt Muslime, die den Koran gewissermaßen aus unbewusst christlicher Perspektive lesen: nämlich dass alle Menschen Gottes Kinder und dass sie damit alle »Brüder« sind. An anderer Stelle reklamiert Kara Ben Nemsi sogar die Gebetsrichtung nach Mekka mit dem Satz »Ich habe nichts dagegen, denn dann ist es zugleich nach Jerusalem gerichtet, wo der Weltheiland litt und starb.«[112] In diesem Zusammenhang sagt Kara Ben Nemsi, dass er dem Muslim die Gelegenheit gibt, »fast wie ein Christ zu sprechen«, indem er sich von »der Unduldsamkeit des Islam lossagte. Er tat einen großen Schritt zum Christentum herüber ...«[113] Über ein halbes Jahrhundert vor Karl Rahner gab es also schon bei Karl May so etwas wie ein »anonymes Christentum«, wenn auch auf einem unvergleichlichem Niveau. War vielleicht Karl Rahner als Junge ein Karl May-Fan? Manches, was sich in der Kindheit absetzt, hat generative Bedeutung für Späteres.

Gleichzeitig verweigert sich Kara Ben Nemsi allerdings dem Ansinnen des muslimischen Gesprächspartners, dass er in Allah dem gleichen Vater gehorcht und dass Mohammed ein Prophet gewesen sei: »Indem ich schwieg, wurde ich nicht Mohammedaner ... Man ist nicht Lehrer, nicht Missionar durch Worte allein; man lehrt auch durch die Tat. Ja, die Tat wirkt oft mächtiger als das Wort, und zuweilen ist auch das Schweigen eine Tat, wenn auch nur eine, die Ärgernis verhindert.«[114]

Bezeichnend ist folgende Rede des Kara Ben Nemsi: »Verdamme niemals wieder einen Christen! Glaub mir, der Himmel steht uns weiter offen als euch! Mohammed hat euch den Hass und die Rache, Isa (Jesus, O.F.) uns aber die Liebe und die Versöhnung gebracht. Jener war ein Mensch und

112 | May, Durch die Wüste 21.

113 | Karl May, Menschenjäger, Bamberg 1952, 101.

114 | Ebd.

Sünder so wie wir, dieser aber wahrer Gott von Ewigkeit zu Ewigkeit ... Wir nennen Mohammed den ... falschen Propheten. Ich kann nicht verlangen, dass du von ihm auch so denkst, aber ich bitte dich, wenigstens nicht mehr zu glauben, dass ein Muslim hoch über einem Christen steht. Die Liebe ist das Erkennungszeichen des wahren Glaubens. Wer sie besitzt und übt, der ist weit sicherer Gottes Kind, als der, dessen Herz im Hass und in der Rache lebt.«[115]

## 5.6 Erweiterung des Eigenen im Anderen

So ist für Kara Ben Nemsi der Prophet Mohammed ein falscher Prophet, der seinen Anhängern eine falsche Lehre und einen Irrweg führt: »Euer Prophet hat Richtiges und Falsches zusammengeworfen. Da, wo er lebte, gab es Juden und Christen. Von ihnen lernte er den Inhalt unserer Bibel kennen und setzte sich aus ihr und aus allerlei heidnischen Anschauungen, die er vorfand, die Lehre zusammen, die ihr Islam nennt. Was davon aus unserer Heiligen Schrift stammt, ist richtig, das übrige aber falsch. Da nun selbst die reinste Wahrheit, wenn sie mit der Lüge verquickt wird, verfälscht ist, so muss der Koran, trotz vieler Stellen, mit denen wir einverstanden sind, verworfen werden.«[116] An anderen Stellen kommt es noch schärfer: Mohammed »litt an Fallsucht und Krämpfen und in Folge dessen an einer Verstimmung der Nervenbahnen, die ihn sehr zu Sinnestäuschungen geneigt machte. Seine religiösen Grübeleien waren der Heilung dieser Krankheit nicht förderlich.«[117] Oder: »Mohammed war ein sündiger Mensch. Er hat Haschisch gegessen und seine Suren erträumt, Christus aber ist am Kreuz gestorben, um die Sünden aller Welt auf sich zu nehmen. Wer an ihn glaubt, wird selig.«[118]

Und: »Unser Heiland brachte uns die Lehre der Liebe und Versöhnung. Sie ist nicht aus den Gewohnheiten eines kleinen Wüstenvolkes entlehnt, sondern aus Gott geflossen, der die Liebe ist ... Sie kann nie drücken, sondern nur beseligen. Sie streitet nicht mit dem Schwert, sondern mit der Gnade. Sie treibt die Völker nicht mit der Peitsche zusammen, sondern ruft sie mit der Stimme einer liebenden Mutter, die ihre Kinder an ihrem





115 | May, Sand des Verderbens 405f.
116 | Karl May, Der Mahdi, Bamberg 1951, 68f.
117 | May, Von Bagdad nach Stambul 68.
118 | May, Sand des Verderbens 182.

Herzen vereinigen will.« Der muslimische Gesprächspartner, der Schmied Schimin, erfährt Kara Ben Nemsis Rede folgendermaßen: »Erzähle! Beweise, dass er größer ist als Mohammed! Dir kann ich zuhören, ohne mein Gewissen zu beschweren. Du bist kein Seelenfänger, der mich verführen will. Du kennst den Islam und das Christentum. Du willst mich nicht verlocken, sondern wirst mir die Wahrheit sagen.«[119]
Kara Ben Nemsis Dialogethik wird hier widergespiegelt. Er will nicht missionieren im Sinne eines Seelenfängers, sondern missionieren im Sinne dessen, dass er die objektiv gültige Wahrheit weiß und sagt. Auf die Einsicht des muslimischen Gesprächspartners, dass Jesus, der Sohn Marias, nach muslimischer Vorstellung sich auf die Türme der Omajjadenmoschee in Damaskus niederlassen werde, am Ende der Zeit, um alle zu richten, antwortet Kara Ben Nemsi mit dem triumphalen Argument: »Du sagtest, dass Christus der himmlische Herr sei, der Spender der Seligkeit und der Richter, dem die Verdammten gehorchen müssen. Ich brauche dich also nicht zu fragen, wer demnach höher steht, er oder Mohammed, sondern ich bestätige nur, was du sagtest: Christus richtet einst alle, auch die Muslime. Er ist also euer höchster Herr, und folglich seid ihr Christen, so wie wir!« Und er fügt hinzu: »Wer von euch glaubt, im Koran und in seinen Auslegungen besser bewandert zu sein als ich, der Christ, der Europäer?«[120] May war noch nicht die Einsicht verfügbar, dass für den Islam nicht Mohammed, sondern der Koran das vom Himmel gekommene Wort Gottes ist.
Kara Ben Nemsi sucht also nicht im Dialog zusammen mit den anderen das Richtige, sondern hat es. Damit befindet er sich in einer Vogelperspektive des Wahrheitsbesitzes über alle Meinungen und Religionen, die von Menschen geglaubt und zwischen Menschen ausgetauscht werden.[121] Und so kann Kara Ben Nemsi denken: »Ja, das Morgenland schmachtet nach Erlösung aus schweren, tausendjährigen Banden. Wann wird sie ihm werden?«[122] Obwohl Kara Ben Nemsi so siegreich in Argumentation und Zeugnis auftritt, hält er sich zurück und tut nicht den letzten missionarischen Schritt: »Es fiel mir nicht ein, ihn offen zum Übertritt aufzufordern, aber ich tat mein möglichstes, der Gnade den

119 | May, Schluchten des Balkan 243f.
120 | May, Das versteinerte Gebet 221f.
121 | Vgl. May, Schluchten des Balkan 243.
122 | May, Von Bagdad nach Stambul 234.

Boden zu bereiten.«[123] An anderer Stelle sagt er: »Als Missionar hätte ich hier eine Aufgabe lösen können – freilich nur mit großem Aufwand an Zeit und Mühe; als ›Weltenbummler‹ war mir dies unmöglich.«[124]
Hinsichtlich der Leserschaft ist Karl May diesbezüglich nicht absichtsarm: »Ich reise, um überall, im Urwald, in der Steppe, der Wüste, im Leben der Verachteten und Bedrängten, im Herzen der sogenannten Wilden die Spuren Gottes, die Wahrzeichen und Beweise der ewigen Liebe und Gerechtigkeit zu suchen. Meine Bücher sollen zwar Reisebeschreibungen, aber in dieser Form zugleich Predigten der Gottes- und Nächstenliebe sein.«[125]
Und an anderer Stelle: »Darum lässt es mich in der Heimat nicht mehr ruhen; ich muss immer wieder hinaus, um zu lehren und zu predigen, 
nicht durch das Wort, sondern dadurch, dass ich jedem Bruder, bei dem ich einkehre, nützlich bin. Ich war in Ländern und bei Völkern, deren Namen du nicht kennst; ich bin eingekehrt bei weiß, gelb, braun und schwarz gefärbten Menschen; ich war der Gast von Christen, Juden, Muslime und Heiden; bei ihnen allen habe ich Liebe und Barmherzigkeit gesät. Ich ging wieder fort und war reich belohnt, wenn es hinter mir erklang: ›Dieser Fremdling kannte keine Furcht; er konnte und wusste mehr als wir und war doch unser Bruder; er ehrte unseren Gott und liebte uns; wir werden ihn nie vergessen, denn er war ein guter Mensch, ein wackerer Gefährte; er war – ein Christ!‹ Auf diese Weise verkündige ich meinen Glauben und sollte ich nur einen einzigen Menschen finden, der diesen Glauben achten und vielleicht gar dann lieben lernt, so ist mein Tagewerk nicht umsonst getan und ich will irgendwo auf dieser Erde mich von meiner Wanderung gern zur Ruhe legen.«[126] Christentum und Christ bilden hier eine authentische Einheit: Dieser Christ vertritt das Christentum vollkommen.
Kara Ben Nemsi unterscheidet also zwischen Christentum und Christen, und es gibt Passagen, wo er das Fehlen dieser Einheit bedauert: »Es gibt überall gute und böse Menschen, also auch unter den Christen und unter den Muslimen. Nicht von den Christen wollte ich sprechen, sondern vom



123 | May, Sand des Verderbens 195.
124 | May, Durch die Wüste 189.
125 | Karl May, Im Reich des silbernen Löwen, Bamberg 1952, 30f.
126 | May, Durchs wilde Kurdistan 398f.

Christentum.«[127] Nur selten aber lässt sich Kara Ben Nemsi verleiten, die Ambivalenz nicht des Christentums, aber der Christen im eigenen Abendland ins Gespräch zu bringen: »›Alle verlangen, dass ihnen nachgesehen und vergeben wird, aber wo ist der, der auch selber vergeben will?‹ ... Ich hielt inne. Beinahe erschrak ich über mich selber. Ich hätte ja stundenlang in diesem Ton fortfahren können, aber was sollte da Schakara von unserm schönen, stolzen Abendland denken! Durfte ich so unvorsichtig sein, von Dingen zu sprechen, die ich hier unbedingt verschweigen musste? Die junge, unverdorbene Kurdin sah mich, als ich plötzlich schwieg, fragend an ... ›Ich weiß, ich weiß, Effendi! Es ist bei euch nicht alles so, dass wir es wissen dürfen. Christen gegen Heiden, Christen gegen Juden, Christen gegen Christen, so sieht es bei euch aus. Und alle diese Feindseligkeit nur um des wahren Christentums Willen.‹ Wir wissen es. Du brauchst es nicht zu verschweigen. Ein einziges Wort Christi, welches dieser so und jener anders deutet, kann bei euch die Liebe, welche der Heiland predigte, in grimmigsten Hass verwandeln. Wir haben gehört von – doch, du hast ja geschwiegen, und da muss auch ich schweigen.«[128] Hier zeigt sich Mays tiefe Unzufriedenheit mit dem Zustand der Welt und der Menschen. Vor allem wenn Christen selbst Hass und Selbstzucht leben. »Dieses falsche Christentum ist verwerflicher als der Glaube an eine andere Religion.«[129]



Als Zwischenbilanz kann man sagen: Der Superioritätsstatus, der inhaltlich an die Liebe bis Feindesliebe gebunden ist (auch als Kritik nach innen), kann auf der Tatebene nie Anlass zur Vernichtung der Anderen werden. Gleichzeitig ist er hochproblematisch aus theologischer, aber auch aus sozialanthropologischer Perspektive:

1. Das eigene Tun wird als moralische Leistung empfunden und nicht primär als etwas, was durch die Gabe des Lebens und die Gnade Gottes ermöglicht ist.

2. Die Ambivalenz des Eigenen wird zu wenig gesehen: Die Superiorität wird an den Worten festgemacht und zu wenig an den Taten, die im eigenen Bereich mit den Worten kollidieren können (hier gibt es aber bei May auch, wenn in den Abenteuerbänden auch nur vereinzelt, selbstkritische Anteile).

127 | May, In den Schluchten des Balkan 242.

128 | May, Im Reich des silbernen Löwen 376f.

129 | Berg, Gedankengut 20, mit Bezug auf May, Am Jenseits 79.

3. Gott selber erscheint in seiner Planung durchsichtig, zuungunsten des Geheimnischarakters Gottes und der Doxologie, des Gotteslobs, das ihm um seiner selbst willen die Ehre gibt. Gott bleibt kein Geheimnis mehr: Die Wahrheit Gottes und die Wahrheit des Menschen sind im Bereich der Ethik deckungsgleich.

4. Dass die Ethik auch Niederlagen einzustecken hat und nicht siegt, wird nur als Übergangsstadium zum innergeschichtlichen Sieg wahrgenommen. Die böse aggressive Gewalt wird vernichtet und die defensive Notwehrgewalt bleibt siegreich.

5. Der Mensch entwickelt einen Selbstruhm gegenüber Gott, insofern er, je mehr er sich nach oben bewegt, umso mehr auch Anrecht hat auf entsprechende Dotierung. Hier kommt nicht ins Bewusstsein, dass ethische Leistungen keinen Anspruch auf gesteigerten Zugriff auf Gott erlauben.[130]





## 5.7 *Erzählte Wirklichkeit als Metapher*

In der Kehre seiner Werkproduktion vom Reisebericht an der Oberfläche des Geschehens zum symbolischen Untergrund seines Schreibens verlangsamt sich offensichtlich Mays Schreibtempo. Während seiner Arbeit am vierten Band »Im Reiche des silbernen Löwen« (1902–1903) kommt er seinem Verleger Fehsenfeld mit der Begründung, das Manuskript habe »nicht eher kommen können, weil sein Inhalt mit den Ereignissen läuft«, was nicht nur äußere Ereignisse in Mays Leben meint, sondern vor allem jene Ereignisse, die mit der neuen Textproduktion selber zu tun hatten.[131]

May korrigiert – nach seinen eigenen Reisen – den bisherigen Realitäts- und Bedeutungsbezug, also die bisherige Erstbedeutung von Personen und Landschaften: Während er sich vorher mit seinen Romanfiguren so identifiziert hat, dass die Menschen glauben mussten, er habe dies auch wirklich erlebt, verbietet er es nun, mit Kara Ben Nemsi identifiziert zu

130 | Vgl. Ottmar Fuchs, Was sie »kostet«, das ist sie wert: Die Menschenwürde, in: Jahrbuch für Biblische Theologie 15: Menschenwürde, Neukirchen-Vluyn 2001, 265–292, 273ff.

131 | So Karl May in einem Brief an Fehsenfeld vom 18.7.1903, zitiert bei Hans Wollschläger, Erste Annäherung an den »Silbernen Löwen«. Zur Symbolik und Entstehung, in: Schmiedt (Hg.), May 188–228, 202.

werden.[132] May hat darauf bestanden, »dass nicht nur seine späten Werke, sondern auch seine Reiseerzählungen symbolisch zu verstehen seien.«[133] So gilt für Karl May nicht nur, dass bei ihm alles konkret sei und dass sich für ihn jeder Gedanke in ein Bild, eine Person, eine Handlung verwandle,[134] sondern auch, dass bereits erzählte Personen zum Ausgangspunkt gedanklicher Symbolisierung werden.

Dieser Riss geht mitten durch seine Reiseerzählung »Im Reiche des silbernen Löwen« zwischen Band 1–2 und 3–4. Vieles, was danach kommt, gilt heute als Mays literarisch beste Leistungen.[135] Ernst Bloch hat diese Kehre in Karl Mays Schaffen nicht besonders geschätzt »Erst in den späteren Büchern wurde Karl May verschroben und privat, die Naivität war hin und er symbolisierte.«[136] Nach Arno Schmidt sind es aber gerade die entscheidenden Werke in und nach der Kehre (»Im Reich des silbernen Löwen« und »Ardistan und Dschinnistan«), durch die man May, nicht unspöttisch,[137] als das sehen kann, »was er ist: der bisher letzte Großmystiker unserer Literatur!«[138]



So wandert May ein zweites Mal in die Traum- und Phantasiewelt. War es vorher die Phantasiewelt der Abenteuer, so ist es jetzt die Phantasiewelt der Symbolisierung der Abenteuer, ohne den Kontakt zur erzählten wie auch zur wirklichen Realität zu verlieren. Seine Dichtung ist, wie Hermann Hesse sagt, Wunscherfüllung, aber als Text sind sie selbst eine historische Wirklichkeit mit ganz bestimmten beabsichtigten oder unbeabsichtigten und tatsächlichen Auswirkungen auf die Wirklichkeit des Ich wie auch der anderen.[139]

In seiner Selbstbiographie sagt May: Seine Leser sollten »erleben, wie es einem Gefangenen zu Mute ist, vor dem die Schlösser klirren, weil der Tag gekommen ist, an dem man ihn entlässt … Sie sind Gefangene, ich aber will sie befreien. Und indem ich sie zu befreien trachte, befreie ich mich selbst, denn auch ich bin nicht frei, sondern gefangen, seit langer,

132 | Vgl. Claus Roxin, Karl May, Das Strafrecht und die Literatur, in: Schmiedt (Hg.), May 130–159, 151.
133 | Roxin, Strafrecht 149.
134 | Vgl. Berg, Gedankengut 14.
135 | Vgl. Roxin, Strafrecht 135.
136 | Bloch, Silberbüchse 30.
137 | Vgl. Austilat, Wüste, Spalte 6.
138 | Arno Schmidt, Abu Kital. Vom neuen Großmystiker, in: Schmiedt (Hg.), May 45–74, 74.
139 | Zum Zitat von Hesse vgl. Austilat, Wüste, Spalte 2.

langer Zeit«.[140] Dieser Text hat schärfsten Realitätsbezug mit den mehr als vier Jahren, die May im Gefängnis zubringen musste, und hebt diese Erfahrung zugleich auf das Niveau der Symbolisierung menschlicher Existenz.[141]

Zur »üblichen Abenteuerhandlung kam parallel eine geistig-religiöse«, die früheren Figuren werden zu »Symbolen für die Menschheitsfrage«.[142] Es ist ein Aufstiegsmythos vom sündigen zum edlen Menschen, von der unteren in die obere Welt,[143] bis hinein in den Wechsel zwischen Architekturen. Und dieser Übergang ist nicht billig, sondern voll der Mühe und des Schmerzes.[144] Hier geht es Karl May nicht mehr um eine Einzelreligion, nicht mehr um die Namen, sondern darum, wie die Menschen in Liebe und Güte miteinander zusammenleben. Deswegen kann er auch die symbolischen Anteile westlicher und östlicher Herkunft miteinander verbinden. May glaubt an einen Gott, der alles weise geordnet hat. Die Aufgabe des Menschen ist es, sich in diese Ordnung hineinzubegeben, die allüberall eine Ordnung der Liebe ist. Dies ist das Grunddogma. Die Bibel und auch die Texte anderer Religionen sind poetische Erläuterungen dieses Grunddogmas. Ähnliches gilt für die Erfahrungen in der Natur.[145] Diese Einsicht bahnt sich schon in den Abenteuerromanen an: »Ihm genügt es, wenn (Muslime) im Geiste des Christentums leben; welcher Religion sie äußerlich angehören, welchen religiösen Gebräuchen sie folgen, ist nebensächlich.«[146]





Der Ausschließlichkeitsanspruch bezieht sich nicht (mehr) auf das Christentum, sondern auf die darunterliegende Universalreligion, wenngleich das Christentum einen besonders guten Weg dazu anbietet, anfangs sogar damit identisch ist.[147] Doch begegnen anfangs auch schon solche Sätze: »Hätten wir den wahren Gott gefunden, also nicht etwa bloß den Gott der Juden, der Mohammedaner, der Katholiken, der Protestanten und aller Religionsbekenntnisse, so würden wir einen Mittelpunkt für

140 | Karl May, Mein Leben und Streben 317f; vgl. auch Roxin, Strafrecht 149.
141 | Vgl. Hoffmann, May 11f.; vgl. dazu auch Ueding, Traum 164.
142 | Berg, Gedankengut 22.
143 | Zu diesem symbolischen Alterswerk vgl. Berg, Gedankengut 20–30.
144 | Zur Architektur vgl. ebd. 25.
145 | Vgl. Berg, Gedankengut 7.
146 | Berg, Gedankengut 18, mit Bezug auf Karl May, Am Jenseits, Wien, Heidelberg 1951, 9.11.
147 | Vgl. ebd. 28f.

die ganze Menschheit entdeckt haben und könnten dann den Grund legen zu einer Universalreligion«.[148]

So wird das Erzählte zum Gleichnis, doppelt phantasiert und gerade darin lebensbezogen: phantasiert als Erzählung und als solche eingebunden in die Phantasiewelt mythischer und religiöser Traditionen, die im Erzählten neue Konkretionen gewinnen, zwar fiktiv, aber so, dass es das wahre Leben berührt.[149] »Die Genialität Karl Mays liegt auch darin begründet, dass er, vermittelt durch den eigenen Wunsch nach einer neuen, unbefleckten, reinen Lebensgeschichte, diesen Wunsch seiner Leser wahrnahm, auch aus ihrer Vorgeschichte heraus und in die wahre Geschichte einzutreten. So tragen Karl Mays Geschichten selber das Geschehen und den Traum der Geschichte, sind historische Allegorie ...«[150]



Diese andere Bedeutung verleiht der Autor selber. Er konstruiert und konstelliert die andere Welt, und deswegen geht es weniger um Symbolisierung, wo es um die konventionell geprägte Einheit von Sinnbild und Bedeutung geht, als um eine aktive Zuschreibung, die sich vom Objektsprachlichen distanziert und dieses zum Ausdruck einer beliebigen (im Sinne dessen, was der Autor damit zu sagen liebt), »symbolischen« Bedeutung macht. »Also alle meine Reiseerzählungen, die ich zu schreiben beabsichtigte, sollten bildlich, sollten symbolisch sein. Sie sollten Etwas sagen, was nicht auf der Oberfläche lag.«[151] So spielen erzähltes Geschehen und ihr Anderslesen auf dem Hintergrund seelischer Krisen und Menschheitskrisen, aber auch entsprechender Hoffnungen einander zu.[152] »Die eigene Gefangenschaft als Allegorie in eins gefasst, bedeutet den Zustand der Welt insgesamt, und die aus der Gefangenschaft sich entwickelnde Befreiungsgeschichte ist private Erlösungsgeschichte und innerweltliche Heilsgeschichte in einem.«[153] Und eigentlich wollte May mit diesem Allegorisieren seiner Texte, in der jeder künftige im vergangenen die Skizze und Vorübung seiner selbst findet,[154] gar nicht aufhören: Fast bis zum eigenen Ende träumt er noch davon, das eigentli-

148 | Karl May, Die Liebe nach ihrer Geschichte, in: ders., Schacht und Hütte. Frühwerke aus der Redakteurzeit, Bamberg 1972, 310.

149 | Vgl. Roxin, Strafrecht 153.

150 | Ueding, Traum 163.

151 | May, Mein Leben und Streben 141, vgl. auch Ueding, Traum 172.

152 | Vgl. Ueding, Traum 173.

153 | Ueding, Traum 174.

154 | Wollschläger, Annäherung 204; zu diesem Vorläufigkeitsstatus vgl. Wollschläger im Gespräch mit Harald Eggebrecht, in: Rückblick auf Karl May, in: Eggebrecht (Hg.), Phantast 131–152, 147.

che Werk zu schreiben und musste es dann doch mit dem Tod abgeben.[155]

Hans Wollschläger beschreibt diese Dimension des sich von der dreidimensionalen Wirklichkeit abhebenden Anteils der Kreativität folgendermaßen: »Wir müssten Begriffskategorien finden, die vielleicht dem Meta-Physischen dadurch gerecht werden, dass sie auch den Begriffskreis des dreidimensionalen Sinnensystems verlassen könnten, und ich meine ..., dass zum immer unheimlichen Phänomen Kreativität eben auch so etwas gehört wie ... das Verlassen der dreidimensionalen Denkwelt.« Musik und Kunst, Träume und Drogen vermitteln solche Erfahrungen, aber auch Märchen und Phantasien: In der partiellen Aufhebung des Zeitbewusstseins zu Gunsten gleichzeitig überschaubarer Ortsdifferenzen (wie in der Geographie zwischen Berg und Tal). Es geht darum, »aus dem dreidimensionalen Befindenskäfig herausgelassen« zu werden und imstande zu sein, »überzeitlich zu empfinden.« Dieser »Raum« ist nicht unschuldig, aber anders als die Begrenzung unseres dreidimensionalen Sinnensystems. Genauso wenig unschuldig wie das konzeptionelle Denken.[156]

Interessanterweise bringt hier Hans Wollschläger Karl May mit Goethe ins Gespräch, im Horizont einer »auf Welt- und Menschenverbesserung gerichteten« letzten »Verallgemeinerung«: »Die Tradition, in die beide, Goethe wie May (und andere) bei aller Ferne der Werkserscheinung gehören, ist deren gemeinsame Herkunft aus dem Ursprünglichen der schöpferischen Notwendigkeit, der zeit- und alterslosen Widerrede gegen das chaotische Schicksal der Menschenart ...« Dieses Ursprüngliche hat die Interpretation aufzusuchen, will sie über bloße Philologie hinausgehen. »Mays späte Texte sind nicht nur Beispiele elementarer Kreativität; sie vermitteln durch ihre Faktur Erkenntnis von deren Wahrheit selbst.«[157] In ihrer geistigen Notwendigkeit hat der Erzählzufall keinen Platz. Karl May würde hierin Friedrich Dürrenmatt heftig widersprechen und sich eher Werner Bergengruen verwandt fühlen.[158] Für ihn steht hinter jedem Zufall die Hand Gottes selbst, und bezeichnenderweise dann kaum mehr verbunden mit individueller Wahlfreiheit, son-





155 | Vgl. Wollschläger, Annäherung 207.
156 | Vgl. Wollschläger, Rückblick 142–143.
157 | Wollschläger, Annäherung 201.
158 | Siehe Kap. 3.2 und Kap. 7.7 und 7.8.

dern mit »Gehorsam und Vertrauen«. Wie etwa in dem Gedicht »Zufall« von Karl May:

> Gieb dich nicht hin dem irrigen Gedanken,
> Daß du ein Spielball blinden Loses seist …
>
> Du wirst sehr bald ein göttlich Walten spüren,
> Wohin du blickst, sei nah es oder fern,
> Und dies Empfinden wird dich weiter führen,
> Bis du sie deutlich fühlst, die Hand des Herrn.
>

> Und ist die Sonne heute dir entschwunden,
> So wirst du sie schon morgen wiederschaun.
> Es hängt der Rathschluß Gottes nicht an Stunden;
> Er fordert nur Gehorsam und Vertraun.[159]

Von daher kann es dann auch nur eine Klage geben, die sich gegen die Menschen richtet, niemals eine Klage, die Gott selber anzugehen wagt.[160] Im Gedicht »Klage« wird die Klage über den »armen Stern« Erde mit dem Vorwurf verbunden, dass die Menschen zu wenig danken. Selbst »die himmelschreienden Zufälle sind also himmelgeschickte Fügungen.«[161] Doch May braucht gelegentlich auch den Zufall, weil er in seinen Erzählungen nicht jede schlimme Erfahrung mit der Vorsehung verbinden kann: »Es verstieße gegen den handfesten Gott-mit-uns-Tugendhaften.«[162]

## *5.8 Eine neue Dimension*

Bei alledem ist Karl May ein Kind seiner Zeit, auch indem er ein Kind der Kritik seiner Zeit ist. Gegenüber ökonomischer Berechenbarkeit und der Rationalisierung vieler Lebensbereiche bringt er eine ganz bestimmte Phantasie ins Feld, die die Vordergründigkeit durchbricht und auch die dort aufbrechenden Ängste auffängt. Was George für einen begrenzten

159 | Karl May, Himmelsgedanken, Radebeul 1910, 214.
160 | Vgl. May, Himmelsgedanken 204.
161 | Klotz, Wüste 90.
162 | Klotz, Wüste 90.

elitären Kreis ermöglicht, geht auch Karl May an: »Die Überzeugung, dass unter der empirischen, sichtbaren Wirklichkeit eine andere verborgene Gegenwirklichkeit liegen müsse ...« Diese Überzeugung »teilt der Schriftsteller Karl May mit den bedeutendsten Künstlern seiner Zeit, aber anders als viele von ihnen löst er das statische Bild der noch verborgenen Identität des Menscheninneren in die Geschichte seiner Geschichten auf, brachte sie nach außen und gab ihr eine historische, sogar welthistorische Dimension.«[163] Während Karl May seiner allegorischen Zweideutigkeit eine ethische und geschichtliche Eindeutigkeit im Raum der Verantwortung entnimmt, kommt George diesbezüglich nicht so weit, sondern überlässt es seinen Schülern, in völlig gegensätzliche Richtungen zu gehen, wenn es um das Handeln geht.





Die Unterscheidung der beiden Ebenen der praktischen und mythischen Redeweise wurzelt in zwei elementaren Operationen menschlichen Geistes: zum einen das Erkennen der Wirklichkeit und ihre denkökonomische Reduktion durch Zeichen, zum anderen die spekulativ-wertende Arbeit des menschlichen Geistes (mythisches Denken), die in einer »Neuordnung der sinnlichen Erfahrung innerhalb des semantischen Systems« Mythologien generiert.[164] Mit diesen Mythologien sind immer auch Wunsch-, Einstellungs- und Handlungsoptionen verbunden.

Der Mythos baut auf dem semiologischen System der Objektsprache, die sich dreidimensional (Bedeutendes, Bedeutetes und Zeichen) zum Beispiel auf einen Esel beziehen kann, ein sekundäres semiologisches System auf, in dem ein Mythos zum Ausdruck kommt, der ebenfalls dreidimensional operiert: indem er das Zeichen der Objektsprache (»Esel«) als Bedeutendes für das neue Bedeutete (Mensch als Dummkopf) zu einem neuen Zeichen in einer bestimmten Schimpfwörtermythologie transformiert. Während die Objektsprache noch auf Objekte bezogen ist, reduzieren sich die mythischen Aussagen »auf die reine Funktion des Bedeutens ..., sobald der Mythos sie erfasst.«[165] Der Endterminus des ersten semiologischen Systems »wird zum ersten oder Teilterminus des vergrößerten Systems, das er (der Mythos) errichtet.«[166] So stellt der Mythos eine

163 | Ueding, Traum 184.
164 | Lévi-Strauss, Claude, Strukturale Anthropologie, Frankfurt am Main 1972, 110.
165 | Roland Barthes, Mythen des Alltags, Frankfurt am Main [3]1964, 93.
166 | Ebd.

Metasprache bereit, »weil er eine zweite Sprache darstellt, in der man von der ersten spricht.«[167]

Offen bleibt, ob es von der Metasprache her weiterhin einen Bezug zur Objektsprache dergestalt gibt, dass sie sich auf eine Realität bezieht: bei unserem Beispiel auf die Realität eines störrischen Menschen. Oder ob die Metasprache derart reine Bedeutung ist, dass sie zugleich Fiktion wird. Aber auch hier bleibt die Frage: Gibt es auch dann noch zwischen der Fiktion und der Wirklichkeit einen Bezug? Welchen wirklichkeitserschließenden Bezug haben zum Beispiel Märchen für Kinder, Romane für erwachsene Menschen? Und wie bestimmen Mythologien und ihre Rituale, die prinzipiell ähnlich gesehen werden können, das tatsächliche Leben der Menschen? Mythologien unterstellen sich meist die Wirklichkeit dessen, was sie bedeuten. Ob dies dann tatsächlich der Fall und ob der betreffende Mensch tatsächlich dumm oder störrisch ist, kann erst eine aufklärende Kultur- und Mythenkritik thematisieren. Die Verbindung zwischen dem ersten und zweiten semiologischen System kann also analog, aber auch digital sein: Der wirkliche Esel kann tatsächlich dumm sein, oder aber er ist es überhaupt nicht, so dass nur noch kulturbedingte Faktoren das Schimpfwort kreieren.[168] Roland Barthes hat solche Operationen zwischen erstem und zweitem semiologischen System in verschiedenen Bereichen, insbesondere in der Werbung, eindrucksvoll untersucht.[169]

Bemüht man hier diese strukturanalytische Sicht von Roland Barthes zwischen dem ersten und dem zweiten semiologischen System, wobei das zweite den objektsprachlichen Wörtern des ersten Systems symbolische beziehungsweise mythische Bedeutung zukommen lässt, dann haben wir bei Karl May einen interessanten Tatbestand: Seine Erzählungen fasst er als realitäts- und sinnenbezogene Texte auf (nicht im Sinne, dass sie eine Realität bezeichnen, sondern in sich selber eine sinnfällige Realität erzählen), denen er jetzt als unmittelbaren Erzählungen eine mittelbare Bedeutung gibt. May will hier »sonst Unsichtbares sichtbar machen«.[170] Programmatisch ist es der Weg vom niederen Sinnenmenschen



167 | Ebd. 93.

168 | Vgl. dazu Ottmar Fuchs, Sprechen in Gegensätzen. Meinung und Gegenmeinung in kirchlicher Rede, München 1978, 57.

169 | Vgl. Barthes, Mythen 85ff.

170 | Berg, Gedankengut 14.

zum Edelmenschen, von der Tiefe zur Höhe, von der Wüste zum Gipfel. May liest seine bisherigen Werke selbst allegorisch.[171] Personen und Geographien werden in diese kreative Neuschöpfung hineingenommen. Nun wird die Landschaft von unten nach oben tatsächlich zur »geographischen Predigt«. Und so wird Marah Durimeh von der erzählten Person zur Verkörperung der Menschheitsseele.[172] Die Geographie bleibt für Karl May bis zum Schluss wichtig, wenn sie sich auch wandelt, von der Ortsbezogenheit zu einem Bild für seelische und mythische Zusammenhänge, vom Tal in die Höhe, vom Dunkel in die Helle, vom Flächigen in das Hohe.[173] Die Topographie geht in die Mythographie über, verleiht ihr einen »konkreten« Ausdruck. Das an sich Ortlose und Unsichtbare wird damit sichtbar gemacht. Läuterung und Sühne bezeichnen jene Übergänge, in denen der Mensch ins Heil und ins Glück gelangen kann, aber nicht so, dass damit das ganze Leben leidvoll werde. Für Karl May ist es auch wichtig, dass eine wahre Religion nicht nur nach dem Tode selig macht, sondern auch schon »hier im Erdenleben für das Glück ihrer Bekenner sorgt!«[174]





Dieser Denkwechsel ist es dann auch, der nicht mehr nur an der Differenz der Religionen hängen bleibt, sondern ihre darunterliegende Einheit in der unendlichen und unbegrenzten Liebe Gottes entdeckt und damit in einer Völkerfrieden ermöglichenden Menschenliebe gegenüber allen, was immer sie glauben und wie sie leben. So sind Karl Mays Spätwerke von einem Hauch der Allversöhnung durchweht. In seinem Gedicht »Der Völkerfriede« kritisiert Karl May jenen Glauben, der Gottes Liebe nur für sich selbst beansprucht und seine Allmacht und Liebe noch dazu missbraucht, sich hienieden nicht für den Völkerfrieden einzusetzen, denn Gott würde in Zukunft schon alles richten. In der Phase der Bedrängung durch seine Gegner und in seelischen Abgründen findet Karl May Halt im Glauben an einen derart liebenden Gott, der alles in den Händen hält und ihm Geborgenheit schenkt, wie er genau diese Art von Religiosität nicht müde wird in seinen Erzählungen und Gedichten zu vertiefen.[175]

171 | Vgl. Klotz, Wüste 77f.
172 | Vgl. Roxin, Strafrecht 152.
173 | Vgl. dazu Ueding, Traum 164, vgl. auch Bach, Abgrund 154.187; Sahlberg, Therapeut 191f.
174 | Karl May, Ardistan und Dschinnistan II., zitiert bei Seybold, Aspekte 21.
175 | Vgl. Seybold, Aspekte 34.

Oh, glaub an diesen Glauben nicht!
Glaub nur allein an Gottes Liebe ...
Es kann nur *einen* Glauben geben,
Wie es nur *eine* Liebe giebt,
Und beide sind vereint im Leben
Dann, wenn der Mensch den Menschen liebt.[176]

Und in seinem Gedicht »Quitt« verbindet er nun diese glaubensentgrenzende Liebe mit der Gottesfurcht, mit dem Gericht:

Oh, lacht doch nicht! Treibt ja nicht euern Spott

Mit unsrer Liebe, denn ihr lästert Gott.
Ein solches Lachen kann nur Schmerz bereiten;
Ich sage euch: Ihr habt es quitt zu leiden![177]

Ganz im Sinne der Weltgerichtsrede in Mt 25, die May allerdings nicht beansprucht, verbindet er die Frage nach Gericht, Sühne und Heil nicht mit der Glaubenszugehörigkeit, sondern mit der entgrenzenden Liebe. Von daher kann auch Schuld nicht mehr schwarz-weiß verteilt werden. Nicht zuletzt wäre Karl Mays Einspruch auch für aktuelle heutige Zusammenhänge noch immer von Bedeutung, sowohl in der Gesellschaft wie auch in den Kirchen, wo die Menschen immer wieder versucht sind, ihre eigenen strukturellen und individuellen Schuldanteile abzudelegieren und mit entsprechender Entrüstung in die Täter hinein derart auszulagern, dass man unschuldig zurückbleibt:

»Der Verbrecher ist nicht als Abschaum der Menschheit zu behandeln, sondern als das öffentlich hervorgetretene Symptom einer Krankheit, an welcher der ganze Organismus leidet. Zu diesem Organismus gehörst auch du.«[178]

Lasse ich einmal die Qualitätsdifferenzen zwischen Voltaire und Goethe auf der einen und Karl May auf der anderen Seite außer Acht, dann gibt es, mit aller Vorsicht, so etwas wie eine Strukturanalogie im Umgang mit

176 | May, Himmelsgedanken 297–299, 299.
177 | May, Himmelsgedanken 319.
178 | Ebd. 323; vgl. Ottmar Fuchs, Klerus im Prekariat, in: Theologische Quartalschrift 190 (2010) 4, 304–318.

dem Islam. Der Kampf Voltaires gegen religiöse Intoleranz und aus dieser Perspektive auch gegen den Islam entspricht teilweise den Auseinandersetzungen in den ersten Orientbänden. Doch mit der Kehre bei May nach seiner Orientreise ab 1899 sieht May sowohl sein Werk wie auch das Verhältnis zu anderen Religionen ganz anders: Verbunden mit einer neuen symbolischen Schreibweise unterkellert oder überwölbt er seine Erzählungen mit einem neuen Raum an Bedeutung, indem sie nun zum Symbol für etwas Anderes, nochmals Dahinter- oder Davorliegendes werden.

Nicht von ungefähr ist es genau dieses bei Karl May zutiefst religiös motivierte Engagement für den Weltfrieden, der die Friedensnobelpreisträgerin Bertha von Suttner veranlasst, ihn Anfang 1912 nach Wien zu einem großen Vortrag vor 3000 Menschen einzuladen.[179] Immerhin hieß ihr zuletzt erschienenes Buch »Der Menschheit Hochgedanken«, das May auch auf ihren Wunsch in seinem Vortrag zitieren soll. May's Vortrag heißt: »Empor ins Reich der Edelmenschen!«[180]

Offensichtlich gehört ja auch der junge Adolf Hitler zu den Liebhabern der Karl May-Lektüre, und er soll auch bei seinem letzten Vortrag in Wien dabei gewesen sein. Dort allerdings kann ihm nicht alles gefallen haben. Er wird bei einer Oberflächenlektüre der Karl May'schen Siegererzählungen stehengeblieben sein und auch diese letztlich in ihrer impliziten praktischen Entgrenzung nicht begriffen haben.[181] Im Nationalsozialismus wird der Edelmensch Karl Mays aus seiner Universalität herausgeschnitten und nicht nur völkisch, sondern auch brutal siegerhaft interpretiert. Die eigene Religion (Hitler'sche »Theologie«) bringt nicht die Entgrenzung und damit Heilung des Problems, sondern verschärft Ausgrenzung und Vernichtung.[182]

Klaus Mann beschreibt Hitlers Rezeption von Karl May geradezu als kongeniale Rezeption dessen, was Karl May an Brutalität und Heuchelei auf der Seiten seiner Helden erzählte, die die »größten Gräueltaten mit reinem Gewissen« gegenüber »rassisch minderwertigen« Menschen für

179 | Vgl. Roxin, Strafrecht 136.

180 | Wollschläger, May 180, hier auch die Bemerkung, dass Adolf Hitler unter dem Publikum gewesen sein soll.

181 | Vgl. dazu Helga Geyer-Ryan, Karl May im Dritten Reich, in: Eggebrecht (Hg.), Phantast 250–263.

182 | Vgl. dazu Rainer Bucher, Hitlers Theologie, Würzburg 2008; Anton Grabner-Haider, Hitlers Theologie des Todes, Kevelaer 2009.

ganz selbstverständlich hielten[183], während die eigene Grausamkeit als gut und edel hingestellt wird. Dass Karl May so gelesen werden kann, steht außer Zweifel. Aber das sagt nicht, dass er so gelesen werden muss und dass er nicht Ansätze hätte, die genau diese Sicht hintertreiben. So scheint es etwas übertrieben, wenn man schreibt: »Es ist kaum übertrieben, zu behaupten, dass Karl Mays kindische und kriminelle Hirngespinste in der Tat – obschon auf Umwegen – den Gang der Weltgeschichte beeinflusst haben.«[184]

Dabei waren es seine Feinde gegen Ende seines Lebens und darüber hinaus, die »teilweise protofaschistisch wirkten«.[185] Man darf ja nicht vergessen, dass der schärfste Gegner Mays, der Journalist und Redakteur Rudolf Lebius (1868–1946) Wortführer der ultrarechten antisozialdemokratischen »Gelben Werkvereine« war und als solcher von Karl May keine Unterstützung für sein eigenes Zeitungsprojekt erhalten hat. Daraufhin begann die Hetze gegen May und es waren die Sozialdemokraten, die im Herbst 1907 May als Zeugen gegen Lebius aufgestellt haben.



Dass Karl May die Utopie einer anderen Welt ins Wort bringt, hat Ernst Bloch dazu gebracht, ihm eine revolutionäre Tendenz zu attestieren.[186] May spricht zwar kaum direkte Gesellschaftsveränderungen an, realisiert aber in seinen Erzählungen und anderen Texten die Auseinandersetzung zwischen unten und oben, zwischen gut und böse, zwischen heilender und unheiler Religion, so dass sein »revolutionäres« Potential auf diese Weise in den Menschen Wurzeln fassen kann, wenn sie es wollen. Mit der letzteren Bemerkung sei angedeutet, dass es selbstverständlich offen ist, womit und in welchen Grenzen die Rezeption die erzählten Figuren und Gedanken im eigenen Bereich identifiziert. Die letzte Phase seines Lebens lässt keinen Zweifel über die inhaltliche und praktische Vereindeutigung seines Werks.

183 | Klaus Mann, Cowboy-Mentor des Führers, in: Schmiedt (Hg.), May 32–34, 33f.

184 | Ebd. 34.

185 | Wolfgang Ruppert, Karl May – Eine Lebensgeschichte, 1842–1912, in: Eggebrecht (Hg.), Phantast 29–44, 43; zur gesellschaftlichen und politischen Auseinandersetzungssituation in der Rezeption von Karl May nach 1918 bis in die faschistische Zeit hinein vgl. Helga Geyer-Ryan, Der andere Roman. Versuch über die verdrängte Ästhetik des Populären, Wilhelmshaven 1983; vor allem hinsichtlich seiner Werke bis 1900, mit den immer wieder geschilderten märchenhaften Siegen des Guten und Starken gegenüber dem Bösen und Hinterhältigen, vgl. dies., Karl May im Dritten Reich, in: Eggebrecht (Hg.), Phantast 250–263, stark beansprucht in der May-Lektüre von Soldaten im ersten und im zweiten Weltkrieg, ebd. 262

186 | Vgl. Ernst Bloch, Über Märchen, Kolportage und Sage, in: ders., Erbschaft dieser Zeit, Frankfurt am Main 1962; Zu dieser religionskritischen Potenz Mays vgl. auch Seybold, Aspekte 26ff.

Einem Wiener Journalisten sagt Karl May in einem Interview im Zusammenhang seines Vortrages in Wien etwas sehr Interessantes zum Verhältnis von Fiktion, Wirklichkeit und Wahrheit: »Ich war in Amerika und Afrika und in den Ländern, die ich beschrieben habe, aber ich brauche gar nicht dort gewesen zu sein.« Während sich May in der ersten Phase gewissermaßen historisch mit seinen Helden identifiziert, nimmt er diese Identifikation nach der Kehre zurück und erklärt die historische Frage für unerheblich. Denn wenn die Wüste zum Sinnbild für das Leben und für den Weg der menschlichen Seele wird, dann wird darin eine Wahrheit formuliert, gleichgültig, ob dahinter etwas Historisches ist oder nicht.[187] Hier findet sich eine interessante Analogie zu der Frage nach dem Verhältnis von Historizität biblischer Erzählungen und der Bedeutung historischer Texte, auch wenn sie Fiktion sind. Immerhin sind die Texte als solche real wie sie auch einen historisch untersuchbaren Realitätsbezug haben.[188]





Derart versteht sich May als Hakawati, das arabische Wort für Märchenerzähler. Und dann sagt er im gleichen Interview: »Es gibt irdische Wahrheiten und himmlische Wahrheiten. Die irdischen werden uns von der Wissenschaft gebracht. Die himmlischen steigen an den Strahlen der Sterne zu uns nieder.«[189] Hier formuliert May bereits auf seine Art, was Roland Barthes das erste und das zweite semiologische System nennt. Es sind die Dichter, die nach May die Wahrheit ins Märchengewand hüllen, damit sie freudig aufgenommen werden kann: »schien sie doch nur ein harmloses Märchen zu sein.« In dieser Welt versucht er zu heilen, sein eigenes Leben und die Welt. »Allerdings ist ihm das nur als Hakawati, als Märchenerzähler geglückt – vielleicht für sich selbst. Denn er lebte in einer Zeit, in einer Welt, unter Bedingungen, die verhinderten, dass er hätte sein können, *was* er hätte sein können: ein wahrhaft großer Schriftsteller.«[190]

187 | Vgl. dazu Klaus Podak, Ich bin Hakawati. Ein Leben auf dem Stern Sitara: zum 150. Geburtstag von Karl May, in: Süddeutsche Zeitung am Wochenende 22./23.2.1992, Nr. 44, Feuilleton-Beilage, S. I, Spalte 5–6.

188 | Vgl. Erhard Blum, Historiography or Poetry? The Nature of the Hebrew Bible ProseTradition, in: Stephan Barthon (ed.), Memory in the Bible and Antiquity, Tübingen 2007, 25–45; Klaus Bieberstein, Geschichte und Geschichten vom Auszug aus Ägypten: fiktional und wahr zugleich, in: Bibel und Kirche 62 (2007) 210–214; Ulrich Lutz, Geschichte und Wahrheit im Matthäusevangelium. Das Problem der narrativen Fiktion, in: Evangelische Theologie 69 (2009) 194–208.

189 | Zitiert bei Podak, Hakawati. Spalte 6.

190 | Ebd.

# 6. Stefan George: Kraft eines geheimen Landes

## *6.1 Jugend im Geiste*

Nicht mehr zufrieden mit dem Bisherigen zu sein, ist eigentlich Vorrecht und Qualifikation der Jugend.[1] Doch ist der Jugendbegriff nicht nur eine Altersbezeichnung, sondern spätestens seit dem Jugendmythos der Jahrhundertwende vom 19. auf das 20 Jahrhundert eine eigenwertige Passagenbezeichung für welche Altersübergänge auch immer. Soziologische Basis war damals die reale Verjugendlichung der deutschen Gesellschaft, in der 61 Prozent der Bevölkerung unter 30 Jahre alt waren.[2] Die damit verbundene Krise der Berufschancen führte insbesondere bei der studierenden Jugend dazu, die »berufliche Warteposition zum Eigenwert zu erheben.«[3] Pierre Bourdieu erkennt diesen Eigenwert darin, dass die damalige Generation den ästhetischen und ethischen Modellen der Jugend huldigte und vor allem der Einstellung »dass man noch nicht fertig, noch nicht festgelegt, noch nicht am Ende seiner Entwicklung angelangt ist.« Es geht dabei darum, »solange wie möglich jenen Zeitpunkt hinaus zu zögern, an dem einmal doch Schluss ist …«[4]



Nicht von ungefähr hat Walter Benjamin in seiner Präsidialantrittsrede zum offiziellen Eröffnungsabend der Berliner »Freien Studentenschaft« am 4. Mai 1914, mit dem Titel »Das Leben der Studenten«, heftig dafür plädiert, die Zeit des Studierens nicht für mögliche darauf folgende Berufe zu instrumentalisieren, sondern als eine eigenwertige Zeit zu gestalten, die dem Geiste gehört und nicht irgendeinem anderen Zweck zuge-

1 | Für dieses Kapitel bin ich für die vielen Anregungen dankbar, die ich auf unserem interdisziplinären Hauptseminar im Sommersemester 2008 (Stefan George: Kunst – Religion – Politik) von meinen Kollegen Karl-Josef Kuschel und Bernd Jochen Hilberath sowie von den Studierenden, vor allem im Zusammenhang mit der Seminararbeit von Katharina Stephan (Stefan George und die Politik) erhalten habe.

2 | Vgl. Carola Groppe, »Dein rechter lehrer bin ich wenn ich liebe. Mein rechter hörer bist du wenn du liebst.« Erziehungskonzepte und Erziehungsformen im George-Kreis, in: George-Jahrbuch, Band 2, Tübingen 1998, 107–140, 110.

3 | Ebd. 110.

4 | Pierre Bourdieu, Die feinen Unterschiede. Kritik der gesellschaftlichen Urteilskraft, Frankfurt am Main 1982, 259f.; vgl. auch Groppe, Erziehungskonzepte 110f.

führt werden darf.[5] Indem Benjamin »Wissenschaftler« werden will, verlängert er diesen Zustand auf die Länge des ganzen Lebens. Und Hermann Hesse, 1877 in Calw geboren, lässt das gleiche Fluidum dieser Zeit spüren, wenn er schreibt: »Mit der Reife wird man immer jünger.«[6]

Wer es sich leisten konnte, konnte aber nicht nur über die Geisteswissenschaft »zwecklos« leben, sondern auch wenn er sich in einen anderen Andersraum begab, nämlich in den Raum der Poesie. Für die junge deutsche Elite Anfang des 20. Jahrhunderts waren dies die beiden Säulen der Bildung, nämlich Dichtung und Geisteswissenschaft.[7] Allerdings darf man die Gefahren dieser scharfen Konfrontation zwischen normaler und Anderswelt nicht unterschätzen. Dies zeigt sich vor allem auch darin, dass mit dem Schock des ersten Weltkrieges jungen Menschen es überhaupt nicht mehr möglich wurde, die hochstilisierte Selbstkultivierung mit der lebensweltlichen Praxis zu verbinden, so dass sich für manche am Ende nur noch die Selbsttötung als Ausweg aus dieser nicht mehr aushaltbaren Spannung anbot.[8]

Übrigens werde ich den immer wieder diskutierten homoerotischen Aspekt der Dichtung und Person Georges sowie seines Kreises vernachlässigen, auch wenn diese Seite heute aktuell bis in die Missbrauchsfälle der Odenwaldschule hinein angesprochen wird. Thomas Karlauf[9], der in seiner George-Biographie diese Zusammenhänge in einer bemerkenswert offenen und zugleich diskreten Weise zum Vorschein bringt, ist hier zuzustimmen: George selbst hat sich gegen die Vereinnahmung durch die Reformpädagogik eines Gustav Wyneken gewehrt, weil letzterer angeblich genau das Gegenteil von dem tat, was George wollte: Diese Schulen missbrauchten nach George das erotische Ideal der Jugenderziehung zu persönlichen Reizungen.[10] Was George nämlich umgekehrt wollte, war die »Überwindung des Sexus« durch die »übergeschlechtliche Liebe« als Sieg des »pädagogischen Eros«. Es ging also um die Transfor-





5 | Vgl. Werner Fuld, Walter Benjamin. Zwischen den Stühlen. Eine Biographie, München, Wien 1972, 51f.; Groppe, Erziehungskonzepte 115.

6 | Herman Hesse, Mit der Reife wird man immer jünger. Betrachtungen und Gedichte über das Alter, Frankfurt am Main 2003, 55.

7 | Vgl. Groppe, Erziehungskonzepte 111.

8 | Vgl. ebd. 112, 126ff.; Ulrich Schödlbauer, Traum und Tod. Gegenpoetik im ›Teppich des Lebens‹, in: George-Jahrbuch, Band 2, Tübingen 1998, 1–21.

9 | Vgl. Thomas Karlauf, Stefan George. Die Entdeckung des Charisma, München 2007.

10 | Vgl. Thomas Karlauf in einem Interview mit Julia Encke in faz.net vom 4. November 2010, mit dem Titel: Päderastie aus dem Geist Stefan Georges? Der Übervater der Reformpädagogik 6–7.

mation des Homoerotischen in eine geistige Daseinsform.[11] Wie weit und wie lange dabei die leibliche Dimension dieser Homoerotik im Spiel war, sei dahingestellt. Jedenfalls war George peinlich darauf bedacht, dass in diesem Zusammenhang nie die Möglichkeit eines Straftatbestandes aufkam. Trotz innewohnender Ambivalenzen kann man die Gedichte Georges weder dafür verantwortlich machen, dass sie im Faschismus missbraucht wurden, noch dafür, was in der Odenwaldschule schrecklich schief lief. Es ist vielmehr zu analysieren, wie rücksichtslos sich der vital destruktive Trieb nach sexueller und physischer Unterdrückung, der sich ohnehin sein Ausleben sucht, legitimatorisch umkleidet und wie dies bereits in vorhandenen Ideen und Phantasiewelten (auch der Dichtung) sowie in ihrer verantwortlichen Rezeption gebremst werden kann.[12]



## 6.2 *Vor der Mauer zu einer neuen Sprache*

Stefan George, dessen Poesie wohl wie die keines anderen in der ersten Hälfte des 20. Jahrhunderts Menschen eingenommen, aber auch abgestoßen hat, sucht das Besondere seiner Dichtung nicht zuerst in der Vorgegebenheit der gängigen deutschen Sprache, sondern, verbunden mit einer enormen Sprachbegabung, in der Aneignung romanischer Sprachen auf der einen und ihrer Dichtung auf der anderen Seite.[13] Im Sommer 1889 unternimmt der 21-jährige Student allein, mit der Eisenbahn, eine Reise nach und durch Spanien. Er ist hinsichtlich seiner poetischen Schaffenskraft in einem katastrophalen Zustand. Seine bisherigen Gedichte haben »meist kein nennenswertes Niveau«.[14] Gleichwohl kontrastiert damit sein diesbezüglicher Führungsanspruch in der Gruppe.

Im Escorial erlebt George die architektonische Repräsentanz seiner künstlerischen Qual: Philipp II. hatte das Schloss zu Ehren des heiligen Laurentius in der Architektur eines Rostes konzipiert: jenes glühenden Rostes, auf dem Laurentius den Märtyrertod erlitten hat. Der König lebte hier in Einsamkeit, wie in einem Kloster. Derart begegnet George »diese

11 | Vgl. Karlauf, George 394f.

12 | Vgl. zu dieser Problematik auch Ulrich Raulff, Kreis ohne Meister. Stefan Georges Nachleben, München ³2010.

13 | Vgl. Stefan George, Gedichte (hg. v. Günter Baumann), Stuttgart 2004, im Nachwort des Herausgebers 299–306, 301f.

14 | Baumann, Nachwort 301.

Baukunst als Ausdruck qualvoller Zustände«.[15] In seinem Gedicht »Nachmittag« (aus den »Hymnen«) kommt Georges »unsägliche Qual« nicht nur in den poetischen Bildern, sondern auch »in der gebrochenen Form der Verse zum Ausdruck.«[16] Die Qualen, es sind dies die »zerstörenden gluten«, »für die er die ›Gegenglut‹ von oben sucht, die er ›auf Scheitel und Nacken‹ mit ›Entzücken‹ fühlt ...«[17] George steht hier kurz vor dem Durchbruch zur eigenen Dichtersprache, doch befindet er sich jetzt noch in der Ohnmacht und Unmöglichkeit, in der bisherigen deutschen Sprache »den dichterischen Ausdruck für die Bilder und Klänge, die ihn erfüllten« zu finden.[18]

Ein paar Monate später wird George an Arthur Stahl schreiben: »Du sagt dass Du so lange von meinem schaffen nichts gemerkt hast ... Die gründe weshalb ich (in) meiner deutschen Sprache nicht gern schreiben will, kann ich dir auf diesem gemessenen raum nicht auseinandersetzen ... Darin liegt auch der grund weshalb ich seit monden nichts mehr verfasse, weil (ich) ganz einfach nicht weiss in welcher Sprache ich schreiben soll. Ich ahne, diese idee wird entweder bei mir verschwinden oder mich zum märtyrer machen.«[19] Dies alles deutet darauf hin, »wie ernst die künstlerische Krise war und dass sein damaliges Martyrium in der Qual des langen vergeblichen Ringens um die eigene Dichtungssprache bestand.«[20] So kann man mit Mommsen zusammenfassen: »Die eigenen inneren Qualen machten den jungen George empfänglich für Märtyrerschicksale, wie sie ihm Spanien intensiver als jedes andere Land Europas vor Augen und Sinne brachte.«[21]

Nun mag es verwundern und der Übersensibilität von poetisch begabten Menschen anzulasten sein, ein Märtyrerschicksal, wo es auf Leben und Tod geht und am Ende der Tod steht, mit der eigenen Schaffenskrise zu assoziieren, die sich ohnehin nur Menschen leisten können, deren materiales Leben relativ gut gesichert und ungefährdet ist. Doch wird man in diesem Urteil etwas nachsichtiger, wenn die Erlebnistiefe der Qualen auf





15 | Katharina Mommsen, Zur Bedeutung Spaniens in der Dichtung Stefan Georges, in: George-Jahrbuch, Band 2, Tübingen 1998, 22–48, 40.

16 | Ebd. 40.

17 | Ebd. 41.

18 | Friedrich Wolters, Stefan George und die Blätter für die Kunst. Deutsche Geistesgeschichte seit 1890, Berlin 1930, 23; vgl. Mommsen, Bedeutung Spaniens 41.

19 | Zitiert bei Mommsen, Bedeutung Spaniens 42, Anm. 56.

20 | Ebd. 43.

21 | Ebd. 44.

Seiten des Noch-nicht-Dichters in Betracht gezogen wird und wenn man ihm nicht von vornherein verweigert, etwas, was er selbst gewissermaßen auf Leben und Tod erlebt, dann auch mit der Wirklichkeit des Martyriums in Verbindung zu bringen. Und auf Leben und Tod geht es auch bei George, und zwar nicht nur metaphorisch, sondern real: nämlich auf Leben und Tod seiner Existenz als Poet, woran allerdings sein ganzes Leben hängt. Und wer weiß, was George sich angetan hätte, hätte er in Spanien diesen Durchbruch nicht erlebt.

Und tatsächlich wurde George ein ganz bestimmtes »Absterben« abverlangt, nämlich die Hoffnung darauf, in einer unveränderten deutschen Sprache das zum Ausdruck bringen zu können, was ihn bedrängte. Er ist

auf der Suche nach einer neuen Sprache, die es bisher noch nicht gibt, die anders als die vorgegebene Sprache dem entspricht, was zu sagen ist. »Je mehr man sich die Spanienreise des jungen George vergegenwärtigt, desto deutlicher wird einem, dass sie im Grunde ... eine Pilgerfahrt künstlerisch-geistlich-religiöser Art im Alleingang und doch im dumpfen Bewusstsein eines höheren Auftrags und der Verwandtschaft mit anderen erwählten Menschheitsführern und Märtyrern« war.[22]

Pilgerfahrten suchen nach Erleuchtung und Hilfe »von Außen«, von anderswoher. Sprachlich ist es die romanische Sprache, die Georges Deutsch aufbricht und transformiert, sie so zu der gewünschten Ausdrucksfähigkeit befähigt. »Ich meine der gedanke aus klarem romanischem material eine eben so klingende wie leicht verständliche literatur sprache für meinen eigenen bedarf selber zu verfassen.«[23] So spricht vieles dafür, »dass der junge George in Spanien Eindrücke eines königlichen Menschentums gewann, wie es ihm die Sprache, Geschichte, Kunst, Architektur, Landschaft und Bevölkerung eines Landes nahebrachten, das er auf geheimnisvolle Weise als ihm ›von jeher eigen‹ empfand.«[24] Denn: »Georges eigenes Wunschbild war von den modernen Europäern so weit entfernt, dass er dies ›andere Reich‹ erst schaffen, d. h. in mutiger Leugnung der zeitgenössischen Umwelt erst selber hervorbringen musste. Dabei ... waren es Spanien und die spanische Sprache, die es ihm ermöglichten, ›die wunderbaren zarten wie vollen klänge der südlichen sprachen in der

22 | Ebd. 41–42.

23 | Stefan George in einem Brief an Arthur Stahl, zitiert bei Mommsen, Bedeutung Spaniens 42, Anm. 56.

24 | Ebd. 46.

eigenen aufzufinden und wiederzugeben‹, um Carl August Klein zu zitieren, der damals in Georges Leben trat.«[25] Spanien ermöglicht es George, »das Wort aus seinem gemeinen alltäglichen Kreis zu reissen und in eine leuchtende Sphäre zu erheben«.[26] So kommt er »zum heiligen Wort«, zu jener Poesie, die die Voraussetzung zur Schöpfung jenes »anderen Reiches« ist, das George im Kontrast zur Wirklichkeit, aber auch als tiefsten wesenhaften Hintergrund der Wirklichkeit und von daher als kräftigste Motivation heraufbeschwört.[27]

George übersetzte Gedichte mit Vorliebe aus dem romanischen Bereich. Bei diesen Übersetzungen »schult George seinen Stil und einen Formwillen.«[28] Inhaltlich gilt: »Er verwandelt sich die fremde Dichtung radikal an.«[29] Fremdes wird zum Eigenen, aber dies geschieht zugleich über die Transformation der eigenen Sprache ganz im Sinne dessen, wie Walter Benjamin die Aufgabe des Übersetzers mit seinem Zitat von Rudolf Pannwitz herausstellt: »unsere übertragungen gehen von einem falschen grundsatz aus; sie wollen das indische griechische verdeutschen anstatt das deutsche zu verindischen zu vergriechischen zu verenglischen. sie haben eine viel bedeutendere ehrfurcht vor den eigenen sprachgebäuden als vor dem geiste des fremden werks … der grundsätzliche irrtum des übertragenden ist, dass er den zufälligen stand der eigenen sprache festhält anstatt sie durch die fremde sprache gewaltig bewegen zu lassen.«[30] Übrigens ist die hier bemühte Kleinschreibung, die auch bei George und anderen aus diesem Fluidum begegnet, ein nicht nur äußeres Zeichen dafür, das Deutsche anders zu schreiben und zu verstehen als bisher.





## 6.3 *Sprache als Widerstand gegen das Leben?*

George hält die Nichtzugriffigkeit nicht aus, er scheut Chaosgefahren, will mit seiner neuen Sprache Ordnung herstellen.[31] Seine neue Sprache

25 | Ebd. 48.
26 | Wolters, George 24.
27 | Vgl. dazu Mommsen, ebd. 48.
28 | Baumann, Nachwort 301.
29 | Ebd.
30 | Zitiert bei Walter Benjamin, Die Aufgabe des Übersetzers, in: ders., Illuminationen, Frankfurt am Main 1977, 50–62, 61.
31 | Vgl. Wolfgang Braungart, Ästhetischer Katholizismus. Stefan Georges Rituale der Literatur, Tübingen 1997, 14.16.

wird in der Hinsicht problematisch sein, als sie zwar mit magischer Kraft eine neue geheime Welt hinter der bestehenden heraufbeschwört, diese hochsensibel ins Wort bringt, aber dabei die direkte Sensibilität mit den tatsächlichen Erfahrungen der Menschen verliert und diese lieber verfügbar an die eigenen Sprache binden will, mit einem Zustimmungsanspruch, der anfällig ist für die ganze Ambivalenz der Hingabe, nämlich im Freundeskreis um George gehorsam sein zu wollen und zu müssen, um der neuen Sprache und ihrer geheimen Welt teilhaftig werden zu können. »Der im Kreis vertretene humanistische Anspruch, die gebildete Persönlichkeit sei zugleich die freie Persönlichkeit, die ihren Platz in der Gesellschaft selbständig finden sollte, wurde durch den Absolutheitsanspruch der Kreisexistenz gleichzeitig in Frage gestellt.«[32] In der Poesie Georges heißt dieses Paradoxon:



> Wer je die flamme umschritt
> Bleibe der flamme trabant![33]

Die Destruktivität dieses Bildes wird erschreckend klar, wenn man die Bilder vor Augen hat, was alles im Jahrzehnt nach Georges Tod durch Flammen zerstört wurde. Georges Selbstinszenierung war aber zu ungebrochen, als dass diese schreckliche Ambivalenz in den Blick gekommen wäre. Umso mehr wurde sie durch die Realität des nationalsozialistischen Faschismus aufgezwungen. Davon war George selbst weit entfernt, aber er konnte nicht verhindern, dass Kreise des Faschismus sich auf dieses spirituelle Fluidum bezogen und dass auch einige seiner Schüler dem Georgekreis selbst zu wenig Widerstandspotential gegen den Faschismus entnehmen konnten.

George konnte eine neue Sprachform kreieren, die das Leben mit magischer Kraft im Geheimnis verwurzelt, in doppelter (politischer und religiöser) Hinsicht sehr verwechselbar, aber in dieser doppelten Hinsicht auch sehr unterscheidungskräftig, wenn man genauer hinschaut. So bezieht sich auch der Nationalsozialismus auf ähnliche Sprachformen (des Reiches, des Volkes, des Heiles, des Krieges, des Heldentums), doch ist die Semantik, die Bedeutung des Georgischen Sprachpathos eine andere: Es

32 | Groppe, Erziehungskonzepte 140.

33 | Stefan George, Sämtliche Werke (hg. v. der Stefan George-Stiftung), Stuttgart 1982ff., Band VIII, 84.

ist ein geistiges Reich, es ist ein innerer Kampf um einen inneren Sieg, es geht nicht nur um eine ganz bestimmte Verbindung mit Germanien,[34] sondern auch mit der Antike (u.v.a.).

Verwechselbar ist George auf der anderen Seite auch mit der christlichen Religion, vor allem mit Formen des Katholizismus. Doch geht es keineswegs um eine religiöse Kunst, die der Religion dient, sondern um Formen der Religionen, die der Sakralisierung der Kunst dienen. In Kindheit und Jugend vom Katholizismus durchtränkt meldet sich dieser in der Krise als Form der Problemlösung. Hinterrücks bleibt er wirksam im Durchbruch zur neuen Sprache. Vor allem ist es die Ästhetik des Rituals, die nun die Qualität der Sprache bestimmt. Das Ritual ist zwar auf Erfahrung bezogen, kann sich aber nicht unmittelbar davon abhängig machen. Genau das sucht George, eine Sprache, die nicht im Alltag aufgeht, sondern eine eigene Wirklichkeit konstituiert, in der es auch nicht nur um Verstehen, sondern um die Selbstintegration in das ästhetische Erleben geht.[35]





Der französische Anthropologe und Symboltheoretiker Dan Sperber hat in seinen Forschungen übrigens konsequent den menschlichen Symbolapparat von den empirischen, kognitiven und emotionalen Vorstellungen und Begrifflichkeiten unterschieden, insofern sich die Symbolproduktion gerade dort und dann einstellt, wo und wenn das verfügbare normale Wissen von Existenz, Welt, Kommunikation und Erfahrung scheitert oder nicht mehr buchstäblich hinlänglich ist. Jede Symbolproduktion setzt sich selber in ihrem Zustand und in ihrer Zuständigkeit als gegeben voraus. Die in ihr angegebenen Lösungen von Konflikten und Paradoxien werden nicht mehr gesucht, sondern sind darin bereits rekonstruiert. Solche Symbole gewinnen nicht deswegen Bedeutung, weil man sie durchschaut, sondern weil sie von einer Wirklichkeit her (Tradition, poetische Ästhetik ...) garantiert sind, in der man die symbolisierte Lösung glaubt, auch wenn man sie sich nicht erklären kann, geschweige denn selbst produziert hat. Auch der Dichter beruft sich in diesem Einflussbereich nicht zuerst auf seine arbeitsbezogene Produktionskraft, sondern auf seine Berufung, auf seine Eingebung, auf das also, was ihm

34 | Zur Verbindung des Gedichtes »Geheimes Deutschland« mit dem geistigen Universalreich »Germanien« Hölderlins vgl. Manfred Riedel, Geheimes Deutschland. Stefan George und die Brüder Stauffenberg, Köln, Weimar, Wien 2006, 52ff.

35 | Vgl. Braungart, Katholizismus 15f.30f.

selbst voraussetzungslos geschenkt ist. »Es geht also nicht darum, die Bedeutung der symbolischen Vorstellungen zu entdecken, sondern im Gegenteil, ihnen im Gedächtnis eine Relevanz und einen Platz zu erfinden ... Eine Vorstellung ist genau in dem Maße symbolisch, in dem sie nicht vollständig erklärbar, das heißt bezeichnungsfähig ist.«[36]

Was für Kunstwerke gilt, gilt für das Ritual umso mehr und dann doppelt für eine Poesie, die aufgeladen ist mit Ritual: Wenn man Programme als Plausibilisierungsangebote »angesichts des Neuigkeitswertes von Kunstwerken« versteht, so dass sie nicht in ihrer Unverständlichkeit ganz ungenießbar sind, dann gilt: »Programme müssen verständlich sein, Kunstwerke nicht. Ein Gemeinplatz der Ästhetik besagt, dass die ästhetische Kraft von Kunstwerken in demselben Maß gegen Null tendiert, in dem die programmgestützte Erkundung erschöpfende Ergebnisse zeitigt. Und umgekehrt: Ihre zu relativer Dauer tendierende Neuheit reproduziert sich aus Reserven abseits aller programmatischen Rede.« Darin repräsentiert sie »zusammen mit dem aktuellen Stand das Älteste der Kunst, ihre unverwüstliche Herkunft: dasjenige, worüber das Programm notgedrungen schweigt, weil es sich abseits der ästhetischen Präsenz nicht herbeizitieren lässt.«[37] Wer hier zu viel verstehen und wirklichkeitsbezogen erklären will, zerstört das Kunstwerk wie auch das Ritual.[38]

Der ästhetische Symbolismus lebt davon, dass es einen Überhang der sprachlichen Repräsentanz gibt, der das unverfügbare Geheimnis menschlicher und gesellschaftlicher Existenz berührt. Doch berührt das Geheimnis wirklich das Leben, und wie und mit welchen Wirkungen?

George will in eine »neue, exklusive Welt führen«.[39] Es gibt aber auch Werke, die aus seinem Ritualbewusstsein heraustreten und es so ermöglichen, das Ritual »so zu humanisieren, aber auch als solches wahrnehmbar zu machen.«[40] Dafür steht zum Beispiel ein Gedicht, das Adorno »zu



36 | Dan Sperber, Über Symbolik, Frankfurt am Main 1975, 161.

37 | Schödlbauer, Traum 20.

38 | Nach Georges Zeitgenossen Hans Blüher, Vertreter der »Konservativen Revolution«, hatte Georges schöpferische Versprachlichung und Symbolisierung einen im Kern erotischen Weltbezug, so dass hier etwas, was sonst feindlich gegenüber steht, nämlich Eros und Logos, in der Kunst vereint ist: vgl. Stefan Breuer, Stefan George und die Phantome der ›Konservativen Revolution‹ in: George-Jahrbuch, Band 2, Tübingen 1998, 140–63, 150.

39 | Wolfgang Braungart, »Was ich noch sinne und was ich noch füge/Was ich noch liebe trägt die gleichen züge«. Stefan Georges performative Poetik, in: Text und Kritik 168 (2005) X., 3–18, 3.

40 | Ebd. 5.

dem Unwiderstehlichsten ..., was jemals der deutschen Lyrik beschieden war«, zählte:[41]

Im windes-weben
War meine frage
Nur träumerei.
Nur lächeln war
Was du gegeben.
Aus nasser nacht
Ein glanz entfacht –
Nun drängt der mai
Nun muss ich gar
Um dein aug und haar
Alle tage
In sehnen leben.[42]





Eine sich fast gegenseitig ausschließende Verbindung zwischen Ritual und Lehre auf der einen und einem sensiblen Umgang mit Menschen auf der anderen Seite findet sich im folgenden Gedicht, insofern George hier »den Übergang ins Soziale sucht und sich so dem Scheitern aussetzt«:[43]

Sieh mein kind ich gehe.
Denn du darfst nicht kennen
Nicht einmal durch nennen
Menschen müh und wehe.

Mir ist um dich bange.
Sieh mein kind ich gehe
Dass auf deiner Wange
Nicht der duft verwehe.

Würde dich belehren
Müsste dich versehren

41 | Theodor W. Adorno, »Rede über Lyrik und Gesellschaft«, in: ders., Noten zur Literatur I., Frankfurt am Main 1958, 73–104, 101.

42 | Zitiert bei Braungart, Poetik 5.

43 | Braungart, ebd. 9.

Und das macht mir wehe.
Sieh mein kind ich gehe.[44]

Braungart urteilt: »Es gibt wohl wenige so gelungene Gedichte über die Dialektik des Belehrens wie dieses. Man müsste es jedem Pädagogen ins Stammbuch schreiben.«[45]

Im Anschluss an Braungarts Analyse kann man das Verhältnis von Sozialem und Rituellem bei George ansonsten so formulieren: die performative Qualität der Poesie ist zugleich das Medium, in dem sich die transformative Kraft (über den Nachvollzug und über die Lehre) ereignet.[46] Das Grundproblem bleibt aber, nämlich wie sich dieser »Regelkreis« selbst wieder noch einmal zu der Wirklichkeit des »normalen« oft durch und durch chaotischen Lebens verhält: Es bleibt das Problem zwischen Präsentativität (in poetischer Liturgie und in der gehorsamen Transformanz) und der Referenzialität des vielfältigen Lebens.[47]



## 6.4 *Poesie als Ritual*

Wie das Verhältnis von Wirklichkeit und poetischem Ritual bei George genauerhin aussieht (und von daher der Wirklichkeitsbezug der Dichtung), zeigt sich im Maximin-Ereignis: Ihm liegt die für George erschütternde Erfahrung des Todes von Maximilian Kronberger zugrunde, einem 14-jährigen Jungen, dem George 1902 in München begegnet war und der 1904 stirbt. Seine Form der Trauerarbeit besteht nun darin, Maximilian Kronberger »in einem voluntaristischen Akt zum Gott Maximin umzuschaffen, weil ihn George für sein Ritual braucht.«[48] Gleichzeitig entschwebt dieser Tod zum Anlass für jenen mythopoetischen Gott Maximin, der gar nichts mehr mit Maximilian Kronberger zu tun hat. »Es gibt ihn nur im poetischen Text, und an ihn ist er gebunden.«[49] Inhaltlich geht es dabei um den Mythos vom »göttlichen Kind«, verbunden mit der Einweisung in die Aura der Jugend, der schönen, allmächtigen, ver-

44 | Zitiert ebd. 9.
45 | Ebd. 9.
46 | Vgl. ebd. 13–14.
47 | Vgl. ebd. 16.
48 | Braungart, Katholizismus 246–247: Dies geschieht besonders in seinem Gedichtzyklus »Der Siebente Ring« (1907).
49 | Braungart, Katholizismus 237.

geistigten Jugend,[50] in dessen schönem Leib das Hehre und Heilige zur ästhetischen Verleiblichung kommt.[51] Braungart kann daher von einer »poetischen Eucharistie« sprechen.[52]

Der historische Zusammenhang liegt auf der Hand: Es ist die Wertschätzung des Kindes und der Jugend, an die »geradezu messianische Hoffnungen geknüpft wurden«.[53] 1902 war das reformpädagogische grundlegende Buch »Das Jahrhundert des Kindes« von Ellen Keys in Deutschland erschienen, mit einer durchaus analogen »Deifizierung des Kindes« für die Zukunft der Kultur, auch dort verbunden mit einer Anerkennung des Katholizismus insofern als seine symbolische Anschaulichkeit psychologisch angemessen sei.[54] Über den Maximin-Mythos gewinnt die rein formale Ästhetik von George ein inhaltliches Zentrum, das nun das Ritual der Sprache mit dem Ritual des Maximin-Kultes im George-Kreis verband. »In Maximin soll nun das gestalthafte Wort selbst lebendige Gestalt geworden sein. Maximin ist der stärkste Versuch Georges, die Auslegung zu kontrollieren. Mit dieser Orientierung zur Lehre gehen die ästhetischen Rituale stärker in soziale Rituale über. So erweist sich der Übergang zur Lehre auch als Versuch, dem ästhetischen einen ›Sitz im Leben‹ zu verschaffen und es zu domestizieren. Dennoch ist Maximin Georges poetische ›geburt‹ ... Sein poetisch verkündendes Wort macht Maximilian Kronberger zum Gott Maximin des Kreises.«[55] Der tatsächliche, gewissermaßen historische Kronberger wird »sublimiert« und verliert dabei gleichzeitig seine historische Identität. Sein Tod und die Trauer werden in eine substantialistische Ästhetisierung hinein verdrängt, in der der Tote in die Dichtung hinein auferstehen darf. George ist selber der »Gott«, nämlich der berufene Poet, der in der Poesie diesen neuen Maximin erschafft. Und der Kreis »hat an diesem Gott Teil durch die eucharistische Sprachwerdung des Gottes in der Verkündigungsrede des Propheten.«[56] Das Geheimnis dieser Eucharistie lässt sich »letztlich nicht begreifen. Es kann nur angenommen werden.«[57] So gilt: »Maximin




50 | Vgl. Riedel, Deutschland 150.

51 | Zum Größten im Kleinsten des göttlichen Kindes vgl. Riedel, Deutschland 148, 150; Groppe, Erziehungskonzepte 123.

52 | Braungart, Katholizismus 223ff.

53 | Ebd. 241.

54 | Vgl. ebd. 242.

55 | Ebd. 96, vgl. auch 130f.

56 | Ebd. 245.

57 | Ebd. 245.

ist poetische Präsenz des Gottes für George und den Kreis. Seine Anwesenheit ›verwandelt‹, macht schöner, ästhetisiert.«[58] Mit dieser poetischen Schöpfungstat des Dichters kommt es bei seinen Anhängern selbst zu einer Umgeburt, zu einer Umschöpfung.[59]

Und die Gemeinschaft des Georgekreises konstituiert sich durch die Lesungen dieser heiligen Texte.[60] Denn der Sinn des Werkes »erschließt sich im leiblich-lautlichen Vollzug oder in der einsamen, meditativen Versenkung«.[61] Der Vollzug ist wichtiger als das Verstehen, und ohne den Vollzug gibt es keine angemessenen Interpretationsversuche.



## 6.5 Zeitgenössische Kritik

Mit dieser Sprach- und Sozialmagie hatte George nicht nur Freunde. Wer sich nicht in ihre Hermetik hineinbegibt, ist auch schnell draußen und findet das Ganze komisch. Der Philosoph Theodor Haecker spricht von einer »komischen Humorlosigkeit« bei George[62] Er zerschlägt die charismatische Eingebungstheologie und entlarvt sie als Zucht, Anstrengung und Absicht ohne Güte und Gnade, als gequält, als eine »gigantische Herz und Hirn erschlagende Banalität«.[63] Wer so vornehm tue, sei nicht in vollem Sinne groß.[64] »Stefan George ist groß dadurch, dass er in einer Zeit unsäglicher Erbärmlichkeit den Menschen wieder groß haben wollte. Aber gelungen ist ihm nicht der große Mensch, sondern höchstens der vornehme, sich abschließende, der in einem übeln Sinne ›orientalisch‹ große Mensch.«[65] Haecker bezeichnet George als »Albumdichter«, mit gleichzeitigem falschen Bewusstsein, ein großer Dichter zu sein. »Er hat gemeint ..., ein gesuchtes Wort allein schon sei dichterischer als ein gegebenes, und ein ungewöhnliches als ein gewöhnliches ... Aber die Sache ist die, dass ... ein ungewöhnliches Wort für einen gewöhnlichen Gedanken nur dessen Pranger ist.«[66]

58 | Ebd. 245.

59 | Vgl. Jürgen Egyptien, Gesprächsäußerungen Stefan Georges aus den letzten Lebensjahren, in: George-Jahrbuch, Band 2, Tübingen 1998, 164–178, 165.

60 | Vgl. ebd. 167ff.

61 | Ebd. 163.

62 | Vgl. Theodor Haecker, Essays (1917–1944), München 1958, 261.

63 | Vgl. ebd. 262ff., Zitat 263.

64 | Vgl. ebd. 265.

65 | Ebd. 265.

66 | Ebd. 264.

Karl Kraus wundert sich, wie bei George »dieser Kredit der Undurchdringlichkeit zustande kam«.[67] Und: »Denn dass einer journalisierten und auf jeglichen Humbug dressierten Öffentlichkeit die abweisende Aufschrift eines Werkes: ›Unbefugten ist der Eintritt verboten‹ – zumal mit kleinen Anfangsbuchstaben – hinreicht zu dem Glauben, was dort getrieben wird, sei Fug ..., das wäre ja zur Not aus einem, namentlich in Mitteleuropa vorrätigen Drang der Masse nach Subalternität zu verstehen.«[68] Hier begeht er nicht die Flucht aus der Zeit in die Ewigkeit, sondern »die Flucht eines Zeitgenossen ins Hieratische, als die Ausflucht dessen, der vor der ewigen Gefahr der Sprache im sichern Hort des Kommerz- und Journalstils geborgen ist und von diesem Zustand durch gewisse Zeremonien ablenken möchte.«[69] Vernichtend schreibt Kraus über Georges Übersetzungen der Sonette Shakespeares, dass sie einen »Doppelfrevel an Shakespeare und an der deutschen Sprache« seien.[70]
Schon ein paar Jahre vorher hatte Kraus bei George von »erhabener Sinnlosigkeit gesprochen, von einem Dichter, der klangvolle Verse macht, aber nicht dichten kann (mit Bezug auf Georges »Lämmer«-Lied).[71] Und schließlich: »feierlicher Unsinn in wohlgefügten Versen; in einer Sprache, die sich quält, Siriusfernen und Abgrundtiefen ahnen zu lassen, zugleich durch das Gebimmel des Anlautreimes das Ohr zu bezaubern ... Georges feierlich wellende, wallende, lallende, lullende Verse klingen so, als müsse dahinter eine wundersame, den Sinnen erdenhafter Sterblicher leider nicht vernehmliche Poesie schlummern; und es gibt unter seinen Lesern einige, die ob dieses Dichtungskaisers ›neuen Kleider‹ in Verzückung geraten. Der Geschichtsschreiber aber kann nur wie das offenherzige Kindlein im Märchen ausrufen: ›Dieser Kaiser hat ja garnichts an!‹«[72] Dagegen steht bis heute die Ansicht: Gegen die zu konventionellen sprachlichen Versatzstücken verkommene Lyrik der Wilhelminischen Zeit (Geibel sei ein Beispiel) habe George die Erneuerung des dich-



67 | Vgl. Karl Kraus, Sakrileg an George oder Sühne an Shakespeare?, in: Die Fackel 34 (1933) 12, 45–51, 45. Zum kultursoziologischen Kontext dieser »krampfhaften Gespanntheit der Form« vgl. Norbert Elias, Kitschstil und Kitschzeitalter, Münster 2004 (1934), 9f. und 24f.
68 | Kraus, ebd. 46.
69 | Ebd. 46.
70 | Ebd. 47.
71 | Vgl. Karl Kraus, Aus einer Literaturgeschichte, die als Lehrmittel dient, in: Die Fackel 28 (1927) 2, 58–62, 58.
72 | Ebd. 59.

terischen Wortes gesetzt und eine Wiedergeburt des lyrischen Gedichts eingeleitet, die auch im historischen Rückblick Bestand habe.«[73]

Karl Kraus allerdings spricht George genaue jene Inspirationsvorstellung[74] ab, in der sich der Dichter als Sänger und Beter, als Reiniger und Richter, als Prophet, Priester und Verkünder einer unbedingten und unmittelbaren Wahrheit sieht,[75] als vom Geheimnis ergriffener »Mittler«, der »die alltägliche Sprachpraxis durchbricht.«[76] Was bei den Religionen die Offenbarung ist, verlagert der Symbolismus in das dichtende Subjekt, in die Unverfügbarkeit seiner Bilder und seiner Sprache.[77] Die Möglichkeit allerdings, dass sich »Arbeit am Ritual«[78] und Inspiration nicht unbedingt gegenseitig ausschließen, sondern ergänzen können, wird hier nicht thematisiert, nämlich insofern die Arbeit selber eine Form der Inspiration ist.



Vielleicht kann man dies im Bereich der Poesie am Verhältnis von Begabung und Schreibanstrengung verdeutlichen: Ich erinnere mich an die literaturwissenschaftliche Diskussion um das, was man unter »Erlebnislyrik« versteht, insbesondere am Beispiel von Theodor Storm. Seine Gedichte vermitteln eine Erlebnisdichte, als seien sie unmittelbar aus solchen Erfahrungen heraus entstanden, ganz spontan und anstrengungsarm. Doch machen seine eigenen Reflexionen über die Poesie wie auch die zeitgenössische Literaturwissenschaft deutlich, dass die Dichtkunst für Storm eine harte sprachliche Arbeit war, in der mühsamen Suche nach Formulierungen und Worten, in der syntaktischen und poetischen Zuordnung, in der Konstruktion von Ordnung und Perspektive, im Verwerfen von gefundenen Lösungen und im Neufinden von besseren Ausdrucksmöglichkeiten, schließlich in letzten Überarbeitungen.[79] Storm »kon-struiert« seine Gedichte im besten Sinn des Wortes. Er setzt,

73 | Bertram Schefold, Die Feier zur Einweihung des Stefan-George-Hauses in Bingen, in: George-Jahrbuch, Band 2, Tübingen 1998, 198–212, 208 (hier Manfred Durzak referierend).

74 | Zum Inspirationsverständnis in der katholischen Kirche vgl. Helmut Gabel, Inspirationsverständnis im Wandel, Mainz 1991.

75 | Vgl. Riedel, Deutschland 104f.

76 | Vgl. Schödlbauer, Traum und Tod 9.

77 | Vgl. ebd. 9–11; zum poetischen Subjekt, das sich selbst zum Sprachrohr eines Höheren stilisiert, vgl. auch Hans-Martin Kruckis in seiner Rezension zu Braungart, Katholizismus, in: George-Jahrbuch Band 2, Tübingen 1998, 179–180, 179.

78 | Vgl. Kruckis, Braungart 180.

79 | Vgl. Dieter Lohmeier, Das Erlebnisgedicht bei Theodor Storm, in: Schriften der Theodor-Storm-Gesellschaft 30 (1981) 9–26; Hartmut Pätzold, »Ein Stück andre Welt«. Von der Unbrauchbarkeit des Paradigmas der »Erlebnislyrik« für die Gedichte Theodor Storms, in: Schriften der Theodor-Storm-Gesellschaft 43 (1990) 43–64.

baut und gestaltet die Elemente zusammen, bis jene Unmittelbarkeit in der Erlebnisdichte erreicht ist, die seinem Gespür für ihre Wirksamkeit auf den Leser bzw. die Leserin entspricht. Dieses Gespür bleibt strukturbildend, aber der Weg dazu, dass das Gespür zufrieden genug ist, ist ziemlich anstrengend. Was unschwierig-erlebnisnah klingt, ist schwierig zu komponieren.[80]

## 6.6 Je »tiefer«, desto gefährlicher!

Die massive Skepsis gegenüber dem fundamentalästhetischen[81] Programm Stefan Georges beinhaltet eine doppelte Kritik: einmal die Kritik, dass hinter dem hohen Anspruch höherer Erfahrung des Priesterdichters nichts als angestrengt inszeniertes, die Wirklichkeit meidendes künstliches Theater sei, und die Kritik, dass gerade darin eine Flucht von der Wirklichkeit in eine falsche Idealität stattfinde, die verantwortungslos sei. Strukturanalog geht es in verschiedenen Bereichen immer um die ähnlichen Probleme und Gefahren solcher Operationen.





Zu unterscheiden sind z. B. vorgesetzte Erfahrungsklischees, die vom Alltag abgelöst sind, von Erfahrungen, die aus der authentischen Geschichte der Menschen herauswachsen. Diese Unterscheidung erinnert an Friedrich Nietzsches Vorwurf gegen Wagner, er produziere in seiner Musik eine pathetisch-inszenierte Ersatzganzheitlichkeit anstelle wirklich authentischer Erfahrung.[82] Ein inszenatorisch erzieltes Erleben mit großer Erfahrungsdichte im von der Außenwelt abgeschlossenen, abgedunkelten Raum, mit einem hohen Aufwand an Technizität. Nach Nietzsche hat es keinen Wert für den Menschen, zu denken, wenn es nicht gelungen ist, dass er vorher richtig empfinden gelernt hat. Empfindungen können aber auch inszeniert und »falsche« Ausgeburten erlogener Schau- und Scheinwelten sein. Aus dieser Perspektive wird unsere gegenwärtige Rede von der Ganzheitlichkeit und Unmittelbarkeit menschlicher Erfahrung in seiner Ambivalenzmöglichkeit entlarvt. Es gibt auch so etwas wie eine »inszenatorisch erzielte neue Unmittelbarkeit«, die die

80 | Storm bringt selbst den Vergleich zwischen Poesie und Musik, vgl. Pätzold, Andere Welt 48ff.

81 | Zur charismatischen Struktur und zur Zeitablehnung des ästhetischen Fundamentalismus vgl. Riedel, Deutschland 206.

82 | Vgl. dazu Friedrich Nietzsche, Der Fall Wagner. Ein Musikanten-Problem, in: Deninger, Werke 1226–1231, auch das Gedicht »An Richard Wagner«, ebd. 1276.

Authentizität der Person und ihrer aus ihr selbst heraus möglichen Empfindungen instrumentalisiert und zerstört. Wo man Wirkung und nichts als Wirkung will, bezweckt diese Wirkung den »Ersatz verlorengegangenen Lebens, verlorengegangener personaler Identität durch inszenatorisch bereitgestelltes Erleben.«[83] Solche Sinnlichkeit wird zum sekundären Ersatz für nicht selbstgelebtes Leben.[84] »Der hohe Grad der Bewußtheit seitens des Inszenators dieser ästhetischen Konstitutionsversuche personaler Authentizität im Erleben punktueller Ereignisse von hoher technischer Produktionskomplexität und enormer sinnlicher Rezeptionsfaszination ist für Nietzsche Indiz einer unüberbietbaren Verachtung des Menschen.«[85] In einer solchen manipulativen Inszenation vorbewusster Erlebniswelten werden unablässig künstliche Empfindungen gedrillt, die es nicht zulassen, sich die eigene Wirklichkeit einzugestehen.[86]



Der Faschismus wusste dieses Instrument auf das Vorzüglichste zu spielen, nämlich im politischen Bereich jene Spaltungsstrategie zu betreiben, die die tatsächliche Verbindung zwischen Ereignissen und Gefühlen zerstören und sie durch neue manipulativ produzierte Zuordnungen von Gefühl und herrschender Realität ersetzen. So wird das ursprüngliche Gefühl des Mitleids, das normale Menschen für leidende Menschen aufbringen, durch das zwar irrationale, aber dennoch genauso ganzheitliche und unmittelbare Gefühl der Angst ersetzt, dass von diesen wehrlosen Menschen wie von einem Bazillus höchste Gefahr für das eigene Volk ausgeht. Künstliche Erlebnisprodukte überlagern und blockieren damit die menschlicheren Reaktionen. Wo Ganzheitlichkeit und Unmittelbarkeit emotionaler Erfahrung derart als Klischees funktionieren (und nicht etwa als angemessene Bedeutungsreaktionen, die von der tatsächlichen Erfahrung der betroffenen Subjekte ausgehen), kann eine noch so ganzheitlich-unmittelbare affektive Erfahrung nicht mehr als Wahrheitskriterium gelten.[87]

83 | Rainer Bucher, Nietzsches Mensch und Nietzsches Gott. Das Spätwerk als philosophisch-theologisches Programm, Frankfurt am Main 1986, 112, vgl. auch 100ff.107.
84 | Vgl. Bucher, ebd. 115.
85 | Bucher, ebd. 118.
86 | Vgl. Bucher, ebd. 122.
87 | Vgl. Arno Gruen, Der Wahnsinn der Normalität. Realismus als Krankheit: eine grundlegende Theorie zur menschlichen Destruktivität, München 1987, 187.

Es war das enorm faszinierende Angebot des Nazi-Faschismus, im geschlossenen Raum der eigenen Nation eine massenhafte sekundäre Erlebniswelt mit absolutem Offenbarungsanspruch und göttlicher Legitimation zu produzieren, die hörig machte und jede primäre authentische Entwicklung von Subjekt und Erfahrung aufsog.[88] Die Anfälligkeit der christlichen Kirchen und Gläubigen für dieses immense Erfahrungsangebot der Nazis darf auch darin vermutet werden, dass die christliche Verkündigung weitgehend darauf verzichtet hat, die tatsächlichen Erfahrungen der Menschen aufzunehmen; und dass sie selbst auf die Produktion inszenierter Erfahrungen aus war, was sie aber bedeutend dilettantischer anstellte als der religiös angereicherte politische Faschismus, dem sie aber nichtsdestoweniger mit diesen eigenen Versuchen in diese Richtung den Weg gebahnt hat. Es gab wohl so etwas wie einen immensen Stau in der Sehnsucht nach der Erfahrungsdimension großer Worte in den Geschichten der Menschen und in der Geschichte des eigenen Volkes.





Die wahnwitzige Raffinesse des NS-Regimes bestand gerade darin, dass sie dem Volk ein neues Selbstwertgefühl vermittelte, und zwar auf dem politischen Hintergrund eines radikal gruppenegoistischen Interesses auf kosten anderer Völker. Eine kollektive Identität, die das eigene Selbstbewusstsein in dieser Form hegemonial und expansiv gegen die anderen durchsetzt, wobei ganz bestimmte Führungskonstellationen solche Chauvinismen beschleunigen und durchsetzen, ist das krasse Gegenteil zur Selbstverwirklichung eines Volkes im Horizont seiner eigenen Möglichkeiten und Begrenzungen, im Kontext realisierter oder zumindest angestrebter Gleichstufigkeit zu anderen Kulturen und Völkern und mit dem Impetus, die eigene Kultur nicht auf Kosten der anderen durchzupowern, sich nicht an den anderen zu bereichern, sondern diese eigene Identität zur gegenseitigen Bereicherung zur Verfügung zu stellen.

Nicht nur der hegemoniale und expansive Charakter nach außen unterscheidet das »Völkische« vom Volksbezogenen, sondern auch die Art und Weise, wie die Inhalte in der eigenen Geschichte entdeckt und gelebt werden dürfen. Zur nicht-faschistischen Volksidentität gehören einmal Freiheit und Vielfalt »von unten«, zum anderen gehört dazu, dass kein puristischer und monopolisierter Kulturbegriff (den ganz bestimmte

88 | Vgl. Bucher, Nietzsches Mensch 90–133.

Führungseliten aus einer meist fiktiven historischen Epoche hervorholen und, wie im Nationalsozialismus, dann als »germanische Kultur« dem Volk als Identität vorschreiben) die tatsächlichen und vor allem die je anderen kulturellen und subkulturellen Erfahrungen und Quellen subordiniert und verschüttet.

Wenn sich eine Gegenwart auf bestimmte Vergangenheiten beruft, dann in dem Sinne, dass sie sie historisch angemessen rekonstruiert, bevor sie sich darin neu entdeckt und bestätigt, aber auch kritisiert weiß. Vor allem liegt es in der Kompetenz der betroffenen Subjekte selbst, diese ihre Erinnerung zu gestalten und mit ihrer Identität in Verbindung zu bringen.



So komme ich zu mindestens fünf Kriterien, die die »völkische« von volksbezogener Geschichte unterscheiden: *erstens* das Kriterium zwischen Hegemonie und Gleichstufigkeit, *zweitens* das Kriterium zwischen Expansion und Selbstbegrenzung, *drittens* das Kriterium zwischen totaler Verordnung und partieller Freiheit, *viertens* das Kriterium zwischen Gleichschaltung und Pluralität, und *fünftens* das Kriterium zwischen einem Geschichtsbezug, der exklusiv auf eine fiktive Vergangenheit hin (meist verbunden mit entsprechender Geschichtsfälschung) fixiert, und einem Geschichtsbezug, der die kulturelle Identität als in die Zukunft hinein laufende Dynamik versteht, die nicht regressiv auf einen vergangenen »idealen« oder »reinen« Zustand dieser Kultur regrediert, sondern in Freiheit die eigene Identität mit verschiedenen »Erinnerungen« in Verbindung bringt, um von diesen her die Lebenskraft für die Gegenwart und Zukunft zu gewinnen.

Die Kirchen werden den Weg gehen, die Menschen in ihren authentischen Träumen und Sehnsüchten des Alltags ernst zu nehmen. Die Rede von Gott wird dann geerdet, entabsolutiert, gewinnt Pluralität in seinen Erfahrungsweisen und verliert in dieser Gebrochenheit die Potenz, als divinisierende Unterjochungsautorität missbraucht zu werden. Der dadurch erreichte Relevanzgewinn bedeutet zugleich kirchlichen Machtverlust, weil sich die Kirchen auf die Seite subjektaufbauender Lebenserfahrungen stellen und damit insbesondere auf die Seite der Menschen, denen solche Erfahrungen verweigert werden. Dementsprechend verändert sich auch die Rhetorik kirchlicher Rede: Von der Bemächtigung zur Befreiung, von der Inszenierung zur Wahrnehmung, von der Angstinduktion zur Vertrauensarbeit.

Das Abgleiten gerade junger Menschen in die fundamentalistischen Anteile der Religionen ist möglicherweise ein Signal dafür, dass hier ein Anrecht auf die eigene Geschichte eingeklagt wird, wie man sie weder in den Familien noch in Gemeinden und Verbänden ausreichend genug erlebt. Allerdings verändern sich dabei die ursprünglichen vertikalen Grundstrukturen kaum: Man sucht die bislang wenig erlebte Akzeptanz nun bei anderen nicht weniger fixierten bis unheimlichen »Vätern« und Autoritäten, denen man sich unterwirft. Man entfernt sich einen Schritt von den bisherigen Bezugsgrößen, aber nicht genug, insofern nämlich nur die Figuren ausgewechselt werden. Man kann diese Reaktion aber nicht allein den dafür anfälligen Menschen anlasten, weil sie gerade in ihren bisherigen überschaubaren Sozialformen viel zuwenig gelernt haben, dass Akzeptiertsein und Unterwerfung nicht notwendig zusammengehören, sondern dass man sich auch bei unterschiedlicher Meinung in Anerkennung annehmen kann. Erst dadurch gewinnen Menschen jene Ichstärke, die sie auch ihre eigenen Grenzen sehen lehrt.[89] Sie brauchen kein religiöses kollektives Überich, von dem her sie ihre Selbstwerterfahrung aufbessern müssten. Die Kirchen werden sich umso mehr fragen lassen müssen, ob sie nicht selbst entsprechende Anfälligkeiten züchten, insofern sie ihren Mitgliedern zu wenig Kompetenz (theologisch: Berufungsqualität) zutrauen und insofern sie diese Kompetenz zu wenig in Strukturen der Mitbestimmung mächtig werden lassen.

Darauf wird es ankommen: dass die neu erfahrene religiöse Freiheit die Menschen dazu führt, sich wieder zu verbünden, aber diesmal nicht unter der Knute einer zentralistischen Gewalt, sondern in partnerschaftlicher Gegenseitigkeit und föderativer Solidarität. Die Ambivalenz des von Soziologen konstatierten Individualisierungsschubes im religiösen Sortiment wird nicht dadurch beseitigt, dass die Individualisierung beseitigt wird. Nicht Bindungszwang, sondern Bindungsvertrauen ist das Ziel[90] auf dem Weg zu einer neuen Solidarität der Geschichten.





89 | Zum Verhältnis von Ichschwäche und kollektivistischer Unterordnung vgl. Ottmar Fuchs, Im Brennpunkt: Stigma, Frankfurt am Main 1993, 218–225.

90 | Vgl. Fuchs, Brennpunkt Stigma 82–98.

## 6.7 Liturgie an der Grenze

Das Abstoßende am poetoliturgischen System Georges ist für viele, dass es in der Verschmelzung von Ritual und kritiklos anzunehmender geistiger Macht letztlich keine andere Alternative gibt als die des Gehorsams oder des Ausschlusses. Die Erfahrung des Katholizismus hatte übrigens, zumindest im antimodernistischen Zeitalter der Kirche, für viele, jedenfalls von außen gesehen, eine ähnliche Struktur, durchaus mit vereinzelten Möglichkeiten, durch besondere Beeindruckungen im Ritual Menschen »hineinzuziehen«, wie dies bei Paul Claudel geschah.



Wer konnte schon voraussehen, dass gerade die Erfahrung eines Weihnachtsgottesdienstes am 25. Dezember 1886 in Notre-Dame in Paris beim freidenkerischen und gottlosen Paul Claudel die Bekehrung auslöste »Ich fing damals mit schriftstellern an, und es schien mir, als könne ich in den katholischen Zeremonien, die ich mit einem überlegenen Dilettantismus betrachtete, ein geeignetes Reizmittel und den Stoff für einige dekadente Übungen finden ... Ich selbst stand unter der Menge, nahe beim zweiten Pfeiler am Chor-Anfang, rechts auf der Seite der Sakristei. Da nun vollzog sich das Ereignis, das für mein ganzes Leben bestimmend sein sollte in einem Nu wurde mein Herz ergriffen und ich glaubte. Ich glaubte mit einer so mächtigen inneren Zustimmung, mit einem so gewaltsamen Emporgerissenwerden meines ganzen Seins, mit einer so starken Überzeugung, mit solch unerschütterlicher Gewissheit, dass keinerlei Platz auch nur für den leisesten Zweifel offen blieb ... Bei dem Versuch, den ich schon öfter angestellt habe, die Minuten zu rekonstruieren, die diesem außergewöhnlichen Augenblick folgten, stoße ich auf eine Reihe von Elementen, die indessen nur einen einzigen Blitz bildeten ... Denn meine philosophischen Überzeugungen waren unangetastet geblieben. Gott achtete ihrer nicht und überließ sie ihrem Schicksal; ich sah keinen Anlass sie zu ändern; die katholische Religion kam mir nach wie vor wie ein Schatz törichter Anekdoten vor; ihre Priester und Gläubigen verursachten mir die gleiche Abneigung, die sich bis zum Hass, ja bis zum Ekel steigerte. Das Gebäude meiner Ansichten und Kenntnisse brach nicht zusammen, und ich entdeckte keinen Fehler an ihm. Ich war aus ihm herausgetreten, das war alles, was geschehen war. Ein neues gewaltiges Wesen mit schrecklichen Forderungen für den jungen Menschen und Künstler, der ich war, hatte sich offenbart, das ich mit nichts von dem, was mich umgab, in Einklang zu bringen verstand. Der Zustand eines Mannes, den man mit einem Schlag seiner Haut entrisse, um ihn in einen fremden Körper und mitten in eine ihm unbekannte Welt zu verpflanzen, ist der einzige Vergleich, den ich finden kann ... Was meinen Ansichten und Neigungen am meisten widersprach, gerade das sollte wahr sein, gerade damit sollte man sich wohl oder übel zurechtfinden. Ach! Dann aber wenigstens nicht, ohne dass ich nicht alles, was in meiner Macht stünde, an Widerstand aufzubieten versucht hätte. Der Widerstand hat vier Jahre lang gewährt«.[91]

Claudel war damals 18 Jahre alt. Sein Bericht zeigt sehr deutlich jene Spannung zwischen Liturgie und Leben, die er jahrelang in sich selber austrägt. Die externe Dissoziierungserfahrung, die das Ritual ausgelöst hat, ermöglicht die innere Auseinandersetzung, die ihn nicht mehr loslässt. Hier zeigt sich, wie die Liturgie in der Gegebenheit der Symboldramatik die Gegebenheit von etwas Unbedingtem und Apriorischen erfahren lässt. Man darf auch nicht übersehen, was angeblich oder wirklich agnostische und religiös »unmusikalische« Menschen gerade in der Vorgegebenheit der Liturgie wahrzunehmen vermögen: als ihnen gegenüberstehenden Vollzug einer Hoffnung, die sie (noch) nicht teilen können, die sie aber um der Menschen Willen »irgendwie« schätzen, ja hochzuschätzen und zu schützen vermögen.[92] In diesem Zusammenhang darf man nicht nur von einer grenzüberschreitenden sozialen, sondern auch von einer grenzüberschreitenden rituellen Diakonie sprechen.[93] (Siehe oben Kap. 1.11)





## *6.8 Getrennte Wege zum Ursprung*

Die Hermetik und der Autoritarismus waren nicht zuletzt auch für Walter Benjamin das entscheidende Problem bei George. Er erkannte ihn als geistige Macht an, aber er war nicht gewillt, sich ihr kritiklos unterzu-

91 | So Paul Claudel in: Ausgewählte Prosa, Einsiedeln 1949, 253–254.

92 | Wie beispielsweise der marxistische Religionssoziologe Alfred Lorenzer, der vor einem viertel Jahrhundert das Geheimnis der Religion, wie es im Symbol aufscheint, gegen die Rationalisierung und Verständlichkeitswut des Zweiten Vatikanums in Schutz genommen hat: Das Konzil der Buchhalter. Die Zerstörung der Sinnlichkeit. Eine Religionskritik, Frankfurt 1984; vgl. dazu Günter Wilhelms, Sinnlichkeit und Rationalität. Der Beitrag Alfred Lorenzers zu einer Theorie religiöser Sozialisation, Stuttgart 1991.

93 | Vgl. Michael N. Ebertz, Diakonische Riten – Riten bei Gelegenheit, in: Karl Schlemmer (Hg.), Auf der Suche nach den Menschen von heute, Sankt Ottilien 1999, 120–137.

ordnen.[94] Benjamin sucht in seiner Theorie der ästhetischen Erfahrung (und hier befindet sich zunächst auch er im Fluidum der damaligen Suche nach einer nicht technifizier- und instrumentalisierbaren Sprach- und Erkenntnismöglichkeit) nach einer Sphäre jenseits der Subjekt-Objekt-Terminologie, die also aller Empirie gegenüber nochmals eine eigene Autonomie, eine eigene Magie, eine eigene Mystik und Ursprünglichkeit besitzt.[95] Auch er bezieht sich auf das gesellschaftskritische Symbol des Kindes. Die Anmut der Kinder »ist eine der Anweisungen, die uns auf das ›nicht disziplinierte Glück‹ gegeben sind.«[96] Ein Kind verfüge über eine Art von magischer Erfahrung, die es nicht herstellt und kausal zu begründen hat, sondern die ihm geschieht, die ihm begegnet und zustößt.[97]

Diese zugegeben idealistische Vorstellung vom Kind kann sich gleichwohl immer wieder auf reale Erfahrungen berufen: Nach einer Tagung der Akademie der Diözese Rottenburg-Stuttgart in Hohenheim zum Thema »Dialog« gönne ich mir für zwei Stunden das Eintauchen in eine ganz andere Welt, in die »Welt der Kinder« Picassos: eine Ausstellung in der Staatsgalerie Stuttgart.

Ich nähere mich einer Version aus der monumentalen Bilderreihe zum Thema »Mutter und Kind« von 1921.[98] Davor eine Gruppe von Kindern, wohl aus der ersten oder zweiten Klasse der Grundstufe. Ein junger Kunstpädagoge wartet, bis sich auch das letzte Kind auf den Boden gesetzt hat. Ein Bub boxt den anderen, der nicht einmal zurückboxt. Der junge Mann klärt ruhig, aber eindeutig auf: »Wenn Du Dich nicht benimmst, wartest Du außerhalb der Ausstellung, bis wir hier fertig sind, und wirst keinen Spaß mehr an den Bildern haben!« Dann beginnt er. Und ich bin fasziniert. Mit einfachen, aber gar nicht simplen Fragen bringt er die Kinder zum Sprechen, darüber nämlich, was sie sehen. Und

94 | Vgl. Geret Luhr, Diese unzeitgemäße und undankbare Aufgabe: eine ›Rettung‹ Georges. Zur Bedeutung Stefan Georges für das Werk von Walter Benjamin, in: George-Jahrbuch, Band 2, Tübingen 1998, 85–106, 97, Anm. 40.

95 | Zum gemeinsamen Ursprungsvokabular vgl. Riedel, Deutschland 203.

96 | Theodor W. Adorno, Walter Benjamin, Briefwechsel 1928–1940 (hg. v. Henri Lonitz), Frankfurt am Main 1994, 430, vgl. auch Luhr, Aufgabe 94.

97 | Vgl. Luhr, ebd. 94. Dieses Glück auf dem Hintergrund der Kindheit hat nichts mit der zersplitternden jagenden Glücksbefriedigung zu tun, in der »unterste Triebschichten im Menschen entfesselt werden, sodass mit der Anmut auch die Menschenwürde aus der Welt schwindet.« (Riedel, Deutschland 118).

98 | Vgl. Werner Spies (Hg.), Picasso. Welt der Kinder, München, New York 1995, Tafel 58.

was sie alles sehen! Für mich, der weit über die Lebensmitte geschritten ist und keine Kinder zu Hause hat, eine echte Lernschule des Sehens.

Und die Fragen locken: »Was seht Ihr? Was tut das Kind? Wie reagiert die Mutter? Wie hält die Mutter den Kopf?« – Ein Mädchen mit längeren Haaren versteht sehr gut, dass die Frau, ebenfalls mit langen Haaren, ihren Kopf etwas nach hinten hält, damit es gut »fällt«. Und dann die Frage: »Was tut die Mutter mit ihrer Faust?« Prompt antwortet der faustflinke Junge von vorhin: »Sie schlägt zu!« (Ach ja, denke ich, wie das mit den Projektionen doch immer wieder zutrifft). »Nicht so arg!«, mahnt der Pädagoge. Und ein anderes Kind bringt zum Ausdruck, die Mutter wolle die auf ihr Gesicht zielenden Zugriffe des Babys spielerisch abwehren. Und dass die hellen und die dunklen Partien am linken Arm der Mutter, der sich massiv in die Bildmitte drängt, Licht und Schatten sichtbar machen, ist die gar nicht selbstverständliche, sondern künstlerisch bereits sehr beachtliche Wahrnehmung eines nachdenklichen Mädchens. So häufen sich die Entdeckungen: Naheliegendes und Abweichendes, und das Abweichende gibt in besonders erfrischender Weise zu denken.

Ich gehe weiter, wage nicht dabei zu bleiben, obwohl ich es möchte. Irgendwie käme ich mir voyeuristisch vor. Bin ich doch kein Kind mehr, gehöre ich doch nicht zu den kleinen AdressatInnen, um die sich der Pädagoge bemüht. Und ich verstehe Picasso mit seiner Einsicht: »Es braucht viel Zeit im Leben, um wieder Kind zu werden!«

Später treffe ich die Kindergruppe wieder, bei einem anderen Bild, aus einer ganz anderen Schaffensperiode des Künstlers: »Kleines Mädchen mit Boot (Maya)« von 1938.[99] Die Kinder werden gerade gefragt, wie viele Dreiecke auf diesem Bild sind, auf dem das Realistische geometrisch deformiert ist. Ich zähle unwillkürlich mit und komme auf 16. Ich warte nicht ab, bis der junge Mann die Dreiecke zeigt und durchzählt. Ich freue mich jedenfalls, dass es offensichtlich mehr als 15 sind, wie er dem meistbietenden Kind gegenüber andeutet.

Ich beneide die Kinder und gönne ihnen zugleich von Herzen, dass sie bekommen, was ich nie erfahren durfte: Eine so beeindruckende Möglichkeit, so früh mit solchen Kunstwerken in Verbindung zu geraten. Aber auch: Was könnte es für eine Bereicherung sein, mit Kindern ins

99 | Vgl. ebd. Tafel 112.

Museum zu gehen und von ihrer Phantasie zu lernen. Sollte man nicht auch diesbezüglich »gemischte Gruppen« wagen?!

Solche Erfahrungen, die der Ursprünglichkeit der Kinder nachspüren, lassen die Kritik verstehen, wie sie Marion Picker für Benjamin formuliert: »Die Einsetzung eines Kultus, oder dessen Imitation, verfährt qua Stil mit der Jugend wie mit der Dichtung, in einem gewaltsamen Willen nicht nur zur Gestaltung, sondern zur geschlossenen Gestalt.«[100] Dabei funktioniert das »Gedicht als Rückzugsgebiet von der Geschichte, verstanden als Modell für eine Heilsgeschichte – vor allem, insofern es auf sich selbst zurückkommt und sich selbst meint«.[101]



Dass für die Jugend dieser Generation »ein früher Tod wahrscheinlich war«, wurde vor allem auch in der Selbsttötung des Dichters Fritz Heinle und seiner Freundin Rika Seligson beim Beginn des Ersten Weltkriegs wie auch im Freitod junger Menschen danach erfahren.[102] Für Benjamin ist der Dichter Heinle, der Gestorbene, Abgebrochene und Unvollendete, die Gegenfigur zu George, stellvertretend für alle, die auf die gewaltsame Ordnung eines vorgegebenen Lebens (und Sterbens) verzichten.[103] Während nun Benjamin diese Nähe der Toten so in sein Wort aufnimmt, dass dieses Wort selbst zum Ort der Vergänglichkeit wird, setzt George dagegen auf die unvergängliche »monumentale Einmaligkeit« seiner Poesie, die Benjamin allerdings dann gerade in dieser Einmaligkeit als abgestorben und verloren wahrnimmt. Was diese Poesie allenfalls zu bewirken fertig brachte, war die einschlummernde »traumgleiche Geschichtslosigkeit«, die für viele allerdings mit der Erfahrung des Todes und des Krieges gewaltsam zerbrochen wurde.[104]

George ruft nicht nur, er ruft ins Leben, aber in ein ganz bestimmtes, nämlich in das abgegrenzte Leben der Poesie und des damit zusammenhängenden textinternen und textexternen Rituals.[105] So bleibt für George Nietzsche, dem er ansonsten Entscheidendes verdankt, »im Vorraum des Geschaffenen«.[106] Und für George ist es nicht hinnehmbar, dass

100 | Marion Picker, 1914. »Wie George in mein Leben hineinwirkte« – Walter Benjamin, in: Text und Kritik 168 (2005) X., 60–75, 65.

101 | Ebd. 65.

102 | Vgl. Picker, Benjamin 69 und 61.

103 | Vgl. ebd.

104 | Vgl. ebd. 71.

105 | Vgl. Ulrich Raulff, Des Lesens Anfang ist das Ende der Legende. George und Nietzsche: Fragmente zu einem Doppelportrait, in: Text und Kritik 168 (2005) X., 76–85, 78–79.

106 | Ebd. 79.

Nietzsche genau diese Differenz zwischen Rufen und Ins-Leben-Rufen gegen Wagner wendet: »Nietzsches Zerwürfnis mit Wagner empört ihn als Abfall des Jüngers vom Meister.«[107] Denn darin missachtet Nietzsche diese Aura als vom Eigentlichen und Authentischen entfremdende Inszenierung, jene Aura, die auch George für seine Poesie beansprucht, insofern in ihr, wie angeblich in Wagners Musik, performativ die materiale Schöpfung des Eigentlichen, die Verleiblichung des Geistes geschieht. »Die Poesie gehört demnach einer elementaren Ebene des Schöpferischen an, die noch vor der Scheidung in Musik und Bild angesiedelt ist.«[108] Die Verehrung des Genies wandert in das Ritual seiner Poesie und auf dieser Basis in die Verehrung des Dichters.

Jürgen Egyptien formuliert hinsichtlich der George-Forschung ein Postulat, dem ich hier auf eine bestimmte Art und Weise gerecht werden will: »Unausgeschöpft scheint auch die Frage nach Georges Religiosität zu sein«, nach der inneren Struktur dieser Kunstreligion, die in synkretistischer Form strukturell dann vielleicht doch so etwas ist wie eine antimoderne Abwehr gegenüber der Moderne, vor allem gegenüber ihrer Pluralitätsherausforderung. Geschieht hier so etwas wie ein »Antimodernisteneid« der Georgeschule im Reich der Poesie? Ereignet sich hier so etwas wie eine Gegenaufklärung, die das Charismatische und den Mythos gegen die Rationalisierung und Verzweckung richtet, die auf die Unübersichtlichkeit kultureller Eigenformen und Widersprüche mit »dem Entwurf einer monolithischen, hierarchisch erstarrten Kultur« antwortet?[109]

Was ist das für ein Konservativismus und welche Anteile bringt er gleichwohl gegen die Ambivalenz der Moderne ins Feld? Was ist das für ein Phänomen, dass diese Konservativen, wie Reinhold Schneider, Werner Bergengruen und Ernst Wiechert, dem Nationalsozialismus ins Angesicht widerstanden? Dominik Jost hat den Begriff des »Konservativen«, der auch George mit einschließt, folgendermaßen erschlossen: Er ist: »keine sentimentale ... Vorliebe für Altertümer, keine betuliche Pflege harmlos schöngeistiger Reservate, kein Ressentiment auf die schwierige Gegenwart aus Zivilisationsmüdigkeit. Sondern: Respekt vor den Werten





107 | Ebd. 77.
108 | Ebd. 80.
109 | So Egyptien im Anschluss an die Thesen von Stefan Breuer, Ästhetischer Fundamentalismus. Stefan George und der deutsche Antimodernismus, 1995, 239ff.; bei Egyptien ebd. 116–117.

des Herkommens wie vor dem organischen Wachstum, Sinn für Maß, Würde und Ordnung, Offenheit wie Ehrfurcht vor der Erfahrung des Geistigen, Seelischen, Heiligen, Glaube an die Wirklichkeit von Ideen. Dass gerade Konservativismus auch Revolte erfordern kann, lehrt Antigone, ... (sie) hielt eine Ordnung heilig, die älter war als die allgemeine Gedankenlosigkeit und die besondere Anmaßung der Staatsraison ...«[110] Benjamin wird sich von George an der Stelle entfernen, wo er die Ursprünglichkeit der Sprache nicht mit ihrer Verfügbarkeit identifiziert, sondern ihren Ursprung in die zeitliche Dynamik des Messianischen verlagert und damit in dessen Nicht-Verfügbarkeit. Und wenn es sie gibt, dann immer nur im Abschreiten ganz bestimmter Extrem- und Schockerfahrungen, die durch und durch real sind und bis in die tiefsten Strudel reichen, dorthin wo ein Strudel auf den Grund des Flusses kommt. Damit verbindet er den Ursprung, die Magie, das Mystische der Sprache mit der schärfsten Empirie, nämlich mit der Erfahrung katastrophaler Unterbrechungen.[111] Der mystische Hintergrund der Sprache ist zugleich entdeckbar in der ganz und gar nicht mystischen, sondern realistischen Schärfe der Extremerfahrung.



Damit wird der Aurabegriff doppelt zerstört: einmal dass er keiner gegenwärtigen sprachlichen Repräsentanz, sei sie erkenntnisbezogen, sei sie im Bereich der Poesie, gegönnt wird; zum anderen dass die Aura im Schockerlebnis zertrümmert wird.[112] Doch im Horizont des Messianischen gibt es auch wieder eine eigenartige Dialektik zur Aura und zur Magie einer erhofften Ursprache, die aber nun dem im Ursprung eine Aura sichert, was im Phänomen der Sprache wie auch des Geschehens keine Aura hat. Die echte Aura ist nach Benjamin »eine ornamentale Umzirkung in der das Ding oder Wesen fest wie in einem Futteral eingesenkt liegt.« Sie darf also nicht »als der geleckte spiritualistische Strahlenzauber gedacht werden, als den die vulgären mystischen Bilder sie abbilden und beschreiben.«[113] Im Futteral ist die Einzelerfahrung, vor allem die extreme, geschützt und gerettet. Doch dieses Futteral ist eine eigene Di-

110 | Vgl. Eberhard Thieme, Nähe und Distanz. Stefan George im Werk von Klaus Mann, in: Neue Beiträge zur George-Forschung (17), Bingen 1992, 32–38, 37; Dominik Jost, Blick auf Stefan George. Ein Essay, Bern 1991.

111 | Vgl. Ottmar Fuchs, Ohne Wandel keine inhaltliche Kontinuität, in: Theologie und Glaube 100 (2010) 288–306, 296ff.

112 | Vgl. Luhr, ebd 102.

113 | Walter Benjamin, Gesammelte Schriften IV, 406f., zitiert bei Luhr 105.

mension, Wirklichkeit und Größe gegenüber den Dingen und Phänomenen, niemals mit ihnen identisch. Damit verweigert sich Benjamin nicht der Gebrochenheit der Moderne, sondern stellt sich ihrer Heillosigkeit.[114] Wo man allerdings aus dieser Wirklichkeit flieht, in das Wort der Beschwörung hinein und mit der Vorstellung, dass dies die eigentliche Wirklichkeit sei, ihr Wirklichkeitsdefizit durch Autoritarismus und Integralismus kompensierend, wird man, auch wenn dies ganz und gar nicht beabsichtigt ist, weil man sich apolitisch in der Aura selbst bewegt, zur höchsten Gefahr, vom Faschismus missbraucht oder gebraucht zu werden. So schreibt Benjamin von George als einem Dichter, »der das choreographische Arrangement des Veitstanzes vorgezeichnet hat, der über den geschändeten deutschen Boden dahingeht«.[115] Derart wird das geheime Deutschland Georges zum Arsenal, »in welchem die Tarnkappe neben dem Stahlhelm hängt.«[116] Luhr schreibt hier: »In der politischen Gefahr, die Benjamin in der ästhetischen Erfahrung der Magie und damit auch in George erkannte, lag für ihn der Grund, die Aura beiseite zu setzen, zu liquidieren.«[117] Was Benjamin allerdings von George her »rettet«, ist dann doch eine Aura, aber eine unverfügbare, eine im Entzug, eine splitterhafte, und eine, die kontrafaktisch gerade mit jenen Extremerfahrungen zusammenhängt und darin aufscheint, in denen jede Aura zertrümmert wird.





## 6.9 *Praktische Beliebigkeit?*

Damit ist auch schon die nächste Kritik angesprochen: Nämlich das Verhältnis von poetischer Sprache und Wirklichkeit, von Ästhetik und Politik. Karl Kraus zitiert 1928 zustimmend aus dem Essay (zum 60. Geburtstag von Stefan George) eines jungen Berliner Schriftstellers in der Arbeiterzeitung: »Die Zeit, da es in ›Zeitgedichten‹ die Zeit zu überwinden galt, ist um! Mag auch immerdar das echte Kunstwerk ins Überzeitliche ragen und im Übersinnlichen wurzeln – die jeweils gegenwärtige Zeit und ihre physischen Nöte sollten in sie eingehen. Überzeitlich aus

114 | Vgl. Luhr, Aufgabe 104.
115 | Adorno, Benjamin, Briefwechsel 429, vgl. Luhr 105.
116 | Benjamin, Gesammelte Werke Schriften III, 259, zitiert bei Luhr 105.
117 | Ebd. 105–106.

der Sprache schaffen und in der Zeit kämpfen, das schließt einander nicht aus.«[118]

Georges Wirklichkeitsbezug war immer defensiv. Leicht unsensibel der Wirklichkeit von Millionen leidender und sterbender Menschen im Ersten Weltkrieg gegenüber äußerte Stefan George wenige Monate nach dessen Ende, »es möge so schlimm gehen, wie es wolle, das Schlimmste eingeschlossen, den Tod, es bleibe der Trost, etwas anderes gesehen zu haben als ›nur Grauen und Nacht. Das ist auch etwas. Das wird gebucht im Buche der Menschheit.‹«[119] Noch deutlicher: »Und auf die Vorhaltung, es gebe doch ebenso den ›Wunsch nach Aktion‹, danach, wofür man offen und ehrlich leben und sterben könne, ein Opfer, antwortete

George, dieser romantische Heroismus gefalle ihm gar nicht, er verstoße ›gegen die Hauptlehre, nichts sinnlos zu tun‹«.[120] Und sinnlos bedeutet hier außerhalb der Ordnung des symbolischen Gefüges, das der Poet sichert und in seiner Rezitation in der Georgesekte kontrolliert. Letzteres ist der einzige soziale Zusammenhang, den George ohne Vorbehalt akzeptiert.

George selbst war jedem politischen Engagement gegenüber skeptisch und hatte von daher auch kein Instrumentar für eine praktische Vereindeutigungskriteriologie entwickelt. Diesem Tatbestand sind dann auch die sehr unterschiedlichen und gegensätzlichen Rezeptionen oder Nicht-Rezeptionen im politischen Bereich zu verdanken. Von der Sprachästhetik und der entsprechenden semantischen und sozialen Ritualität war, weil sie so »abgehoben« von der alltäglichen Sprach- und Sozialwirklichkeit war, keine maßgebliche Überbrückung zur Wirklichkeit zu erwarten. Benjamin hat dies durchschaut, wenn er Begriffe wie Schöpfertum, Genialität, Ewigkeitswert und Geheimnis für völlig unkontrollierbar dem gegenüber hielt, ob sie in ihrer »Anwendung zur Verarbeitung des Tatsachenmaterials in faschistischem Sinn«[121] führten.

Adornos Kriterium für die Beurteilung der Poesie ist letztlich ein politisches. Er sucht nach einer Poesie, die das Reich subjektiver Empfindungen gestaltet, »ohne sie an politische Absichten zu verraten (und damit

118 | Zitiert bei Karl Kraus, Rechenschaftsbericht, in: Die Fackel 30 (1928) 12, 1–51, 41.

119 | Riedel, Deutschland 217, mit einem Zitat von George aus den Gesprächen von E. Landmann mit Stefan George (Juli/August 1919).

120 | Ebd. 217. Gleichwohl hatte George den Dichtertraum vom »Mann, der hilft«, vgl. ebd. 117–122.

121 | Benjamin, Gesammelte Schriften I, 473, zitiert bei Luhr 105.

den falschen sozialen Tendenzen zu überantworten).«[122] Bedingung dafür ist eine gewisse Dichtheit, mit der die Worte unmissverständlich mit der subjektiven Wirklichkeit zusammenhängen und nicht ihr gegenüber derart ein eigenes objektives Ritual bilden, wie es Benn für Georges Gedichte charakterisiert hat: »Nicht also weil George einen Park besingt, sondern weil er sein Parkgefühl in logisch stilisierte Formen baut und wir diese Formen als verbindlich, dauernd und überlieferbar empfinden, darum sprechen wir von ihm.«[123] Genau diese formale Vollendung ist es, die es den Nazis ermöglicht, Georges wirklichkeitsdistanzierte Werke für ihre subjektive Wirklichkeit zu beanspruchen und derart die Lücke zwischen poetischem Ritual und einer vom Nazisubjekt selbst hergestellten Realität eigenmächtig zu schließen, weil sich der Dichter weigert, diesem Missbrauch im Gedicht (und im hierarchisierenden rituellem Umgang mit ihm) selbst einen Riegel vorzuschieben.





Deshalb konnte George auch nicht ironisch werden: Denn Ironie entsteht in einem gebrochenen Verhältnis zur erhabenen Ideen- wie zur Tatsachenwelt und sie setzt ein genaues Hinsehen in beiden Bereichen voraus. George war »also Gefangener seiner eigenen ästhetischen Stilisierung, als dass ihm das erhabene Sprechen suspekt geworden wäre und er sich stattdessen hätte der Ironie annähern können.«[124]

Nun gibt es dafür, die bestehende Wirklichkeit nicht direkt in das Literarische aufzunehmen, verschiedene Gründe und kontextuelle Bedingungen. »Bei George ist die Eigenart des Literarischen genau zu beobachten, von dem, was sie kritisieren möchte, nicht direkt sprechen zu können.«[125] Bei Werner Bergengruen liegt ein solcher Grund vor. Der »Großtyrann und das Gericht« ist eine einzige Metapher auf die nationalsozialistische Diktatur.[126] Die Kritik bleibt im Raum des Romans selber und Bergengruen ist durch die äußeren Umstände dazu gezwungen, auf die kritische Verbindung zwischen Roman und totalitärer Wirklichkeit zu verzichten.[127] Auch er kann nicht direkt davon sprechen, was er kritisieren

122 | Klaus Siblewski, »Diesmal winkt sicher das Friedensreich«. Über Stefan Georges Gedicht »Der Krieg«, in: Text und Kritik 168 (2005) X., 19–46, 26.

123 | Gottfried Benn, Rede auf Stefan George, in: ders., Gesammelte Werke Band 1, Wiesbaden, München 1977, 473, zitiert bei Siblewski, Friedensreich 24.

124 | Siblewski ebd. 34.

125 | Siblewski, ebd. 27.

126 | Siehe unten Kap. 7.

127 | Zur Hinwendung zum mythischen Stoff als Ausdruck einer politischen Notlage in anderen literarischen Werken (z. B. in Christa Wolfs Kassandra) vgl. den Diskussionsbericht in Jens u. a.

möchte. Es ist eine eigenartige Form der Ironie, ein falsches Bewusstsein in der damaligen Gesellschaft vorauszusetzen, nämlich mit diesem Roman absolut nicht gemeint zu sein. Denn dieses Bewusstsein macht es überhaupt erst möglich, dass Bergengruen mit seinem Roman geschützt bleibt. Nur diejenigen, die diesem falschen Bewusstsein nicht verfallen sind, entdecken die Ironie zwischen Roman und falschem Bewusstsein, entdecken, dass die Fiktion die Selbsttäuschung, nicht gemeint zu sein, demaskiert.

Es gibt also auch Kontexte, in denen Autoren und Autorinnen durch äußeren Zwang zur Metaphorisierung und zur Ironisierung gezwungen sind. Bei George gab es eher einen inneren Zwang, nämlich zur Rettung



der Unantastbarkeit der eigenen Poesie, dass er nicht direkt von dem sprechen kann, was als Äußeres die Poesie kontaminieren könnte. So bewahrt ihn keine Ironie vor »leerem Idealisieren«, also vor einer Idealisierung, die das Eigene nicht mehr beweglich und mit Humor sehen lässt.[128] Die meisten Schüler Georges kamen nicht umhin, sich auf ihre jeweilige Wirklichkeit zu beziehen, die jüdischen Deutschen[129] nicht, indem sie emigrieren mussten, und die späteren Widerstandskämpfer nicht, die eine ganz andere Verbindung zur faschistischen Wirklichkeit herstellten, als jene anderen Schüler, die dem Faschismus verfielen. Welche Funktion also das Stichwort »geheimes Deutschland« im Bezug auf die soziale und politische Wirklichkeit hatte, ist weniger George als der spezifischen Biographie und Situation der Schüler geschuldet. Joachim Fest hat dies sehr überzeugend bezüglich Stauffenberg herausgearbeitet. Wenn dies klar ist, darf man aber dennoch dazu sagen: Ohne George hätte Stauffenberg und anderen etwas ganz Elementares für ihren geistigen Horizont und für ihre Motivation gefehlt, nämlich eine ganz bestimmte Verwurzelung in einer Gegebenheit, der sie sich verdanken und in der sie sich in doppeltem Sinn des Wortes aufgehoben wussten. Diese Wirkung der Georgeschen Poesie auf die Wirklichkeit darf man trotz ihrer kriterienarmen Funktionsbestimmung nicht unterschätzen.

Was Bourdieu von der symbolischen Gewalt überhaupt sagt, gilt für die Dichtung und das soziale Biotop des George-Kreises in potenzierter

(Hg.), Theologie 183.

128 | Vgl. dazu im Zusammenhang der romantischen Ironie Gerhard Stenzel, Die Deutschen Romantiker, Band 1, Salzburg, Stuttgart o. J., 524–525.

129 | Vgl Riedel, Deutschland 181f.

Weise, und es gilt nicht nur hinsichtlich des Gewaltanteils, sondern auch hinsichtlich des Anteils, der trägt und verwurzelt: »Da man ›symbolisch‹ als Gegensatz zu real und effektiv begreift, geht man davon aus, dass die symbolische Gewalt eine rein ›geistige‹ Gewalt und letzten Endes ohne reale Auswirkungen sei.« Dieser Ansicht will Bourdieu dadurch den Boden entziehen, dass er der Objektivität der subjektiven Erfahrung (hier der poetischen) hinsichtlich der tatsächlichen Kraftverhältnisse in einer »materialistischen Theorie der Ökonomie der symbolischen Güter«[130] ihren Platz einräumt.

## *6.10 Geheime Poesie und Politik: Stauffenberg*





George selbst hielt nicht viel von sozialutopischen Vorstellungen und vor allem nicht von direkten Verbesserungs- und diesbezüglichen Erfolgsstrategien (vor allem aus Max Webers Heidelberger Schülerkreis von Lukács bis Bloch). Denn diese vergäßen zwar nicht unbedingt, »dass Heilmittel nur aus einer anderen Welt zu holen wären, sie vergäßen aber, dass von dieser in jene Welt nichts übergeleitet werden kann, ohne dabei seine Herkunft zu verlieren, und heil- und fruchtlos werden muss, wenn das dichterische Wort fehlt.«[131]

Die Sehnsucht, der Ambivalenz des Lebens in die Reinheit der Poesie zu entfliehen, verträgt sich einfach nicht mit jener mit dem Handeln immer verbundenen Ambivalenz unterschiedlicher Wirkungen, die der »Tatmensch« immer zu riskieren hat und wofür die Situation die extremste Erfahrung darstellt, wie Claus Schenk von Stauffenberg sie wenige Tage vor dem 20. Juli selbst präzisiert: »Es ist Zeit, dass jetzt etwas getan wird. Derjenige allerdings, der etwas zu tun wagt, muss sich bewusst sein, dass er wohl als Verräter in die deutsche Geschichte eingehen wird. Unterlässt er jedoch die Tat, dann wäre er ein Verräter vor seinem eigenen

130 | Pierre Bourdieu, Die männliche Herrschaft, Frankfurt am Main 2005, 64–65; zum Verhältnis der symbolischen Gewalt zur Magie und zur Religion vgl. ebd. 70ff.; zur dazugehörigen Männlichkeit als Adel vgl. ebd. 100ff.; und schließlich zur »kollektiven Kollusion« des männlichen Krieg-Spielens vgl. 132ff.

131 | Riedel, Deutschland 140, auch 142; zur analogen Gegenüberstellung von geistigem Menschsein und aktivistischer Moderne, die in der entzauberten Welt keine Gesamtzusammenhänge mehr sehen kann, vgl. auch 76ff. Zum Pathos der Distanz als Form der Zeitkritik vgl. Riedel, Geheimnis 69ff.

Gewissen.«[132] Bei Stauffenberg kreiert die Dichtung Georges eine eigene Welt, in ihr zeigt sich ihm die Seele der Sprache und des Volkes, die geheime Glut, die zum Besten treibt und das Beste ermöglicht.[133] Auch von daher riskiert er, ganz anders als George, die nicht kontrollierbare chaotische Ambivalenz der Tat.

Er gehört, mit seinen Brüdern, zu den Jüngsten der Jünger Georges. Er war im Dezember 1933 am Totenbett des Dichters. In diesem Jahr hatte er Hitlers Machtergreifung begrüßt. Später waren es »vorwiegend militärisch-fachliche oder nationale Beweggründe, die sein zunehmend kritisches Urteil weckten.«[134] Doch kamen moralische und idealistische Motive dazu, letztere nicht zuletzt, wohl eher zuerst aus dem Georgekreis.  Joachim Fest spricht von der »seltenen Verbindung von idealistischem Überschwang und pragmatischer Kühle.«[135] Hier zeigt sich der »normativ begründete Pragmatismus des Tatmenschen«, der den Kreisauer Kreis als »Verschwörerkränzchen« verspottet und seine obersten Kollegen in der Wehrmacht als »Teppichleger im Generalsrang« verhöhnt.[136] Als Stauffenberg in der Nacht zum 21. Juli erschossen wurde, rief er laut: »Es lebe das geheime Deutschland!«[137] Stauffenberg stand in den Monaten vor dem Attentat vermutlich in einer besonders intensiven Weise bestimmten Texten Georges nahe und erlebte sie als eine Art spiritueller Quelle. In diesen für Stauffenberg so kritischen Monaten wird jene erschütternde und wachrüttelnde Erfahrung mit Georges Schriften nachgewirkt haben, wie er sie 1924 in einen Brief an George selbst beschrieben und bedankt hat.[138] – So hat er, wie Freunde berichten, in den letzten Tagen vor dem 20. Juli 1944 häufig aus dem Gedicht »Der Widerchrist« von George vorgetragen.[139]

132 | Stauffenberg zitiert bei Joachim Fest, Staatsstreich. Der lange Weg zum 20. Juli, Berlin 1994 (2008), 244.

133 | Vgl. ebd. 36f.

134 | Ebd. 221.

135 | Ebd. 219.

136 | Ebd. 221–222.

137 | Ebd. 280. In einer dazu formulierten Anmerkung weist Fest darauf hin, dass es von Anfang an strittig gewesen sei, was Stauffenberg in die Salve hinein gerufen hat. Andere Zeugen haben gehört »Es lebe das heilige Deutschland!«, andere »Heiliges Deutschland!« und wieder andere »Es lebe Deutschland!« Dass sich Fest in seinem Haupttext für den Ausruf »Es lebe das geheime Deutschland!« entscheidet, spricht dafür, dass er genau diesen Ausruf für wahrscheinlicher hält; vgl. ebd. 367. Zum Ausruf Stauffenbergs »Es lebe das geheime Deutschland!« und seiner Wahrscheinlichkeit vgl. auch Riedel, Deutschland 5f.

138 | Vgl. Riedel, Deutschland 176.

139 | Vgl. Fest, Staatsstreich 220.

Der fürst des geziefers verbreitet sein reich
Kein schatz der ihm mangelt kein glück das ihm weicht ..
Zu grund mit dem rest der empörer!

Ihr jauchzet entzückt von dem teuflischen schein
Verprasset was blieb von dem früheren seim
Und fühlt erst die not vor dem ende.

Dann hängt ihr die zunge am trocknenden trog
Irrt ratlos wie vieh durch den brennenden hof ..
Und schrecklich erschallt die posaune.[140]





Joachim Fest schreibt dazu: »Offenbar fand der zum Attentat Entschlossene dort etwas, was ihn wie andere Männer der Opposition bewegte: jene Überhöhung des geschichtlichen Gegners ins Mythische und Außerzeitliche, die den Widerstand zur metaphysischen Tat machte.«[141] Man darf hier vermuten, dass nur diese »Überhöhung« letztlich auch die abgründige Tiefe von Hitlers eigener Metaphysik und »Theologie« erreicht.[142] Der Selbstüberhöhung Hitlers ins Mythische von Berufung und Vorsehung entspricht seine gegenläufige Überhöhung in die Metaphysik des Antichristen. Der Abgründigkeit der zerstörenden Glut entspricht die Kraft und motivgebende Quelle der Gegenglut, wie sie George im Gedicht »Nachmittag« (aus den Hymnen 1890) ins Wort bringt:

Der des gemaches duftender kühle entfloh
Gegenglut für zerstörende gluten suchend[143]

Doch diese »Gegenglut« überhöht nicht nur den Gegner, sondern hat einen eigenen positiven Namen, vor allem in diesem Zusammenhang, nämlich den Namen des »geheimen Deutschland«. Bringt man den »Antichristen« aus dem Gedichtzyklus »Der Siebende Ring« (1907) intertextuell über zwei Jahrzehnte hinweg mit dem Gedicht »Geheimes Deutschland« im Zyklus »Das Neue Reich« (1928) gewissermaßen synchron ins

140 | Stefan George, Gedichte 92.
141 | Fest, Staatsstreich 220.
142 | Zur Theologie Hitlers vgl. Bucher, Hitlers Theologie.
143 | Zitiert bei Mommsen, Bedeutung Spaniens 39.

Gespräch, dann nimmt das letztere Gedicht die Wirklichkeit des Antichristen nochmals auf, um ihr eine andere neue geheime Wirklichkeit, wie sie in der Poesie zur Epiphanie kommt, entgegenzustellen:

Wo unersättliche gierde
Von dem pol bis zum gleicher
Schon jeden zoll breit bestapft hat
...
Wo hinter maassloser wände
Hässlichen Zellen ein irrsinn
Grad erfand was schon morgen
Weitste weite vergiftet
...
Da in den äussersten nöten
Sannen die Untern voll Sorge
Holten die Himmlischen gnädig
Ihr lezt geheimnis .. sie wandten
Stoffes gesetze und schufen
Neuen raum in den raum ...
...
Fittich des sonnentraums
Streiche nun nah am grund!
...
Heb mich auf deine höh
Gipfel – doch stürze mich nicht!

Wer denn wer von euch brüdern
Zweifelt schrickt nicht beim mahnwort
Dass was meist ihr emporhebt
Dass was meist heut euch wert dünkt
Faules laub ist im herbstwind
Endes- und todesbereich:

Nur was im schützenden schlaf
Wo noch kein taster es spürt
Lang in tiefinnerstem schacht
Weihlicher erde noch ruht –

Wunder undeutbar für heut
Geschick wird des kommenden tages.[144]

## 6.11 Geheimes Deutschland?

Was ist das für ein Sonnentraum, der in diesem Gedicht menschlicher Erfahrung begegnet, oder besser sie nur berührt? Was ist in diesem tief innersten Ursprung, der an der Oberfläche der erfahrenen Wirklichkeit kaum sichtbar ist? Zuviel sammelt sich in der Magie dieses Wortes im Fluidum der damaligen Zeit, als dass man alles benennen könnte. Nur einiges: Es steht gegen die Entzauberung der Welt durch Materialismus und Technologie, durch individualistische Selbstsucht und die Auflösung des Lebens in reiner Zweckrationalität.[145] Im Gedicht »Der Mensch und der Drud« setzt George dieser Entzauberung die Warnung des Drud entgegen:

Wenn du den letzten meiner art vertriebst
Spähst du vergeblich aus nach edlem wild
Dir bleibt als beute nager und gewürm
Und wenn ins letzte dickicht du gebrochen
Vertrocknet bald dein nötigstes: der quell ...
...
Nur durch den zauber bleibt das leben wach.[146]

Damit verbindet sich ein nicht mehr regionaler, sondern ganz anderer Heimatbegriff, der die tiefste Heimat im Geheimnis der entscheidenden Grunderfahrungen eines geheimnisvollen unerkundeten Gebietes, eines geweihten Bodens beinhaltet.[147] Es ist etwas Grundhaftes in der vulkanischen Tiefe der Geschichte und der Zeit von Deutschland und ganz Europa.[148] Es ist die Lava, die aus dem Vulkan herausgeschleudert wird.[149]





144 | George, Gedichte 147–150.
145 | Vgl. dazu Riedel, Deutschland 136ff. (mit Bezug auf die damaligen Analysen des Soziologen Max Weber).
146 | Zitiert ebd. 141 und 142.
147 | Vgl. ebd. 146.
148 | Vgl. ebd. 148.
149 | Vgl. zu diesem Bild, hier aus dem Mund von Ludwig Klages (Alfred Schuler, Fragmente und Vorträge aus dem Nachlass, Leipzig 1940, in der Einleitung, bezogen auf Schuler): »... doch aus dem

Dieses »neue Reich«, das Georges dichterisches Schlusswerk darstellt, sammelt zeitlich weit auseinanderliegende Ereignisse ein, um sie am tiefsten Grund in ihrer vulkanischen Tiefe miteinander in Verbindung zu bringen und sie dadurch als etwas zu qualifizieren, was diese Tiefe an die Oberfläche bringt.[150] Es geht um die großen Schöpfergestalten und Wendezeiten Europas, es geht darum, »die Ursprünge einer neuen Welt seit dem Untergang der Antike, des eigenen Volkes, des germanischen Mittelalters und damit Europas freizulegen«.[151]



In historischer Hinsicht wird dies ein »Enkel« in der Schülerschaft Georges entfalten, nämlich der Mittelalterhistoriker Ernst Kantorowicz, indem er Kaiser Friedrich II. als besonders eindrückliche Manifestation des geheimen Deutschland an der Oberfläche der Geschichte entfaltet.[152] Kantorowicz, einer der Emigranten aus dem Georgekreis, der bis 1933 mittelalterliche Geschichte an der Universität Frankfurt lehrte und danach nach Berkeley auswanderte, hielt seine Abschiedsrede über »das geheime Deutschland«, mit scharfer Kritik am Dritten Reich: »Das ›geheime Deutschland‹ ist gleich einem Jüngsten Gericht und Aufstand der Toten stets unmittelbar nahe, ja gegenwärtig ..., die geheime Gemeinschaft der Dichter und Weisen, der Helden und Heiligen, der Opferer und Opfer, welche Deutschland hervorgebracht hat und die Deutschland sich dargebracht haben ... Es ist als Gemeinschaft ein Götterreich wie der Olymp, ist ein Geisterreich wie der mittelalterliche Heiligen- und Engelstaat, ist ein Menschenreich wie Dantes als ›humana civilitas‹ erschaute Jenseitswelt der drei Bezirke ... ein Reich zugleich von dieser und nicht von dieser Welt ... zugleich da und nicht da ... ein Reich zugleich der Lebenden und der Toten, das sich wandelt und doch ewig ist und unsterblich.«[153]

Im Spätsommer 1943 entstanden im Gespräch mit Berthold und Claus Stauffenberg Formulierungen zur Verbindung der geheimen Überlieferung mit einer künftigen staatlichen und gesellschaftlichen Wirklichkeit, die genau das Gegenteil dessen verwirklicht, was das Naziregime

Dröhnen seiner Stimme wächst ein Vulkan, der glühende Lava schleudert, und aus der Lavaglut steigen purpurne Bilder ›besinnungsraubend‹ entrückend.«; vgl. dazu Riedel, Deutschland 156.

150 | Vgl. ebd. 171f.

151 | Riedel zitiert hier Alexander Stauffenberg aus seinem Theoderich-Vortrag in Erfurt (1937), ebd. 203.

152 | Vgl. ebd. 174f.

153 | Zitiert ebd. 14.

erzwungen hat: »eine pseudowissenschaftlich gestützte Weltanschauungsdiktatur, die Ersetzung von natürlich Gewachsenem durch künstlich Organisiertes, freiwilliger Einigungen der Völker Europas durch ihre gewaltsame Unterwerfung«[154], und die folgende Fragekreise zum Ausdruck brachte: 1. »wie menschliche Existenz auch im Staat ohne Bindung an Göttliches nicht gedeihen könnte, und dass man niemand, der diese Bindung noch in christlichen Kirchen finde, stören oder beeinträchtigen dürfe, wie man gewachsene Lebensformen und Lebenssitten nicht durch auf Vorteil berechnete Konstruktionen ersetzen könne ...«; 2. »inwiefern Einigungen unter den Völkern schon in den Völkern vorgegeben seien und vielleicht gerade spruchreifer als je, wenn sie von den jeweils Regierenden nicht hintertrieben, sondern gefördert würden, dass sich zum Beispiel die Gegensätze ... fruchtbar machen ließen«; 3. dass Technik, Industrie und Wirtschaft eine »dienende Rolle spielen müssen, nicht eine wissentlich und systematisch Bedürfnis erweckende und damit Menschen beherrschende.«[155]





So kann man mit Riedel formulieren: »Die Stauffenberg Brüder waren Staatsdiener im ›Dritten Reich‹. Aber insgeheim dienten sie dem ›inneren Staat‹, wie George im Anschluss an die platonische Unterscheidung zwischen wirklicher und idealer Bürgerverfassung das ›geheime Deutschland‹ nannte; mit sokratischer Ironie, denn dieser ›Staat‹ ist nur ›im Wort da‹ oder im Himmel: als Denkbild.«[156]

Indem Claus Stauffenberg das geheime Deutschland aber nicht im Himmel belassen will, sondern angesichts der nun drohenden noch größeren Vernichtungskatastrophen unaufschiebbar auf den Grund geschichtlicher Wirklichkeit bringen will, zeigt sich nun die doppelte Differenz: Einmal zu jenen, die oberflächlich genug Georges Mythopoesie auf die Wirklichkeit des Nationalsozialismus bezogen und darin zur Tat werden ließen, zum anderen aber auch in der Differenz zu George selbst, insofern dieser überhaupt jeden Wirklichkeitsbezug außerhalb der Poesie als potentielle Zerstörung der allein in der Poesie zu Tage tretenden Wirklichkeit des geheimen Deutschlands verdächtigte.

Bei den Brüdern Stauffenberg kommt dieser Wandel im Wirklichkeitsbezug von Georges Dichtung, der mit dieser Dichtung zugleich ermöglicht

154 | Ebd. 214.
155 | Ebd. 214.
156 | Ebd. 188.

wird, zum Vorschein: »Wenn die Brüder Stauffenberg, verkürzt gesagt, zunächst ›Das Neue Reich‹ mit oder zumindest neben dem ›Dritten Reich‹ lesen, so beginnen sie in der Phase, da sie sich in Gegnerschaft zu Adolf Hitler begeben, ›Das Neue Reich‹ gegen das ›Dritte Reich‹ zu lesen.«[157] Und so geschieht Folgendes: »mit Hilfe von Gedichten, die aus einer Geheimgesellschaft hervorgegangen sind, konstituiert sich eine neue Geheimgesellschaft, Verse von Stefan George werden zu einer wirklichen Geheimsprache auch außerhalb des George-Kreises, in einen völlig neuen, politischen Rahmen.«[158] Die politische Vereindeutigung durch Claus Graf von Stauffenberg interpretiert Adorno im Nachhinein als jene Tat, in der das Gedicht »Der Täter« als »real in gewissem Sinne entsühnt« betrachtet werden kann. Die »literarische Gestaltung gewaltbereiten Willens«, die für alles Mögliche instrumentalisierbar und deswegen problematisch ist, gewinnt in dieser Vereindeutigung eine neue Qualität.[159]



Die Differenz Stauffenbergs liegt also weniger im Mythos, als im jeweils anderen Wirklichkeitsbezug der poetischen Magie.[160] Es sind am Ende nicht die Religionen, Kunstwerke, Dichtungen und ihre Liturgien, welche die Menschen gut oder schlecht machen, sondern es sind die hellen und dunklen Triebkräfte, es sind die Biographien, die Sehnsucht nach Gewalt und Herrschaft oder die Sehnsucht nach Solidarität und Ermächtigung der anderen, die sich mit den Ritualen in dieser oder in einer anderen Form verbinden. Und die selbstverständlich dann auch in das ambivalente Traditionsgut der Religionen, Kulturen und ihrer Rituale eingehen.

## 6.12 *Zurück und Vorwärts in die Poesie*

Der Befürchtung Georges, in der Tat die Poesie zu verlieren, entgeht übrigens Alexander Stauffenberg, indem er das Ergon der Tat seiner Brüder wenige Jahre nach 1945 in das Gedicht eines Wechselgespräches zwischen

157 | Marcel Beyer, Stefan George, Die Brüder Stauffenberg und die Eindeutigkeit, in: Text und Kritik 168 (2005) X., 35–46, 42.

158 | Ebd. 44.

159 | Vgl. Norbert Hummelt, Eselsohren. Anmerkungen zu Adornos imaginärer George-Auswahl, in: Text und Kritik 168 (2005) X., 47–53, 49.

160 | Vgl. dazu Riedel, Deutschland 198ff.

Berthold und Claus Stauffenberg um das »Geheime Deutschland« bringt:

C. ›In seinem blute wissen wir die kraft
Dass es den ring der abendlichen völker
Zu schönerem leben führe.‹

B. ›Wir bekennen
Im geist und in der tat uns zum entscheid
Der waltenden geschicke unsres volkes
Dess frühe ahnen einst in heiliger heirat
Mit Hellas sich verbindend und dem Baum
Des Heils das menschtum schufen unsrer welt.‹[161]





Alexander Stauffenberg versteht die heroische Opfertat seiner Brüder im geschichtlichen Ursinn der »Heroen«, nämlich von Schutzgeistern, deren Kraft in der Dichtung zu bannen ist, um von dort wieder auf die Geschichte auszustrahlen.[162] Das Ergon, die Tat des 20. Juli wird im Epos selbst zu jener geheimen Kraft, von der aus Gegenwart und Zukunft zu gestalten wären. So reiht sich über die poetische Erinnerung der 20. Juli ein in all die vielen Ereignisse der »geheimen Überlieferung«, »damit sich, wenn alles unterginge, aus diesen, dem Feinde unauffindbaren, winzig überlebenden Zeichen, in späterer Zeit wieder ein Leben entzünden könne«.[163]
Marion Gräfin Dönhoff hat den Geist des geheimen Deutschlands als das geistige Urbild dafür angesehen, dass es im Nationalsozialismus noch etwas anderes als diesen gegeben hat. Hierin liegt die gemeinsam Grundlage des deutschen Widerstandes: Es geht um die geistliche Wandlung des Menschen, um seine »Absage an den Materialismus und die Überwindung des Nihilismus als Lebensform. Der Mensch sollte wieder hineingestellt werden in eine Welt christlicher Ordnung, die im Metaphysischen ihre Wurzeln hat, er sollte wieder atmen können in der ganzen Weite des Raumes, die zwischen Himmel und Erde liegt, er sollte befreit

161 | Zitiert ebd. 220–221.
162 | Vgl. ebd. 220.
163 | Riedel zitiert hier (219) das Geheimbekenntnis von Claus Stauffenberg, das nur für einen engeren Gefährtenkreis bestimmt war, aus dem Vorfeld des 20. Juli.

werden von der Enge einer Welt, die sich selbst verabsolutiert, weil Blut und Rasse und Kausalitätsgesetz ihre letzten Weisheiten waren. Und eben damit waren diese Revolutionäre weit mehr als nur die Antipoden von Hitler und seinem unseligen System; ihr Kampf ist ... auf einer höheren Ebene der Versuch gewesen, das 19. Jahrhundert geistig zu überwinden.«[164]

Die Poesie hebt dieses Urbild ins sprachliche Bewusstsein, erfahrbar aber nicht nur im Verstand, sondern in der über das Verstehen hinausgehenden und dieses tragenden Ästhetik. So dass aus dem zeitlichen Entferntesten die Erneuerung für die Gegenwart zu kommen vermag.[165] Dabei geht es nicht um Historismus und Konservatismus, worin das Überlieferte um seiner selbst willen bewahrt wird, sondern um den Durchbruch zum Ursprünglichen, zu den dahinter und darunterliegen Urbildern, die keiner Kausalzusammenhänge bedürfen, weil sie selber die nicht mehr hintergehbaren Ursprünge sind.[166]

So geht es darum, das Leben und die Gestaltung des Lebens von etwas anderem her zu begreifen als was man selbst herstellen kann. Es ist eine Wirklichkeit, der man sich verdankt. Allein schon die Form dieser Haltung des Sich-Verdankens hat etwas Transzendentales, weil sie über den eigenen Horizont hinausgeht und eine Vorgegebenheit anerkennt, die in doppelter Weise etwas vorgibt: als Gabe und als Aufgabe. Aber zuerst gilt die Gabe. Und die Erfahrungsform dieser Gabe ereignet sich in der Poesie in der zum »Genuss« freigegebenen Vorgegebenheit eines bestimmten ästhetischen Textes. Nicht ungleich den grundlegenden Operationen des Rituals, wenn man Letzteres durch Vorgegebenheit und Wiederholbarkeit definiert.[167]



164 | Marion Gräfin Dönhoff, Macht und Moral. Was wird aus der Gesellschaft, Köln 2000, 139; vgl. Riedel, Deutschland 18f.

165 | Vgl. Riedel, Deutschland 122.

166 | Hier auch mit Bezug auf die Historismuskritik Nietzsches (vgl. ebd 126f.); wie weit Walter Benjamin direkt oder indirekt in seiner Geschichtssicht im Fluidum der George-Jünger steht, sei hier nicht weiter besprochen. Die Strukturanalogie ist jedenfalls offensichtlich, vgl. dazu Fuchs, Ohne Wandel 296ff.; Zum Verhältnis von Benjamin und George vgl. Luhr, Aufgabe.

167 | Zum fließenden Übergang von der Vorgegebenheit eines Gebetstextes bis zur Vorgegebenheit eines religiösen Rituals vgl. Ottmar Fuchs, Eucharistie als Zentrum katholischen Glaubens- und Kirchenverständnisses, in: Thomas Söding (Hg.), Eucharistie. Positionen katholischer Theologie, Regensburg 2002, 229–279, 230ff.

## 6.13 *Inkurvierte Poesie*

Nach Braungart hat George die rituelle Selbststilisierung derart überzogen, dass er nicht nur nicht zur Tat kommen, sondern auch nicht mehr zur einfachen Sprache zurückkehren konnte. Er zitiert Max Kommerell aus einem Brief vom 7.12.1930, in dem dieser seinem Freund und Jünger Georges Johann Anton (wenige Wochen vor dessen Freitod) zu bedenken gibt: »Lass Dir noch sagen, dass die Gefahr diese ist: das Banale in der Sprechweise höchster Salbung nicht mehr zu erkennen, es gar für dichterisch zu halten, so dass Faustrecht im Geistigen, (und) liturgische Pathetik im Dichterischen zusammentritt ...« Im Gedicht »Das Wort« ahnt George dieses Dilemma: 

> So lernt ich traurig den verzicht:
> Kein ding sei wo das wort gebricht.[168]

Die Erschließung der Dinge ist an das Wort gebunden, doch letzteres ist gebrochen, sodass sich auch keine Dinge mehr ergeben. Seine Poesie hat ihr totes Ende erreicht. George kommt nicht mehr herunter von der Höhe des Pathos, des Rituals, kann nicht mehr Fuß fassen in der Wirklichkeit, es sei denn in der Pflege seines Kreises, und der Verzicht ist gewissermaßen der letzte Akt des Martyriums des Dichters, eines Verzichts, der ihm allerdings von der Dynamik seiner eigenen inkurvierten Dichtung her aufgezwungen wird. Der Dichter George wird nicht getötet, sondern tötet sich selbst. Diese Sackgasse hinsichtlich des Wirklichkeits- und Handlungsbezugs ist der Auslöser dafür, dass Georges Dichtung letztlich scheitert.[169] So ist Georges Weg »ein Weg ins poetische Schweigen ... Es spricht für den Rang Georges, die Unproduktivität der affirmativen und herrischen Sprachgebärde, die keine wirkliche Entwicklung mehr zuließ, gesehen zu haben. Die meisten der Gedichte des ›Neuen Reiches‹ sind noch vor 1920 entstanden. Die Jahre bis zu seinem Tod 1933 brachte George im Kreis und mit der Ordnung seines Werkes zu.«[170]

Die hier zu Ende kommende Melancholie des Dichters hat sich von Anfang an vorbereitet, gewissermaßen als Rettungsnetz für die scheiternde



168 | Vgl. George, Gedichte 162.
169 | Vgl. Kruckis, Braungart 180.
170 | Braungart, Katholizismus 306.

Zukunft, insofern George, durchaus im Anschluss an sein Spanienerlebnis, das »Faustrecht im Geistigen«, das er in Anspruch genommen hat, auch als Gewalttätigkeit gegen sich selber gerichtet hat und gerichtet sah, nämlich in der Selbstinszenierung als derjenige, der für seine Freunde leidet und blutet und zugleich darüber schweigt, so dass keiner es ahnt »Ich kann mein Leben nicht leben es sei denn in der vollkommnen äussern oberherrlichkeit. Was ich darum streite und leide und blute dient keinem zu wissen. Aber alles geschieht ja auch für die freunde ... Mich so zu sehen wie sich mich sahen ist ihr stärkster lebenstrost. So streit und duld und schweig ich für sie mit. Ich gehe immer und immer an den äussersten Rändern – was ich hergebe ist das letzte mögliche ... auch wo keiner es ahnt.«[171] Bezeichnend für dieses Scheitern ist das Gedicht



»Der Weisheitslehrer«[172]

Seit dreissig jahren hast du gepredigt vor scharen
Wer steht nun hinter dir? ›Kein einzelner – die welt.‹
O lehrer dann hieltest du besser die türen geschlossen
Du hast für nichts gewirkt als für ein blosses wort.

Nimmt man eines der ersten Gedichte von George aus »Die Fibel« und versteht man es hinsichtlich des »Endes« des Dichters metaphorisch, dann fällt »Ikarus« ins Auge:

Du flogst zu hoch auf jenen leichten flügeln
Die das geschick dir gab – aus erdenwegen ..
Doch konntest du des herzens trieb nicht zügeln
Du flogst zu hoch dem feuerball entgegen.

Längst warst du von der erde weggeflogen
Da lösten sich vom heissen sonnenkuss
Die schwingen und in wilde meereswogen
Sankst du hinab – nun hilft dir !karus!

171 | So George, zitiert aus einem Faksimile bei Sabine Lepsius, Braungart ebd. 301.
172 | George, Gedichte 155; Ikarus: ebd. 7.

Bezogen auf Walter Benjamin, der in seinem Kunstwerk-Aufsatz die Gestalt der negativen Theologie strukturanalog mit der Idee einer reinen Kunst verbindet, »die nicht nur jede soziale Funktion, sondern auch jede Bestimmung durch einen gegenständlichen Vorwurf ablehnt«, formuliert Braungart: »Wie in der negativen Theologie kein geglaubtes Heiliges mehr direkt zum Gegenstand des Bewusstseins werden und deswegen als das ganz Andere nur durch Formen der Unterscheidung bezeugt werden kann, so kann sich das Kunstwerk im l'art pour l'art nur durch die radikale Unterscheidung in der Form als das postulierte ganz Andere gegenüber dem Vulgären und Profanen zeigen. Kunst ist im l'art pour l'art das Unerreichbare, unfasslich Höchste, das als Mysterium Formen der Zelebrierung braucht, weil es nur in diesen Formen da ist und erfahrbar wird.«[173]





Ich denke in diesem Zusammenhang an die Rede des siebzehnjährigen Amadeus bei der Abschlussfeier des Gymnasiums, wie sie Pascal Mercier im Roman »Nachtzug nach Lissabon« dokumentiert. Sie trägt den Titel: »Ehrfurcht und Abscheu vor Gottes Wort.«[174]

> »Ich möchte nicht in einer Welt ohne Kathedralen leben. Ich brauche ihre Schönheit und Erhabenheit. Ich brauche sie gegen die Gewöhnlichkeit der Welt. Ich will zu leuchtenden Kirchenfenstern hinaussehen und mich blenden lassen von den unirdischen Farben ... Ich will mich einhüllen lassen von der herben Kühle der Kirchen ... Ich will den rauschenden Klang der Orgel hören, diese Überschwemmung von überirdischen Tönen. Ich brauche ihn gegen die schrille Lächerlichkeit der Marschmusik. Ich liebe betende Menschen. Ich brauche ihren Anblick. Ich brauche ihn gegen das tückische Gift des Oberflächlichen und Gedankenlosen. Ich will die mächtigen Worte der Bibel lesen. Ich brauche die unwirkliche Kraft ihrer Poesie. Ich brauche sie gegen die Verwahrlosung der Sprache und die Diktatur der Parolen. Eine Welt ohne diese Dinge wäre eine Welt, in der ich nicht leben möchte ...
>
> Ich verehre Gottes Wort, denn ich liebe seine poetische Kraft. Ich verabscheue Gottes Wort, denn ich hasse seine Grausamkeit ... Die Poesie des göttlichen Worts, sie ist so überwältigend, dass sie alles zum Verstummen bringt und jeder Widerspruch zum jämmerlichen Kläffen wird. Deshalb kann man die Bibel nicht

173 | Braungart, Katholizismus 11–12, mit dem entsprechenden Zitat aus dem Kunstwerkaufsatz von Benjamin.

174 | Mercier, Nachtzug nach Lissabon 198–203.

einfach weglegen, sondern muss sie wegwerfen, wenn man genug hat von ihren Zumutungen und der Knechtschaft, die sie über uns verhängt ...
Ich brauche die Heiligkeit von Worten, die Erhabenheit großer Poesie. All das brauche ich. Doch nicht weniger brauche ich die Freiheit und die Feindschaft gegen alles Grausame. Denn das eine ist nichts ohne das andere. Und niemand möge mich zwingen zu wählen.«

In seinem Nachdenken über diese Rede reflektierte Gregorius: dieser Junge »würde immer die Feindschaft gegen das Grausame wählen ... Dafür würde er notfalls die Kathedralen opfern. Der gottlose Priester würde sich eigene Kathedralen bauen, um der Gewöhnlichkeit der Welt zu trotzen, und seien es nur solche aus goldenen Worten.«[175]



Der letzte Satz könnte auch für George geschrieben sein: Die Architektur der Kathedrale charakterisiert auch die Architektur seiner Dichtung nicht schlecht. Die starke Ambivalenz und Zweischneidigkeit, die Amadeus gegenüber diesem Kathedralem ebenfalls zum Ausdruck bringt, fehlt allerdings Georges Selbstbewusstsein, nicht aber seinen Kritikern. Die Frage nach dem Verhältnis von großen Worten und Knechtschaft bleibt auch hier virulent.

175 | Ebd. 203.

# 7. Werner Bergengruen: Hingabe und Fügung

## *7.1 Nur Nachkriegsliteratur?*

Selbst in Riga wird man nicht etwa auf Bergengruen aufmerksam gemacht, sondern muss als Besucher selbst auf ihn aufmerksam machen: Weder steht das Haus seiner Kindheit und Schulzeit auf dem Besichtigungsprogramm der Studienreise noch wird Bergengruen im DuMont Reisetaschenbuch »Lettland« überhaupt erwähnt.[1] Aber auf Nachfrage ist die Reiseführerin gerne bereit, uns das Haus zu zeigen, in dessen Eingangsbereich auf der linken Seite in lettisch und deutsch zu lesen ist: »In diesem Haus lebte Werner Bergengruen, geboren 1892 Riga, gestorben 1962 Baden-Baden, der bedeutende deutsch-baltische Schriftsteller und Dichter«.





Von dieser Bedeutsamkeit ist allerdings weder in der gegenwärtigen Germanistik, geschweige denn im gängigen Deutschunterricht an Gymnasien etwas zu spüren, jedenfalls wenn man Bedeutsamkeit nicht nur als historisches Interesse an vergangener Bedeutsamkeit versteht, sondern mit dem Anteil eines Gesprächs über eine mögliche Relevanz vergangener Texte für die Gegenwart. Was diesbezüglich Bergengruens südlicherem baltischen Zeitgenossen Ernst Wiechert (1887–1950)[2] von den polnischen Masuren bis Danzig und weit darüber hinaus an neuer Gültigkeit vor allem in der Aufnahme der jüngeren Generation zuteil wird, diese Renaissance bleibt Bergengruen in Lettland versagt. Dagegen findet die Suche nach postkommunistischen Vorbildern gerade in den vom Deutschen in das Polnische übersetzten Büchern von Ernst Wiechert vorstellbare Leitbilder für die Gestaltung eines menschlichen und politischen Lebens, das die Treue zur heimatlichen Landschaft mit »einer zu Opfern bereiten Humanität« verbindet.[3] Die neue polnische Generation erlebt darin offensichtlich »das bezwingend Herausfordernde einer vorgelebten Haltung«, in der sich jene Wertorientierung manifestiert, die auch

1 | Vgl. Jochen Könnecke, Vladislav Rubzov, Lettland. Mit Stadtführer Riga, Ostfildern 2005.

2 | Vgl. Verena Klotz, »mit dir statt gegen dich« Ein feministisch-theologischer Beitrag zur relationalen Selbstvergewisserung der Frauen in einer androzentrischen Kultur, Frankfurt am Main 1990.

3 | Gerhard Kamin, in: Das Leben des Dichters (Ernst Wiechert 18.5.1887–24.8.1950), am Ende des 5. Bandes: E. Wiechert, Gesammelte Werke, Bde. 1–5, München 1980, 369–375, 370.

für den eigenen Bereich und für die eigene Zukunft gesucht wird und wie sie Wiechert folgendermaßen formuliert: »... Die Unfähigkeit, einem Unrecht schweigend zuzusehen, und das Unvermögen, sich vor Menschen zu beugen, wenn die Beugung nicht gleichzeitig die vor dem Recht oder der Größe sein konnte.«[4]

Selbstverständlich ist jede Erinnerung, auch die literarische, darauf angewiesen, nicht nur zu erinnern, sondern auch zu vergessen. Denn nie kann alles erinnert werden. Nur die Selektion ermöglicht den Relevanzdiskurs. Dessen integraler Bestandteil ist es allerdings auch, herrschende Kriterien einer Erinnerung immer wieder in Frage zu stellen, gezogene Grenzen zu überschreiten und neue Auswahlprozesse zu verantworten.

Damit die Analyse Walter Kiaulehns nicht endgültig zutrifft: »Das große Schwurgericht der Literatur, das insgeheim alle 50 Jahre zusammentritt – keiner kann sagen wie und wo –, verurteilt im Schnellverfahren ganze Reihen von Schriftstellern und ihre Bücher zum Tode des Vergessens ... Man erschrickt bei dem Blick zurück, wie viele auf der Strecke geblieben sind.«[5] Immerhin hat Marcel Reich-Ranicki einmal in der ZEIT geschrieben: »Werner Bergengruen bedient sich der novellistischen Form mit erstaunlicher Selbstverständlichkeit und Souveränität. Er vermochte eine ungewöhnliche Phantasie und ein in der Tat imponierendes Fabuliertalent mit der Geschmeidigkeit, der Eleganz und der Musikalität der Sprache zu verbinden ...«[6]

War schon, um bei diesen beiden Schriftstellern zu bleiben, ihre Rezeption bzw. die Verhinderung ihrer Rezeption durch den Nationalsozialismus von beträchtlicher Relevanz, so gewinnen sie gerade deswegen nach 1945 eine besondere Bedeutung im weiten disparaten Feld der sogenannten Nachkriegsliteratur, die bis in das Ende der sechziger Jahre auch im Deutschunterricht präsent war. Noch 1967 gehört Bergengruen zu den Autoren, »die sich dem literarischen Bewusstsein unserer Zeit wegen ihrer geistigen, sprachlichen und formalen Wirkung, des von ihrem Werk ausgehenden Anspruchs, der Faszination der Persönlichkeit, der Fähigkeit der Repräsentanz und aus anderen Gründen mehr, als gegenwärtig

4 | Zit. ebd. aus Wiecherts Erinnerungsbuch »Welt der Unmenschen« 371.

5 | Zitiert bei Wolf Jobst Siedler, Freilegung einer versunkenen Welt, in: Neue Zürcher Zeitung vom 8.11.2005.

6 | Zitiert im Klappentext von Werner Bergengruen, Baltische Geschichten, München 2000.

vorhanden und gewichtig eingeprägt haben.«[7] Danach verabschiedet sich der Mainstream insbesondere von einer Kunst und Literatur, die all zu offen eine absichtsreiche Nähe zu einer thematischen Wertorientierung betreibt, sei sie auf der Basis christlicher Orientierung oder auch auf der Basis eines verantwortungsethischen Begriffs des Gewissens gewonnen. Für die polnische Generation in Nord-Ost-Polen wurde nach dem friedlichen Übergang von der kommunistischen Diktatur zur Republik Polen 1989 offensichtlich Ernst Wiechert nochmals, wenn auch in unvergleichlicher und darin nur analogen Weise zu 1945, zu einer »Nach«-Literatur, einer Literatur, die nach der Erfahrung von Unterdrückung und Ungerechtigkeit nun für die Zukunft des Landes neue Hoffnung schöpfen lässt und dieser Hoffnung zugleich eine vorstellbare inhaltliche Gestalt gibt. Wiecherts mystische Religiosität steht hier (noch) nicht im Wege, weil man auch auf der Suche nach einer neuen Verbindung von eigenem, meist katholischem Glauben und sozialer Verantwortung ist.[8]





Was Wiechert und Bergengruen verbindet und was ihnen über 1945 hinaus eine besondere Glaubwürdigkeit und Authentizität zukommen ließ, ist die Tatsache, dass beide bis zur Selbstgefährdung hin gegen den Nationalsozialismus opponiert haben. Wiechert klagte in öffentlichen Reden den Machtwahn und den Antisemitismus an, kam 1938 in das KZ Buchenwald und wurde nach der Entlassung unter Gestapo-Aufsicht gestellt und mit Schreibverbot belegt. Bergengruen publizierte 1935 den Roman »Der Großtyrann und das Gericht«, worin er die letztmögliche Machthybris eines Diktators bis zum Äußersten zeichnet, nämlich sich zum Herrn über Leben und Tod zu erheben. »Die mit dem Geschehen verknüpfte Darstellung einer Diktatur verlieh dem Roman seinerzeit Aktualität.«[9] 1937 wurde Bergengruen aus der nationalsozialistischen Reichsschrifttumskammer ausgeschlossen. Später wird er es als Wunder

7 | Und deshalb in das »Kleine Handbuch der deutschen Gegenwartsliteratur« aufgenommen wurden, so der Herausgeber Hermann Kunisch in seinem Vorwort zu diesem Handbuch, erschienen München 1967.

8 | Vgl. dazu vor allem die Romane von Ernst Wiechert: Die Jeromin-Kinder (entstanden 1940/41 und erschienen München 1945–1947) sowie den letzten Roman: Missa sine nomine, München 1950: vgl. dazu die Beiträge in Kindlers Literaturlexikon, Bd. III, Zürich 1965, 2880f. und Bd. IV, 2723f.

9 | Hermann Bender, in: Kleines Lexikon der Weltliteratur im 20. Jahrhundert, hg. v. Helmut Olles, Freiburg i. Br. 1964, 40–41, 40.

bezeichnen, dass er mit seiner jüdischen Frau den Terror überlebt hatte.[10]

## 7.2 Blasphemischer Vollkommenheitswahn

Der Roman, den Bergengruen seiner Frau widmet, beginnt mit der lateinischen Vater-Unser-Bitte: »Ne nos inducas in tentationem« (Führe uns nicht in Versuchung). Dazu kommt die Präambel: »Es ist in diesem Buche zu berichten von den Versuchungen der Mächtigen und von der Leichtverführbarkeit der Ohnmächtigen und Bedrohten. Es ist zu berichten von unterschiedlichen Geschehnissen in der Stadt Cassano, nämlich von der Tötung eines und von der Schuld aller Menschen. Und es soll davon auf eine solche Art berichtet werden, dass unser Glaube an die menschliche Vollkommenheit eine Einbuße erfahre. Vielleicht, dass an seine Stelle ein Glaube an des Menschen Unvollkommenheit tritt; denn in nichts Anderem kann ja unsere Vollkommenheit bestehen als in eben diesem Glauben.«



Der Großtyrann eines Stadtstaates in der italienischen Renaissance fordert die Aufklärung des Mordes an einem Mönch, und zwar innerhalb von drei Tagen. Später wird sich heraus stellen, dass er selbst diesen Mord begangen hat und dass er sich damit Gewalt über das Leben und Sterben seiner Untertanen anmaßt. Die Bürger versuchen mit allen Mitteln, den Mörder zu suchen und dabei gleichzeitig sich selbst mit falscher Anklage, mit Lügen und Verrat zu rechtfertigen. Das Netz von Intrigen und gegenseitigen Verdächtigungen, von falschen Anklagen und unterstellten Geständnissen, von gefälschten Alibis und vitalen Lebensängsten wird immer dichter. Endlich kann der Färber Sperone, ein frommer Mann, nicht mehr länger zusehen und opfert sich, indem er sich selbst des Mordes bezichtigt, damit nun endlich dieses alle sozialen Bande zerstörende Treiben ein Ende hat. Doch ist auch er dabei auf Lüge angewiesen.

In der großen Gerichtsverhandlung überrascht der Großtyrann alle mit dem Geständnis, dass er selber den Mönch ermordet hat, um die Herzen

10 | Zum eindrucksvollen Rückblick Bergengruens in die Zeit der nationalsozialistischen Diktatur vgl. Werner Bergengruen, Schriftstellerexistenz in der Diktatur. Aufzeichnungen und Reflexionen zu Politik, Geschichte und Kultur 1940–1963 (hg. v. Frank-Lothar Krol, N. Luise Hackelsberger, Silvia Taschka) München 2005.

seiner Untertanen zu prüfen. Und weil das Ergebnis so katastrophal sei, wolle er nun über alle in diesem Kesseltreiben schuldig Gewordenen Gericht halten: »Und da ich mir dies Recht nahm, das mir niemand abstreitet, so nahm ich mir ein anderes von der gleichen Unabstreitbarkeit; nämlich dasjenige, mir einen Erweis zu gewähren von der Gesinnung und der Gewissensstärke derer, mit denen ich zu schaffen habe als mit meinen Dienern und Untertanen. Und ich habe sie alle unterliegen sehen vor jeder Versuchung.«[11]

Da tritt der Priester Don Luca hervor und dreht den Spieß um, indem er dem Großtyrannen eine heftige Anklage entgegen wirft: »Und du selber, Herrlichkeit? ... Bist du nicht der Versuchung erlegen wie alle? ... Der Ärgsten von allen ... Der des Gottähnlichseinwollens. Der Versuchung der Schlange im Paradiese, welche unseren Voreltern sagte: ihr werdet sein wie Gott, indem ihr wissen werdet das Gute und das Böse. Wir anderen sind in Versuchungen und Verschuldungen gefallen nach menschlicher Weise und innerhalb der Begrenzungen des menschlichen Wesens. Du aber als der einzige hast gesündigt, indem du dich über das Menschliche zu erheben trachtest und Gott gleich sein wolltest ... Welche Nötigung hat dich genötigt, Herrlichkeit, oder welche Bedrohung dich bedroht? ... Ein jeder andere wurde so versucht, dass er aus Zwang und Not eines rettenden Ausweges bedurfte; und er war schwach genug, ihn zu begehen. Wo aber ist deine Entschuldigung? Du hast mit deinem freien Willen dies widergöttliche Spiel angehoben, nicht getrieben von einer Not, sondern einzig von deinem Gelüsten, in Gleichheit Gottes die Schicksale von Menschen zu bewegen und zu beschauen und endlich als ein Weltenrichter über sie zu befinden. Und so hast du des Menschen Fehlbarkeit und Leichtverführbarkeit bestürzender zum Erweise gebracht als diese anderen. So bist du der Urheber aller bösen Geschehnisse in deiner Stadt und einzig du, Herrlichkeit, hast nichts, das zu deiner Rechtfertigung dienen könnte oder zu einer Milderung des Urteils, wie es doch alle diese anderen haben. Dies ist die Anklage, die hier gegen dich erhoben wird. Und nun weißt du, Herrlichkeit, dass du unter dem Gerichte stehst, ob auch nicht unter dem unseren.«[12]



11 | Werner Bergengruen, Der Großtyrann und das Gericht, Hamburg 1935, 295

12 | Bergengruen, ebd. 296–297.

Eine ähnliche Herrschaftskritik übt Friedrich Dürrenmatt in seiner Kurzgeschichte »Der Theaterdirektor« (1945). Emil Weber schreibt dazu: »Da, wo der Mensch ... sich selbst Göttlichkeit anmaßt, ... da offenbart sich seine Macht als sinnlose Gewalt ... Von der Schauspielerin heißt es, ›Sie stand mitten unter den Menschen, die sich in Bestien verwandelten ...‹ Divinisierung ... führt zur Bestialisierung.«[13]

Die Hanseatische Verlagsanstalt hat 1935 im Klappentext der Erstausgabe die mutigen Sätze formuliert: »In diesem äußeren Rahmen eines aufregenden Geschehens behandelt Bergengruen in meisterhaften, scharf geschliffenen Dialogen die tiefsten Fragen des menschlichen Daseins: die Frage nach der Herrschaft, der Gerechtigkeit, des Opfers und der Sünde. Die zahlreichen Gespräche rühren an die letzten Worte unserer Existenz ... Wer noch Sinn für eine an klassischen Vorbildern geschulte Prosa hat, wer bereit ist, sich ernstlich mit ethischen und weltanschaulichen Fragen auseinanderzusetzen, der wird dieses Buch nicht nur einmal lesen, sondern immer wieder, um es, innerlich bereichert und beglückt, mit Dank gegen den Dichter aus der Hand zu legen.«

In Riga, in der Stadt, in der Bergengruen, damals im russischen Riga, seine Kindheit und Schulzeit verbracht hat, und für deren Befreiung Bergengruen im Ersten Weltkrieg als Kornett in der baltischen Landeswehr gekämpft hat, ist mir vor einigen Jahren neu aufgegangen, dass ich diesem Dichter nicht nur für meine eigene Biographie einiges verdanke, sondern dass es schade ist, dass er gerade heute kaum mehr einen Platz im kulturellen Gedächtnis deutschsprachiger Menschen einnimmt. Biographisch ist mir Bergengruen vor allem in meiner Gymnasialzeit begegnet, in der im Deutschunterricht mehr erzwungenen als freiwilligen Lektüre seiner »Legende von den zwei Worten«,[14] über die ich eine deutsche Hausarbeit schreiben musste, und im deutschen Abiturthema 1966, das ich damals gewählt habe, nämlich den Ausspruch von John F. Kennedy: »Wenn Macht den Menschen zum Hochmut führt, erinnert ihn die Dichtung an seine Grenzen!« Ich versuchte das Thema mit zwei Werken zu verifizieren, die ich damals über Jahrtausende hinweg ins Gespräch



13 | Emil Weber, Friedrich Dürrenmatt und die Frage nach Gott. Zur theologischen Relevanz der frühen Prosa eines merkwürdigen Protestanten, Zürich 1980, 150–151.

14 | Werner Bergengruen, Die Legende von den zwei Worten, in: Karl Hammes (Hg.), Moderne Erzähler XVII, Paderborn 1962, 13–25. Die Erzählung stammt aus dem Buch: Die Sultansrose und andere Erzählungen, Basel 1946.

brachte: Den Großtyrann und das Gericht auf der einen und die Antigone von Sophokles auf der anderen Seite.
Übrigens: Ich habe Bergengruen längst verziehen, dass er meine Heimatstadt Erlangen bei seiner Fahrradtour 1933 durch Deutschland unter die Rubrik »freundliche Langeweile« einordnete und dann noch folgendermaßen mit Bayreuth kontrastierte: »Für Erlangen mag man Wohlwollen aufbringen, in Bayreuth muss man sich verlieben.«[15] Bergengruen hat diese Reise im unheilvollen Sommer 1933 unternommen. In seinen Aufzeichnungen schreibt er: »Jetzt erkenne ich, worin vorzüglich die Bedeutung dieser Reise für mich lag. Ich durfte die noch lebendige Kontinuität der deutschen Geschichte anschauen und einen über die Zeiten hinwegtönenden Akkord vernehmen, bevor die Kluft aufgerissen wurde, die in alle Zukunft niemand mehr wird ausfüllen oder überspringen können. Ein letztes Mal durfte ich all das insgeheim schon zur Zerstörung Verdammte ... auf mich wirken lassen und von dieser Wirkung mir und anderen Rechenschaft geben.«[16]





## *7.3 Verwurzelt und frei*

Gewiss ist die Bedeutung der Nachkriegsliteratur nach 1918 und 1945 nicht als solche wiederzubeleben. Dennoch gibt es partielle »Nach-...«-Konstellationen, die ein neues Gespräch mit mancher Nachkriegsliteratur provozieren könnten. Dies kann sich zunächst auf die nachmoderne Radikalisierung einer pluralistischen Gesellschaft beziehen, worauf diese Literatur strukturanalog bereits im ersten großen Pluralisierungsschub der westlichen Moderne, nämlich nach dem Ersten Weltkrieg, in der Vielfalt dichterischen Sprechens eine Stimme war, die konservative Haltungen mit einer Zuwendung zu den Problemen der damaligen Gegenwart verband und einen gewissen Halt in der Vielfalt neuer Lebensformen und Gültigkeiten gab.[17] Dabei könnten heute im Kontext einer durchaus pluralen Suche nach einem kraftschenkenden und motivierenden »Dahinter« menschlichen Lebens, Handelns und Sterbens gerade Bergengruens Texte auf fruchtbaren Boden fallen, wären sie denn be-

15 | Werner Bergengruen, Deutsche Reise. Mit dem Fahrrad durch Kultur und Geschichte, München 2004, 279, vgl. auch 277.
16 | Aus dem Bergengruen-Archiv zitiert im Vorwort von N. Luise Hackelsberger, ebd. 9.
17 | Vgl. dazu Karl Kunze, Heinz Obländer, Grundwissen Deutsche Literatur, Stuttgart 1969, 52.55.

kannt und medial präsent. Doch möchte ich diesen Zusammenhang erst später vertiefen.

Mit Bergengruen verbietet sich jeder Kulturpessimismus. Vielmehr bietet er Gegenlager zu Prozessen an, die destruktiv werden, wenn sie sich totalisieren. Gegenüber einer fast grenzenlosen Flexibilitäts- und Mobilitätsideologie,[18] die Menschen ihrer Herkunft entwurzelt, die Lebenspartner und -partnerinnen genauso auseinander reißt wie sie täglich stundenlange Autofahrten einfach für normal deklariert, stellt Bergengruen eine vorstellungsfähige Verbundenheit mit einem eigenen Ort gegenüber, dem man sich in Treue verbunden weiß, nicht statisch, dass man immer dort sein sollte, sondern dynamisch in der inhaltlichen Treue zu einer orts- und landschaftsgebundenen Herkunft, die ein Leben lang bleibt und immer wieder neue Veränderungen ermöglicht und zugleich trägt. So dass auch der Flüchtling letztlich nie unbehaust bleibt.

Wie sich derart Geschichte und Natur, Biographie und Herkunft bei Bergengruen selbst verbinden, hat er in einer von der deutschen Hausbücherei Hamburg lizenzierten einmaligen Ausgabe seines Romans »Herzog Karl der Kühne« 1943 in einem »Wort über mich selbst« in der Selbsterkenntnis formuliert: »... wie sehr ich mich bis in die letzten Ästelungen meines menschlichen und dichterischen Tuns von meiner baltischen Abkunft bestimmt fühle. Unmöglich, in einem Menschen mit Entschiedenheit zu sondern, was ihm als einzelnen, was ihm als Abkömmling und Glied einer Gemeinschaft zugehört. Dennoch meine ich das Wesentlichste in mir diesem Lande und seiner Art danken zu sollen. Ich bin im Grunde ein agrarischer Mensch, wie unter den Balten ja auch die Städter im Grunde agrarische Menschen sind. Ich ertappe mich lächerlicherweise selbst in Berlin immer wieder dabei, dass ich den Asphalt des Bürgersteiges meide und, wo es möglich ist, auf jenem schmalen Erdstreifen gehe, in den man ab und zu einen symbolisch gemeinten Alleebaum gesteckt hat. Ich kann nicht leben außerhalb des natürlichen Rhythmus der Jahreszeiten. In dies baltisch-agrarische Element mag es auch gehören, dass ich kein Bedürfnis nach Freiheit (im Sinne von Loslösung), aber ein beherrschendes und auch wohl reizbares Bedürfnis nach Unabhängigkeit habe. Am Stärksten fühle ich mich angerührt von der Natur und von der Geschichte als von den beiden großen Erscheinungsformen des orga-



18 | Vgl. Richard Sennett, Der flexible Mensch. Die Kultur des neuen Kapitalismus, Berlin 1998.

nischen Lebens, also des Gewachsenen und Gewordenen im Gegensatz zum Gemachten. Natur und Geschichte schaffen zusammen eine Landschaft und deren stärksten Ausdruck: ihren Mythos. Ich habe wohl kaum etwas geschrieben, es sei Gedicht, Novelle, Roman, dessen heimlichen oder offenkundigen Grund nicht die Landschaft bildete, die empirische wie die mythische.«[19]

Wo immer Bergengruen von Marburg, München, Berlin, Tirol, Zürich bis Baden-Baden lebt: Überall kann er ein Stück Erde mit seiner herkünftigen Heimat verbinden und deshalb neue Heimat finden. Ganz im Sinne von Johannes Bobrowski, der ebenfalls aus dem Nordosten stammt: »Heimat nimmt man an den Schuhsolen mit.«[20] Bergengruens Heimat ist gewissermaßen »portabel«.[21] Sich losreißende Entwurzelung gibt keine Freiheit, sondern fragmentiert und vernichtet ihr authentisches Vitalitätszentrum. Reine Funktionalisierung führt zur Voraussetzungsvergessenheit und damit zu einem Leben in der Welt der »Nicht-Orte«.[22] 



## *7.4 Widerstand gegen »großtyrannische« Mächte*

Gerade die Kritik menschlicher Vollkommenheit und Herrschaft, wie sie Bergengruen vor 75 Jahren mit seinem Großtyrannen vorgelegt hat, kann problemanalog heutzutage eine besondere Relevanz entwickeln: Heute nicht nur unvermindert gegenüber politischen und ökonomischen Totalitarismen, sondern gegenüber jenen schleichenden totalitären Bemächtigungen, in denen von ganz bestimmten vollkommenen genkonstruierten Menschenbildern her ungeborene angeblich behinderte Menschen und sozialpolitisch lebende behinderte Menschen ausselektiert bzw. zusätzlich am Leben behindert werden. Ähnliches gilt für eine Wissensgesellschaft, in der sich alles, auch das Mysterium, im karrierekonformen biographischen wie universitären Auftragswissen auflöst, oder wenn die Ökonomiefuturiker davon ausgehen, dass in zehn bis zwanzig Jahren

19 | Werner Bergengruen, Herzog Karl der Kühne oder Gemüt und Schicksal, Hamburg 1943, 347–348.

20 | Zitiert bei N. Luise Hackelsberger, Nachwort zu: Werner Bergengruen, Baltische Geschichten, München 2000, 217–222, 219.

21 | Ebd. 219.

22 | Vgl. Marc Augé, Orte und Nicht-Orte. Vorüberlegungen zu einer Ethnologie der Einsamkeit, Frankfurt am Main 1994; vgl. auch Paul Virilio, Der negative Horizont. Bewegung, Geschwindigkeit, Beschleunigung, Frankfurt am Main 1995.

nur noch hochqualifizierte Menschen einen Arbeitsplatz haben werden, während Millionen, die dann nicht mehr mithalten können, nicht einmal mehr zum Konsum benötigt werden, weil sie dafür keine Kaufkraft haben. Die Frage danach, wer die sozialen und Pflegedienste künftig bezahlen wird, wird in solchen Prognosen nur vereinzelt aufgenommen.[23] Dass es dabei zu einer instrumentalistischen Intelligenzverblödung und zu einer Verarmung der Emotionalität kommen kann, wird ebenfalls kaum thematisiert.



Was mit Hilfe von Bergengruen in der nachkriegsliterarischen Rezeption gegenüber der Vergangenheit an Auseinandersetzung möglich war, könnte gegenwärtig zur Basis der Auseinandersetzung mit der Gefahr einer möglichen Zukunft (die vielerorts schon Gegenwart ist) werden: gewissermaßen eine potentielle negativ dialektische »Vorkriegsliteratur«, die die Gefahr künftiger schrecklicher Totalitarismen und Kriege ins narrative Bild brachte und in die Lektüre brächte, mit dem Ziel, dabei hoffentlich die Qualifikation und den Anspruch, Vorkriegsliteratur zu sein, zu negieren und zu verlieren![24] Zugunsten des Anliegens, künftige Kriege gegen die Unvollkommenen und nicht mehr Funktionierenden, aber auch die weltweit Dürstenden, Hungernden und Ausgeschlossenen aufzuzeigen und zu verhindern.[25]

Ist es nicht eine katastrophale Hybris, vergleichbar mit der des Großtyrannen, der mit seiner Tat die Menschen unter bedrängende Lebensangst setzt, wenn heutzutage Menschen immer mehr von den »großtyrannischen« Kräften des Marktes[26] und der Aussperrung der »Unvollkommenen« in solche entsolidarisierende Ängste um sich selbst, und den Erhalt ihres Besitzes und ihrer Sicherheit hinein getrieben werden, dass sie bereits auf hohem Niveau dieser Angstinduktionen nichts Essentielles mehr zu teilen mögen, sondern eher an die Ausgrenzung und Vernichtung derer denken, mit denen sie eigentlich teilen müssten? Hier tun Kräfte und Spiritualitäten Not, die die Sinnerfüllung nicht allein im An-

23 | Vgl. dazu Fuchs, Die theologisch-ethische Kompetenz in der Wissensgesellschaft, in: Thomas Laubach (Hg.), Angewandte Ethik und Religion, Tübingen 2003, 21–38.

24 | Ähnlich wie Carl Amery die Gefahr einer globalisierten Hitlerformel (»Es reicht nicht für alle«) an die Wand der Zukunft malt, um sie möglichst zu verhindern: Hitler als Vorläufer. Auschwitz – der Beginn des 21. Jahrhunderts, München 2002, 163ff.

25 | Vgl. dazu Adrian Loretan, Franco Luzatto (Hg.), Gesellschaftliche Ängste als theologische Herausforderung. Kontext Europa, Münster 2004.

26 | Vgl. Carl Amery, Global Exit. Die Kirchen und der Totale Markt, München 2002.

häufen von Besitz, Sicherheit und Renditen als Basis ihrer Herrschaft gegen die diesbezüglich Unvollkommenen sieht, sondern eine hinter Existenz und Geschichte liegende Gegenmacht zu vermuten vermögen, die ihrerseits alles trägt und deshalb Entsicherung zu Gunsten Anderer ermöglicht.

Bergengruen sieht die Versuchungen, weiß um Gefährdung, Schuld und Untergang, um Armut und Leid der Menschen und gibt gerade darin nicht die Hoffnung auf »Gnade« in der Geschichte auf, wie sie sich zum Beispiel darin zeigt, dass es mit dem Priester Don Luca einen gibt, der sich aus Liebe für die Gemeinschaft zu opfern vermag, so dass der Großtyrann sagt: »Es ist also einer gewesen im Cassano, der aus Liebe hat sterben wollen auch für mich.«[27] So stellt er in den Verhau der Geschichte jenen Menschen, der um der Gerechtigkeit aller willen sein Leben hinzugeben vermag, ohne die Hybris, darin unschuldig zu bleiben, sondern gerade mit dem Bewusstsein, diese Hingabe nur in der Verbindung einer Gegenlüge zur Lüge des Herrschenden verwirklichen zu können. Unschuldseinbildungen sind auch auf der Seite der Hingabe und Liebe nicht am Platz. Das Geheimnis der Stellvertretung leuchtet hier auf, ein Geheimnis, das es vor allem in unserem gegenwärtigen solidarischen Handeln als Beweggrund und Vollzugsform zu entschlüsseln gäbe.[28]

Bergengruen bringt die Hingabefähigkeit, die die Person betrifft und der Gesellschaft Heil bringt, nicht als Moralist in postulatorischer Manier ein. Vielmehr ist seine Dichtung insgesamt ein geöffneter Raum, in dem Erfahrungen geschildert werden, die es den Menschen ermöglichen, solche Wege zu gehen. Die Form des Erzählens entspricht der Symbolhaltigkeit der Welt, die Bergengruen immer wieder beleuchtet. Ist von der Form des Erzählens zu sagen, »dass ihre Beruhigtheit ein Gegenhalt gegen das Gebrechliche des Daseins ist«,[29] so trägt diese Form den Inhalt, dass alles Erzählte zugleich zeichenhaft ist für etwas Dahinterliegendes, das die Angst bändigt und die Erfahrung der Gnade ermöglicht. Von diesem »Dahinter« kommt eine unaufdringliche, gleichwohl nachhaltige





27 | Bergengruen, Großtyrann 300.

28 | Vgl. Hermann Kunisch, Werner Bergengruen, in: ders. (Hg.), Kleines Handbuch 60–72, 66; Zur Theologie des Stellvertretungsbegriffs vgl. Ottmar Fuchs, »Stellvertretung« – eine christliche Möglichkeit!, in: Theologische Quartalschrift 185 (2005) 95–126.

29 | Kunisch, Bergengruen 63.

Kraft zu einem Vertrauen, das sich in den gleichnishaft erfahrenen Willen Gottes einfügt.

In die Pluralisierung der Lebenswelten, wie sie bereits in den zwanziger Jahren des letzten Jahrhunderts anhebt, bringt Bergengruen in einem kreativen Anachronismus den mittelalterlichen Blick auf die Wirklichkeit als entzifferbare Symbolwelt für die dahinter liegende Absicht Gottes und damit als eine Basis ein, um in der Pluralität nicht die eigene Identität zu verlieren, um aber auch nicht mit der Angst um die eigene Identität die Liebe zu aller Kreatur, die Solidarität mit allen Menschen also, zu verlieren. Der Dichter gibt damit Einblick in die Tiefendimension der Welt, findet darin ein absolut unfundamentalistisches Fundament für die Verantwortung für alle Menschen und für die Gesellschaft. Indem die Dichtung im menschlich Kreativen so das göttlich Kreatorische transparent werden lässt, es in die Erfahrung von Erzählungen und Gedichten, von Sprache und Symbolen hebt, werden Dichterin und Dichter zum »poeta creator«. Denn derart wird die Welt auf den Geist hin durchsichtig, in dem sie geschaffen wurde. Indem Bergengruen so das Ewige im Zeitlichen durchscheinen lässt, ist er ein romantischer Dichter.[30] So kommt es zur Epiphanie der Wirklichkeit, die die Menschen nicht selber produziert haben und produzieren können, der sie sich aber gleichwohl verdanken.



## *7.5 Hoffnung auf Rettung*

Dieses hinter dem Verfall verborgene Heil ist bei Bergengruen als solches noch ungebrochen. Er hat noch keinen Zugang dazu, die Dunkelheit menschlicher Erfahrungen, bis hin zum unermesslichen Grauen und Leiden, die in den Genoziden des Nationalsozialismus wie in der Spitze eines Eisbergs die Signatur der gesamten Geschichte ausmachen, in die Auseinandersetzung mit Gott selbst einzubringen, so dass nicht nur der Mensch von Gott her, sondern Gott vom Menschen her zum Ort des Gerichtes wird. Gott wird aus der negativen Dialektik der Geschichte herausgehalten, steht ihr als »homogenes« Heil gegenüber und trägt damit den Sinn der Welt, wie er in ganz bestimmten Erfahrungen und Symbolen zum Vorschein kommt und das Leben zu tragen vermag. Bei aller

30 | Vgl. Charles Taylor, Quellen des Selbst, Frankfurt am Main 1989, 659ff.

Möglichkeit, im vor allem durch das dichterisch transparent gewordene Leben den Willen Gottes zu erkennen, bleibt Gott selbst ziemlich unaffiziert von der Heillosigkeit der Welt, die jede Sinnkategorie zerschlägt und Gottes diesbezüglichen Anteil an dieser Schöpfung in ihm selbst anklagt bzw. von ihm mehr an selbstriskierender Solidarität erwartet als nur die heilvolle Hintergrundsinfonie einer im Vordergrund meist heillos spielenden Dissonanz zu sein.[31] Bonhoeffers Diktum, dass nur der leidende Gott helfen kann,[32] ist in dieser dann darin weniger mittelalterlichen denn »platonischen«[33] Sicht Gottes kaum integrierbar.

Dennoch bleibt an Bergengruens Heilskonzept wahr, dass sich menschliches Vertrauen immer nur dann ereignen kann, wenn vom Gegenüber her letztlich Heil erwartet werden darf. Andernfalls löst sich die Religion in Satanismus auf. Die biblischen Gebete und Geschichten zeigen, dass auch durch die schlimmsten Erfahrungen des Leidens und die von daher erfahrene Dunkelheit und Anklage Gottes hindurch ein letzter Funken der Hoffnung niemals aufgegeben wird, nämlich dass Gottes Heilswillen größer ist als sein Gericht. Selbst die heftigsten Klagepsalmen nehmen immer noch zu einem Gott Beziehung auf, von dem Rettung erwartet wird, und wenn allein nur noch die Beziehungsaufnahme der fast verzweifelten Klage selbst Ausdruck dieser Hoffnung ist (vgl. Psalm 88).

In seinen konkreten Geschichten ist Bergengruen seinem Transzendenzkonzept voraus, indem er darin die Erfahrungen der Gnade in der Verflechtung mit dem Unheil schildert, so dass es auch bei ihm jener im Symbol gefasste, oft auch noch so kleine »Mehrwert« der Gnade ist, der Hingabe und Liebe ermöglicht. Das Transzendente zeigt sich in den Geschichten nicht nur geheimnisvoll in übersehbaren Spuren und in unaufdringlichen Botschaften, sondern wird auch, gewissermaßen ex negativo, in Begegnungen vermisst, in denen »falsch« auf Spuren reagiert und gegen die »Gnade« gehandelt wird. Derart kommt der Kampf gegen die Verzweiflung zum Zug, auf der Suche nach neuen Spuren, die auf





31 | Vgl. Ottmar Fuchs, Gottes trinitarischer »Offenbarungseid« vor dem »Tribunal« menschlicher Klage und Anklage, in: Magnus Striet (Hg.), Monotheismus Israels und christlicher Trinitätsglaube, Freiburg i. Br. 2004, 271–295.

32 | Vgl. Werner Kallen, In der Gewißheit seiner Gegenwart. Dietrich Bonhoeffer und die Spur des vermissten Gottes, Mainz 1997, 158–164.

33 | Vgl. zum Verständnis dieses Begriffs in diesem Zusammenhang Elmar Klinger, Armut. Eine Herausforderung Gottes. Der Glaube des Konzils und die Befreiung des Menschen, Zürich 1990, 280–287.

diesem Erfahrungsniveau eine Hoffnung zu tragen vermögen, die sich weder der Natur noch der menschlichen Geschichte verdanken und deshalb auch über sie und über den Tod hinausweisen.

Ohne die Pluralität vieler Biographien und Lebenswelten schmälern zu wollen, gibt es doch in den Geschichten diese beiden Grundsituationen: die Suche nach den Spuren der Erlösung in Analogie zur erlebten guten Situation, und die Suche nach den Spuren der Erlösung in ihrer Differenz zur erlebten schlimmen Situation. Die biblischen Gebete und Geschichten zeigen beides, den für andere etwas »naiven«, aber gleichwohl tiefen Glauben an einen guten und lieben Gott und die Auseinandersetzung mit einem Gott, der in vieler Hinsicht dunkel und gewalttätig erscheint, ohne dabei allerdings den letzten und notwendigen Rest eines Glaubens zu verlieren, der am Ende die Rettung aller erhofft. Bergengruens Dichtung steht in seiner eigenen Vorstellung davon mehr auf der ersten Seite, in seinen Erzählungen aber berührt er ständig auch die andere Seite. So mag man sich an seine Werke halten, die im Unheil die Spuren eines letztlich heilvollen Gotteswillens nicht übersehen wollen.



Wenn es nicht nur um die Kontexte der Pluralität geht, sondern auch um die anwachsenden Kontexte der Gebrochenheit, türmt sich um so mehr die Sehnsucht nach einer Sinngestalt auf, die ein Getragensein vermittelt, das die gebrochene Existenz selbst nicht mehr herzustellen vermag. Auf Gebrochenheit kann man aber kaum mit ewig verbindlichen Essentials antworten, sondern nur mit dem Hinweis auf eine Begegnung, in der sich Menschen in dieser Gebrochenheit so bedingungslos als angenommen erfahren, dass sie weiterleben können. Dass Letzteres nicht herstellbar ist, erfährt Bergengruen schmerzlich in seiner langen Freundschaft mit Reinhold Schneider bis zu seinem Tod, der zu Bergengruens »Die Zwillinge aus Frankreich« (1955) ein Nachwort und in »Privilegien des Dichters« (1957) ein Vorwort geschrieben hat. »Der ... Zuversichtlichere, niemals aber billig Optimistische, hat in seinen Ansprachen, vor allem nach dem Tode Schneiders, die schönste Deutung von dessen geistigem Wesen und umschatteten Ausklang gegeben.«[34]

34 | Kunisch, Bergengruen 63–64. Vgl. Werner Bergengruen, Grabrede für Reinhold Schneider, in: Reinhold Schneider, Winter in Wien, Freiburg i.B. 1958, 255–263. Zur Kritik Reinhold Schneiders gegenüber Paul Claudel, der das Narrative dem angeblich Essentiellen unterordnet und dadurch banalisiert, vgl. ebd. 17–18.

## 7.6 Spuren der Transzendenz

Den durch die europäische Geistesgeschichte wandernden Dauerdiskurs[35] zum Verhältnis von Allgemeinem und Besonderen kennzeichnet Bergengruen für seine Dichtung folgendermaßen: »Ohne das Typische menschlicher Zusammenhänge, den großen Gemeinschaftshintergrund aller Erzählerkunst je aus dem Auge zu verlieren, soll die Erzählung handlungsmäßig vom außerordentlichen Ereignis ausgehen, wie es alle ursprüngliche Fabulierkunst von ihren ersten Anfängen an getan hat. Unter dem außerordentlichen Ereignis verstehe ich in diesem Zusammenhang nicht das Sensationelle, Willkürliche und womöglich das vom seltsamen Zufall Getragene, sondern das aus der Menge der Gescheh-  nisse durch Bewegung, Reichtum und Steigerung der Lebensgefühle Hinausragende. Es gilt also die Darstellung und Deutung des Einmaligen, des Einzelfalles. Aber wie ich die Welt nur als eine Einheit zu empfinden vermag, so ist mir auch der Einzelfall, und sei es der abenteuerlichste und scheinbar isolierteste, nichts als die Manifestation ewig verbindlicher und schlechthin gültiger Gesetze, und deren Offenbarwerden, ... das, was ich als metaphysische Pointe bezeichnen möchte scheint mir denn auch den Kern jeder erzählenden Kunst zu bilden.«[36]



Eindrücklich in die ähnliche Richtung weist Bergengruens Novelle »Der Schutzengel« wo zunächst ein Traum, der dann später vor einer Katastrophe bewahrt, als ein »sonderbares Geflecht von Zufälligkeiten« erlebt wird, das aber nach der Rettung folgendermaßen von einem Priester »erklärt« wird: »es gibt nur eine Erklärung, mein Herr. Ich weiß nicht, wie sie darüber denken, aber es ist mir nicht zweifelhaft, dass ihr Schutzengel sich für jenen Traum der Gestalt des Parmentier bedient hat.«[37] Und genau diese von außen kommende »Erklärung« ruft »nicht ohne Betroffenheit« in dem Erzähler die Erinnerung an seinen Konfirmationsspruch wach, aktiviert also etwas, was sein eigenes ist: »Er wird seinen Engeln

35 | Vgl. Manfred Frank, Das individuelle Allgemeine, Frankfurt am Main 1985.

36 | Bergengruen, Wort über mich selbst 348. Vgl. zu diesem Problem in der Pastoral Ottmar Fuchs, Die Konfrontation des kirchlichen Dienstes mit »den sehr oft so grundlegend veränderten pastoralen und menschlichen Umständen« (PO 1) – Ermutigung zu einer topopraktischen Pastoral, in: Peter Hünermann, Bernd Jochen Hilberath (Hg.), Herders theologischer Kommentar zum Zweiten Vatikanischen Konzil, Bd. 5, Freiburg u. a. 2006, 403–414.

37 | Werner Bergengruen, Meisternovellen, Zürich o. J., 352 und 354.

über dir Befehl tun, dass sie dich auf ihren Händen tragen und du deinen Fuß nicht an einen Stein stoßest.«[38]

Dass Bergengruen die metaphysische Pointe auf ein ewig verbindliches Gesetz zurückführt, benötigt dessen weitere Klärung durch das, was er andernorts mit dem Willen Gottes beschreibt, der hinter diesem Gesetzten steht. In dieser personalen Kategorie wäre die Verbindung des Einzelfalles mit jenem einzigartigen Gott zu denken, wie er sich in die Konkretion der Geschichte als Handelnder, sei es als Schweigender, sei es als Sprechender, hinein begibt: Die biblischen Geschichten verdeutlichen diesen personalen Ursprung der Begegnung mit der »Transzendenz« in Einzelgeschichten, holen sich dabei den Vorwurf des Anthropomorphis-

mus ein, wehren dabei aber zugleich jener metaphysischen Allgemeingültigkeit, die die Einzelgeschichten nur als sekundäre Varianten des »eigentlichen« Ganzen begreift und damit die vielfältige und in vielem widersprüchliche Schöpfung wie auch die Vielfalt und Spannung von Schöpfung und Geschichte in ihrer Bedeutung minimalisiert.[39] Dass Bergengruen letzteres de facto gerade nicht tut, zeigt die Tatsache, wie sehr seine Erzählungen eine solche Selbstwertigkeit haben, dass sie auf keinen Fall nur als die Varianten eines dahinter liegenden abstrakten Zusammenhangs angeschaut werden können. Sie verschweißen Individualität und Substanz in untrennbarer Weise. Jede Erzählung ist ein eigenes Ereignis, ohne das es den Blick in das »Dahinter« seiner symbolhaften Transparenz überhaupt nicht gibt. Bergengruens Erzählungen sind hier weiter als seine Theorie davon.[40] Das Kreatorische kommt im Kreatürlichen zum Vorschein und kann ohne die Einzelgeschichte überhaupt nicht existieren. Darin holt Bergengruen in der Praxis seines schriftstellerischen Tuns das betont Inkarnatorische des katholischen Glaubens ein, zu dem er ein Jahr nach der Publikation seines Großtyranns konvertiert ist.

Bei Bergengruen ist in einer besonderen Weise die gegenseitige Transparenz von Geschichten zu spüren, die in unterschiedlichen Zeiten und

38 | Ebd. 354.

39 | Vgl. dazu Fuchs, Praktische Hermeneutik 155–202.

40 | So ist Bergengruen in seinem Wort über sich selbst Recht zu geben, wenn er schließlich einräumt, dass er sich mit diesem Einblick in die Theorie seines Schreibens übernommen hat, und mit der etwas großspurigen »Manifestation ewig verbindlicher und schlechthin gültiger Gesetze« im Grunde sein eigenes Dichten »verrät«: vgl. Bergengruen, Wort über mich selbst 349.

Epochen spielen.[41] Wie er alte Geschichten erzählt, gewinnen sie Bedeutung, oft hintergründig, für die Gegenwart: So wird der Großtyrann und das Gericht nicht nur als Vergangenheitsgeschichte gelesen, sondern als Widerstandsgeschichte gegen die nationalsozialistische Diktatur und Hybris. Alte Geschichten werden gefunden und erfunden, nicht nur um etwas über die Vergangenheit zu lernen, sondern diese dramatische Inszenierung ist auch darauf angelegt, aus der Vergangenheit zu lernen und eine vergangene Geschichte auf ihre gegenwärtige Relevanz hin transparent werden zu lassen. In der Suche nach den »metaphysischen Spuren« menschlicher Geschichte, nämlich dass darin Verborgenes und Verdrängtes sichtbar wird, gibt es zwar den Anachronismus verschiedener Kontexte, nicht aber einen prinzipiellen Anachronismus ihrer Unvergleichbarkeit auf dem Hintergrund von Erfahrungs- und Problemanalogien sowie spezifischer religiöser, existenzieller und politischer Fragestellungen und Antwortspuren. Mit seinen historischen Romanen und Novellen inszeniert Bergengruen damit die Geschichte als einen hintergründigen Lehr- und Lernort für die Gegenwart, in Richtung auf eine Sensibilisierung für insbesondere jenen Zusammenhang, der sich zwischen einer ganz bestimmten spurenhaften Transzendenzerfahrung und einer darin ermöglichten bzw. provozierten Hingabefähigkeit aus Liebe und Solidarität zu ereignen vermag.





Wie sehr die »metaphysische Pointe« in den Erzählungen von Bergengruen selbst ein Geheimnis bleibt und wie sehr der Weg dazu nicht nur eine veränderte Beziehung zu den Menschen, sondern auch eine unverwechselbare, in der Geschichte einmalige Beziehung zu Gott beinhaltet, zeigt Bergengruens Erzählung »Die Legende von den zwei Worten«, die das Geheimnis einer höheren Führung im Menschenleben nachzeichnet, ebenso unverwechselbar, wie dazu einladend, in der je eigenen Biographie auf je andere Weise solche Unverwechselbarkeit suchen, spüren und auffinden zu können. Ich halte diese Novelle für eine durch und durch moderne, vielleicht auch postmoderne Geschichte, weil sie die Menschen auf die Frage nach der Tiefendimension ihres eigenen Lebens bringt, auf die Möglichkeit, entsprechende Spuren zu markieren und an

41 | Vgl. Ottmar Fuchs, Ohne Wandel keine Kontinuität, in: Theologie und Glaube 100 (2010) 288–306, 297.

eine ursprüngliche Bedeutung[42] zu glauben. Mich würde sehr interessieren, wie heutzutage junge Menschen in unseren Schulen auf diese Geschichte reagieren. Unseren Deutschlehrern und -lehrerinnen ist dafür jedenfalls vom Lehrplan her die entsprechende Auswahlfreiheit gegeben. Voraussetzung dafür ist allerdings die Einstellung, dass man jener Literatur noch bzw. wieder eine Chance gibt, die über die Erzählung, Dichtung und Metaphorisierung menschlicher Erfahrung hinaus Metaphorisierungen in einen Bereich hinein wagt, der den diskursiven und narrativen Zugriff übersteigt und gleichwohl Vorgegebenheiten in Erinnerung und in die Diskussion bringt, die solidarisches Leben nicht nur nicht unbeliebig sein lassen, sondern dafür auch die Energie geben. Dies

wäre nicht zuletzt auch ein Dienst an der Gesellschaft selbst, insofern hier motivationale Grundlagen für eine solidarische Gesellschaft grundgelegt werden können. Wo nur das Grab die letzte Realität ist, ist das Leben »dann vielleicht nicht allein sinnlos, sondern absurd«. Wer sich (und andere) dann noch wichtig nimmt, »muss sich am Ende damit abfinden, lächerlich zu sein«.[43]

## *7.7 Zwei Worte*

Soweit Bergengruen heutigen Vorstellungen von Literatur und Sprache entfernt sein mag, so nahe ist er heutigen Gefährdungen von Mensch und Gesellschaft mit seinen Anliegen. Ein Blick in die Legende von den zwei Worten zeigt dies eindrucksvoll: Herzog Heinrich von Bayern, der spätere Kaiser Heinrich II. (973–1024) geht in seine Waldkapelle, um zu beten. Nach einiger Zeit inniger Lesung schreckt ihn die Stimme eines Mädchens auf, das ihn vor einem Mann warnen will, der sich im Dunkeln dem Herzog genähert hat, wahrscheinlich um ihn zu töten. Als der Mann, aufgescheucht durch ihre Stimme, entflieht, erblickt der Herzog an der Wand eine von rechts nach links rasch verlöschende Flammen-

42 | Vgl. dazu den interessanten Vergleich zwischen Michel Foucault und Walter Benjamin hinsichtlich des »stummen Wortes in den Dingen« bzw. einer »Ursprungsbedeutung« bei Sigrid Weigel, Kommunizierende Röhren. Michel Foucault und Walter Benjamin, in: dies. (Hg.), Flaschenpost und Postkarte. Korrespondenzen zwischen kritischer Theorie und Poststrukturalismus, Köln 1995, 25–48, 36 bzw. 43.

43 | Thomas Nagel, Was bedeutet das alles? Eine ganz kurze Einführung in die Philosophie, Stuttgart 2000, 84.

schrift: »Nach sechs ...«[44] Heinrich interpretiert die Flammenschrift auf dem Hintergrund dessen, was er vorher im Stundenbuch gelesen hat: »Auf jenen Tag wird Gott als der gerechte Richter dir die hinterlegte Krone der Gerechtigkeit geben.« Schon die Lektüre macht den Herzog »sehr betroffen«: »denn er war ja von einer solchen Gemütsbeschaffenheit, dass ihm nichts von ungefähr und gewichtlos dünkte, vielmehr meinte er, dass auch das Geringfügigste, das einem Menschen begegnet, in einer Bezüglichkeit stehen müsse zum Gesamtwesen seines Schicksals.«[45] Er ist überzeugt, dass er nach sechs Tagen sterben muss.

Und so ergänzt er die beiden Worte der Flammenschrift entsprechend und zieht alle Konsequenzen aus seiner Überzeugung. Er stellt sich nicht gegen die Fügung, sondern er vertraut sich ihr an. Damit keine Kraft dem Lauf dieser Fügung entgegensteht, schenkt er die Kapsel, die er von seiner Mutter bekommen hat, damit sie ihn vor einem plötzlichen Tod schütze, dem Mädchen. Er hat die Botschaft verstanden und setzt ihr keine Sicherheitsmacht entgegen. Die Zeit seiner »Bewährung« hat begonnen. Bergengruen schildert, wie sich ein Mensch ändert, der seinen Tod so nah weiß. Wie bisher Wichtiges unwichtig wird und bisher Aufgeschobenes brisant. Heinrich fühlt sich schon als Außenstehender, er gewinnt Abstand vom geschäftigen Treiben seiner Umgebung, aber nicht, um sich davon abzusetzen, sondern um darin jene Ordnung zu schaffen, die allen Menschen, für die er verantwortlich ist, gut tut. Die Umgebung spürt seine Veränderung: »In dieser Zeit rühmten die Leute seine Geduld und Milde.«[46] Vor allem lässt er die Maßregeln hinsichtlich seiner eigenen Sicherheit außer Acht. »Er ging unbegleitet umher und lehnte es auch ab, als ihm von seinem Gefolge zum wenigsten das Tragen eines Stahlhelmes nahegelegt wurde.«[47] Als sechs Tage und sechs Monate vergangen waren, glaubt er, dass er nun, da er gesund ist, sicher nach sechs Jahren eines gewaltsamen Todes sterben müsse.

Am letzten Tag der sechs Jahre – es ist das Jahr 1002 – ist »er von einer großen Ruhe erfüllt«. Er empfängt in der Frühe die Sakramente und





44 | Bergengruen nimmt hier das »Post sex ...« der Heinrichslegende (ca. 1145, dort allerdings bezogen auf die prophezeiten sechs Jahre bis zur Kaiserkrönung in Rom, vgl. Klaus Guth, Die Heiligen Heinrich und Kunigunde, Bamberg 1986, 74) auf, die damit wohl auch ein Gegenbild zu dem »Mene-Tekel-Parsin« in der Hybrisgeschichte des Belsazar entwirft (vgl. Dan 5,1–30).

45 | Bergengruen, Legende 14–15.

46 | Ebd. 21.

47 | Ebd. 19.

lässt alle Tore und Pforten öffnen. Ohne Schutzgewand geht er gegen Abend einer Reiterschar entgegen und erwartet den gewaltsamen Tod. »Er fuhr zusammen, da er die Reiter hart vor sich sah. Einige schrien auf, ein Horn blies. Die Pferde standen, Männer sprangen aus den Sätteln. Einer sagte sehr laut: ›Nach sechsstimmig geschehener Beschließung der sechs Kurfürsten laden wir dich, Heinrich von Bayern, nach Aachen, die Krone des Heiligen Römischen Reiches zu empfangen.‹« Und Bergengruen fährt fort: »Heinrich regierte durch mehrere Jahrzehnte und starb ruhig, ihm selber unmerklich, bei sehr hohen Jahren. Während der Leichenfeierlichkeiten fiel dem Hofmarschall ein Zierat des Sargdeckels auf ... Er beugte sich vor und erkannte eine goldene Kapsel an einer goldenen

geflochtenen Kette. Er griff nach ihr, doch ließ sie sich nicht vom Sarge rühren. Er sagte es den anderen, sie drängten sich zu, sahen eine Schrift, welche in die Kapsel geritzt war, einer las: ›Ich bin alle Tage bei dir gewesen.‹ ... Da nun Kapsel und Kette nicht vom Sarge abgelöst werden konnten, so wurden sie mit ihm begraben.«[48]

## *7.8 Unaussprechliches Geheimnis solidarischen Lebens*

Eigentlich hat Heinrich die beiden Worte missverstanden. Aber nur dieses Missverständnis eröffnete die Möglichkeit, dass ihre wahre Bedeutung zum Vorschein kam. Das Missverständnis auf der Ebene des Verstehens führt ihn zum richtigen Handeln im Bereich der Lebensführung. Doch auch Letztere geschieht nicht zwangsläufig: Denn im Missverstehen hätte Heinrich auch falsch handeln können: nämlich in der Auflehnung, in einer noch stärkeren Bewachung, in einem noch größeren Glauben an die dann immer magischere Wirkung der Kapsel. Gleichzeitig wäre er immer verhasster geworden und dann vielleicht tatsächlich einem Attentat zum Opfer gefallen. So aber findet sich geheimnisvoll eine eigenartige Dialektik in seinem Leben: Er gibt die Sicherung ab, begibt sich in die Bereitschaft, abschiedlich zu leben und gewinnt dadurch absichtslos die Kaiserkrone. Am Ende wird offenbar, dass die Reliquienkapsel oder besser das, was in ihr als Botschaft liegt, ihn niemals verlassen hat: nämlich der Schutz Gottes. Allerdings nicht im Behalten dieses Zeichens der Sicherheit, sondern in seiner Hingabe, was jede Wenn-Dann-

48 | Ebd. 24–25.

Struktur zwischen Mensch und Gott und auch zwischen den Menschen auflöst. Als sich Heinrich so ungesichert und (äußerlich) ungeschützt in die Gnade Gottes hinein begibt, wird er zugleich von ihr getragen. Gnadenhaft ermöglichte Sicherung und Hingabefähigkeit in eine selbstlose Verantwortung hinein sind die zwei Seiten dieser Medaille. Indem der Mensch diese Gnade aufnimmt und sich darauf verlässt, ist, wie Bergengruen es ausdrückt, »die Kluft zwischen Himmel und Erde geschlossen!«[49]

Gibt es einen gegenwärtigen Kontext, für den diese Geschichte eine besondere Relevanz und Transparenz haben könnte? Dabei geht es nicht darum, Bergengruen für heutige Anliegen zu instrumentalisieren; vielmehr dürfen wir mit Blick auf unseren Geschichten seinen Geschichten genauso begegnen, wie er alten Geschichten aus seiner Gegenwart heraus begegnet, so dass wir durchaus das »genealogische« (im Sinne von Michel Foucault) Programm zwischen den Geschichten weiter treiben dürfen,[50] auch im Zusammenhang einer religionsmachtkritischen Kompetenz, sei sie im Deutschunterricht, sei sie im Religionsunterricht vermittelt. Rückt vielleicht die Erinnerung dieser Geschichte in der Gegenwart Machtverhältnisse ins Zentrum, die ohne diese Geschichte nicht leicht offenbar würden? Immerhin ist sowohl in der gesellschaftlichen wie auch in der kirchlichen Religiosität angesichts der angewachsenen Unübersichtlichkeiten und Unsicherheiten des persönlichen Lebens jene Sehnsucht stark angewachsen, die eigenen Unsicherheitsgefühle mit Hilfe ganz bestimmter im weiteren Sinne religiöser Stabilisatoren aufzufangen: Religiös sind diese Bezüge insofern, als sie als etwas beansprucht werden, was über das Handeln und Planen der Menschen hinausgeht, das immer weniger Sicherheit zu garantieren vermag, und als sie dieses Bedürfnis in einem »Dahinter« oder »Darüber« menschlicher Existenz befriedigen, wie etwa im Darüber der Sterne und des Horoskops oder





49 | Die Offenbarung des Geheimnisses ist also nicht so geheimnisvoll, dass sie beliebig wäre, sondern hat eine inhaltliche Struktur, was die Gestaltung des menschlichen Lebens anbelangt, allerdings dann auch wieder nicht in der Form des Zugriffs auf das Geheimnis, sondern im Loslassen des letzten Urteils an dieses Geheimnis selbst. Erst so maßt sich die Dichtung nicht selbst die Offenbarung an, sondern unterwirft sich auch in ihrer Positionalität noch einmal der Ungründlichkeit des Geheimnisses selbst. Dies ist das »Wortamt des Dichters«: vgl. Oswald Bayer, Das Wortamt des Dichters. Zu Jochen Kleppers 100. Geburtstag am 22. März 2003, in: Theologische Beiträge 234 (2003) 117–129.

50 | Zu diesem Weg von der Historiographie zur Genealogie vgl. Hildegund Keul, Verschwiegene Gottesrede. Die Mystik der Begine Mechthild von Magdeburg, Innsbruck 2004, 51–88.

auch in den vielfältigen Glücksbringern und Talisman-Varianten, die es zuhauf gibt und die – das zeigt ihre Macht – ihre Besitzer und Besitzerinnen todunglücklich machen, wenn sie sie verloren haben.

Bergengruen schildert ebenfalls die vorschnelle Verbindung der religiösen Sehnsucht mit einem Amulett, enthüllt aber zugleich ihre unzureichende Erfüllung,[51] indem er sie zerbricht und indem er sie ins Unverfügbare hinein überholt. In der Novelle weicht die magische Zwangsverbindung der mystischen Dialektik von Entgrenzung und Verbindlichkeit. Sie durchbricht vorschnelle Erfüllungsangebote religiöser Geborgenheitssehnsüchte und öffnet sie auf ein weiteres, nicht besitzbares unbegrenztes Geheimnis menschlicher Existenz: in der Spannung zwischen Sprechen und einem Schweigen, wofür sich das Sprechen öffnet, zwischen Sicherheit und Entsicherung, mit anwachsendem Vertrauen in eine immer weniger zugriffige Transzendenz, zwischen Verstehen und Missverstehen und damit in der Schwebe des rationalen Zugriffs und der entsprechenden Berechnung, in der Spannung zwischen Planbarkeit und einer Nichtplanbarkeit des Lebens aus der Perspektive der Einsicht, dass, wie der Volksfrömmigkeitsmund sagt, der Mensch denkt und Gott lenkt, in der Spannung zwischen Zugriff und Hingabe, insofern eine veränderte Beziehung zu einer ebenso unendlichen wie unverfügbaren, aber gerade in dieser Unbedingtheit als Gnade geglaubten Transzendenz die Kraftquellen von Hingabe und zwischenmenschlicher Solidarität fließen lässt.

Bergengruen sucht den verborgenen Sinn und den Zusammenhang dessen, was in Geschichte und Geschichten passiert und was in seinem Dichten transparent werden darf.[52] So holt er die Welt ins Gedicht, er holt sie dorthin heim, in Stellvertretung für die anderen, vor allem für die Leser und Leserinnen, und erlebt diese Welt in ihrem Wesen zwischen Anfechtung und Bewährung, Versuchbarkeit und Sicherheit, Angst und Gewissheit, Schuld und Gnade.[53] So wird der Dichter zum Creator, um das Vertrauen aufzubauen, dass man niemals aus den großen Zusammenhängen



51 | Vgl. Ottmar Fuchs, Inkulturation hierzulande am Beispiel der »alten« und »neuen« Religiosität des Volkes, in: Richard Puza, Stefan Ihli (Hg.), Kirchen und Religionsgemeinschaften als »Motoren Europas«. Beiträge zu einem europäischen Religionsrecht (Tübinger Kirchenrechtliche Studien 1) Münster 2007, 59–93.

52 | Vgl. Kunisch, 64.

53 | Vgl. Kunisch, 66.

der Schöpfung herausfällt, was letztlich die Absicht Gottes selber ist.[54] Moralisches Ziel ist das »Freiwerden von aller Eigensucht und ... das Eingehen in den Willen Gottes«. So bleibt bei Bergengruen in allen seinen Geschichten voll von intensivem Leben »jene Zone des Menschlichen und Kreatürlichen spürbar ..., wo die Zeichen ›am Himmel‹ die Gestalten ›auf Erden‹ durchscheinen, wo das ›Beschreibliche‹ dem ›Unbeschreiblichen‹ still und vertrauend überantwortet wird; in einem Raum, wo die Grenze zwischen Innen und Außen unwichtig wird und die Einheit in der Liebe sich herstellt.«[55]

Damit geht es nicht nur um jene Religionskritik, die sich in der Verdächtigung allzu wohlfeiler Symbolisierungen des Unverfügbaren als zu zugreifend und zugleich zu kurz greifend erweist und sich gegen eine allzu schnelle Verstopfung der religiösen Sehnsüchte der Menschen wendet, sondern auch um jene Religionskritik,[56] die die Religion auf ihre Solidarisierungspotenz hin beurteilt und damit jede Art von religiöser Befriedigung bekämpft, die den religiösen Ego-Trip der Menschen verstärkt und damit den Entsolidarisierungstendenzen in der Gesellschaft zuarbeitet. So weicht die Magie der Klage und Anklage. Im »Großtyrann und das Gericht« schildert Bergengruen die Entsolidarisierungsvorgänge einer in Todesangst gestürzten Gesellschaft. »Die Legende von den zwei Worten« kann dazu als »Gegengeschichte« gelesen werden, die neu erzählt, was die erste Geschichte nicht hinreichend verdeutlicht, nämlich, dass nicht die opake Befriedigung religiöser Bedürfnisse, sondern die sich auf die größere Gnade und das tiefere Geheimnis Gottes ausstreckende Hoffnung Solidarisierung ermöglicht. Am geistlichen Weg Heinrichs wird erst offenkundig, welche Spiritualität den »frommen« Färber Sperone zur Hingabe befähigt. Es geht um »den Ausdruck des Irdisch-Unerlösbaren, über dem die Ahnung letzter Lösungen liegt«, »ohne Hoffnungen, es sei denn die ... Hoffnung contra spem, gerichtet auf das, was er (Reinhold Schneider, O. F.) selbst ›das Undenkbare, aber Verheißene‹ genannt hat.«[57]





54 | Vgl. ebd. 69.

55 | Ebd. 70.

56 | Vgl. Ottmar Fuchs, Religionskritik in praktisch-theologischer Verantwortung, in: Joachim Kügler, Ulrike Bechmann (Hg.), Biblische Religionskritik. Kritik in, an und mit biblischen Texten (bayreuther forum Transit 9), Berlin 2009, 48–75

57 | Bergengruen, Grabrede 258–259.

# 8. Kleinere Stücke

## 8.1 *Geheimnis*

### *a) Gesammeltes Schweigen*

Heinrich Böll hat in seiner Satire »Dr. Murkes gesammeltes Schweigen« einen Rundfunkredakteur im Blick, der eigenartigerweise »Schweigen sammelt«, nämlich jene Tonbandreste, wo die Sprechenden eine Pause gemacht haben, wo Atemzüge zu hören sind, jedenfalls immer etwas zu lange Passagen, in denen nicht gesprochen wird, und die deshalb herausgeschnitten werden müssen. Er hat erst drei Minuten dieses Schweigens gesammelt denn: »es wird ja auch nicht viel geschwiegen.«[1] Die Vorträge des berühmten Kultur- und Religionsphilosophen Bur-Malottke haben überhaupt kein Schweigen. Er ist so besetzt mit der wissenschaftlichen Ausformulierung seiner Vorträge, dass er bei seinem aktuellen Vortrag über das Wesen der Kunst religiöse Bedenken bekommt, von Gott zu sprechen, und deshalb Gott herausschneiden lässt und in einer komplizierten Aktion durch die Formulierung »jenes höheren Wesens, das wir verehren« ersetzt.[2] Gegenüber seinen Hörer und Hörerinnen fühlt er sich als der professionelle Antwortgeber, mit einer geschlossenen Semantik, weder durch Schweigen noch durch Anfragen an sich selbst unterbrochen.



Später, in der Hörspielabteilung, ist ein Hilfsregisseur nicht zufrieden mit der Hörspielvorlage, in der ein Atheist Fragen stellt, die mit Schweigen beantwortet werden: wie etwa die Frage »und wer denkt noch an mich, wenn ich der Würmer Raub geworden bin?«[3] Der Hilfsregisseur findet dies nicht befriedigend: »ich finde, es ist ein bisschen viel Schweigen drin.«[4] Der Techniker bietet ihm an, doch die Gottesschnipsel von Bur-Malottke hier einzufügen, in einem akustikfreien Raum gesprochen, und damit im Kontrast mit den Fragen, die in einen hallenden Kir-

1 | Heinrich Böll, Dr. Murkes gesammeltes Schweigen, in: ders., Nicht nur zur Weihnachtszeit. Satiren, München 1966, 87–112, 108.

2 | Vgl. ebd. 88.

3 | Ebd. 111.

4 | Ebd. 111.

chenraum hinein gerufen werden. »›Es ist natürlich einfach‹, sagte der Techniker, ›das Schweigen raus zu schneiden und zwölf mal Gott reinzukleben – wenn Sie's verantworten können.‹«[5]
Hier kommt der Gottesbegriff in ein Schweigen hinein, das aus einer authentischen Frage des Atheisten heraus kommt und darin zum Stellvertreterbegriff für eine Antwort wird, deren konkrete Gestalt allerdings noch offen bleibt. Im Text von Bur-Malottke ist der Gottesbegriff belanglos, eingefügt in die überhebliche Semantik eines eingebildeten Geisteswissenschaftlers. Bei der Frage des Atheisten löst der Gottesbegriff das Schweigen ab, was im Bezug auf die Frage buchstäblich notwendig erscheint. Wer Gott mit seinem/ihrem Reden besetzt, kann keine Fragen mehr hören und auch keine Fragen mehr formulieren: hört nur sich selbst und flieht das Schweigen, offene Fragen und überraschende Antworten. 
In einer eindrücklichen Szene möchte Dr. Murke, dass seine Freundin ein Tonband »beschweigt«. Sie empfindet das als »unmenschlich«, er aber macht ihr deutlich »›Ach Rina‹, sagte er, ›wenn Du wüsstest, wie kostbar mir Dein Schweigen ist …‹«.[6] Für uns in der praktischen Theologie geht es auch um dieses Beschweigen unseres Redens, aber um noch mehr, vielleicht analog dazu formuliert: um ein Bepausen unseres Handelns. Und es geht dabei um nicht irgendein Schweigen und um irgendeine Pause, sondern um diese beiden Öffnungen und Unterbrechungen in einer ganz bestimmten Beziehung: für Dr. Murke ist es die Beziehung zu Rina, hier geht es um die »Beziehung« zu Gott auf der Basis seiner Beziehung zu uns.



### *b) Ausgesprochene Unaussprechlichkeit*

Die christliche Theologie hält, widersprüchlich genug, an beidem fest: an der unauslotbaren und unaussprechlichen Geheimnishaftigkeit Gottes und daran, dass Gott gesprochen und für die Menschen eine Bedeutung hat. Diese Dialektik ist nicht aufzulösen. Wenn es nicht eine für die Menschen erfreuliche und damit eine »positive« wäre, müsste man von einer negativen Dialektik im Sinne von Adorno sprechen, nämlich dass diese

5 | Ebd. 112.
6 | Ebd. 110.

beiden Pole der Gottesbestimmung für die Menschen niemals, auch im Himmel nicht, in einer Synthese aufgehen können, sondern ewig sind, wenn Gott durch alle Welten und Zeiten und durch alle Nichtwelten und Nichtzeiten hindurch Gott ist und sein darf.[7]

Zwischen Schöpfer und Geschöpf gibt es keine so große Ähnlichkeit, dass zwischen ihnen nicht eine noch größere Unähnlichkeit festzustellen wäre. Hier wird die Dialektik fast gefährlich für die Bedeutung: Denn wenn die Bedeutung des von Gott her in die Geschichte hinein Gesagten, weil es ja nur geschöpflich aufgenommen werden kann, Gott nur insofern ähnlich ist, als es in einem Meer von größerer und eigentlich unendlicher Unähnlichkeit aufschwimmt, dann könnte man meinen, dass damit die Eindeutigkeit der Bedeutung angegriffen wäre. Dies allerdings wäre ein Missverständnis dieses Satzes. Denn dann würde die angesprochene Dialektik von der anderen Seite her zerstört werden, nämlich dass es eine Bedeutung Gottes für die Menschen gibt. Und eine Bedeutung ist sinnlos, wenn sie nicht eindeutige Profile hat. Jesus kämpft in seiner Rede im Horizont Gottes und des Reiches Gottes immer um solche Eindeutigkeiten: Es ist nicht in die Unendlichkeit Gottes hin aufzulösen, ob die Menschen den Hungrigen zu essen zu geben oder nicht (vgl. Mt 25,35), ob die Armen oder die Reichen selig zu preisen sind (vgl. Lk 6,21).[8]

Diese Eindeutigkeit bezieht sich aber nicht nur auf das Handeln der Menschen, sondern auf das Wesen Gottes selbst: In seinen Worten und in seinem Handeln vermittelt Jesus die Eindeutigkeit eines guten Gottes, der die Menschen wertschätzt, der ihnen Gutes will und der die Sünder und Sünderinnen in seine Versöhnung aufnimmt, kurz eines »lieben« Gottes. Gleichzeitig dazu kann nicht wahr sein, dass er ein Satan ist, der die grausame Selbstzerstörung der Menschen und ihren endgültigen Tod haben will, der also ihr Feind ist.

Karl Rahner hat in einer genialen Weise die Bedeutung und die Geheimnishaftigkeit Gottes so miteinander verbunden, dass er Gottes Unendlichkeit selbst als unaussprechlichen Grund und Abgrund der Liebe begriffen hat: Er hat die Semantik der Offenbarung als Vorzeichen dafür genommen, die Tiefe und den innersten Kern der Unaussprechbarkeit und der Unendlichkeit Gottes als Unendlichkeit seiner Liebe wahrzunehmen.



7| Vgl. Fuchs, Gericht 184f.
8| Vgl. Fuchs, Gericht 41–54.

Rahner kann über das reden, worüber man nach Wittgenstein I nicht reden kann, sondern schweigen müsste. So nimmt er gewissermaßen Wittgenstein II ernst, wonach die Gebrauchsbedeutung Gottes in der Offenbarung zugleich das inhaltliche Vorzeichen dafür ist, wie über das gesprochen werden kann, worüber man eigentlich gar nicht reden kann. Genau das bewahrt die Rede vom Geheimnis Gottes davor, es als satanisch zu vermuten oder, »die Unbegreiflichkeit Gottes nur als ein anderes Wort für die leere Absurdität des Daseins zu verstehen.«[9] Hierin liegt die tiefste Verbindung zwischen Ähnlichkeiten und Unähnlichkeiten, zwischen Heilsökonomie und Gottes Wesen, nämlich in der Verbindung von zwei Unbedingtheiten: der Unbedingtheit des Geheimnisses und der Unbedingtheit der Liebe. Insofern kann Rahner sagen, dass das Geheimnis der Nähe Gottes in Christus nicht ein Geheimnis neben seinem unendlichen Geheimnis ist, sondern »die unüberbietbare Gestalt dieses Mysteriums selbst.«[10]





Wenn Gottes Unendlichkeit mit seiner Liebe identisch ist, und wenn er ein lebendiger Gott ist, dann kann sich von menschlicher Seite her die Hoffnung damit verbinden, dass Gott mit dieser Unendlichkeit seiner selbst die Endlichkeit des Todes in seine Ewigkeit hinein überschreiten wird. Mit der Offenbarung ist uns also ein Blick in die Qualität, gewissermaßen in das »Vorzeichen« der Unendlichkeit Gottes selbst geschenkt, nämlich dass diese Unendlichkeit nicht eine Unendlichkeit des Zerstörerischen und des Grauens ist, sondern eine Unendlichkeit der Liebe und des Lebens. Dies glauben zu dürfen und zu können ist nicht nur eine Frage der Erkenntnis, sondern immer auch eine Frage der eigenen Praxis, insofern sie sich selbst für die Liebe, Hingabe Gott gegenüber und Solidarität mit Menschen öffnet. Die Liebe ist die Bedingung der Möglichkeit, dass die Annahme von Gottes Unbegreiflichkeit »als die seligende und nicht als vernichtende enthüllt« wird. Deswegen liegt dem Gottessohn so viel daran, dass die Menschen sich auf diesen Weg auch praktisch begeben, denn darin tun sie nicht nur sich selber gut, sondern öffnen sich auch für die Hoffnung auf einen guten Gott.

Was Rahner konzeptionell formuliert, findet bei Ijob 28 seinen unübertroffenen Ausdruck in eindrucksvollen Bildern für die Unermesslichkeit

9 | Karl Rahner, Die menschliche Sinnfrage vor dem absoluten Geheimnis Gottes, in: ders., Schriften zur Theologie, Bd.13: Gott und Offenbarung, Zürich u. a. 1978, 111–128, 127.

10 | Karl Rahner, Über den Begriff des Geheimnisses in der katholischen Theologie, in: ders., Schriften zur Theologie, Bd. 4: Neuere Schriften, Zürich u. a. [3]1962, 51–99, 94.

und Andersheit der Weisheit Gottes gegenüber den Menschen und der ganzen Schöpfung. Auch diese Weisheitsliteratur endet mit dem Vertrauen, dass Gott den Menschen gegenüber etwas von seiner Weisheit ausgesprochen hat: die Gottesfurcht, also die Ehrfurcht, Gott Gott sein zu lassen, und die Hoffnung, mit der Verminderung des Bösen seinen Willen zu kennen und zu tun. So bestätigt Ijob 28, dass alle Erklärungen der Freunde Ijobs für dessen Leid mit der Weisheit Gottes nichts zu tun haben, sondern menschliches Kalkulieren offenbaren. Das alles kann die Klage Ijobs nicht beruhigen, die direkte Anklage Gottes, die keine Erklärungen mehr »hat« und erst so Gott als geheimnisvollen und anderen Gott angeht.[11] Hier der Text Ijob 28,12–28:



12 Die Weisheit aber, wo ist sie zu finden, und wo ist der Ort der Einsicht?
13 Kein Mensch kennt die Schicht, in der sie liegt; sie findet sich nicht in der Lebenden Land.
14 Die Urflut sagt: Bei mir ist sie nicht. Der Ozean sagt: Bei mir weilt sie nicht.
15 Man kann nicht Feingold für sie geben, nicht Silber als Preis für sie wägen. …
18 nicht zu reden von Korallen und Kristall; weit über Perlen geht der Weisheit Besitz.
19 Der Topas von Kusch kommt ihr nicht gleich, und reinstes Gold wiegt sie nicht auf.
20 Die Weisheit aber, wo kommt sie her, und wo ist der Ort der Einsicht?
21 Verhüllt ist sie vor aller Lebenden Auge, verborgen vor den Vögeln des Himmels.
22 Abgrund und Tod sagen: Unser Ohr vernahm von ihr nur ein Raunen.
23 Gott ist es, der den Weg zu ihr weiß, und nur er kennt ihren Ort.
24 Denn er blickt bis hin zu den Enden der Erde; was unter dem All des Himmels ist, sieht er.
25 Als er dem Wind sein Gewicht schuf und die Wasser nach Maß bestimmte,
26 als er dem Regen das Gesetz schuf und einen Weg dem Donnergewölk,
27 damals hat er sie gesehen und gezählt, sie festgestellt und erforscht.
28 Doch zum Menschen sprach er: Seht, die Furcht vor dem Herrn,
das ist Weisheit, das Meiden des Bösen ist Einsicht.

11 | Vgl. dazu Ellen van Wolde, Job 28. Cognition in Context, Leiden, Boston 2003. Vgl. Ulrike Bechmann, Das Lied der Weisheit (Ijob 28), in: dies., Klaus Bieberstein, Weisheit im Leiden, Stuttgart 2007, 39–67.

### c) Zugriffsverzicht

In der praktischen Theologie geht es – anders als bei Dr. Murke – nicht nur um das Reden, sondern auch um das Tun. Ich frage mich, was im Tun dem Schweigen entspricht, das das Reden unterbricht. Was ist das Schweigen im Tun? Es ist die Pause! Es ist die Unterbrechung und das Aussetzen des Handelns. Es ist das Nicht-Tun[12]. Und es ist vor allem die Einstellung, dass man mit dem Tun, also der Pragmatik, Gott genau so wenig besetzen kann wie mit dem Reden, also der Semantik. Um beides geht es also: um die Pause und um die Rücknahme eines ganz bestimmten Zugriffs auf Gott, wobei beim Tun die diesbezügliche Gefahr noch größer ist als beim Handeln: Denn wer nicht nur redet, sondern auch handelt, tut ja möglicherweise gerade das, was auch Jesus will, nämlich tatsächlich den Hungrigen nicht nur akut, sondern strukturell zu Essen und damit Wohlstand zu geben und die Kranken zu besuchen. Doch kann man nicht nur mit Reden, sondern auch mit dem Tun Gott zuschütten, als hätte man ihn im Griff.





Jesus tut beides: Er sendet seine Jünger aus und lädt sie zur Pause ein (Mt 11,28–30). Und beides gehört zusammen. Jesus verzichtet wochenlang auf das Tun im Sinne von heilenden und befreienden oder auch kritischen Begegnungen mit den Menschen und begibt sich in die Wüste, um darin seiner Gottesbeziehung wieder inne zu werden und daraus die entsprechende Kraft für sein Handeln zu schöpfen. Wie das Reden von Gott auch das Schweigen benötigt, benötigt das Tun im Sinne der Nachfolge Jesu auch genau diese Nachfolge der Unterbrechung des Tuns, des zur Ruhekommens und des Luftholens. Genau das gibt ihm den Blick dafür und auch die Kraft, im entscheidenden Blick auf der Ebene des Handelns alles zu geben, bis zum Kreuz. Zum Tun gehört das Beten, zur Aktion die Kontemplation, zur Selbstverausgabung die Mystik, zur christlichen Sendung die Doxologie, sei sie ausgedrückt im Gebet, sei sie ausgedrückt in der schweigenden Anbetung.

Es gibt die Redeweise, als hielte die Zeit an oder als könne man die Zeit anhalten. Sieht man die Zeit mechanisch, dann kann man dies natürlich

12 | Es geht nicht um das Nichts-Tun, weil auch dieses Nichts-Tun unter den Handlungsbegriff fällt, der insgesamt nicht nur das Reden und das Schweigen, sondern auch das Tun und das Innehalten im Tun beinhaltet. Erst in der Spiritualität des Nicht-Tuns öffnet sich das menschliche Handeln für ein nicht kalkulierbares Empfangen von Erfahrungsformen des göttlichen Geheimnisses. Die Pause allein bleibt ambivalent, weil sie auch andere Motive haben kann.

nicht. Doch hat Einstein die mechanisch-mathematische Sicht der Zeit gründlich korrigiert: Raum und Zeit sind aufeinander bezogen. Diese »Relativität« gilt auch für das Verhältnis von Zeit und dem Raum menschlichen Lebens und Erlebens. Es gibt keine leere Zeit, sondern immer nur eine Zeiterfahrung in Verbindung mit bestimmten Ereignissen und Erlebnissen (oder auch ihrem Vermissen in der Langeweile). Man kann nicht die Zeit erleben, sondern nur die Art und Weise des Erlebens der Zeit. In diesem Sinn kann man durch die Erfahrung des Innehaltens tatsächlich die Erfahrung der Zeit verändern: Sie bleibt gewissermaßen »stehen«. Es geht also nicht darum, die Zeit einfach mit irgendwelchen Handlungen und Erfahrungen zu füllen, sondern sie aus solchem Innewerden heraus zu einer erfüllten Zeit werden zu lassen.



Was für die Semantik, also für die Rede von und mit Gott gilt, nämlich dass sie nochmals abzugeben ist an die Unbegreiflichkeit des allmächtigen und unendlichen Gottes, gilt auch für die Pragmatik des Handelns: nämlich dass sie abzugeben ist an das Geheimnis Gottes selbst. Dieses Abgebenkönnen, dieses Verlernen des Selbstruhms (bei Paulus der Kauchesis) braucht die Unterbrechung, das Innehalten und Stillestehen. Denn wer redet, hört wenig, und wer immer »tut«, sieht wenig. Es ist ein Sehen, das über das hinausgeht, es gewissermaßen transzendiert, was wir tun.

Das sind jedenfalls Erfahrungen, die sich öffnen auf die Unergründlichkeit und Nichtmachbarkeit Gottes, auch auf seine Nichtverfügbarkeit hin, auch darauf hin, Gott letztlich nicht für das eigene Handeln instrumentalisieren zu wollen. Aus dieser Perspektive ist das »Bepausen« (analog zu Bölls »Beschweigen«) unseres Handelns die Vorwegnahme des großen Innehaltens zwischen dieser und der kommenden Welt in Auferstehung, Gericht und Versöhnung. Die Unterbrechung, die Tod und Ende der Welt endgültig bringen, und zwar in einem hoffnungsvollen Gericht und in die Tiefe ewigen Lebens hinein, ist in das Leben selbst hinein vorwegzunehmen, als Raum für seine Beurteilung und als Hoffnungskraft, die gegebene Eindeutigkeit zu leben. Es geht dabei auch um ein Innehalten, um nicht mit falscher Einstellung das Richtige zu tun:

### *d) Versuchung des Thomas Becket*

In seinem Stück »Murder in the Chathedral«, das Thomas S. Eliot für das Canterbury-Festival im Juni 1935 geschrieben hat, untersucht er die innere Struktur des christlichen Martyriums am Beispiel des Erzbischofs Thomas Becket, wie es sich im Dezember 1170 ereignet hat. Zu den Versuchern, die Becket vom Martyrium abhalten wollen, tritt ein unerwarteter »Tempter« hinzu, der in beeindruckender Präzision das vorhin angesprochene Grundproblem des Selbstruhms analysiert, wobei zugleich die normative Kernidee zum Vorschein kommt, die Eliot mit einer wahren martyrialen Haltung in Verbindung bringt: nämlich dass sich Thomas nicht zu einer Selbstaufopferung aus falschem Beweggrund versuchen lässt.[13] Das Überraschende ist dabei, dass dieser vierte Versucher Thomas nicht vom Martyrium abhalten will, sondern ihn auf diesem Weg mit einem ganz bestimmten Motivationsbündel bestärkt, nämlich mit den Motiven der »spiritual power« (über die Gegner), der »temporal glory« (in der künftigen Verehrung als Heiliger) und in der »eternal glory« (in der ewigen Gegenwart bei Gott). Schnell stellt sich heraus, dass diese Motive zugleich die geheimsten Sehnsüchte des Erzbischofs treffen.





Eliot operiert hier die schlimmste Versuchung an die Oberfläche, weil sie die Selbstaufopferung dadurch gänzlich um ihren Wert bringt, ja sie zutiefst in sich selber konterkariert, dass sie sich im Kontext eines immensen spirituellen Stolzes ereignet, nämlich in ungebrochen linearer Weise an den Mächten der Ewigkeit, also Gottes selbst teilzuhaben, ja diese den Menschen gegenüber im Griff zu haben. Eliot sammelt hier alle bestätigenden Signale absoluter Bewahrheitung des Martyriums, die es aber gerade um seine Wahrheit bringen: Es sind dies die Signale der spirituellen Macht über das ewige Leben oder den ewigen Tod der Menschen; die Sicherheit, sich zu erniedrigen, um im Himmel der erste zu sein; der Reichtum himmlischer Ehre; der Ruhm eines neuen innergeschichtlichen Regimentes vom Heiligenschrein aus, mit Wundern und mit tausendfacher Anziehungskraft.

Thomas erschrickt zutiefst und weiß, dass er damit nicht nur seine Selbstaufopferung zerstört, sondern sich der Verdammung aussetzt, weil er damit Gott selbst die Ehre nimmt: »Who are you, tempting with my own desires? ... Others offered real goods, worthless / But real. You only offer / Dreams to damnation.« Und er sucht nach einem Weg, der ihn nicht in die »damnation in pride« führt.[14] Schließlich vermag er sich

13 | Vgl. Thomas S. Eliot, Murder in the Cathedral, London 1971, 49; die Begegnung ereignet sich in Part I, in dieser Ausgabe Seite 37–48.

14 | Vgl. Eliot, Murder 42.

davon abzusetzen: »Now is my way clear, now is the meaning plain; / Temptation shall not come in this kind again. / The last temptation is the greatest treason: / To do the right deed for the wrong reason.«[15] Schließlich erkennt er eine tiefe spirituelle Wahrheit, nämlich dass diejenigen, die sich einem größeren Ziel verschreiben, schnell in die Versuchung fallen können, das Ziel sich selbst dienen zu lassen: »For those who serve the greater cause may make the cause serve them ...«[16]
Zugleich verzichtet er auf innergeschichtlichen Nachruhm, indem er in den Blick bringt, dass diese Nachwelt seine Selbstaufopferung auch durchaus als sinnlose Selbstabschlachtung eines Verrückten oder als arrogante Passion eines Fanatikers einschätzen kann.[17] Mag die Nachwelt

ihn derartig missverstehen, er selbst will nicht der Versuchung erliegen, dass seine Selbstaufopferung als »arrogant passion of a fanatic« verkommt. In seiner Abschiedspredigt erörtert und klärt der Erzbischof in programmatischer Weise das wahre christliche Martyrium: »A martyrdom is always the design of God, for His love of man, to warn them and to lead them, to bring them back to His ways. It is never the design of man; for the true martyr is he who has become the instrument of God, who has lost his will in the will of God, and who no longer desires anything for him self, not even the glory of being a martyr.«[18]
Auch die radikale Selbstaufopferung kann nicht im Anspruch der Kauchesis und des prärogativen Stolzes vor Gott hintreten. Sie bleibt Instrument Gottes und fordert von ihm nichts ein, erhofft allerdings alles. Gott selbst behält das letzte Urteil über die letztmögliche Hingabe.[19] Seine Ehre darf auch nicht durch noch so radikale Selbsthingabe hintertrieben und hinterrücks um ihre göttliche Souveränität gebracht werden.[20] Jeder fundamentalistische Fanatismus zerstört die Ehre des unendlich souveränen Gottes anstatt ihr zu dienen.

15 | Ebd. 47.
16 | Ebd. 48.
17 | Vgl. ebd. 48.
18 | Im »Interlude«, das die Predigt des Erzbischofs am Morgen des Weihnachtsfestes enthält, hier 53.
19 | Vgl. dazu auch die kommentierenden Hinweise in Robert Fisher, Murder in the Chathedral. Notes, London 1969, 33ff.45ff.48ff.
20 | Vgl. den Titel, den Jean Anouilh seinem Becket-Stück gegeben hat: Becket oder Die Ehre Gottes, München 1963; zum dortigen analogen Verhältnis von »Logik« und »Sinnlosigkeit« im »Nein« Beckets dem König gegenüber vgl. ebd. 113, im 4. Akt, im Gespräch mit dem König; zur »Last« der Ehre Gottes vgl. ebd. 114 und 131.

# 8.2 Himmel

## a) Himmel in gebrochener Hoffnung

Der »Himmel« ist in der Sprache des Alltags geradezu ein Allerweltswort, um in der Welt all das zu benennen, was im weitesten Sinn des Wortes außerordentlich gut ist und gut tut. So sang Freddy Mercury[21]: »Das könnte der Himmel für alle sein. Alle könnten satt werden, es könnte wunderbar sein. Das könnte der Himmel für alle sein, diese Welt könnte frei und geeint sein. Hör mal, was Menschen anderen antun: Sie mischen sich in ihr Leben und zerstören, wovon sie träumen. Rauben ihnen Stolz und Würde, und schämen sich nicht einmal, statt den Himmel für alle zu ermöglichen.«





Ein zeitgenössischer Schlager beginnt: »Lass die Sonne in dein Herz, schick die Sehnsucht himmelwärts!«. Und Juliane Werding bringt in ihrem Album »Die Welt danach« (2004), ihren gleichnamigen Song »Wie wird die Welt danach und wer gewinnt den alten Streit von Dunkel und von Licht nach so langer Zeit? Wie wird die Welt danach, wird sie uns hell und leuchtend sein und Liebe wird wahr und Friede kehrt ein? Zeig uns die Welt danach. Lass alles gut zu Ende gehen und das, was geschah, soll nie wieder geschehen.« Neben dieser expliziten Thematisierung der Frage nach dem Himmel bringt Werding aber auch die Ambivalenz seines gegenwartsbezogenen Gebrauchs zum Vorschein: »Der Himmel ist auf deiner Seite ... Jeder kann erkennen, du hast wirklich Stil, mit unschlagbaren Waffen manövrierst du dich ans Ziel und ist ein Mann gebunden, das fordert dich heraus, du findest seine Wunden und gießt dein Öl darauf. Er träumt den Traum von Liebe, ergibt sich ganz und gar, bevor er noch erwacht ist, bist du längst schon nicht mehr da.« Hier ist der Himmel auf der Seite der Schönen, Erfolgreichen, der Guten und Hilfreichen, aber auch der von der Sonne Beschenkten und zugleich derer, für die nur das eigene Ich zählt: »Das Einzige, das zählt, bist du.«

Nicht weniger bedeutungsvoll findet sich zum Beispiel auf einer Geburtstagseinladung die Überschrift: »Einladung zur ›himmlischen‹ Geburtstagsparty«, ausgeschickt von einer Gastgeberin, die zu ihrem the-

21 | Sänger der britischen Popgruppe Queen, 1991 an den Folgen der Immunschwächekrankheit Aids gestorben.

matisch geprägten Geburtstag einlud (und ausdrücklich darum bat, thematisch gekleidet zu erscheinen), aber nicht nur im Sinne eines oberflächlichen Gags, sondern auf dem Hintergrund einer Grenzerfahrung, die die Mutter von mehreren Kindern überlebt hat.

Der Streit um den Himmel ist in seinem gegenwärtigen Sprachgebrauch einem dem Jenseits gegenüber nicht verschlossenen, jedenfalls aggressionslosen Sammelbegriff für gute und schöne Lebenserfahrungen gewichen, durchaus unter Zuhilfenahme der mit diesem Begriff assoziierten religiösen Aura, die aber eher etwas Resignatives an sich hat, weil die Verhältnisse und Menschen dann doch nicht so sind, dass der »Himmel« zu einer Alltagswirklichkeit werden könnte. Man könnte von Banalisierung



sprechen, wenn sich darin nicht doch tiefe Sehnsüchte der Menschen ansammelten, die über das hinausgehen, was sie vorfinden.

Denn wenig ist heute von der religionskritischen Schärfe zu spüren, die, wie Heinrich Heine in »Deutschland. Ein Wintermärchen«, den Himmel überhaupt nur den Engeln und Spatzen überlassen will.[22] Heine zerbricht hier den Zusammenhang eines Angelus Silesius (in seinem »Cherubischen Wandermann«), da dieser die Ermutigung »Du selber kannst allein der Himmel und die Erd und tausend Engel sein« noch mit der ewigen Gnadenwahl von Gott her verbindet. Bei Heine trägt der Himmel nicht mehr, sondern allein die Menschen sind es, die ihn »tragen«.

Noch schärfer ist der Antihimmel, wie ihn Georg Büchner im »Woyzeck« erschütternd von der Großmutter erzählen lässt: nämlich dass nichts dahinter ist als »Faulholz« und »ein verreckt Sonneblum«:[23]

> Es war einmal ein arm Kind und hatt kein Vater und keine Mutter, war alles tot, und war niemand mehr auf der Welt. Alles tot, und es is hingegangen und hat gesucht Tag und Nacht. Und weil auf der Erde niemand mehr war, wollts in Himmel gehen, und der Mond guckt es so freundlich an; und wie es endlich zum Mond kam, wars ein Stück faul Holz. Und da is es zur Sonn gangen, und wie es zur Sonn kam, wars ein verwelkt Sonneblum. Und wies zu den Sternen kam, warens kleine goldne Mücken, die waren angesteckt, wie die Neuntöter sie auf den Schlehen steckt. Und wies wieder auf die Erde wollt, war die Erde ein umgestürz-

22 | Vgl. Heinrich Heine, Deutschland. Ein Wintermärchen, Caput I.

23 | Vgl. Erich Garhammer, Himmel: Sehnsuchtsort oder Abgrund unter uns? Stimmen von Joseph von Eichendorff bis Reiner Kunze, in: ders., Am Tropf der Worte – Literarisch predigen, Paderborn 2000, 34–47, 41.

ter Hafen. Und es war ganz allein. Und da hat sich's hingesetzt und geweint, und da sitzt es noch und is ganz allein.

Auch Bert Brecht kämpft in den fünf Lektionen seiner »Hauspostille«,[24] worin er alle Lebewesen mit dem Tod tot sein lässt und von daher zum sorglosen Sterben aufruft, gegen die Jenseitsverführung:

Lasst euch nicht vertrösten!
Ihr habt nicht so viel Zeit!
Lasst Moder den Erlösten!
Das Leben ist am größten:
Es steht nicht mehr bereit.
Lasst euch nicht verführen
Zu Fron und Ausgezehr!
Was kann euch Angst noch rühren?
Ihr sterbt mit allen Tieren
Und es kommt nichts nachher.





Doch in der Verdrehung des Kirchenliedes »Lobet den Herrn, den mächtigen König der Ehren« setzt Brecht immerhin noch einen Himmel voraus, der allerdings ein schlechtes Gedächtnis hat und der weder Namen noch Gesicht der Menschen kennt:[25]

Lobet von Herzen das schlechte Gedächtnis des Himmels!
Und dass er nicht
Weiß euren Nam' noch Gesicht
Niemand weiß, dass ihr noch da seid.[26]

Günter Grass geht im »Gleisdreieck« in seinem Gedicht »Im Ei«[27] der Frage nach, was einmal kommen wird, wenn dieses Ei des diesseitigen Lebens ausgebrütet ist, also implizit der Frage nach dem Himmel, auch wenn er skeptisch bleibt:

24 | Vgl. Bert Brecht in den fünf Lektionen seiner Hauspostille.
25 | In: Cherubinischer Wandersmann, 2. Buch Nr. 159 und 147.
26 | Vgl. Garhammer, Himmel 38ff.
27 | Günter Grass, Gleisdreieck, Neuwied 1960, 30–31.

Und wenn wir nun nicht gebrütet werden?
Wenn diese Schale niemals ein Loch bekommt?
Wenn unser Horizont nur der Horizont
unserer Kritzeleien ist und auch bleiben wird?

Der vorher geäußerten Hoffnung auf ein »gutmütiges Geflügel«, das uns nach dem Ausbrüten begegnet, steht dann die Befürchtung gegenüber:

dass jemand, außerhalb unserer Schale, Hunger verspürt,
uns in die Pfanne haut und mit Salz bestreut. –
Was machen wir dann, ihr Brüder im Ei?



Die geniale Weise, wie Grass hier ein einfaches Bild ländlicher Erfahrung zum Gleichnis für die Nachfrage über den Tod hinaus werden lässt, zeigt, dass diese Frage noch eine durchaus nicht hoffnungslose dichterische »Realisierung« (im Sinne von Dorothee Sölle) wert ist, immerhin eine, die nicht weit entfernt ist von der Kant'schen Unausdenkbarkeit der Verzweiflung.
In einem ganz anderen Erfahrungszusammenhang des Todes hat Friedrich Rückert in einigen Gedichten dem Schmerz über den Tod seiner dreieinhalbjährigen Tochter Luise und seines fünfjährigen Sohnes Ernst Ausdruck gegeben, die beide hintereinander im Jahreswechsel von 1833 auf 1834 gestorben sind. Hin- und hergerissen zwischen dem Trennungsschmerz und der Hoffnung, dass die beiden Kinder im Himmel sind, kann er beides nicht loslassen, weder die Kinder noch die Hoffnung:

Dass du lebest, weiß ich zwar,
aber wie du lebest, möcht' ich wissen;
Und von Allem ist mir klar,
Eines nur, daß du mir bist entrissen.[28]

Und:

28 | Friedrich Rückert, Kindertodtenlieder, mit einer Einleitung neu hg. von Hans Wollschläger, Nördlingen 1988, 101.

Sie sind uns nur voraus gegangen,
Und werden nicht hier nach Haus verlangen;
Wir holen sie ein auf jenen Höhn
Im Sonnenschein, der Tag ist schön.

Rückert stellt in diesen »Kindertodtenliedern« die Frage, die die Trauernden bedrängt: »Aber wie du lebest, möcht' ich wissen«. Zu der Musik Gustav Mahlers zu diesen Liedern schreibt Hans Wollschläger: »In ihr gelangte Rückerts Sprechen erst eigentlich zu sich selbst und in einem hallenden Sinn ›nach Hause‹. Und wenn am Ende, ›in diesem Wetter, in diesem Braus‹, die Stille kommt, die Heimkehr ins Urvertrauen, und ›jene Höhn‹ selber sicht- und hörbar werden, so erhält das lebenslang erschaute Paradies mit der Vorschrift ›Langsam. Wie ein Wiegenlied. Leise. Bis zum Schluss‹ endlich auch seinen kaum noch metaphorischen Namen: Die Ruhe ›als wie in der Mutter Haus‹.«[29] 



## b) Eine Sehnsucht ...

Ein beträchtlicher Anteil der christlichen Theologie und kirchlichen Verkündigung korrespondiert mit der religionskritischen und alltagssprachlichen Tendenz, den jenseitigen Himmel zu verdiesseitigen. So wird an Ostern die Auferstehung Christi sehr schnell auf die innergeschichtlichen Auferstehungserfahrungen umgelegt, womit genauso schnell ein Subjektwechsel verbunden ist: Christi Auferstehung bedeutet,[30] dass »wir auferstehen«, immer wieder neu Mut gewinnen usw.! Darin begegnet so etwas wie eine Ethisierung des Jenseits, nicht selten auch verbunden mit einem Verblassen des eschatologischen Ermöglichungsgrundes für die Erfahrungen und Handlungen der Menschen. Gibt es einen Gnadenaspekt, dann wird dieser in der gegenwärtigen Beziehung zu Gott besprochen. Die Gnade selbst wird präsentisch und gerät in die Gefahr, ihre zeitliche Struktur, ihre geschichtliche Spannung zwischen Verheißung und Erfüllung zu verlieren. Jedenfalls scheint es so, als würde in den jenseitigen Aspekt kaum mehr vorstellungsfähige Mühe investiert.

29 | Wollschläger, ebd. 33.
30 | Vgl. Rudolf Hoppe, Der Auferstehungsglaube der Jüngerinnen und Jünger: Er hat ihn wirklich auferweckt!«, in: Welt und Umwelt der Bibel 8 (2003) 1: Sterben und Auferstehen, 21–26.

Diese Abstinenz ist sicher einer doppelten Scheu zu verdanken: Einmal der Zurückhaltung, nach Jahrhunderten der eschatologischen Angstinduktion im Dualismus von Himmel und Hölle über das jüngste Gericht zu sprechen, zum anderen jene Traumatisierung, die der Theologie und der Verkündigung mit dem wuchtigen Vorwurf der Jenseitsvertröstung beigebracht wurde.[31] Und überhaupt sind sich alle diesbezüglich Zurückhaltenden darüber einig, dass der Himmel ein Geheimnis ist, über das wir wenig oder gar nichts wissen können.[32]

Diese buchstäbliche »Ignoranz« hinsichtlich des Himmels zeichnet weitgehend auch die moderne wissenschaftliche Theologie aus[33], bis zu der Vorstellung, dass die biblischen Bilder »nicht Selbstzweck, sondern Hinweise auf irdische Möglichkeiten und Aufgaben« seien.[34] Damit verliert das Jenseits gewissermaßen seine eigene »Subjekthaftigkeit« und wird für das Diesseits instrumentalisiert. Hier besteht zumindest die Gefahr, dass in dieser Dynamik nicht nur der Himmel, sondern auch Gott selbst für die diesseitigen, durchaus besten Zwecke der Menschen instrumentalisiert wird und damit gewissermaßen zu einem guten »Götzen« wird, den man selbst im Griff hat. Denn die Skepsis, dass man über den Himmel nichts wissen könne, gilt letztlich auch für Gott selbst, wenn man auch hier sagt, dass die biblischen Bilder Gottes nur Hinweise auf irdische Möglichkeiten und Aufgaben sind.[35]

Dabei gibt es in der Bevölkerung offensichtlich eine beträchtliche Anzahl derer, die an einen Himmel glauben,[36] übrigens mehr als an die Auferstehung glauben. Der empirisch relativ starke Glaube an den Himmel dürfte mit dem entsprechenden Glauben vieler Menschen korrespondieren, dass ihre eigenen Verstorbenen »irgendwie« weiterleben.[37] Auf diesem wenigstens angedeuteten empirischen Hintergrund erweist sich die Minimalisierung des Himmels in Theologie und Verkündigung als nicht

31 | Vgl. dazu Bernhard Lang, Collen McDannell, Der Himmel. Eine Kulturgeschichte des ewigen Lebens, Frankfurt am Main 1990, 442ff. Vgl. auch Bernhard Lang, Himmel und Hölle. Jenseitsglaube von der Antike bis heute, München 2003.

32 | Vgl. Lang, McDannell (Hg.), Himmel 469.

33 | Vgl. ebd. 461ff.

34 | Vgl. ebd. 445.

35 | Vgl. dazu die entsprechende Auseinandersetzung zwischen Diakonie und Gottesglauben bei Ottmar Fuchs, Martyria und Diakonia: Identität christlicher Praxis, in: Herbert Haslinger (Hg.), Praktische Theologie. Grundlegungen, Mainz 1999, 178–197.

36 | Vgl. dazu Lang, McDannell (Hg.), Himmel 408ff.

37 | Vgl. dazu Ottmar Fuchs, Inkulturation christlichen Auferstehungsglaubens, in: Isidor Baumgartner u. a. (Hg.), Den Himmel offen halten, Innsbruck 2000, 186–196.

sehr fähig, die Zeichen der Zeit zu lesen, in Anerkennung genauso wie auch in notwendiger Kritik. Das Vakuum eschatologischer Verkündigung enthüllt von daher eine Verweigerung, über dieses Thema auf dem Hintergrund der christlichen Tradition mit den Menschen ins Gespräch zu kommen und es ihnen möglich zu machen, diesbezüglich mit anderen ins Gespräch zu kommen. »Die protestantische wie die katholische Theologie der Gegenwart kommt dem verbreiteten Wunsch nach Wissen über den Himmel nicht entgegen.«[38]

Jesu Verkündigung spricht vom Himmel, sogar vom »Lohn im Himmel« (vgl. Mt 5,12; 10,41–42; Joh 4,36). Bei aller Kritik der Lohnmetapher steht sie doch für einen Wirklichkeitszusammenhang, der die diesseitigen Verlusterfahrungen auf einem neuen Wirklichkeitsniveau als gewinnbringend ansehen lässt: Wer sein Leben hingibt, wird es gewinnen! Die Hoffnung auf diese Verheißung gibt die Kraft, auch unter den Bedingungen des Diesseits so weit wie möglich Reich Gottes zu gestalten, wobei diese Bedingungen immer die Gefahr beinhalten, darin nicht belohnt, sondern vieles, am Ende auch das Leben hingeben zu können. Dies ist gerade keine Vertröstung, sondern löst die oben angesprochene »Ethisierung« des Jenseits nicht vom Jenseits selbst ab. Das so erhoffte, nicht nur inhaltliche, sondern reale Jenseits ermöglicht und radikalisiert vielmehr jene solidarische Nächstenliebe im Diesseits, die über den Eigennutz im Diesseits hinausgehen kann, weil die Sehnsucht nach der eigenen Rettung, Selbsterhaltung und Sicherung in einem weit darüber hinausgehenden, vom Schöpfer selbst garantierten Wirklichkeitsbereich ihre unendliche Antwort findet.

Nicht zuletzt hängt damit auch der Glaube an die Handlungsmacht Gottes gegenüber der Geschichte zusammen, dass er ihr einmal mit Gewalt ein Ende setzen wird, um alle destruktive Gewalt zu zerstören und eine neue Schöpfung, eine neue Erde und einen neuen Himmel heraufzubringen. Im Kreuz Christi hat er bereits diesen Sieg errungen, der am Ende der Zeit über alle Kreatur und Geschichte offenbar werden wird. »Diese letztere Geprägtheit durch die erlittene Gewalt legitimiert die paradoxe Anknüpfung an die Sprache der Gewalt im Begriff des Sieges, gegen die der Purist Einwände haben.«[39] Die Vokabeln des Lohnes und des Sieges

38 | Lang, McDannell, Himmel 409.

39 | Vgl. Ralf Miggelbrink, Die Lebensfülle Gottes, in: Jahrbuch für Biblische Theologie 20 (2005) 325–356, 341f.

sind zwar unserer Geschichte entnommen, gewinnen aber im Kontext des göttlichen Willens und Lebens zu Gunsten des künftigen Himmels einen »völlig veränderten Bedeutungskontext«[40]: Denn nicht die Gewalt siegt, sondern die göttliche Liebe; und nicht der diesseitige Eigennutz erhält Lohn, sondern die Hingabe an Gott und zu Gunsten der Menschen.[41]

### *c) Von der Enge in die Weite*



Die relative Auskunftsunfähigkeit der Verkündigung und von daher auch der Gläubigen hinsichtlich ihrer Bild- und Vorstellungsfähigkeit dessen, was der Himmel bedeutet, ist vor allem auch in der interreligiösen Begegnung mit muslimischen Mitbürgern und Mitbürgerinnen verhängnisvoll, weil Letztere durchaus mit lebhaften Vorstellungen von dem aufwarten, was aus ihrem Glauben heraus der Himmel für sie wert ist. Wer einmal die wunderschönen Mosaiken in der Großen Moschee von Damaskus gesehen hat, in denen das Paradies als wunderbarer Garten mit blühenden Pflanzen, interessanten Tieren und immer wieder erfrischenden Wasserspielen dargestellt ist, kann das alles wirklich als Vorschein des Himmels erleben.

So häuft sich die Szene, dass im Volk Kontakte mit islamischen Nachbarn entstehen, manchmal auch Familienfreundschaften, und dass eines Tages etwa eine christliche Frau von ihrer türkischen Nachbarin erklärt bekommt. »Was habe ich Sie so gern. Wie schade, dass wir nicht auch im Paradies beisammen sein können.« Und bei dem dann folgenden Gespräch bekommt die Christin nicht nur gesagt, dass nur eine Muslima ins Paradies komme, sondern sie bekommt dabei auch eine lebhafte Beschreibung des Himmels mit, mit sehr vielen konkreten Einzelheiten.[42]

Hier wäre es gut, hätten unsere Gläubigen von christlicher Tradition her die Möglichkeit, auch ihre Vorstellung vom Himmel einzubringen, vor allem auch die Hoffnung, dass sich im Gericht nochmals ein neues Szenario eröffnet, in dem die Exklusivität des Himmels für ganz bestimmte Gläubige einer universaleren Sicht weicht, vor allem mit dem Blick auf

40 | Ebd.

41 | Zur eschatologischen Geschichtsmacht im Zusammenhang mit den Gewaltanschauungen der Bibel vgl. Fuchs, Praktische Hermeneutik der Heiligen Schrift, Stuttgart 2004, 448ff.

42 | Diesen Hinweis mit dem entsprechenden Beispiel verdanke ich Norbert Lohfink.

jene unendliche Barmherzigkeit und Versöhnungsbereitschaft Gottes, wie sie nicht nur in der Bibel, sondern auch im Koran von entscheidender Bedeutung sind.[43] Es ist schon ein sehr hohes Niveau der interreligiösen Begegnung erreicht, wenn Menschen daran leiden, dass die zur anderen Religion Gehörigen auf Grund der eigenen Dogmatik nicht im Paradies sein können. Solche direkten Begegnungserfahrungen werden in den Religionen nicht unwirksam bleiben und darin jene anderen Texte und Ressourcen zu finden versuchen, die die Exklusivität des »eigenen« Himmels aufbrechen, vor allem im Zusammenhang modifizierter Gerichtsvorstellungen.[44]

Die Gefährlichkeit einer ausschließlichen Himmelsvorstellung erreicht ihre schreckliche Konsequenz bei jenen Selbstmordattentätern, die ihre zerstörerische Hingabebereitschaft mit der sicheren Vorstellung verbinden, als Märtyrer in die schönsten Gefilde des Paradieses zu kommen. Darin kommt eine spezifische Herausforderung auf die christliche Lehre von den letzten Dingen und auf ihr eigenes Verständnis des Martyriums zu, nämlich die Hingabefähigkeit radikal an die Mitmenschlichkeit allen Menschen gegenüber zu binden und von daher die Hoffnung (nicht den Zugriff) auf das endzeitliche Urteil Gottes bestimmt sein zu lassen.





Selbstverständlich können wir über den Himmel nichts »wissen«. Doch haben wir im Leben und Glauben Spuren, im Dickicht dieser Unvorstellbarkeit einige Lichter wahrzunehmen, nicht in der Gesinnung des Habens, sondern in der Gesinnung der Hoffnung. Spuren gibt es aber auch in unserem Leben, in unserer Sehnsucht, die dem Herzen der Menschen stellvertretend für die ganze Schöpfung geschenkt ist und die bei all ihrer Zwiespältigkeit dennoch etwas von jener Kreativität spüren lässt, die der Kreator, der Schöpfer dieser Schöpfung geschenkt hat und die auch »nach« dem Paradies mit ihrer erbsündlichen Verfasstheit nicht ausgelöscht ist. Auch Poesie und Literatur sind so eine Spur.

Was von daher der Himmel sein könnte, dafür gibt es »Vorerfahrungen« in all jenen Augenblicken des Lebens, denen man schon jetzt Ewigkeit

43 | Vgl. als Vorbereitung für solche Begegnungen für muslimische und christliche Frauen Ulrike Bechmann, Sevda Demir, Gisela Egler, Frauenkulturen. Christliche und muslimische Frauen in Begegnung und Gespräch, Düsseldorf 2000.

44 | Für den christlichen Bereich vgl. dazu meinen Versuch: Neue Wege einer eschatologischen Pastoral, in: Theologische Quartalschrift 179 (1999) 260–288; vgl. auch Michael N. Ebertz, Die Zivilisierung Gottes. Der Wandel der Jenseitsvorstellungen in Theologie und Verkündigung, Ostfildern 2004.

schenken möchte, wo alles ganz spannend und entspannend zugleich ist, die Momente zutiefst erfahrener Liebe und Freundschaft, die faszinierendsten Augenblicke unserer Kreativität und Schöpfungskraft, die Erfahrungen der Schönheit in der Kunst und die Erfahrungen des Glücks in der Natur ... Friedrich Nietzsche hat dies, im Kontext seines Zarathustra, unübertroffen formuliert:

> Die Welt ist tief,
> Und tiefer als der Tag gedacht.
> Tief ist ihr Weh –,
> Lust – tiefer noch als Herzeleid:
> Weh sprich: Vergeh!
> Doch alle Lust will Ewigkeit –,
> – will tiefe, tiefe Ewigkeit![45]



Alle diese Augenblicke intensivsten Lebens dürfen wir als Vorschein der Ewigkeit wahrnehmen. Vielleicht kann man so etwas spüren und schmecken, was der Himmel, was ewiges Leben in Gottes unendlicher Liebes- und Lebensdynamik, in seiner unendlichen Freiheit und Schaffenskraft sein wird, dann aber noch unvorstellbarer als wir es hier erleben, in unendlicher Dauer und Tiefe. Denn alle unsere Komparative und Superlative, seien sie erlebt oder formuliert, stoßen an die Grenzen ihrer selbst, kommen nicht mehr darüber hinaus und müssen sich selbst noch einmal abgeben und hingeben in die Hand dessen, der den Himmel trägt.

Gehen wir mit dieser Sehnsucht in den christlichen Glauben, dann lassen sich weitere Spuren entdecken: nämlich dass der Himmel eine wirklich neue Schöpfung im Material eines neuen Kosmos sein wird, in dem uns eine neue Leiblichkeit geschenkt wird, analog zum Leib des Auferstandenen (vgl. Lk 24,39–42). Der Auferstandene ist kein Geist, er zeigt seine Hände und Füße und isst mit den Jüngern. Doch ist er anders, nämlich »verklärt«, und diese Andersheit macht deutlich, dass dieser Leib nicht mehr den Gesetzen der jetzigen Geschichte und dieser Welt unterworfen ist. Jesus begegnet den Jüngern bereits mit seinem himmlischen Leib. Und so finden wir die wunderschöne Vorstellung vom himmlischen

45 | Friedrich Nietzsche, Also sprach Zarathustra, in: Friedrich Nietzsche. Gesammelte Werke (hg. v. Wolfgang Deninger), Bindlach 2005, 589–855, 839.

Hochzeitsmahl: ein Bild für die Leiblichkeit und Vitalität, für den Genuss von dem, was uns am Leben hält und von dem Genuss festlichster und freudigster Begegnung. Der Himmel ist ein ewig gelungenes Fest (vgl. Mt 22,1–2 und 25,1.10; Offb 19,7). Und Christus, der Bräutigam, wird der Gastgeber sein und die Hochzeitsgäste werden nie mehr trauern müssen (vgl. Mt 9,15).

Auf diesem Hintergrund dürfen wir Bilder des Himmels sammeln, mit der Hoffnung, dass die Richtung stimmt, aber auch wieder mit jenem Glauben, der die Bilder noch einmal loslassen kann in die Unbegreiflichkeit Gottes hinein, mit der dann nochmals neuen Hoffnung, dass die Unbegreiflichkeit, die unsere Vorstellungskraft übersteigt, eine ewig selige ist.





### *d) »Crescendo« in Freiheit und Beziehung*

Der Volksmund zeichnet den Himmel zwar sympathisch lustig, aber meistens auch langweilig: Der Münchner im Himmel (von Ludwig Thoma) muss auf der Wolke sitzen und Halleluja singen und wartet auf den nächsten Augenblick, möglichst schnell wieder abhauen zu können, in sein geliebtes München, wo er dann gründlich vergisst, der bayerischen Staatsregierung göttliche Eingebungen zukommen zu lassen. Andere Bilder sehen die Himmlischen in den Chören der Engel mitsingen, oder Sterne und Mond putzen. Dies alles klingt wenig attraktiv und vor allem absolut ereignisarm. Dies überträgt sich dann auch auf abstrakte Begriffe wie: Dass die Menschen dann »ganz nahe bei Gott sind«. Wie soll man sich das vorstellen?

Wenn es keine Gegensätze mehr zwischen hell und dunkel, zwischen gut und böse, zwischen Wohlergehen und Leid gibt, ist dann der Himmel nicht eine abgrundtiefe Langweiligkeit? Wird dann das Leben nicht eher oberflächlich sein, wenn es nur den Eierkuchen von Freude und Friede gibt, kein das Leben vertiefendes Leiden mehr und keine schmerzlichen Auseinandersetzungen? Das Problem liegt hier darin, welche Vorstellung wir von Gottes Unendlichkeit haben und davon, wie im Himmel diese Unendlichkeit erlebt wird: Gerade dieser Raum der unendlichen Liebe und Freiheit Gottes bringt tiefste Gegensätze, allerdings immer wieder neu beglückende, in das Leben Gottes hinein, und vertiefen es mit einer unendlichen Dynamik in die nie endende Spannung des Unendli-

chen, nämlich dass jeder kommende Augenblick im Gegensatz steht zum jetzigen, weil er noch tiefer hineinführt in die Gemeinschaft Gottes.
Man kann dies nur ahnen, wenn in einer Liebe und Freundschaft bereits eine Tiefe erfahren wird, die nicht mehr tief genug sein kann, und dann dazu denkt, dass die Dynamik der Vertiefung niemals aufhört und so zwischen dem jetzigen und dem kommenden Augenblick eine zittrige und immer glückseligere Spannung anlegt, und dies unvorstellbar ewig. In der immer wieder zurückweichenden Tiefe des Geheimnisses Gottes gibt es vom Augenblick zum anderen, und dies ist der Gegensatz zum vorhergehenden, immer wieder unendlich Neues, Spannendes, Faszinierendes, Schöneres und Tieferes. Von daher gewinnt man eine gewisse



Vorstellung, wenn der Himmel als unendliche Nähe Gottes erhofft wird: Diese Nähe seiner Liebe ist nie zu Ende, wird immer tiefer, wie eine frische Liebe und eine neue Freundschaft fasziniert und in dieser Faszination immer intensiver wird, so ist es mit der Nähe Gottes in der Ewigkeit. Die Hoffnung auf einen Himmel setzt auch im Himmel jenen Gegensatz zwischen Geschöpf und Gott voraus, der in Ewigkeit nie eingeholt werden kann, aber zugleich eine ewige Dynamik, ein ewiges »Crescendo« in Gang setzt, in Gott alle geschaffene Wirklichkeit zu schauen. Dass Gott aus der Perspektive der Menschen immer »semper maior« ist, hört auch im Himmel nicht auf, gewinnt darin aber eine völlig neue Vollzugsweise. Im Gegensatz zu Alighieri Dantes »Göttlicher Komödie« handelt es sich dabei nicht um einen gestuften Himmel, wo die Seligen auf den Stufen fixiert bleiben, sondern alle Seligen sind in diese ewige Dynamik aufgenommen »Euch, glücklich hier in diesen Auen, zieht euch nach höherem Ort nicht die Begier, um mehr euch zu befreunden, mehr zu schauen?« Für Dante selbst allerdings gilt des »Crescendo«: »So steiget man von Grad zu Grad hinan.« Oder im Bild des Schauens: »Nur weil im Schau'n sich meine Sehkraft mehrte«.
In der Danziger Kathedrale Oliwa ist mir die Gestalt eines Kirchenraums begegnet, die ich geradezu als architektonischen und künstlerischen Ausdruck der hier angesprochenen himmlischen Dynamik erfahren habe: Der gotische Bau bekommt 1582 im Mittelschiff ein Sternengewölbe, das 1688 in einen barocken Hochaltar mündet, dessen abschließendes Gewölbe als ein von Engeln und Heiligen belebter Wolkenhimmel aus Stuck gestaltet ist, so dass sich der betrachtende Mensch vom Anfang der Kirche unter dem Sternenhimmel bis zum von Engeln und

Heiligen belebten Wolkenhimmel hineingezogen erfährt, insofern sich dieser trichterhaft verjüngt auf ein rundes farbiges Fenster zu, eigentlich durch es hindurch, das die Dreifaltigkeit darstellt, so dass im oberen Drittel der gesamten Kirche vom Eingang bis in diese lichtvolle Dreifaltigkeit hinein eine faszinierende, sich beschleunigende Bewegung entsteht. Die Kirche ist seit 1925 Kathedrale des Bistums Danzig.

Das sich ewig steigernde Schauen der Wirklichkeit Gottes nimmt auch die neue Schöpfung in diese Dynamik hinein und damit auch die von Gott ermöglichten neuen Beziehungen der Menschen untereinander. Dann entfaltet sich diese Gottes- und von daher gestaltete Schau des Geschaffenen im Horizont jener Erfahrungen, die bereits mit seinen Eingriffen in die Geschichte offenbar wurden: der Liebe und der Freiheit, und dies in unendlicher Kreativität des ewig Überraschenden und Neuen. Der Himmel ist eine neue Welt, mit neuer Natur, mit neuer Umwelt, mit neuen Beziehungen zu den Menschen und zu sich selbst und mit einer durch alles hindurchscheinenden neuen Beziehung mit Gott selbst.





Das Schauen der Wirklichkeit in diesem Vollzug darf auch als Begegnung und Beziehung erhofft werden, jedenfalls wenn es Anteil hat an der beziehungsschaffenden Schöpfung, an Gottes Geschichte mit dieser Schöpfung und an seiner geschichtlichen Einflussnahme, von daher auch die Beziehung der Menschen untereinander gestaltet sein zu lassen. Dann entfaltet sich diese Gottes- und von daher Wirklichkeitsschau des Geschaffenen im Horizont jener Prädikate, die bereits mit seinen Eingriffen in die Geschichte offenbar wurden: die Liebe und die Freiheit, und dies in unendlicher Kreativität des ewig Überraschenden und Neuen.[46]

In der Gottesbeziehung des Himmels eröffnet sich damit auch eine umso intensivere Menschenbeziehung, so dass wirklich von einem neuen Himmel und einer neuen Erde, von einer neuen Schöpfung die Rede sein kann, in der in der Gottesschau die Menschen untereinander und mit der Schöpfung selbst in jener Weise umgehen, in der es ihnen dann von Gott

46 | Im Gegensatz zu jenen theologischen Vorstellungen, in denen es zwar Bewusstsein und Erinnerungsvermögen gibt, aber nicht mehr ein weiteres neues Leben: »Weder neue Erfahrungen noch die Fortsetzung der Zeit, noch neue Beziehungen werden das Verhältnis zu Gott stören. Nach Karl Barth werden wir nur über die Vergangenheit reden können, so dass wir unsere irdische Erfahrung zwar besser verstehen, aber nicht erweitern können. Anders gesagt: Es wird ein ewiges Bewusstsein geben, aber nicht eigentlich ein immer währendes Leben« (Lang, McDannell, Himmel 468).

her unerschöpflich geschenkt ist, in einer Liebe, die Freiheit nicht zerstört, und in einer Freiheit, die die Liebe nicht beengt, denn Gott ist der tiefste Grund von beidem.

Auf diesem Hintergrund darf man drei Begriffe des Himmels unterscheiden, die zusammengehören, aber nicht ineinander aufgehen: einmal jener Himmel, der gleichbedeutend ist mit Gott selbst, in dem er die Unendlichkeit Gottes, sein Darüber-hinaus-Sein über alle Welten, über die gegenwärtige, über alle Kosmen und auch über die künftige neue Schöpfung benennt. Davon ist jener Himmel zu unterscheiden, in dem die Seligen leben, in der Schau des Gotteshimmels, aber niemals so, dass sie mit ihm identisch sein könnten. Ihre himmlische Wirklichkeit bleibt eine geschöpfliche Wirklichkeit, ist zwar intensivst auf Gott bezogen und von ihm her durchdrungen, aber nicht mit jenem Himmel Gottes identisch, der noch einmal die Göttlichkeit Gottes auch gegenüber diesem Himmel einer neuen Welt festhält. Diese Erde hat auch eine neue Zeitlichkeit unendlich vieler neuen Zeiten in himmlischen Crescendo, mit Zeitenanfängen und Zeitenenden bzw. Transformationen, mit den entsprechenden »Relativitäts«-Auswirkungen auf ihre kosmische Materie und die je neue Körperlichkeit der Menschen. Und was manchmal schon hier gilt, nämlich dass ganz bestimmte zwischenmenschliche Beziehungen auch die Erfahrungen der Eigenzeit verändern, wird dann insgesamt die »Relativitätstheorie« des Himmels ausmachen: analog zum gegenseitigen Verhältnis von Materie und Zeit das neue gegenseitige Bedingungsverhältnis von Gottes- und Menschenbeziehung auf der einen und der Zeiterfahrung auf der anderen Seite.



Marie Luise Kaschnitz bringt eine solche Sehnsucht zum Ausdruck:

Ein Leben nach dem Tode

Glauben Sie fragte man mich
An ein Leben nach dem Tode
Und ich antwortete: ja
Aber dann wusste ich
Keine Auskunft zu geben
Wie das aussehen sollte
Wie ich selber

Aussehen sollte
Dort

Ich wusste nur eines
Keine Hierarchie
Von Heiligen auf goldenen Stühlen sitzend
Kein Niedersturz
Verdammter Seelen
Nur

Nur Liebe frei gewordne
Niemals aufgezehrte
Mich überflutend

Kein Schutzmantel starr aus Gold
Mit Edelsteinen besetzt
Ein spinnwebenleichtes Gewand
Ein Hauch
Mir um die Schultern
Liebkosung schöne Bewegung
Wie einst von tyrrhenischen Wellen
Wie von Worten die hin und her

Wortfetzen
Komm du komm
Schmerzweb mit Tränen besetzt
Berg- und Talfahrt
Und deine Hand
Wieder in meiner

So lagen wir
Lasest du vor
Schlief ich ein
Wachte auf
Schlief ein
Wachte auf

Deine Stimme empfängt mich
Entläßt mich und immer
So fort

Mehr also, fragen die Frager
Erwarten Sie nicht nach dem Tode?
Und ich antworte
Weniger nicht.[47]

### *e) Raum der Solidarität*

282 Und ist der Himmel für alle offen? Charles Péguy versucht auf diese Frage Anfang des letzten Jahrhunderts in seiner »Vorhalle zum Mysterium der zweiten Tugend«, nämlich der Hoffnung, eindringlich und eindrucksvoll eine Antwort zu finden.[48] Analog dazu, dass Menschen sich nicht mit der Beibehaltung des Elends anderer begnügen können, gilt es auch für die Seligen, nämlich dass sie sich nicht mit dem Leiden der auf dieser Erde Lebenden und auch nicht mit einer dortigen oder nochmals darüber hinausgehenden Hölle abfinden können. So spricht er von einem Aufstand der Heiligen im Himmel: »Denn alle zusammen verbringen sie all ihre Zeit, ihren ganzen heiligen Tag, um sich gegen Gott zu verschwören. Vor Gott. Damit Zoll um Zoll die Gerechtigkeit Schritt für Schritt weiche vor der Barmherzigkeit. Sie tun Gott Gewalt an. Wie gute Soldaten kämpfen sie um jeden Fußbreit ... Für das Heil der gefährdeten Seelen. Sie schlagen sich gut. Ganz bewegt, ganz beseelt von der Hoffnung, kühn gegen Gott ... Fetzen um Fetzen entreißen sie dem Reich der Verdammnis.«[49]

Diese beeindruckenden Gedanken des französischen Dichters und Zeitkritikers, eingebettet in diesem großen theodramatischen Szenario, dispensiert auch im Himmel nicht die Klage, bis alle gerettet sind. Die Entgrenzung des Himmels durch die Solidarität der Seligen konfrontiert jene Himmelsvorstellung, mit der Brecht Recht bekäme, insofern die

47 | Marie Luise Kaschnitz, Kein Zauberspruch. Gedichte, Frankfurt am Main 1972, 119f., vgl. auch Kuschel, Theologie und Literatur heute 221f.

48 | Vgl. Charles Péguy, Das Mysterium der Hoffnung (Paris 1929), Wien $^{3}$1983. Péguy starb 1914 zu Beginn des Ersten Weltkrieges in der Schlacht von Paris.

49 | Ebd. 102ff.

Dortigen sich nicht mehr um die Irdischen kümmern, auch jene Vorstellung, in der der Himmel zu einem von den Seligen akzeptierten Ausschlussraum gegenüber den Verdammten wird, mit jenem Himmel, in dem die Seligen nicht ruhen, bis alle gerettet sind und der Himmel alles in allem sein wird.

Was Péguy zum Vorschein bringt, formuliert in einem anderen Sprachspiel, aber in einem ähnlichen Zusammenhang Magnus Striet: »Eine Freiheit, die sich auf ihr eigenes Wesen verpflichtet, wird sich nicht endgültig rechtfertigen und vollenden lassen können, solange nur ein Rest von unversöhnter Negativität da ist.«[50] Hier konvergieren philosophische Erwägungen mit den poetischen Erwägungen von Péguy, sofern man dazu liest: »... wenn aus ethischen Gründen die ewige Harmonie nicht um den Preis verwirklicht werden darf, dass dem Unterschied zwischen Opfern und Tätern, den Ermordeten von Auschwitz und ihren Henkern, keine Bedeutung mehr zukommt, dann wird in der Idee Gottes eine Freiheit postuliert, die die Freiheit von Opfern und Tätern uneingeschränkt achtet, und doch durch die Macht ihrer Liebe die Täter dazu in Freiheit ermächtigt, um Verzeihung zu bitten, und es den Opfern trotz des erlittenen Leides ermöglicht, die Verzeihung zu gewähren.«[51]





Wie schon diesseits jede Ausgrenzung und jede Trennung nicht nur die verletzt, die man ausgegrenzt hat, sondern auch diejenigen schädigt, die ausgrenzen, so wird es auch, wenn auch kaum nachvollziehbar, aber in Gottes unendlicher Liebe erhoffbar, analog dazu so sein, wenn auch mit einer ganz anderen Seinsweise verbunden, dass sich die Heiligen selber schädigen und verletzen würden, würden sie Ausgrenzungen hinnehmen und nicht, wenn auch durch für uns unvorstellbare Versöhnungsprozesse hindurch, den Tätern den Himmel gönnen, um selbst endgültig heil zu werden.[52]

So dürfen wir nicht nur für die Zukunft den Himmel erhoffen, sondern jetzt bereits den Himmel als einen »gegenwärtigen« Ort der Solidarität glauben, in der die Seligen nicht teilnahmslos sind, sondern Anteil nehmen an unserem Leben, mit einer Liebe, wie wir sie von ihrem irdischen

50 | Magnus Striet, Versuche über die Auflehnung. Philosophisch-theologische Überlegungen zur Theodizee-Frage, in: Harald Wagner (Hg.), Mit Gott streiten. Neue Zugänge zum Theodizee-Problem, Freiburg i. Br. [2]1998, 48–89, 67f.

51 | Ebd. 75.

52 | Vgl. Fuchs, Gericht 153ff.

Leben her kennen, allerdings dann von jeder Begrenzung und von jedem Schatten befreit. In dieser Weise ist uns der Himmel dann doch etwas nahe!

Nach alledem ist der Streit anzufangen mit Amadeus im »Nachtzug nach Lissabon«: »Wer möchte im Ernst unsterblich sein? ... Wie langweilig und schal es sein müsste zu wissen: Es spielt keine Rolle, was heute passiert ... Es kommen noch unendlich viele Tage, Monate, Jahre. Unendlich viele, buchstäblich. Würde, wenn es so wäre, noch irgend etwas zählen? ... Es ist der Tod, der dem Augenblick seine Schönheit gibt und seinen Schrecken. Nur durch den Tod ist die Zeit eine lebendige Zeit. Warum weiß das der HERR nicht, der allwissende Gott? Warum droht er uns mit einer Endlosigkeit, die unerträgliche Ödnis bedeuten müsste?«[53]



Die entscheidende Frage stellt Amadeus nicht: nämlich die Frage der Gerechtigkeit und der Wiedergutachtung den Opfern gegenüber. Diese »Leerstelle« kann sich tatsächlich nur jemand leisten, der dieses Leben schon weitgehend so erlebt: »Nicht einmal in den Tag hinein leben könnten wir, denn dieses Glück zehrt vom Bewusstsein der verrinnenden Zeit, der Müßiggänger ist ein Abenteurer im Angesicht des Todes, ein Kreuzritter wider das Diktat der Eile. Wenn immer und überall Zeit für alles und jedes ist: Wo sollte da noch Raum sein für die Freude an Zeitverschwendung?«[54] Und was heißt es, dass »das eine nichts ohne das andere (ist)«?[55] Nämlich dass Amadeus beides braucht, die Freiheit und die Feindschaft gegen alles Grausame *und* die Heiligkeit von Worten, die Erhabenheit großer Poesie, die kühle Stille der Kathedralen, die flutende Orgel und die heilige Andacht betender Menschen? Wenn das eine nichts ohne das andere ist, und wenn das eine Realität ist und das andere nur Symbol (ohne über das Symbol hinausgehenden Wirklichkeitsgehalt), dann ist auf der Ebene des Wirklichkeitsbezugs ja doch das Letztere ohne das Andere existent. Kann man sich damit begnügen? Oder wäre es zumindest eine Anfrage, ob all die Symbole, die den Alltag transzendieren, erlebnismäßig nicht doch auch einen Raum eröffnen, in dem zugleich das eingeklagt, endgültig eingeklagt werden kann, was Amadeus in der Wirklichkeit so wichtig ist, nämlich die Freiheit und Feindschaft gegen

53 | Pascal Mercier, Nachtzug nach Lissabon. Roman, München 2006, 201–202.

54 | Ebd. 202.

55 | Ebd. 203.

alles Grausame. Mit keiner Sicherheit, aber doch mit einer Hoffnung, wider alle Hoffnung, in den dunklen Raum hinein?

Die Hoffnung auf den Himmel ist keine Vertröstung, sondern eine Hoffnung auch wider alle Hoffnung, in und gegenüber allem, was sich Menschen im Diesseits an Leid und Grauen antun. Diese Einsicht ist gewagt und kann auch nur gewagt werden auf dem Hintergrund von Erfahrungen, die diese sensible Hoffnung in die Asche des Todes gezeichnet haben, im trotzigen Gegensatz zur Verzweiflung.

Nelly Sachs hat einen solchen Satz in ihrem Gedicht »Schmetterling« geprägt:



> Welch schönes Jenseits
> ist in deinen Staub gemalt.
> Welch Königszeichen
> im Geheimnis der Luft.[56]



Diese Zeilen machen sprachlos und werden zur schier unmöglichen Herausforderung, bis zum letzten Augenblick nicht das »schöne Jenseits« aus dem Blick zu verlieren.

## 8.3 Ruhe

### a) Begrenzte Zeit

»Kommt alle zu mir, die ihr geplagt und beladen seid. Ich werde euch ausruhen lassen. Nehmt mein Joch auf euch und lernt von mir; denn ich bin gütig und selbstlos. So werdet ihr in eurem Herzen Ruhe finden; denn mein Joch ist sanft, und meine Last ist leicht.« (Mt 11,28–30).

Dies sind Worte, die man wiederholt hören will, weil sie gut tun. Sätze sind es, in die man sich geradezu hineinsetzen möchte, um darin zu verweilen.

Die Hamburger/Bad Staffelsteiner Kabarettistin und Texterin Helga Siebert hat ein Gedicht geschrieben, das als solches in der sprachlichen Form schon so erholsam ist, dass man sich ebenfalls hineinsetzen und hineinlegen möchte. Für viele, die unter Stress stehen, könnte dieses Gedicht

56 | Nelly Sachs, Schmetterling, in: dies., Sternverdunkelung. Gedichte, Amsterdam 1949.

eine heilsame Unterbrechung sein, und wenn auch nur wenigstens während der Zeit des Lesens und Genießens:

> Das wunderbar faule Nashorn
>
> Das Nashorn kommt zu einer Wiese
> Und freut sich: »Oh wie bunt ist diese!«
>
> Es wirft sich in das Blumenmeer
> Und denkt einfach an gar nichts mehr.
>
> Da liegt es lange voll Genuss
> Die Sonne sinkt, der Tag macht Schluss.[57]



Da kommen Texte auf uns zu, die uns nicht, wie viele andere, Vorhaltungen machen, die uns nicht ungeduldig sagen, was wir zu tun haben, denen wir zu wenig leisten und die uns ganz anders haben wollen. Kein »du musst« und »du sollst«, sondern eine Einladung, zur Ruhe zu kommen. Hierher gehört auch, wenn Jesus dazu ermutigt, unsere Sorgen nicht übermächtig werden zu lassen, als würde alles von uns abhängen und als müssten wir das Geschick der Menschen in den Händen halten: »Sorgt euch nicht um euer Leben, denn es ist längst für euch gesorgt« (vgl. Mt 11,25–30; 6,25ff.). Angesichts der Sorgen und Lasten, wovon unser Leben ohnehin immer wieder voll ist, kommt da nicht einer, der noch mehr auflädt. Und Angesichts eines Glaubens, den wir oft nur in der Form von Geboten und Forderungen kennengelernt haben, wird uns hier gesagt: Lasst euch das Leben nicht zur Last werden! Zwar wird nicht davon gesprochen, dass es überhaupt kein Joch gibt und überhaupt keine Last, aber davon, dass sie sanft und leicht seien. Mir kommt das Bild in den Sinn: wenn man einen ganz vollen Rucksack, von dem man vermutet, dass er sehr schwer ist, weil er sehr schwer aussieht, mit dieser Erwartung hochhebt und plötzlich auch mit körperlicher Überraschung feststellt, dass er federleicht ist.

57 | In: Wunderbar faule und andere Nashörner, in: Gedichte von Helga Siebert mit Bildern von Susanne Kleiber, Hamburg 2003, 5.

Dass es Jesus um die Entlastung der Menschen geht, zeigt sich auch darin, wie wütend er auf die ist, die anderen Lasten aufbürden, vor allem, wenn sie das noch im Namen Gottes tun. So wettert er gegen die religiösen Führer (nicht nur damals, sondern durch die gesamte Geschichte hindurch bis zum heutigen Tag): »Sie schnüren schwere Lasten zusammen und legen sie den Menschen auf die Schultern, wollen selber aber keinen Finger rühren, um die Lasten zu tragen.« (Mt 23,4) Wer im Namen des Glaubens Menschen zusätzlich belastet und unter Druck setzt, baut nicht den Glauben, sondern seine eigene Herrschaft auf.

Dass Christus selbst die neue Schöpfung mit sich bringen wird, bringt nicht nur Dringlichkeit und Befristung in das diesseitige Leben, sondern auch die Entlastung, selbst in einer Art »Gotteskomplex« das Reich Gottes herstellen zu wollen oder zu müssen. Christ und Christinnen können darauf verzichten, hier bereits den kommenden Christus zu markieren: Sie stehen immer noch bis zu ihrem Tod und bis zum Ende der Welt in der Nachfolge des in Jesus gekommenen Messias. »Wir werden das Böse nicht aus eigener Kraft abschaffen können. Das wäre eine unmenschliche Überforderung, und alle Versuche dieser Art haben böse geendet.« (Walter Kasper). Manches wird man tun können, und vieles wird man nicht verhindern können. Wir sind durch unsere Körperlichkeit und die dadurch aufgenötigten Unterbrechungen und Gebrechen durch die Begrenzung der Lebenszeit und durch unsere spezifischen Möglichkeiten und Unmöglichkeiten eingeschränkt.





Diese Selbstbescheidung des Menschen ist Bedingung dafür, dass er nicht sich für alles verantwortlich machen kann und muss, sondern dass Gott verantwortlich gemacht werden kann für das, was nicht in unserer Macht steht, was er richten muss. Beides, Einklage und Hoffnung auf die neue Schöpfung, bedingen sich gegenseitig. Vieles an der Verzögerung, dass das Reich Gottes nicht hergestellt werden kann, ist von den Menschen selbst verschuldet. Die grundlegende Bedingung für diese Verzögerung aber ist aufgezwungen.

Die Anerkennung dieser Begrenzung gehört, wollen wir nicht Götter spielen, zum Menschsein wesentlich dazu. Zwar kann vieles bewegt werden, wenn sich Menschen in Gemeinden und Initiativen zusammen tun, um gemeinsam eine bestimmte Solidarität zu verfolgen. Aber auch dann ist es notwendig, sich für etwas Bestimmtes zu entscheiden, denn alles können weder Einzelne noch Gruppen und Gemeinschaften tun. Von dem Vielen, was eigentlich nötig wäre, kann immer nur Einiges ausgesucht werden, was tatsächlich in Angriff genommen werden kann. Solche Entscheidungen sind schmerzhaft, weil sie immer zugleich beinhalten, dass Anderes nicht getan werden kann und dass Anderes hoffentlich andere tun oder leider ungetan bleibt.

Und auch in diesem Tun selbst braucht es Pausen, braucht es Unterbrechungen, um über das Getane oder noch zu Tuende nachzudenken, womöglich andere Richtungen einzuschlagen, mit bestimmten Menschen zu reden, um die notwendigen Maßstäbe zu bekommen. Notwendige Verausgabungen und notwendige Begrenzungen in diesen Verausgabungen brauchen sich gegenseitig, damit die Energie im Engagement nicht verloren geht. Die Hoffnung auf den kommenden Richter beinhaltet beides, die Spannung und die Entlastung, die Zeitknappheit und die Zeit für das Innehalten und für die Erholung, um das Entscheidende in den Blick zu nehmen und darauf zu vertrauen, von Kraft zum Tun und zum Aushalten zu erhalten.



Spätestens mit Sten Nadolnys »Die Entdeckung der Langsamkeit« (1987) ist die Frage danach, wie Menschen Zeit erleben und ob nur Beschleunigung zum Erfolg führen kann, einer größeren Anzahl von Menschen bewusst geworden. Nadolny spricht darin von zweierlei Arten des Sehens: »Einen Blick für die Einzelheiten, der das Neue entdeckt, und einen starren Blick, der nur dem gefassten Plan folgt und beschleunigt für den Moment.« (153) Und ein »Bösewicht« wird dadurch gekennzeichnet, dass er »seine richtige Geschwindigkeit nicht (kennt). Er ist bei den falschen Gelegenheiten zu langsam und bei den anderen zu schnell wo es auch verkehrt ist.« (307) Gerade für Menschen, die aus einer endzeitlichen Perspektive, die ihnen wertmäßig sehr am Herzen liegt, auf Wirklichkeit und Menschen zugehen, gilt die Ermahnung, dass sie über dem Sendungsbewusstsein nicht das Sehen verlieren: »Ich habe zur Zeit ständig mit sendungsbewussten Erziehern zu tun, Anglikanern, Methodisten, Katholiken, Presbyterianern. Gemeinsam ist allen: Sehen spielt keine Rolle, der gottgefällige Charakter ist alles.« (338) Respekt vor den Menschen ist wichtiger als sie zur Eile zu treiben. In diesem Sinn geht es darum, die Notwendigkeit der Langsamkeit zu entdecken, mit ihr »wie durch eine Wand ins Freie zu treten ...: Kampf gegen unnötige Beschleunigung, sanfte allmähliche Entdeckung der Welt und der Menschen«; den Blick dafür zu öffnen, Einrichtungen zu schaffen, »die nicht der

Ausnutzung, sondern dem Schutz der individuellen Zeit dienten, Reservate für Sorgfalt, Zärtlichkeit, Nachdenken.« (339) Wo dies geschieht, kann Unterdrückung nicht mehr geschehen.

So ist die Zeit zwar etwas, was uns als Lebensraum vorgegeben ist. In diesem Raum gibt es aber ganz unterschiedliche Verbindungen zwischen Zeit und Leben. Einstein hatte die herkömmliche Sicht auf der Basis der mechanisch-mathematischen Zeit von Newton, nämlich dass die Zeit gleichmäßig und ohne Beziehung zu ihren Vorgängen vergehe, gründlich korrigiert: Raum und Zeit sind nicht zueinander unabhängige Größen, sondern die Zeit ist immer »bezugssystemabhängig«, bezogen auf Raum und Anziehungskraft (Gravitation) der Körper.





Dieser Zusammenhang zwischen Zeit und Körper spiegelt sich auch in der Beziehung zwischen Zeit und menschlichem Leben und Erleben. Es gibt keine leere Zeit, sondern es gibt sie nur im Zusammenhang mit bestimmten Ereignissen und Erlebnissen, in denen die Zeit zum Beispiel schnell oder bis zur Langeweile hin langsam vergeht. Man kann eigentlich nicht die Zeit erleben, sondern nur die Art und Weise des Erlebens der Zeit. So gibt es auch hier einen »Relativitäts«-Zusammenhang: Wird ein Ereignis intensiv erlebt, ist die Zeiterfahrung kurz, stellen sich Langeweile und Warten-müssen ein, erscheint die Zeit gedehnt. Das Beschleunigungsmodell in der Erfahrung von Zeit, verbunden mit dauernder Zeitknappheit, ist so gefräßig geworden, dass es das ganze Leben erfasst, auch die Pausen und Freizeit. Wenn die Zeit derart angefüllt wird, kann sie kaum mehr erfüllte Zeit werden. Erfüllte Zeit braucht »Eigenzeiten«, Zeiten also, die vom eigenen Erleben her, seien es Enttäuschungen und Trauererfahrungen, seien es freudige und Hoffnung schenkende Erfahrungen, geprägt sein dürfen, auf der Suche nach der »Echt-Zeit«, wo die Echtheit des eigenen Lebens und der eigenen Verantwortung gesucht und gefunden, wo die Echtheit für die anderen Zeiten entschieden wird. Es sind Zeiten der Erholung, wo man sich Lebenswichtiges in das Leben holt, wo Verlorenes wieder gefunden wird und versiegte Quellen wieder aufsprudeln.

So darf man drei Gestaltungsformen mit der Zeit annehmen, die zueinander gleich wichtig sind und je nach Lebens- und Handlungszusammenhang zu entscheiden wären: Da gibt es die Dringlichkeit und Zeitnot im Notwendigen, da gibt es die Entschleunigung und den Zeitwohlstand, oder auch den »Pausenwohlstand«, um das Notwendige zu entdecken und die Ressourcen dafür zu heben. Und es gibt die Unterbrechung als eine notwendige Weise, zwischen den beiden Gestaltungsformen der Zeit zu wechseln: Wenn die Dringlichkeit unterbrochen wird, um zur Ruhe zu kommen, wenn die Entschleunigung unterbrochen wird, um jetzt zu handeln. So dass sich weder die Beschleunigung noch die Verzögerung auf einen Dauerzustand begeben und damit ihre Fähigkeit, sich gegenseitig zu ermöglichen und zu steigern, verlieren.

In diesen Zeiten der Muße geht es also nicht nur um genauere Wahrnehmung von Wirklichkeit, sondern auch um das, was Robert Musil zur Charakterisierung des Möglichkeitssinns gesagt hat, der kritisch dem Wirklichkeitssinn gegenübersteht und in dieser sich selbst findenden und

erfindenden Weise auch der kirchlichen Pastoral zu wünschen wäre: Das Neumögliche kann nur zur Wirklichkeit gelangen, wenn die bestehende Wirklichkeit nicht total mit beanspruchenden Realitäten besetzt ist:

> Wenn es aber Wirklichkeitssinn gibt, und niemand wird bezweifeln, dass er seine Daseinsberechtigung hat, dann muss es auch etwas geben, das man Möglichkeitssinn nennen kann. Wer ihn besitzt, sagt beispielsweise nicht: Hier ist dies oder das geschehen, wird geschehen, muss geschehen; sondern er erfindet: Hier könnte, sollte oder müsste geschehen; und wenn man ihm von irgendetwas erklärt, dass es so sei, wie es sei, dann denkt er: Nun, es könnte wahrscheinlich auch anders sein. So ließe sich der Möglichkeitssinn geradezu als die Fähigkeit definieren, alles, was ebensogut sein könnte, zu denken und das, was ist, nicht wichtiger zu nehmen als das, was nicht ist. ... Solche Möglichkeitsmenschen leben, wie man sagt, in einem feineren Gespinst, in einem Gespinst von Dunst, Einbildung, Träumerei und Konjunktiven; Kindern, die diesen Hang haben, treibt man ihn nachdrücklich aus und nennt solche Menschen vor ihnen Phantasten, Träumer, Schwächlinge und Besserwisser oder Krittler ... Das Mögliche umfasst jedoch nicht nur die Träume nervenschwacher Personen, sondern auch die noch nicht erwachten Absichten Gottes. Ein mögliches Erlebnis oder eine mögliche Wahrheit sind nicht gleich wirklichem Erlebnis und wirklicher Wahrheit weniger dem Werte des Wirklichseins, sondern sie haben, wenigstens nach Ansicht ihrer Anhänger, etwas sehr Göttliches in sich, ein Feuer, einen Fluch, einen Bauwillen und bewussten Utopismus, der die Wirklichkeit nicht scheut, wohl aber als Aufgabe und Erfindung behandelt.[58]

58 | Robert Musil, Der Mann ohne Eigenschaften, Bd. 1, Reinbek bei Hamburg 1978, 16–18 (Kap. 4).

### b) Entlastende Seelsorge?

»Irgendetwas stimmt nicht mit uns!«, so höre ich es auf Pastoralkonferenzen und Konveniats. Das erwähnte Unbehagen erwächst oft aus einem jahre-, ja jahrzehntelangen pastoralen Dienst und hat sich insbesondere im Zusammenhang mit den Druckerfahrungen der Termine in Schule, Kasualpastoral, Liturgie und Gemeindegremien angesammelt, durch die man sich allmählich derartig in den eigenen Arbeits- und Lebensmöglichkeiten »besetzt« erfährt, dass für »anderes« wenig Zeit und wenig Energie übrigbleibt. Für »anderes«: Danach befragt, kommen die »eigentlichen« Wünsche und Träume eines anderen Lebens und einer anderen Pastoral hoch, wie z. B.: mehr Literatur lesen, um die Gegenwart in ihren Zeichen besser verstehen zu können; mehr Theologie studieren, und zwar absichtsarm, wie es Spaß macht und bereichert und nicht, wie die Predigtvorbereitung es kurzatmig einfordert; mehr Muße haben und spazierengehen können; mehr für sich selber leben; mehr Ruhe haben für Meditation und Gebet; »alte« Freunde und Freundinnen besuchen können, überhaupt Menschen begegnen, die nicht zur beruflich-pastoralen Verantwortung gehören u. ä! Hört man auf die Betroffenen, dann signalisieren sie so etwas wie die Sehnsucht nach dem ›ganz anderen‹ und den Verdacht, dass man sich womöglich an Sekundärproblemen abarbeitet und im »Arsenal der Wichtigkeiten«[59] die vom Evangelium her primären Inhalte für sich und für andere verliert. Dass der Terminkalender eigentlich eine Frage der Theologie sein dürfte und müsste, die man für sich selbst faszinierend gefunden hat und findet, scheint man sich viel zu wenig »leisten« zu können.

Es gibt viele, die schon keine Luft mehr bekommen und zum Widerstand oder gar zum Aussteigen keinen Mut und keine Kraft mehr besitzen. Das Grundgefühl der immer weniger werdenden Chancen macht sich breit, dergestalt, dass am Ende nur noch ein großer Arbeitsberg mit einem ohnehin unerreichbaren Gipfel dem betroffenen Menschen gegenübersteht, der sich entweder in einen nachhechelnden Stress versetzt oder in eine resignative Trägheit und Lähmung entlässt. Auch wenn es nur halb so schlimm sein sollte, als ich es hier an die Wand male: Das Unbehagen





59 | Vgl. zu diesem Begriff im Zusammenhang christlicher Ökologieverantwortung Carl Amery Zukunft der Menschheit. Mit Gottvertrauen in die Todesfalle?, in: Publik-Forum 16 (1987) Heft 1, 3–4.

sitzt tief und sollte als ein Fingerzeig angesehen werden, auf Umkehrgedanken zu kommen!

Gibt es Auswege zu einer »menschlichen Seelsorge«[60], zu einer Seelsorge, die sich deshalb so menschenfreundlich auswirkt, weil auch die SeelsorgerInnen selbst mit sich menschlich umgehen? Zuallererst muss jedenfalls das Missverständnis ausgeräumt sein: In diesen Ausführungen geht es in keiner Weise darum, (noch) mehr zu tun. Denn dies hieße, die Krankheit als Heilung auszugeben. Aber Einschneidenderes als Nicht-*mehr*-Tun leitet erst die Heilung selbst ein: nämlich weniger, vielleicht eine gewisse Zeit nichts mehr zu tun! Nur diese paradoxe Intervention sprengt den Teufelskreis macherischer und gemachter Pastoral und öffnet für die Wahrnehmung dessen, was nicht machbar, sondern längst gegeben ist. Wo nichts leer wird, kann sich auch nichts Neues ereignen. Es gilt, von vielem abzurüsten, vielleicht ein Sabbatjahr für sich und die Gemeinde zu riskieren und zu warten, das Warten wieder zu lernen, was dabei herauskommt, wenn man nichts bzw. weniger macht.



Ein unmöglicher Vorschlag? Ich glaube, der einzig mögliche Weg, zur Besinnung zu kommen und Gott kommen zu lassen. Glauben kommt vom Hören, und Hören braucht Zeit: zum Leerwerden und Verlernen des Bisherigen. Ja, ich plädiere für eine Pastoral der Leere, die einzige Chance, uns unsere eigenen Betriebsamkeiten und Alltagszwänge nehmen zu lassen. Nicht alle natürlich, viele können nicht abgestreift werden und müssen (wirklich?!) weitergehen. Aber wer einmal auf die befreiende Idee gekommen ist, abzurüsten und nicht (im wetteifernden Vergleich zu den Aktivitäten der Nachbargemeinde) aufzurüsten, der findet manches und immer mehr, was er loslassen kann! Stückweise wird man sich darauf einlassen können.

Damit die vielen gegenwärtigen personalen und kollektiven Resignationen und Depressionen in kirchlichen Sozialgestalten nicht zu einer tödlichen, stuporhaften Lähmung führen, aus der man schlecht wieder herauskommt, muss diese »Lähmung« jetzt, wo es noch Zeit ist, aktiv und schöpferisch in Angriff genommen werden: als Ruhe zur Besinnung und als Zeit zur Wahrnehmung, zum Schauen! Wenn einer gegen diese Dik-

60 | Zum diesbezüglichen Begriff der Seelsorge bzw. des Seelsorgers und der Seelsorgerin vgl. Rolf Zerfaß, Menschliche Seelsorge. Für eine Spiritualität von Priestern und Laien im Gemeindedienst, Freiburg 1985, 77f.85–92.169.

tatur der Arbeit nein sagt und die eigenen Grenzen zur Geltung bringt, ist oft bereits schon für ihn wie auch für andere der Bann gebrochen. In diesem Sinn gilt Pasolinis Aufruf wie eine Fremdprophetie für unsere Pastoral: »Kein Kompromiss. Laßt uns umkehren. Es lebe die Armut. Es lebe der ... Kampf für die lebensnotwendigen Dinge.«[61] Also kein Kompromiss mit mehr Arbeit, sondern es lebe die Armut der eigenen Begrenzung, der eigenen Hilflosigkeit und Wunden![62] Auch in unserer Pastoral können »überflüssige Güter das Leben überflüssig machen«[63]. Nicht die Frage, was Ansehen, Einfluss und Wirkung bringt, ist entscheidend, sondern der einfache Gebrauchswert dessen, was wir tun, im Sinn des Gebraucht-Werdens für die Gestaltung von Leben und Alltag.



### *c) Phantasievolle Pastoral*

Die Fähigkeit zur Pause und zur Unterbrechung zeigt sich im Alltag vor allem darin, sich unterbrechen zu lassen. Dies gilt auch für die kirchliche Seelsorge und Pastoral: Dass Menschen hier einen Ort finden, wo sie unbestellt zu Besuch kommen können. Wo sie Rat suchen und querdenkende, überraschend phantasievolle Gesprächspartner antreffen, wo liebenswürdige Ironie und geistreicher Witz zu Hause sind, wo man ruhigen Herzens werden kann und Güte spürt, wo keine gestanzten langweiligen Sprüche kommen, sondern eigene tiefe Gedanken; wo mehr zugehört wird als gesprochen, mehr Mitgefühl gezeigt wird als Pathos, wo mehr Position bezogen wird als Sowohl-als-auch-Sprüche reale Gegensätze verschleiern, wo mehr Fragen gestellt als Antworten gegeben werden, wo viel Neugierde herrscht im Hinhören auf Geschichten der Einzelnen, wo man Belesenheit und geistig-geistliche Offenheit antrifft und keine Ignoranz und Besserwisserei, wo die Menschen und die Hauptamtlichen der Kirche zu sagen wagen, dass sie mit etwas überfordert sind und nach einiger Zeit einfach keine Kraft mehr zum Zuhören und Reden haben und so ihre eigenen Grenzen zeigen, wo man die Gesprächspartner nicht dauerhaft an sich zu binden versucht, sondern loslässt, gegen andere, vielleicht bessere Gesprächspartnerinnen.

61 | Pier P. Pasolini, Freibeuterschriften, Berlin 1981, 132.
62 | Vgl. dazu Zerfaß, Menschliche Seelsorge 98–111 (Der Seelsorger – ein verwundeter Arzt).
63 | Pasolini, Freibeuterschriften 46.

Dies alles ist nicht als Idyll gemeint, sondern als pastorales Handeln, das von den beteiligten Menschen, ihren Möglichkeiten und Unmöglichkeiten ausgeht und in der Wahrnehmung des Gegebenen, auch des gegebenen Gottes, in den Menschen Liebe und Befreiung entdeckt und entwickelt. Denn »Es ist, was es ist, sagt die Liebe!« (Erich Fried).«

Was es ist

Es ist Unsinn
sagt die Vernunft
Es ist was es ist

sagt die Liebe

Es ist Unglück
sagt die Berechnung
Es ist nichts als Schmerz
sagt die Angst
Es ist aussichtslos
sagt die Einsicht
Es ist was es ist
sagt die Liebe

Es ist lächerlich
sagt der Stolz
Es ist leichtsinnig
sagt die Vorsicht
Es ist unmöglich
sagt die Erfahrung
Es ist was es ist
sagt die Liebe[64]

Die Pastoral erst einmal als Sein-Lassen der Menschen: Erst auf dieser schöpfungstheologisch motivierten ökologischen Basis hängt die Notwendigkeit vieler Veränderungen im Sinne des Nicht-im-Stich-Lassens der Menschen und Völker nicht in der dünnen Luft kraftloser Moralisie-

64 | Erich Fried, Fall ins Wort. Ausgewählte Gedichte 1944–1983, Büchergilde Gutenberg 1988, 497.

rungen und entkräftender Überforderungen. Die Kirche als ein Ort, wo die Menschen nicht die Verwaltung Gottes, sondern die Öffnung für Gott spüren, für seine Zukunft, die er bereit hält und die die Gegenwart beeindruckt. Dies alles bedeutet eben nicht, dass wir noch mehr zu tun haben als bisher, sondern lieber weniger und dies mit Phantasie und Herz. Nicht die Hektik ist die Lösung, sondern ein Leben, wo sich die Zeitrafferzeiten unterbrechen lassen in die Zeitverzögerung hinein und umgekehrt, und wo sich beides gegenseitig inhaltlich vertieft und immer mehr von der Gnade Gottes tragen lässt. So dass möglichst wenig Menschen das schreiben müssen, was Hans Scholl am 17. August 1942 an der Ostfront in seinem Russland-Tagebuch im Abschnitt »Über Schwermut« beklagt hat: »Es zieht mich manchmal schmerzlich hin zu einem Priester, aber ich bin misstrauisch gegen die meisten Theologen, sie könnten mich enttäuschen, weil ich jedes Wort, das aus ihrem Munde kommt, schon vorher gewusst hatte.«





Es ist schon bezeichnend, wie Ignazio Silone (1900–1978) seinen Roman »Wein und Brot« beginnen lässt, charakteristisch für die ganze Identität des alten Priesters: »Der alte Don Benedetto saß im Schatten einer Zypresse auf der niedrigen Mauer des Gartens und las sein Brevier.«[65] Hinsichtlich der Kleruskarriere formuliert Silone: »Der Bischof, das musste man ihm lassen, war nicht rauh und primitiv, und da Don Benedetto in allem, was seine Karriere betraf sehr zurückhaltend war, hatte Monsignore ihn unter dem Vorwand seiner schwachen Gesundheit vor die Tür gesetzt.«[66]

Diese zurückhaltende Haltung macht den Pfarrer hellsichtig: »Kriege nutzen der Karriere«, sagt er.[67] Genau diese äußere Freiheit gegenüber der Karriere gibt dem Priester auch eine innere Freiheit: nämlich »dass sich unter seiner bäurischen Wortkargheit ein lebhafter und freier Geist verbarg, der sich zuweilen so unbekümmert über die Schranken seines Standes hinwegsetzte, dass nicht wenig Mut dazu gehörte, mit ihm befreundet zu sein.«[68] Weil ihm die Integrität des eigenen Gewissens wichtiger war als die Karriere, hat Silone auch Papst Coelestin V. mit seinem »Abenteuer eines armen Christen« ein besonderes literarisches Denkmal

65 | Ignazio Silone, Wein und Brot. Roman, Köln 1974, 5.
66 | Ebd. 9.
67 | Ebd. 7.
68 | Ebd. 10.

gesetzt (1968). Dieser Papst, Sohn einfacher Leute, hatte die innere Größe, 1274 abzudanken, weil er in der gegebenen politischen Konstellation sein Amt nicht mehr ausführen konnte und gescheitert war.[69] Auch Silones Bewunderung für Franz von Assisi gehört hierher.

Die innere Freiheit ist strikt an das Gewissen gebunden und ereignet sich in diesem: »Aber ich bin ein Christ von der alten Art und kann nicht gegen mein Gewissen handeln, das musst du mir glauben.«[70] Und danach ist die Weihe der faschistischen Fahne für ihn ein Vergehen wider das Gewissen. »Aber Götzendienst bleibt eine Sünde wider den Geist, wer immer sie begehen mag.«[71] Don Benedetto ist fähig zur Ironie und fähig zur warmherzigen Liebe. Er ist deswegen auch fähig zum Widerspruch bis zum Beziehungsabbruch: »Ach, wie trostlos ist eine Intelligenz, die nur dazu dient, Argumente zu liefern, die das Gewissen beruhigen sollen. Geh fort, bitte geh, tu wenigstens das für mich.«[72] Und der Priester ist es auch, dem klar wird, dass kritischer Sinn allein noch nicht reicht »Dabei fehlt es unserem Volk nicht an kritischem Geist. Was ihm fehlt, ist der Glaube. Der kritische Sinn führt die Menschen zu Nörgelei, Unzufriedenheit, unter Umständen zu Gewaltsamkeit und sogar zum Heldentum, aber sie haben keinen Glauben.«[73]

Hier benennt der Priester jenen Horizont, auf dessen Hintergrund der kritische Geist erst ein Doppeltes gewinnt: die inhaltliche Richtung und die Kraft dazu, auch in der Niederlage nur sich selbst und nicht die Richtung aufzugeben und noch im eigenen Scheitern nicht die Richtigkeit der Richtung gescheitert zu sehen. »Wie dem auch sei, wenn ich ganz niedergedrückt bin, sage ich mir: ich bin zu nichts nütze, ich bin gescheitert ...«[74]



### *d) Ein fleischernes Herz*

Jesus selbst lässt sich Zeit zum Leben, zum wochenlangen Beten in der Wüste, zum Essen und Trinken mit Freunden und Gegnern, zum Zuhören von Geschichten und zum Erzählen von Geschichten, zu den Gesprächen mit den Sündern. Verglichen mit unserer Pastoral eigentlich ein

69 | Vgl. Ignazio Silone, Das Abenteuer eines armen Christen, Köln 1969.
70 | Silone, Wein 19.
71 | Ebd. 19.
72 | Ebd. 41.
73 | Ebd. 266.
74 | Ebd. 266.

Tagedieb reinsten Wassers, wenn man so will. Er baut keine Häuser und scheint auch nicht auf dauerhafte Strukturen aus zu sein. Freilich wegen der Naherwartung – aber die hat ja jeder von uns, individuell auf seinen Tod bezogen. Er wandert viel und nimmt die Natur und die Menschen wahr, nimmt das Erlebte als Gleichnis, um darin von Gott zu erzählen. Er spricht zwar auch vor vielen Menschen, beschränkt sich freilich in seinen intensiveren Gesprächen und Lebensgemeinschaften auf einen begrenzten Kreis von Frauen und Männern. Hätte er dagegen seine Sendung in die herrschenden Normen unserer pastoralen Praxis gegossen, er wäre aus dem Superstress des »möglichst viele und viel Erreichens« nicht herausgekommen. Mut zum Detail, zum »Einzelfall«, das bedeutet, dass keiner alle erreichen und beeindrucken kann. Dies ist kein Grund, Gewissensbisse zu bekommen.





Und das beinhaltet auch die Kritik einer Pastoral, die nur das Augenfällige und Beständige als Erfolg ansieht. Die kleinen oder zeitlich begrenzteren Prozesse wie eine halbe Stunde Gespräch oder eine gescheiterte oder früh abgebrochene Wegbegleitung, das weniger Sichtbare und Flüchtige, die vorübergehenden, kleinen und flüchtigen Prozesse der Freiheit und der Liebe, des zaghaften Redens von Gott sind genauso wichtig. Der Prediger sagt von Jahwe, dass er das Flüchtige sucht, einsammelt und rettet (vgl. Koh 3,14), und letztlich ist ja wohl alles, so dauerhaft es sein mag, flüchtig! Wenn jemand nach geraumer Zeit von Gesprächen oder Teilnahme nicht mehr wiederkommt, dann ist die Zeit des gemeinsamen Weges und des Loslassens nie umsonst. Wer dies gering achtet, lästert zutiefst Gott, bei dem kein Augenblick verlorengeht. Wir können uns kein Urteil darüber anmaßen, was der Geist Gottes auch dort bewirkt, wo wir nicht sind und wo der Spruch seine Gültigkeit verliert: »Nur wer mitmacht, erlebt Gemeinde!« Gemeinde ist auch da, wo die Sicht und das Kontrollbedürfnis der Pastoral nicht mehr hinreichen, wo aber getaufte und gefirmte Menschen (und nicht nur die) menschlich und helfend miteinander umgehen.

Für viele SeelsorgerInnen wird die Lektüre bis hierher so manches süßsaure Lächeln entlocken: Der hat gut reden, der kennt meine Situation nicht! Stimmt: Ich kann hier gut schreiben. Aber aus eigenen leidvollen Erfahrungen und Umlernzumutungen, aber auch durch entsprechende Erzählungen anderer (z. B. nach dem ersten Herzinfarkt) weiß ich: Wer sagt, »das alles ist ganz und gar unmöglich, das mit der Abrüstung!«, der will es nicht einmal versuchen, ja der braucht vielleicht das, was er an Stress aufbaut, für sich selbst womöglich mehr als für andere. Die Pastoral der Leere (übrigens wäre der Schreibfehler »Lehre« das krasse Gegenteil zum Gemeinten) zu lernen, das geht natürlich nur schrittweise und beginnt zuerst mit der entsprechenden Spiritualität der Öffnung, des Wartens, des Hinhörens auf das, was Gott in die Stille hinein spricht, und führt dann zu der Einstellung, die offenen Felder zu sehen und ausbauen zu wollen. Unsere Pastoral steht schlechthin auf dem Spiel, weil wir sonst immer mehr tun und immer weniger inhaltlich zu sagen und persönlich an Authentizität zu verausgaben haben, was beeindruckt, überzeugt und provoziert. Von der Kontemplation und Aktion darf die erste nicht

allein mit einem »Brevier«gebet, das neben der Hektik steht und letztere wenig verändert, abgegolten sein. Die Kontemplatio darf vielmehr bis in die Actio hineinreichen und sie durchdringen!

Manchmal, wenn ich meine Mitbrüder im geistlichen Amt ansehe, tut es mir im Herzen weh (aber auch schon bei Gemeinde- und PastoralassistentenInnen, die einige oder viele Jahre im Dienst sind): Haben sie nicht alle einmal eine erfrischende und engagierte Motivation gehabt, wenn sie sich für einen solchen Beruf entschieden haben? Wo sind die Wucht und die Kreativität der ersten Liebe geblieben? Warum ist für viele alles so belanglos, erfolglos und geistlos geworden? Sicher auch, weil die Erwartungen an sich und andere zu hoch waren, weil man zu oft von sich und anderen enttäuscht wurde, aber auch, weil durch den pastoralen Alltag die Kraft und Energie einfach abhanden gekommen und weg ist. Was muss das für ein pastoraler Alltag sein, der sich so verkarstend auf das Leben auswirkt bzw. nur außerhalb seiner selbst (in der Flucht in Hobbys, Alkohol oder auch nur vor den Fernseher hin) etwas lebendigeres und freudigeres Leben zulässt?

Fast möchte ich allen Betroffenen etwas dramatisch zurufen: Pfarrer und SeelsorgerInnen aller Pfarreien vereinigt euch und steht auf, verlasst (erst die eine Hälfte, dann die andere) eure Pfarreien für ein halbes Jahr und geht in die Wüste, in kleinen Gruppen oder allein oder mit ganz anderen, um dort euren Gott und eure schöpferische Kraft wiederzufinden. Eure Gemeinden werden daran nicht Schaden leiden, wohl aber, wenn es so weitergeht wie bisher. Sie werden sich selbst entdecken, und das Wiedersehen wird neu und spannend sein. Und tut dann alles, was ihr tut, und lieber wenig als viel, mit Phantasie und Herz! »Darum sprich, so sagt der

Herr: Ich will euch sammeln aus den Völkern, und ich will euch sammeln aus den Ländern, dahin ihr zerstreut seid, und will euch das Land Israel geben. Da sollen sie kommen und alle Scheuel und Greuel daraus wegtun. Und ich will euch ein einträchtiges Herz geben und einen neuen Geist in euch geben und will das steinerne Herz wegnehmen aus eurem Leibe, und ein fleischernes Herz geben, auf das sie in meinen Sitten wandeln, und meine Rechte halten, und danach tun. Und sie sollen mein Volk sein, so will ich ihr Gott sein« (Ez 11,17–20).

Kehrt um und lasst euch bekehren: Lernt wieder, miteinander über die alten und neuen Träume und Sehnsüchte für euer Leben, euren Gott und eure Arbeit zu sprechen. Damit unsere Pastoral aus der schrecklichen Verwaltung eines sattsam bekannten »Gottes« herauskommt und wie- 
der neu lernt, Gott zu suchen und in den Charismen der Menschen zu finden. »Oder müsste der überwältigende Gott bei seinem Kommen feststellen, dass er nicht eindringen kann. weil ihn keine Leere erwartet, keine Sehnsucht, sondern verstopfender Reichtum …?«[75] Denn die Mystagogie bedeutet die Einführung in das Geheimnis Gottes, ohne dieses Geheimnis zu zerstören und um seine beständigen Überraschungen und Innovationen zu bringen. Dann kann sie auch die Liturgie von manchen Inszenierungen und Gemachtheiten befreien und einfach das feiern, was ihr Symbolgefüge aussagt: die Verbindung von Gott und Mensch und der Menschen untereinander im Horizont dieser Gottesbeziehung. Dass im Gottesdienst die Gegebenheit unseres Lebens und die vielfache Gegebenheit des Geistes Gottes spürbar und gefeiert wird, das wäre die Frucht eines hintergedankenfreien und neugierigen Umgangs mit Mensch und Gott in der Pastoral.



Wer sich auf diese Hoffnung einlässt, darf leben wie die »Vögel des Himmels« und sich gerade darin unbedingt um das Reich Gottes kümmern, ohne sich und anderen Gewalt anzutun (vgl. Mt 6,25–34). Darüber hinausgehende Strategien sind nicht notwendig, denn man kann die Identität und Würde des Christwerdens nicht der Wirkung opfern, ohne die Wirkung selbst zu beeinträchtigen.[76]

75 | Josef Fischer, Über das Gottvorkommen in der heutigen Kirche, in: Michael Albus, Paul. M. Zulehner (Hg.), Nur der Geist macht lebendig, Mainz 1985, 29–37, 37. Zur Pastoral der Leere vgl. auch Max-Josef Schuster, Leerwerden im Angesicht des Fremden, in: Ottmar Fuchs (Hg.), Die Fremden, Düsseldorf 1988, 89–103.

76 | Silone formuliert diesen Gedanken in Bezug auf die Würde der Kunst, in: ders., Wein 322.

Für die Wahrnehmung Gottes in den Texten der Tradition und in den lebenden Menschen braucht es Zeit und Offenheit, ein gutes Stück Unbesetztheit von vielem Bisherigen und entsprechende »Leere«, um darin die Kriterien und die Grenzen zu finden zwischen Überflüssigem und Entscheidendem, zwischen Beliebigem und Unbedingtem in einer Pastoral, die für alle Beteiligten menschlich bleiben darf und gerade deswegen mit den anderen menschlich umzugehen vermag: im gegenseitigen Geben und Nehmen von Lebensgestaltung und Kreativität. Aus der hektikbremsenden Ruhe kommt die Kraft zur Härte in notwendigen Einsätzen. Bezeichnenderweise antwortet Jesus auf die Fragen Johannes des Täufers nach der Wahrheit seiner Sendung nicht mit Argumenten, sondern mit Wirklichkeiten: »Geht und berichtet Johannes, was ihr hört und seht: Blinde sehen wieder, und Lahme gehen, Aussätzige werden rein, und Taube hören, Tote stehen auf, und den Armen wird das Evangelium verkündet« (Mt 11,4–5). Damit bestätigt Jesus seinerseits die Umkehrpredigt des Johannes, nämlich Frucht hervorzubringen (vgl. Mt 3,8). Die radikale Orientierung am von Schuld und Not befreienden Handeln sich selbst und anderen Menschen gegenüber bringt Johannes zur Enthauptung und Jesus ans Kreuz. Die »Option für die Armen« führt wohl immer zu Konflikten nach innen wie nach außen, weil sie ohne Anklage der verantwortlichen Mächte und Gewalten selten auskommen wird. Eine diakonische Pastoral wird solchen Konflikten nicht aus dem Weg gehen können, sondern sie vielmehr »vom Zaun brechen«. Bezeichnenderweise lässt Ignazio Silone seinen Priester Don Benedetto sagen: »Kannst du dir vorstellen, dass Johannes der Täufer ein Konkordat mit Herodes abgeschlossen hätte, um nicht enthauptet zu werden? Kannst du dir vorstellen, dass Jesus ein Abkommen mit Pontius Pilatus getroffen hätte, um der Kreuzigung zu entgehen?«[77]



## *8.4 Toleranz*

### *a) Ein aufschlussreiches Lektüreerlebnis*

Ende der achtziger Jahre habe ich mehr zufällig als gezielt ein Buch in die Hand genommen, darin geblättert und es sofort gelesen, ein Buch, das

77 | Silone, Wein 256.

über zehn Jahre ungelesen im Bücherregal stand und in der Treue, die man auch ungebrauchten Geschenken gegenüber nicht aufkündigt, die Säuberungsaktionen einiger Umzüge überlebt hat. Es handelt sich um den Roman »Insel des Glaubens« von Brian Moore. Der aus Nordirland stammende und in den Vereinigten Staaten lebende Schriftsteller hat es 1972, also in der noch relativ ungebrochenen direkten Nachkonzilszeit unter dem Titel »Catholics« (Katholiken) in London veröffentlicht; die deutsche Erstauflage erschien 1975.[78] Bevor ich meine Leseerfahrung schildere, sei ein kurzer Einblick in die Erzählung versucht.

Die Geschichte spielt in einer Art kirchlichen Zukunftsromans am Ende des 20. Jahrhunderts. Auf einer schroffen irischen Felseninsel im Atlantik leben in einem uralten Kloster ein Abt und seine Mönche, die sich den neuesten Anordnungen Roms widersetzen. Nach einem vierten Konzil schickt der Vatikan einen jungen modernen Bevollmächtigten, der die irischen Mönche von ihren traditionellen Glaubenspraktiken abbringen und für eine völlig modern und neuzeitlich gewordene ökumenische Kirche gewinnen soll. Und der Gesandte kommt nicht mit leeren Händen: Er hat in einem Stufenplan sich steigernde Mittel der Macht in der Hand: von der Gehorsamsforderung über die Androhung der Versetzung bis hin zur »letzten Maßnahme«, nämlich einen »lohnenderen Posten« in Aussicht zu stellen (78).

Hartmann, ein Exponent der modernen Kirche, die sich insbesondere um die »soziale Betätigung« (29) der Menschen kümmert, hatte dem Gesandten, Vater Kinsella, bezüglich der abgelösten und abzulösenden konservativ-anachronistischen Bischöfe und Äbte mitgegeben: »Macht ist der Begriff, den sie immer verstanden haben. Benutzt sie, und benutzt sie von Anfang an!« (131) Anlass für den Besuch des Diplomaten ist (bezeichnenderweise) nicht so sehr dieser kleine Haufen Mönche auf einer Insel als vielmehr die Tatsache, dass die Medien davon Wind bekommen haben, insbesondere davon, dass die Mönche regelmäßig auf das Festland fahren und dort die alte lateinische Messe zelebrieren, zusammen mit dem Angebot der Ohrenbeichte im Beichtstuhl. In immer größeren Scharen kommen nicht nur die Iren aus der näheren und fernen Umgebung, sondern in Flugzeugen und Autobussen Menschen aus aller Welt,

78 | Brian Moore, Insel des Glaubens, Düsseldorf 1975; zur neutestamentlichen Begründung gegenseitiger Diakonie und gemeinsamer Eucharistie im Dissens vgl. Fuchs, Dialog 223–229.

so dass der Berg, auf dem die Messen stattfinden, mittlerweile zu einem regelrechten Pilgerziel geworden ist.

Rom dagegen vertritt nur noch die öffentliche Beichte einer ganzen Gemeinde und kann es auf keinen Fall zu lassen, dass der alte Ritus weiter in Brauch ist. Hier handelt es sich dann nicht mehr um eine Kirchenbildung, die die soziale Revolution der Welt in die Hand nimmt, sondern nur um die alten, insbesondere liturgischen Gewohnheiten, die seit Jahrhunderten feststehen und deshalb vielen Gläubigen religiöse Gewissheit verschaffen. Da kann man nicht durch Überzeugung verändern, sondern nur durch Befehl und Gehorsam. Denn so hat es auch Kinsellas Freund, ein Verhaltensforscher, formuliert: »Die Leute sind Schafe ... Sie haben sich nicht verändert. Schafe brauchen autoritäre Schäferhunde ... Die Leute wollen weder Wahrheit noch soziale Gerechtigkeit, sie wollen die ökumenische Duldsamkeit gar nicht. Sie wollen Gewißheiten.« (17)



Mit solchen Vorurteilen und Strategien im Gepäck kommt der Gesandte auf die Insel. Er erlebt das harte, arbeitsreiche Leben der alten Mönche, die sich durch Fischen und Sammeln von Seetang selbst erhalten müssen. Er erlebt ihren kindlich-frommen Glauben wie auch ihr Misstrauen und ihre Angst vor seiner Botschaft. Zugleich wird er vom Abt zuvorkommend und gastfreundlich aufgenommen. Zwischen diesem und dem vatikanischen Sendboten der Moderne kommt es zu einer ergreifenden Auseinandersetzung über das Recht einer kirchlichen Gemeinschaft, »Jahrhunderte verpassen« (48) und an den alten Symbolformen festhalten zu dürfen. Der Gesandte ärgert sich darüber, dass er nichts von dem bemerken kann, »was mit der liturgischen Reform des Jahres 1966 übereinstimmte« (76).

Er bekommt dagegen zu hören: »Es würde ihnen das Herz öffnen, wenn sie die Frömmigkeit dieser einfachen Menschen sähen.« (85) Und weiter: Ich finde, »es wäre ein Verbrechen am Glauben der Leute, wenn wir gezwungen würden, das Alte hier aufzugeben« (72). Der ungestüme Mönch Vater Manus spricht aus tiefster Überzeugung von der »reinen göttlichen Wahrheit« (71) und meint insbesondere die lateinische Messe: »Und wenn die Messe lateinisch war und die Leute nicht lateinisch sprachen, so war das eben ein Teil des Geheimnisses, denn die Messe war kein Gespräch mit unserem Nachbarn, sie war ein Gespräch mit Gott! Und so haben wir's getan seit fast zweitausend Jahren, und in der ganzen Zeit war die Kirche ein Ort, in dem man still und ehrerbietig war, ... weil Gott dort war, Gott auf dem Altar ... Es war Gottes Haus, in dem sich jeden Tag das tägliche Wunder ereignete. Gott, der zu uns herniederkommt. Ein Mysterium. Wie diese neue Messe kein Mysterium ist, sondern eine Farce und ein Lallen, kein Gespräch mit Gott, sondern mit unserem Nachbarn, und deshalb ist sie englisch oder deutsch oder chinesisch, oder was immer für eine Sprache die Leute in der Kirche zufällig sprechen.« (69)

### *b) Zwänge des Neuen*

Der Vater General des Ordens, zu dem die Mönchsgemeinde wie auch der Gesandte gehören, hat dem Diplomaten ein unmissverständliches Schreiben mitgegeben, in dem der Abt aufgefordert wird, die ältere Form der lateinischen Messe nicht mehr anzuwenden, um sich nicht der Missdeutung einer vorsätzlichen Nichtbeachtung des Aggiornamento-Geistes auszusetzen. Und der Abt erfährt, dass der Diplomat sämtliche Vollmachten hat und dass alles, was er entscheidet, unwiderruflich ist. Die Mönche beginnen, den Diplomaten den »Inquisitor« zu heißen, obgleich dieser beteuert: »Mein Auftrag ist keine Strafexpedition.« Der Abt freilich antwortet: »Noch nicht. Was aber, wenn die Häresie fortdauert?« (88) Der Gesandte kann nur ungehalten reagieren: »Wir versuchen, innerhalb der Kirche eine einheitliche Geisteshaltung zu schaffen. Wenn jeder beschließt, den Gottesdienst auf seine Art abzuhalten, dann würde es zu Spaltungen führen, das liegt auf der Hand!« (89)





Der Abt möchte klarmachen, dass sie eigentlich nichts anderes versuchen, als »den Glauben der Leute an den allmächtigen Gott zu behüten«, gerade im Gegensatz zu der »modernen« Sicht, »Gott-im-andern zu feiern« (100). Aber der Gesandte kann keinen Schritt weichen, denn ein Erfolg des Abtes würde für die »Feinde der Kirche« nach einer »katholischen Gegenrevolution« aussehen. Nun, da das, wie der Abt es formuliert, »verdammte Fernsehen« mit im Spiele ist, weiß sich die moderne Kirchenführung unter einem zusätzlichen Zugzwang: nämlich der Vermeidung eines »Skandals« (95).

Als »Bevollmächtigter des Generals« weiß der Gesandte, dass er mit Autorität vorgehen darf. Er hat die Macht auf seiner Seite und verbindet sie mit dem indoktrinierenden Befehl, ab sofort die lateinische Messe nicht mehr zu feiern und auch mit den anderen Gravamina aufzuhören. Und genau an dieser Stelle trifft er den Abt: »Das einzige Argument, das einige Wirkung auf ihn auszuüben schien, kam zutage, als er ins Feuer blickte und sagte: ›Ich habe nicht gedacht, dass ich mich damit in Widerspruch zu Rom setzen würde. Gott behüte!‹ Gehorsam – das war zu guter Letzt die einzige Karte.« (106) Und ärgerlich sagt der Gesandte in der schlaflosen Nacht zu sich selbst: »Ich habe die Macht zu befehlen und zu ändern.« (108) Im Angesicht solcher Veränderung durch Zwang auf das Kloster kann er nur abwehrend reagieren auf die Bemerkung des Abtes: »Ich beneide Sie ... Es muss eine große Genugtuung sein, zu denken, dass unser Tun in dieser unserer Welt tatsächlich etwas ändern kann.« (97) Unmittelbar im Anschluss daran stellt er ihm die Frage, ob er, der Gesandte, denn richtig (als Beziehungsgespräch zwischen Mensch und Gott) bete und beten könne. Vater Kinsella weicht dieser Frage bezeichnenderweise mit einem Literaturhinweis auf einen Titel »Vom Glauben eines Ungläubigen« aus.



Nicht von ungefähr ist es deshalb gerade das gemeinsame Gebet der Mönche, womit die Geschichte endet. Der Abt hat sich dem Befehl gebeugt. Das Gehorsamsgelübde durchbricht die Widerstände, ohne sie widerlegt zu haben. Die Mitmönche wehren sich noch. Der Abt hat Furcht davor, mit ihnen das Gebet zu eröffnen. »Der Abt, der ihnen allen den Rücken kehrte, hörte das heftige Atmen, das Erschrecken ihres Lebens ... Seine Furcht überkam ihn. ›Das Gebet ist das einzige Wunder‹, sagte er. ›Wir beten. Wenn unsere Worte Gebet werden, wird Gott kommen.‹« (148) Der Abt betet die Worte des Vaterunsers vor. »Er betrat das Nichts. Nie würde er zurückkommen ... Er hörte sie niederknien. ›Vater unser, der Du bist im Himmel.‹ Erleichtert kam das Echo ihrer Stimmen.« (149) Das Gebet, der realisierte Glaube an den wirklichen Gott, für dessen Geheimnis sie in ihren Symbolen eingetreten sind, rettet im Zerbrochenwerden durch die Macht des Gesandten wenigstens eine Restkontinuität mit ihrer Wahrhaftigkeit. Mehr ist ihnen nicht mehr zugestanden.

### *c) Unterordnung statt Toleranz*

Mein Leseerlebnis war seltsam: Anfangs hatte ich Sympathie für den Gesandten aus Rom, für die moderne weltweit-ökumenische und sozial engagierte Kirche, die er vertritt. Auch als wahrhaftigen Menschen mochte ich ihn: als »die Stimme eines Gläubigen, der von seiner Wahrheit überzeugt war« (96). Doch allmählich, mit voranschreitender Lektüre, wendete sich das Blatt meiner Sympathie. Einmal lernte ich, mich immer mehr in den Abt und seine Mönche hineinzuversetzen, in Empathie von ihnen her die Auseinandersetzung zu sehen und zu merken, dass auch hier die Stimmen von wahrhaftigen Gläubigen begegneten, weil sie von ihrer Wahrheit überzeugt waren.

Im Fortgang der Erörterung des Konfliktes wurde auch immer deutlicher, wo der Gesandte inhaltlich plakativ wurde, mit seinen Argumenten auf der Strecke blieb und schließlich keine andere Möglichkeit mehr sah als die Durchsetzung seiner Vollmacht durch den blanken Befehl. Die Veränderung, an deren Möglichkeit in dieser Welt er prinzipiell glaubt, gelingt ihm hier nur über den inhaltlich ausgedörrten Zwang des Gehorsams: Und eben hierin liegt der andere Grund meines »Stimmungsumschwunges«. 

Denn obgleich ich seinen Anliegen inhaltlich meist zu stimmen kann, muss ich mich in dem Maße von ihm distanzieren, in dem er zunehmend die angezielte Veränderung nur noch hierarchisch verordnen kann: bis hin zu menschenverachtenden Überlegungen und Strategien. Übrigens: die angesprochene Zustimmung sei hier unter den Vorbehalt gestellt, dass der Autor die inhaltliche Auseinandersetzung stellenweise doch recht plakativ führt und der Mönchsgemeinde mehr Differenzierungen inhaltlicher Art zuschreibt als dem Gesandten: Des Autors Sympathie kommt auf diese Weise indirekt und doch deutlich zum Ausdruck. So möchte ich vieles, was der Gesandte sagt, durch Aussagen des Abtes ergänzt wissen, vor allem hinsichtlich des Glaubens an einen Gott, der nicht im zwischenmenschlichen Imperativ aufgeht.



Am Schluss kann ich mich jedenfalls nur noch vom Gesandten abwenden. Er hat den Abt in die Knie gezwungen und nötigt diesen seinerseits, die widerstrebenden Mitmönche zum gleichen Gehorsam zu zwingen. Ihnen bleibt nur noch (aber eben darin finden sie nochmals ihre inhaltliche Gemeinsamkeit) der letzte (nicht mehr verbleibbare) Rest ihrer nunmehr mit Gewalt von ihren bisherigen liturgischen Symbolen abgetrennten Gottesbegegnung.

Im Verhalten des römischen Gesandten findet sich demnach kein neues Paradigma für den Umgang mit Minoritäten und Andersdenkenden in und zwischen den Kirchen. Nur die Vorzeichen haben sich verändert: Haben bisher die »Konservativen« die Macht innegehabt, so realisieren nun die »Progressiven« die gleiche Macht als hierarchische Unterordnung. Diese Auswechselbarkeit der Inhalte bei gleichzeitig unverändertem Umgang miteinander trifft sich kurioserweise mit den ziemlich unterschiedlichen Rezeptionssituationen zwischen damals und heute. Leser und Leserinnen, die die Kirche auf den Weg des II. Vatikanums mitverändern wollten, konnten bei Erscheinen des Romans lernen, wie sie auf keinen Fall mit denen umgehen dürfen, die auf diesem Weg nicht mithalten können oder wollen (falls sie so arglos waren, die eigenen Anliegen als kommende Kirchenwirklichkeit zu erwarten).

Seit geraumer Zeit kommt die Lektüre dagegen in eine demgegenüber sehr veränderte kirchliche Periode hinein: Gerade die im Roman geschilderte Minderheit ist dabei, das Kirchenregiment zu führen und zentralistisch auszubauen. Die Zukunft ist anders geworden, als sie der Autor vor 40 Jahren an die Wand malte. Es ist zu hoffen, dass konservative Gläubige in der Lektüre nicht nur die Bestätigung ihrer eigenen Positionen finden und zufrieden sind, dass mittlerweile das Schlimmste (nämlich die Unterdrückung in einer »modernen Kirche«) verhindert werden konnte, sondern dass sie auch die entscheidende Botschaft des Romans mitbekommen: nämlich die Kritik jeder diktatorischen Macht, die sich gegen die Wahrhaftigkeitsansprüche und -rechte von andersdenkenden Gläubigen und kirchlichen Gemeinschaften durchsetzen will. Heute müsste ein analoger Roman zugunsten der anderen Seite geschrieben werden.

Etwa in der Mitte des Romans schildert Moore eine beeindruckende Szene, die Hoffnung aufleuchten lässt auf einen gegenseitig anerkennenden und freundlichen Umgang. Der Mönch Manus macht lautstark deutlich, dass es ein Verbrechen am Glauben der Leute sei, wenn sie gezwungen würden, das Alte hier aufzugeben. In anderer Situation könnte man schreiben: das Neue hier aufzugeben. Nach diesem klaren Positionsbezug indessen greift er impulsiv nach des Diplomaten Arm und sagt ihm, dass diese Konfrontation nicht persönlich gemeint sei. Und der Gesandte kann an dieser Stelle noch sagen: »Ich weiß. Ich bin dankbar dafür, ihren Standpunkt gehört zu haben.« (72) Doch der weitere Verlauf der Auseinandersetzung erstickt die hier aufkeimende Möglichkeit eines mit menschlichen und sich gegenseitig achtenden Umganges auch und gerade im Dissens.

# 9. An-Sprachen

## 9.1 *Feuer*

### *a) Asche und Kreuz*

Die Faszination des Aschermittwochs[1] liegt in seiner dichten Zeichenhandlung: dem Kreuz aus Asche, das sich der gläubige Mensch auf die Stirne zeichnen lässt. So mutig kann der Christ sein, dass er sich mitten im Leben in einer Zeichenhandlung gleichsam »den Tod holt«, den Tod ins Leben hereinholt als Aufruf zu einem intensiveren Dasein. Asche im Zeichen des Kreuzes: kein sinnloser Tod wird erinnert, sondern der Tod Jesu, der sein zum Kreuz führendes dichtes Leben hinter sich und das neue Leben der Auferstehung vor sich hat. So erleben wir heute die spannende und drängende Naherwartung, zwar nicht sehr apokalyptisch-kosmisch, aber durchaus für jeden von uns gültig: Im eigenen Tod erfahren Christ und Christin die Naherwartung des Reiches Gottes. Bis dahin ist es für jede(n) nur eine Frage der Zeit von ein paar Jahren oder Jahrzehnten. Und um diese Zeit geht es heute, um vor und nach unserem zeitlichen Tod am Leben Gottes Anteil zu erhalten.

Aschermittwoch ist für mich ein eindrucksvoller Tag: inmitten der Woche ein Einschnitt, eine Umpolung von der Ausgelassenheit zur Beherrschung, von der Trunkenheit vital gelebter Tage zur nüchternen Sicht auf das, was der Mensch auch ist, nämlich begrenzt in vieler Hinsicht (»alles hat ein Ende!«), in letzter Hinsicht durch den Tod. Mit Asche kommen wir in Berührung, mit dem also, was unser Körper einmal sein wird. In diesem Zeichen holen wir unser irdisches Ende in die Gegenwart: als Einsicht in die Kostbarkeit und Qualität unseres Lebens. Mit jeder Minute, die wir leben, fehlt uns eine Minute weiteren Lebens. Aber nicht düster und deprimierend sind Aschermittwoch und seine Zeichenhandlung, sondern in ihnen liegt die Heiterkeit, ja der durchaus nicht schwarze, sondern helle Humor des Christen, der uns Abstand nehmen lässt von der heute mehr denn je genährten Illusion des Alltags, wir leb-



1 | Zu den Perikopen Joel 2,12–18; 2 Kor 5,20–6,2; Mt 6,1–6.16–18.

ten ewig auf der Erde. Denn wir können die Asche des Todes hoffnungsvoll auf unserer Stirne tragen, weil sie im Zeichen des Kreuzes aufgelegt wird.

Wir »spüren« das Aschenkreuz als Erinnerung an den Gekreuzigten, der im Tode zu neuem Leben auferweckt wurde, nach einem Leben, das das Feuer Gottes auf die Erde brachte (vgl. Lk 12,49), das die Liebe Jahwes zu uns Menschen gezeigt und gelebt hat (vgl. Joel 2,18). In Jesus brennt Gottes leidenschaftliche Liebe auf dieser Erde. Sie trieb ihn bis zum Kreuz. Sein Leben ist uns Angebot und Gebot: Damit Asche entsteht, muss erst einmal Feuer gebrannt haben. Wie denn, wenn wir Christen unser Leben und unseren Tod ebenfalls in diesem Sinn begreifen könnten: als ein Feuer, das auf die Asche des Todes hin zubrennt? Dann wäre dieser Tag heute und unsere Berührung mit der Asche ein Aufruf, sich entflammen zu lassen, ein heftiges, intensives und feuriges Leben zu führen, das schließlich in Asche erlöschen kann. Ein Feuer natürlich müsste es sein, das sich von der Leidenschaft Gottes für uns entfachen lässt und für unsere Geschwister brennt (vgl. Ps 69,10). Damit finden wir uns ein bei Joels prophetischem Ruf der Umkehr zur »herzzerreißenden« Liebe Gottes: »Zerreißt eure Herzen, nicht eure Kleider, und kehrt um zum Herrn, eurem Gott! Denn ... groß ist seine Güte.« (Joel 2,13); und bei der Mahnung des Paulus, das Feuer der Gnade Gottes nicht in uns zu ersticken (vgl. 2 Kor 6,1).

Wenn die Erlebnisse mit Gott die Erinnerung an Feuer provozieren, dann muss er als lebenswichtig, wärmend, heilend, erhellend und zugleich als schmelzend, verzehrend, heiß, brennend und schmerzhaft erfahren worden sein. Wie der brennende Dornbusch in der Wüste, aus dem der Herr für sein Volk in Liebe und gegen Mose im Zorn entbrennt, weil er zögert, das Volk Israel aus der Knechtschaft herauszuführen (vgl. Ex 3,14f.).

Aber nicht nur Gott selbst erscheint im Bild des Feuers, auch sein Wort ist »wie ein brennendes Feuer« (Jer 23,29; vgl. 20,9), das im Herzen der Menschen brennt und klar trennt zwischen Gut und Böse, zwischen dem, was in den Augen Gottes wertvoll und wertlos ist. Vom zukünftigen Gericht her, vom Tag des Herrn, der dem »Feuer des Schmelzers gleich« ist, soll das prophetische Wort die Menschen der Gegenwart mit aller Ernsthaftigkeit darauf aufmerksam machen, ihr Leben nicht zu verfehlen (vgl. Mal 3,2).

*b) Umkehr zum Feuer der Liebe*

Die Urquelle aller Bosheit und allen Elends menschlichen Lebens ist oft die Sucht, alle und alles an uns binden zu wollen, zu haben und zu besitzen. Es fällt uns schwer, loszulassen und herzugeben: die Dinge, die anderen und uns selbst. Erlöster könnten die Menschen aufeinander zugehen, wo sie diesem Teufelskreis entwachsen und schenken und sich beschenken lassen: ohne Hintergedanken der Macht und des Neides. Gott hat mit dieser Art von Erlösung angefangen. In Jesus hat er uns sein Wertvollstes, sein Herz geschenkt. Und das hat ihn viel gekostet! Gottes Sohn selbst ging in die Lernschule des Todes, in der er sich bis in das Kreuz hinein entäußert.





Diese Lernschule des Todes gehört auch zutiefst ins christliche Leben: täglich neu sterben, damit andere besser aufleben und wir besser zusammenleben können (vgl. 1 Kor 15,31; 2 Kor 4,10). Täglich neu den Kampf aufnehmen für die Leidenschaft der Liebe gegen eigene und fremde Machtsucht und Bosheit, damit mehr Gemeinschaft unter Menschen möglich wird. Das kostet uns viel! Diese Leidenschaft schafft oft Leiden. Sie erfordert viel Verzicht auf die stärkeren Stellungen, Einsatz für die schwachen, aber menschlicheren Positionen, den Kampf gegen die Macht der Mächtigen und für die Chancen der Ohnmächtigen, und vor allem viel Mut zum eigenen Nachteil! Aber gerade so erträumt sich Gott das menschliche Leben, in dem das Feuer seiner eigenen Liebe brennt. Im Tod werden Christ und Christin dann die Bestätigung und Sinnspitze dieses Lebens erfahren: Wie sehr sie sich im Leben hergeben konnten, so sehr können sie jetzt im Tod ihr Leben ganz in die Hände Gottes fallen lassen. Mag die vitale Erfahrung des Todes für jeden schlimm genug sein, hier bricht im Glauben eine Gegenbewegung auf: den Tod zu sehen und möglichst im Voraus einzuüben und später zu erleben als den Ort und Zeitpunkt letzter Hingabe an die erhoffte Leidenschaft der Liebe Gottes.

Die kirchliche Fastenzeit möchte mit dem Aschermittwoch eine besonders intensive Zeit solcher Lebensgestaltung einläuten. Wir können probieren, was wir alles zugute der eigenen Lebensbesserung und zugunsten der anderen schaffen, worauf wir verzichten und welche Anstrengungen wir auf uns nehmen könnten. Das ist Fasten! Das geht von der Einschränkung im Essen und Trinken über eine spontane liebevolle Tat, bis hin zum Einsatz für Gerechtigkeit. Wir brauchen solche Einübungs- und Lernphasen des Guten, damit wir im Ernstfall tatsächlich spontan richtig, also gebend und nicht machtsüchtig reagieren können. So ist Fasten ein Bestandteil der Lernschule des Sterbens, die das Aschenkreuz auf unsere Stirn zeichnet. Und weil dieses Kreuz ein Zeichen der Hoffnung und Erlösung für uns und die Erde ist, ist der heutige Tag ein heiterer Tag, ein Tag neuen Lebensmutes, ein Tag des gesalbten Hauptes (Mt 6,17) und der frohen Gesichter! Verkrampfte Verdüsterungen und fluchthafte Todessehnsüchte sind hier nicht am Platz. So also rufen wir uns gegenseitig den paulinischen Aufruf zur Umkehr zu; »Lasst euch mit Gott versöhnen!« (2 Kor 5,20) und bekehrt euch zu einem Leben, das sich an der leidenschaftlichen Liebe Gottes entfachen lässt und dieses Feuer weiterträgt!



In diesem Aufruf können wir auch Nietzsches Gedicht »Ecce homo«, gegen ihn gebürstet, eine neue Überschrift geben: »Ecce homo Christianus«:

> Ja! Ich weiß, woher ich stamme!
> Ungesättigt gleich der Flamme
> Glühe und verzehr' ich mich.
> Licht wird alles, was ich fasse,
> Kohle alles, was ich lasse:
> Flamme bin ich sicherlich![2]

Und doch erschreck ich auf einmal vor dieser Rede von Feuer und Asche, von Flamme und Kohle. Wie zweideutig diese Bilder sind – zwiespältig wie das Feuer selbst in seiner aufbauenden und zerstörenden Kraft für bzw. gegen das Leben – wird blitzartig klar, wenn man Nietzsches Gedicht im Munde eines jugendlichen Gewalttäters hörte, der vor einem in Flammen stehenden Flüchtlingsheim »Flamme ist« und »Kohle läßt«.

Im Gegensatz dazu denke ich an Nelly Sachs, die in ihren Gedichten den Holocaust in intensiven Bildworten des Feuers, des Rauches, der Asche und der Schornsteine erinnert. Hier geht es um das Sterben und den Tod der Opfer von Gewalt und Grausamkeit. Diese Opfer könnten Nietzsches Gedicht als völlig unmetaphorische Beschreibung dessen aussprechen, was ihnen angetan wird.

2 | Friedrich Nietzsche, Die fröhliche Wissenschaft, in: Gesammelte Werke, hg. v. Wolfgang Deninger, Bindlach 2005, 453–588, 471.

…
O die Schornsteine!
Freiheitswege für Jeremias und Hiobs Staub –
Wer erdachte euch und baute Stein auf Stein
Den Weg für Flüchtlinge aus Rauch? …

O ihr Schornsteine,
O ihr Finger,
Und Israels Leib im Rauch durch die Luft![3]

Auch daran werden wir denken, wenn uns das Aschenkreuz berührt, an die Leiden der Opfer, wie etwa in der Vergangenheit an die Leiden Israels und in der Gegenwart an die Leiden der »Flüchtlinge« in unserem Land und auf der ganzen Welt. Wenn es im Ernstfall darauf ankommt: bevor wir in die Gefahr kommen, als Täter Nietzsches Gedicht zur Rechtfertigung für die Zerstörung von Leben zu missbrauchen, werden wir uns auf der Seite derer wiederfinden, die diese Zeilen als Liebende beanspruchen. Diese Erinnerung und diese Zukunft verschärfen die Einsicht: Das »Feuer«, woher Christen und Christinnen »stammen«, ist das Feuer der Liebe und Gerechtigkeit Gottes. Was wir dabei als »Kohle« lassen, ist die Unterdrückung und die Gewalttätigkeit. An der Erfahrung dieses Liebeszuspruchs Gottes können wir nicht satt werden; und »unersättlich« sind wir dann auch im Anspruch, das Empfangene weiterzugeben, oft und über lange Zeitspannen hinweg mehr als Sparflamme denn als Flammen, aber immerhin nicht verloschen, sondern für den Ernstfall entflammbar.





## 9.2 *Gastfreundschaft*

### *a) Verwandlungen*

Wenn ich richtig informiert bin, wird heutzutage ein Farbbild im Druckverfahren folgendermaßen hergestellt: Man muss das gleiche Bild zunächst in mehreren verschiedenen Farben drucken. Dann werden diese verschiedenen Drucke irgendwie übereinandergelegt, und was heraus-

3 | Nelly Sachs, Ausgewählte Gedichte, Frankfurt am Main [4]1969, 9.

kommt, ist ein prächtiges Bild in überraschend vielen Farben und Farbschattierungen. Ich möchte jetzt etwas Ähnliches tun: Ich möchte ein Bild oder besser eine Bildergeschichte, die sich die Menschen seit Jahrhunderten erzählen, in unterschiedlichen Ausformungen und »Farben« erzählen und beleuchten, damit dieses Bild insgesamt wieder Farbe bekommt, damit es in uns zu leben und zu wirken anfangen kann. Bilder sind es, die von eigenartigen Begegnungen und wunderbaren Ereignissen erzählen.

Der römische Dichter Ovid erzählt uns in seinen Metamorphosen (»Verwandlungen«) folgende Begebenheit: Jupiter und Merkur, zwei denkbar hohe Vertreter des römischen Götterhimmels, kommen auf die Erde und durchstreifen die Lande. Natürlich inkognito, als Wanderer, keiner weiß, wer sie sind. Eines Tages kommen sie in eine Stadt und suchen dort Herberge. Ovid schreibt: »Tausend Häuser gingen sie an, ein Obdach zu heischen, tausend Häuser verschloß der Riegel. Das letzte Haus der Stadt empfing sie, – klein, mit Stroh und Schilf nur bedeckt.« Und in diesem letzten Haus wohnt ein altes armes Ehepaar: Philemon und Baucis.

Das Ehepaar nimmt die Wanderer auf und schenkt ihnen Gastfreundschaft, soweit sie es eben vermögen. Sie schenken den Wanderern nicht nur Gastfreundschaft im Essen, das sie anbieten, sondern auch in der Zeit, die sie schenken: Sie setzen sich dazu und plaudern mit dem Besuch. Nach dem Mahl entdecken sich die Besucher: »Götter sind wir, und wohlverdient wird die Strafe treffen die gottlosen Nachbarn, doch euch allein ist beschieden, frei von Unheil zu sein.« Darauf fällt die ganze Stadt in Schutt und Asche, nur ein Haus bleibt übrig, die kleine Hütte von Philemon und Baucis: und diese Hütte verwandelt sich in einen prächtigen Tempel. Darauf bekommen die beiden von den Göttern einen Wunsch frei: Beide wollen nach einem erfüllten Leben zur gleichen Stunde sterben. Und die Geschichte fährt fort, dass dieser ihr Wunsch auf wundervolle Weise in Erfüllung geht.

Diese und ähnliche Geschichten hat sich die Menschheit seit Menschengedenken immer wieder erzählt, und immer mit ähnlichen Motiven: dass Götter auf die Erde kommen und den Menschen als Fremde begegnen, dass sie Gastfreundschaft haben wollen, dass sie diese Gastfreundschaft mit einem Wunder belohnen, aber zugleich all die mit der Katastrophe bestrafen, die sie nicht aufgenommen haben. Die Beschenkten

werden zu Schenkenden; die Gäste werden zu Gastgebern, indem sie ihre Gastgeber zu einem neuen Leben einladen.
Die Geschichte von den drei Männern bei Abraham und Sara (Gen 18,1–14) hat mit solchen Geschichten eine verblüffende Ähnlichkeit: Drei Besucher kommen zu Abraham, einer von ihnen ist offenbar der Herr selbst. Sie erhalten Gastfreundschaft. Und auch hier begegnet das Motiv der Belohnung: Abraham erhält die Verheißung, dass er übers Jahr einen Sohn bekommen wird (was beim Alter der beiden einem Wunder gleichkäme: und Sarah lacht auch entsprechend!). Auch das Motiv der Katastrophe für die Bösen fehlt in diesem Zusammenhang nicht: Sodom fällt in Schutt und Asche, weil dort die Fremden nicht geehrt werden (vgl. Gen 19,5–10). Dass diese Geschichte von den drei Besuchern bei Abraham und Sarah die Menschen von jeher beeindruckt hat, zeigt die Tatsache, dass sie durch die Jahrhunderte hindurch in der christlichen Kunst eine beträchtliche Rolle gespielt hat (besonders in den Ikonen der orthodoxen Kirchen).
Obwohl diese Geschichte sehr alt ist, ist sie uns offensichtlich gar nicht so fremd. Vielleicht hat dies damit zu tun, dass wir als Kinder Grimms Märchen gelesen haben: Auch hier fehlt nämlich nicht die Geschichte (»Der Arme und der Reiche«), wo Gott als Wanderer auf die Erde kommt, wo er von Armen gastfreundlich aufgenommen wird und diesen dann Wünsche freigibt, durch deren Erfüllung sie sich das Leben ein wenig zum Paradies gestalten können. Ja, dieses Bild und Motiv wirkt weiter bis heute in die moderne Literatur hinein: sicher nicht mehr mit der gleichen Naivität, sondern gebrochen, aber doch noch mit der gleichen Wirksamkeit des Bildes selber: Bertolt Brecht lässt seine Götter den »guten Menschen von Sezuan« suchen, und Samuel Beckett lässt seine Landstreicher aufgrund einer unergründlichen Verheißung »auf Godot« warten: und er lässt sie warten!

### *b) Chance des Lebens*

Warum erzählt sich die Menschheit diese Geschichte immer wieder? Was steckt dahinter? Zunächst dürfte richtig sein, dass die Begegnung mit einem Fremden seit alters etwas Unheimliches und Angstmachendes hat. In den alten Kulturen ist der Fremde zuerst einmal gleichbedeutend mit dem Feind, der von außen her kommt und anders ist und deshalb die Vertrautheit und die Ordnung des eigenen überschaubaren Lebensraumes bedroht. So steht der Fremde immer in höchster Gefahr, als leibhaftige Bedrohung vernichtet zu werden. Unsere Geschichten der Gastfreundschaft steuern solchem Verhalten entgegen: Der Fremde ist der Gast, ja er könnte etwas mit dem Göttlichen zu tun haben, er steht zumindest unter der Götter Schutz. Und so können sich dann auch die Gedanken und die Einstellung entwickeln, dass gerade vom Fremden etwas Gutes und Wunderbares kommen könnte! Wer den Fremden etwas Gutes zutraut, braucht sie nicht mehr zu vernichten, sondern kann sie aufnehmen.

Dazu kommt in diesen Geschichten und Bildern von der Gastfreundschaft womöglich eine Urahnung zum Ausdruck, vielleicht auch eine Ursehnsucht: nämlich, dass es für jeden Menschen einmal eine ganz dichte Situation gibt, wo sich vieles entscheidet. Dass jeder wenigstens oder nur einmal in seinem Leben eine Chance bekommt, in der er alles gewinnt oder vielleicht auch alles verspielt. Die Urahnung, dass der Mensch sich eigentlich nach diesem Augenblick sehnt und auf der anderen Seite wieder Angst davor hat. Denn er befürchtet, er könnte versagen. Die Ahnung, dass in einer Begegnung mit einem Menschen, vielleicht gerade mit einem Fremden, der Spruch Gottes auf uns zukommt, wo er uns beansprucht, wo dann von unserem Ja und Nein Segen oder »Fluch«, Geschenk oder Belastung unseres Lebens abhängen. Es ist dies eine Situation des Gerichtes, im Sinne des »Ausgerichtet-werdens«, wo sich uns das Leben erschließt entweder als Heil oder als Unheil, als ein Wunder oder als eine Wunde.

Doch gerade dazu ergeht, nach den »Märkischen Depeschen« von Jürgen Rennert, eine:

Unermüdliche Aufforderung

Tritt ein, nimm Salz wie Hoffnung
Aus der Schale, hier ist die Liebe Brot,
Nimm Platz und schreite, aber zahle
Mit dir, und wirf das Lot der Maurer,
Die in Babel bauten,
Hier läuft man nicht davon,
Hier übersetzt man, fremden Lauten
Entrann man nur in Babylon.

Komm bücke Dich, an diesen Bohlen
Ist schlechter Halt zu fassen, das Haus
Steht abbruchreif, wir holen uns Licht
Von den Landstraßen. Den Maßstab
Unserer Karten
Bestimmen alte Träume,
Hier schlaf ein wenig, und wir warten
Und hängen Fenster in die Räume.

Brich von dem Dach dir, nimm vom Keller,
Wir wohnen schon im Schatten des Turmes,
Den wir schneller, noch steht er nicht,
Berechnet hatten. Tritt ein, nimm Salz
Wie Hoffnung aus der Schale,
Hier ist die Liebe Brot, nimm Platz
Und schreite, aber zahle mit dir,
Und wirf das Lot.[4]





Es ist verblüffend, wie auch die Geschichte und die Geschichten des Neuen Testamentes in vieler Hinsicht vom Bild der Gastfreundschaft geprägt sind. So ist der noch ungeborene Gottessohn auf Herbergssuche in Bethlehem. So lässt sich der Fremde von den Jüngern in Emmaus einladen und offenbart sich dabei selbst als der Gastgeber und Auferstandene. (Auch dieses Bild findet sich in der christlichen Kunst vieler Jahrhunderte). Und der Prolog des Johannesevangeliums bleibt im Wortfeld der Gastfreundschaft, wenn er davon spricht, dass Jesus in sein Eigentum kam, aber die Seinigen ihn nicht aufnahmen. Der Gottessohn kommt auf die Erde und zerschellt an der Ungastlichkeit der Menschen, mit ihrer Unfähigkeit, diesen »Fremden« in ihrer Mitte aufzunehmen, von ihm das Beste zu erwarten und von ihm zu lernen. Das größte Wunder konnte er deshalb nicht bringen: nämlich dass mit ihm die Verheißung des Reiches Gottes eingelöst und allumfassende Wirklichkeit für die Erde wird. Um so mehr bleibt seitdem wahr, was die alten Geschichten bereits bebildern: im Fremden begegnet uns Gott. So erfüllt sich nicht nur in der

4 | Jürgen Rennert, Märkische Depeschen. Gedichte, Berlin ²1978, 109.

Abrahamerzählung, sondern auch in der Jesusgeschichte, wovon viele Mythen zu erzählen wissen: Gott kommt als Fremder und als Gast.

Und offensichtlich gilt die Ausrede nicht, wenn ich sage: »Ja, wenn ich das gewusst hätte, dass in diesem Menschen Gott auf mich zukommt, ich hätte ihm alles getan!« Dies wird keine Entschuldigung sein, wenn wir fragen: »Wann warst du denn nackt, und ich habe dich nicht bekleidet; wann wolltest du denn meine Gastfreundschaft, und ich habe sie dir nicht gegeben?« Selig dann die, denen er sagen kann: »Ich war fremd, und ihr habt mich bei euch aufgenommen!« (Vgl. Mt 25,35).



### *c) Ein Lebensbild*

Gastfreundschaft als Umgang mit den Fremden ist offensichtlich ein Bild, ist ein Wort für gewagte Offenheit für den anderen, der anders ist als ich. Gastfreundschaft ist ein Signal dafür, dass ich der anderen ihr Geheimnis lasse, dass ich sie nicht gewalttätig durchschauen und mit Vorurteilen festhalten will; Gastfreundschaft ist ein Zeichen dafür, dass ich Zeit und Heimat schenke, dass ich den Raum meines eigenen Lebens aufmache, um darin die Heimat des anderen, die mir fremd sein mag, aufzunehmen. Gastfreundschaft ist ein Bild dafür, dass ich das Risiko des Vertrauens auf mich nehme, jemanden unter meinem Dach aufzunehmen, die mir etwas nehmen und der mich verwunden kann. Gastfreundschaft ist ein Signal dafür, dass der Gast nicht spurlos verschwendet, dass er etwas zurücklässt, einen Segen, eine Liebe, eine Freundschaft, eine Idee, aber auch eine Infragestellung, eine Kritik, eine Betroffenheit und Verwundung. Gastfreundschaft ist ein Zeichen dafür, dass ich mich solchen Begegnungen nicht versperre, sondern sie zulasse. Gastfreundschaft ist schließlich eine Spur dafür, dass mir im anderen Menschen, in seinem Geheimnis und in seiner Andersartigkeit das Geheimnis Gottes und damit der »ganz andere« begegnen könnte. Im Anderssein des Fremden kann der fordernde, beschenkende und verwundende Gott auf uns zukommen und unser Leben erneut der Umkehr und Veränderung aussetzen. Deshalb mahnt der Hebräerbrief (13,1): »Vergesst nicht die Gastfreundschaft; durch sie haben manche Engel beherbergt und wussten es nicht.«

Dies alles gilt natürlich nicht nur im persönlichen Bereich, sondern hat auch entsprechende politische Konsequenzen: für die Einstellung zu den

»Anderen« in unserer Gesellschaft (z. B. den Fremden und Flüchtlingen, den behinderten Menschen, den Minoritäten ...!).
Die jüdische Dichterin Nelly Sachs, deren Volk unser Land in der Naziherrschaft auf fürchterlichste Weise das Gast- und Lebensrecht verweigert hat, hat zwei Gedichte geschrieben, die auf ihre unverwechselbare poetische Art und Weise das Thema der Gastfreundschaft eindrücklich zum Ausdruck bringen (Gedichte 36 und 25):

Kommt einer von ferne

Kommt einer
von ferne
mit einer Sprache
die vielleicht die Laute
verschließt
mit dem Wiehern der Stute
oder
dem Piepen
junger Schwarzamseln
oder
auch wie eine knirschende Säge
die alle Nähe zerschneidet

Kommt einer
von ferne
mit Bewegungen des Hundes
oder
vielleicht der Ratte
und es ist Winter
so kleide ihn warm
kann auch sein
er hat Feuer unter den Sohlen
(vielleicht ritt er
auf einem Meteor)
so schilt ihn nicht
falls dein Teppich
durchlöchert schreit –

ein Fremder hat immer
seine Heimat im Arm ...

Menschliche Begegnungen, vor allem mit anderen und Fremden, haben immer etwas davon, dass ein Prophet kommt, der uns Gott zum Besucher macht. Wer dafür Tür und Herz öffnet, kann sich auf Wunden und Wunder gefasst machen.

Wenn die Propheten einbrächen
...
Wenn die Propheten einbrächen

durch die Türen der Nacht
mit ihren Worten Wunden reißend
in die Felder der Gewohnheit
ein weit Entlegenes hereinholend ...

Wenn die Propheten einbrächen
durch die Türen der Nacht
und ein Ohr wie eine Heimat
suchten –
Ohr der Menschheit
du nesselverwachsenes
würdest du hören? ...

Ohr der Menschheit
du mit dem kleinen Lauschen
beschäftigtes,
würdest du hören?

Wenn die Propheten aufständen
in der Nacht der Menschheit
wie Liebende, die das Herz des
Geliebten suchen,
Nacht der Menschheit
würdest du ein Herz zu vergeben
haben?

## 9.3 Heruntergekommen

### a) Nicht zwischen, sondern in uns

Das ist wohl allen schon einmal passiert: dass man beim Unkrautjäten auf einmal die Radieschen mit in der Hand hat. Da wäre es besser gewesen, man hätte etwas behutsamer zugegriffen und notfalls auf ein paar Unkräutlein verzichtet. Ja wenn man alles so reine und sauber haben will: Reinemachen macht auch unrein. Die Küche blitzt vor Sauberkeit und die Umwelt ist geschädigt. Aber umgekehrt gilt ja auch: Wenn man das Unkraut überhaupt nicht jätet, ersticken die Nutzpflanzen bzw. strotzt die Küche vor Dreck. Wie wir es auch machen, es ist verkehrt, oder halb richtig und halb falsch. Jeder Vorteil bringt einen Nachteil. Ein Kollege, einmal gefragt, warum er nicht so viel wie andere publiziere, hat schlagfertig geantwortet: wegen mir soll kein Baum sterben! Was wir auch tun, irgendwie scheint doch diese faustische Kraft dazusein, die stets das Gute will und stets das Böse schafft. Denn von diesen kleinen Alltagsbeispielen kann man durchaus auch auf die großen Zusammenhänge und auf wichtigere Bereiche schließen, nach dem Motto: was dem einen sein Vorteil, ist dem anderen sein Nachteil.

In seinem Gleichnis von der wachsenden Saat aus Kräutern und Unkräutern (Mt 13,24–30) geht Jesus von einer solchen Alltagserfahrung aus, geht allerdings ziemlich unalltäglich damit um, indem er überhaupt nicht für das Jäten plädiert. Alles soll bis zur Ernte wachsen können. Erst Gott wird es voneinander trennen können. Nur ihm steht zu, das Unkraut zu vernichten. Zusammen soll man es wachsen lassen.

Schon sehr früh (bereits im Neuen Testament) verbindet sich mit diesem Gleichnis eine Auslegung, die in der ganzen Kirchengeschichte unselige Auswirkungen hatte. Man hat das Gleichnis dazu benutzt, die eigenen Innen-Außenbeziehungen zu regulieren, zwischen gut und schlecht, gläubig und ungläubig, rein und unrein. Wobei das Gute immer jeweils im eigenen Bereich und das Unkraut außerhalb zu finden ist. Und nicht selten hat man sich von dieser Auslegung her das Recht genommen, die jeweils Nicht-Dazugehörigen und Schlechteren auszugrenzen, zu unterdrücken, gar zu vernichten, oder aber zu zwingen, den eigenen Bereichen beizutreten. Aber selbst bei dieser Auslegung hätte das Gleichnis noch eine korrigierende Kraft entwickelt, wenn man es konsequent genug angewendet hätte, wenn man das, was man von innen nach außen für Unkraut gehalten, doch wenigstens stehen gelassen und in seinem Lebensrecht geschützt hätte. Hat man sich allerdings einmal in den Sog einer solchen Auslegung hineinbegeben, kann man eben das Andere nicht mehr aushalten. Dualismus führt immer zur Degradierung einer Seite.

Bei diesem Gleichnis kann man aber Nutzkraut und Unkraut nicht zwischen Menschen und Menschengruppen verteilen, sondern beides wächst vielmehr *in* allen Menschen und Gruppen. In jedem Menschen, in jeder Gemeinschaft, in jeder Gesellschaft und in jeder Kultur gibt es immer beides, das Gute und das Böse, das Aufbauende und das Zerstörende. Diese Geschichte ist überhaupt nicht geeignet zur Einteilung zwischen



Menschen und Gruppen, weil sie für alle Menschen und Gruppen gilt. Für dieses Verständnis sprechen viele anderen Gleichnisse und Geschichten Jesu, z. B. das Bild vom Splitter im Auge des Anderen und vom Balken im eigenen Auge. Auch Petrus muss das lernen: im Traum wird ihm unreines Fleisch vorgesetzt. Für einen frommen Juden eine schlimme, geradezu ekelhafte Sache. Dreimal aber sagt die Stimme, dass Gott selbst das alles gereinigt habe und deshalb von Petrus nicht als unrein bezeichnet werden darf. Dementsprechend handelt Petrus dann auch, als er sich von dem für einen Juden unreinen heidnischen Hauptmann Cornelius einladen lässt und auch ihn für Christus gewinnen will: »... Gott hat mir gezeigt, keinen Menschen gemein oder unrein zu heißen.« (vgl. Apg 10,9–29).

### *b) Immer wieder verstrickt*

Beides also, das Unkraut und das gute Kraut gibt es in den Menschen. Deshalb ist ja so gefährlich, es herauszureißen. Wir müssten uns ja selber mit herausreißen, uns halbieren und amputieren. Wir würden es nicht überleben. Wer mit Sumpf und Stiel ausrottet, rottet alles aus. In dieser Welt aber sind wir immer beides, das ist unser Schicksal. Selbst wenn wir Gutes tun, tun wir gleichzeitig Zweideutiges, manchmal Ungutes gleich daneben. Wir können dem nicht entrinnen, was Luther gesagt hat: nämlich dass wir fürwahr Sünder und Sünderinnen sind. Und jeder, der sich einbildet, ohne Sünde zu sein, ist nach dem ersten Johannesbrief von vorneherein ein Lügner (vgl. 1 Joh 1,8).

Da ist z. B. jemand in einem multinationalen Konzern beschäftigt. Indem er dort seine Arbeit tut und von daher die Familie ernährt, tut er

Gutes für die Familie. Dann erfährt er, dass der gleiche Konzern in den ärmsten Ländern die Bevölkerung ausbeutet, ungerechte Strukturen zementiert und die globalen Verschuldungszusammenhänge vertieft. Er kann nichts oder nicht viel dagegen tun; er kann seinen Beruf nicht aufgeben, weil er sonst seiner Verantwortung der Familie gegenüber nicht mehr gerecht wird. Vielleicht entwickelt sich aus solcher Kenntnis eine neue Sensibilität, bei möglichen Entscheidungsprozessen manches abzumildern. Doch wäre es eine Illusion, totale Veränderungen zu erhoffen, weil sonst der Konzern womöglich zu Grunde ginge: denn auch er befindet sich in einem größeren Zusammenhang, den er nicht ungestraft verletzt.





Wer alles mit einem Schlag verbessert und gut haben will, wer keine Kompromisse mehr machen kann, landet im Terror, weil er das Gute mit Gewalt herstellen will. Oder er landet in Resignation und Verzweiflung, weil er nur so wenig verändern kann, wo er doch alles verändern will, so dass man nichts mehr tut, weil man nicht alles tun kann. Beides führt zu Lebensverlust und zu Zerstörung. Abgrundtiefe Enttäuschung und Aggression gegen andere oder gegen sich (in der Depression) sind hier vorprogrammiert.

Aber wir können alles nicht nur auf die äußeren Strukturen abwälzen. Diese Erbsünde gibt es auch in uns selber, wie es gute Strukturen außerhalb von uns gibt, die das Schlimmste verhindern, das aus uns aufsteigen kann. In uns selbst lauert dieses Untier, unberechenbar und entsetzlich böse, so dass wir selbst erschrocken sind, wie rachsüchtig und missgünstig wir sein können und wie wir wohl manchmal das Böse viel mehr herausließen, wenn wir es nur dürften. Die Ordnungen durch Verbote und Strafen, die es in den Gesellschaften gibt, sind wirklich notwendig, damit sich nicht dieses »Unkraut« tief in uns entfesselt. Die Zivilisationsdecke ist sehr dünn. Das zeigen immer wieder die schrecklichen Geschehnisse, wenn Menschen massenweise Schlimmstes tun, sobald die Strafdrohungen wegfallen.

### *c) Der gute und der böse Mensch von Sezuan*

Bert Brecht hat in einem seiner bekanntesten Stücke auf weltliche Weise dramatisch realisiert, was der christliche Glaube Erbsünde in Menschen und Verhältnissen nennt. In dem Stück »Der gute Mensch von Se-

zuan«[5] kommen drei Götter auf die Erde, um in den schlimmen Verhältnissen einen guten Menschen zu treffen. Sie wollen sich dabei selber rechtfertigen: dass die Verhältnisse doch nicht so schlecht seien, um nicht einen guten Menschen hervorzubringen. Das wäre der Gegenbeweis dagegen, dass die Menschen nicht gut sein können. Dann wären nicht die Götter an der Not der Menschen schuld, sondern die Menschen selbst, denn sie könnten ja anders. Sie finden eine Prostituierte, die gut zu den Menschen ist. Sie geben ihr ein kleines Vermögen, womit sie sich einen Tabakladen kauft und einrichtet. Und die Götter schärfen ihr ein, weiterhin gut zu sein. In der Tat wird der Tabakladen zum Zentrum der Hilfeleistung in Sezuan. Hier treffen sich die Bedürftigen, hier werden sie nicht ohne Gabe weggeschickt. Doch von Zeit zu Zeit verschwindet diese Frau Shen Te und ihr Vetter Shui Ta tritt auf und bringt alles wieder in Ordnung. Er wirft die Schmarotzer hinaus und bringt in die Kasse zurück, was Shen Te weggegeben hat. Dann kommt Shen Te wieder und kann wieder gut sein. Es stellt sich heraus, dass beide ein und dieselbe Person sind. Damit Shen Te nicht pleite geht und zum Habenichts wie die anderen wird, muss sie sich in den bösen Vetter Shui Ta verwandeln, der alles wieder in Ordnung bringt. Es ist das Drama der Güte, die sich mit Bösem wehren muss, um sich am Leben zu erhalten. In der Vermummung der Güte ist das Böse anwesend, in der Vermummung des Bösen die Möglichkeit der Güte.
Und am Schluss klagt Shen Te die Götter an:

> Euer einstiger Befehl
> Gut zu sein und doch zu leben
> Zerriß mich wie ein Blitz in zwei Hälften. ...
> Die Hand, die dem Elenden gereicht wird
> Reißt er einem gleich aus! Wer dem Verlorenen hilft
> Ist selbst verloren. ...
>
> Für eure großen Pläne, ihr Götter
> War ich armer Mensch zu klein.

5 | Bert Brecht, Der gute Mensch von Sezuan, Frankfurt am Main 1964; vgl. Jan Knopf (Hg.), Brechts Guter Mensch von Sezuan, Frankfurt am Main 1982.

Und sie äußert den Verdacht:

»Etwas muss falsch sein an eurer Welt.«[6]

Vorher hatte sie schon in der Maske des Shui Ta gesagt:

Ohne zwölf zu zertreten
Hilft keiner einem Elenden.
Warum sagen die Götter nicht laut in den obern Regionen
Dass sie den Guten nun einmal die gute Welt schulden?[7]

Ja, es muss was falsch sein an dieser Welt, in der Tat! Und es gibt es keine antworthafte und erklärerische Antwort auf diese Anklage. Nur so viel: Der Gott Christi ist nicht wie diese drei Götter, die von außen her kontrollieren, sich selber und damit die Not rechtfertigen wollen, und nach dem Scheitern ihrer Kontrolle sich resigniert von der Welt zurückziehen, die sie selbst verschuldet haben. Sie »fahren schnell hinan«.[8] Im Epilog fragt Brecht das Publikum:





Was könnt die Lösung sein? ...
Soll es ein andrer Mensch sein? Oder eine andre Welt?
Vielleicht nur andere Götter? Oder keine?[9]

Oder ein anderer Gott?

## *d) Einer geht!*

Früher habe ich mich darüber gewundert, dass es Menschen gibt, die nicht an Gott glauben. Heute erstaunt es mich mehr und mehr, dass es noch so viele gibt, die an Gott glauben. Wie kann man noch an Gott festhalten angesichts dieser Welt der Gewalttätigkeit und des Leidens, der Not und der abgeschnittenen Hoffnungen? Sicher gibt es auch viel Schönes im Leben, Freundschaft und Liebe, Freude und Erfolg. Aber doch bleibt angesichts der Begrenztheit solcher guten Erfahrungen und ange-

6 | Ebd. 139–140.
7 | Ebd. 66.
8 | Ebd. 142.
9 | Ebd. 144.

sichts unserer letzten Begrenzung im Tod die Frage: Welchen Nutzen hat ein Gott für unser Leben vor dem Tod?

Auch wenn es einen allmächtigen Gott gibt, er wäre für mich ein Monster oder zumindest völlig belanglos, wenn er, nachdem er die Schöpfung derart zwiespältig auf die Wege gebracht hat, nun unbeteiligt zuschaute, was daraus wird. Georg Büchner gebraucht in seinem Stück »Dantons Tod« (4. Akt, 5. Bild) ein schreckliches Bild: Gott schaut mit grausigem Vergnügen zu, wie man Zier- und Raubfische im Aquarium beobachtet. Und er freut sich am Farbenspiel ihres Todeskampfes, und »die seligen Götter lachen ewig, und die Fische sterben ewig«, so schreibt Büchner. Die Menschen werden solche Götter töten müssen, um wenigstens ihre

Selbstachtung nicht zu verlieren.

Wenn Gott also seiner Schöpfung nur gleichgültig gegenüberstünde (wie das allerdings sein soll, bliebe dunkel, denn wozu sollte er sie denn geschaffen haben, wenn nicht zum Hass oder zur Liebe), dann müssten auch die Geschöpfe ihrerseits seine Gleichgültigkeit, seine Belanglosigkeit ausrufen.

Nicht zuerst mit biblischen Geschichten, sondern mit einer anderen Geschichte aus der Literatur möchte ich mich einem anderen Gottesbild nähern. Günter Eich erzählt sie uns in seinem Hörspiel »Festianus, Märtyrer«:[10]

Festianus, ein einfacher Mann, kommt nach seinem Tod in den Himmel; er war einer der wenigen Guten, die unter den Bösen leben und gut bleiben, und zwar deswegen, weil er arglos genug ist, im Menschen zuerst das Gute zu vermuten. Er war ein Mensch, dessen größte Kraft das Mitleiden mit den Kleinen war.

Im Himmel angekommen, lernt er die Heiligen kennen: als satte Besitzer von Seligkeit, die fraglos ihr Paradies genießen. – Und er wagt etwas Unerhörtes; er stellt Fragen. »Man sollte nachfragen, Bruder« sagt er: »wo sind meine Eltern, wo sind meine Freunde, es fehlen Octavia, die Kellnerin und Salpiceus, der Wirt!« Festianus fragt hartnäckig weiter, obwohl die Heiligen ihn zurechtweisen und ihm sagen, er solle doch nicht an der Gerechtigkeit Gottes zweifeln.

Schließlich eröffnet ihm Petrus: »Deine Freunde, deine Eltern, deine Verwandten: das waren Sünder, sie leben jenseits dieses Tores, die breite

10 | Vgl. Günter Eich, Fünfzehn Hörspiele, Frankfurt am Main 1973, 524–563.

Straße, die hinabführt!« Festianus begreift, und er begreift sofort seinen eigenen Weg: er versteht diese Ortsbezeichnung als eine Wegbeschreibung für sich selbst. Er verlässt den Himmel und geht in die Hölle, um seine Freunde zu suchen. –

Günter Eich lässt keinen Zweifel daran, dass er mit diesem Ort unsere Erde meint: mit ihren Maschinerien von Gewalt und Gegengewalt, wo sich die Menschen das Leben zur Hölle machen. »Denn wer müsste die Erde verlassen, um die Hölle kennenzulernen?« fragt Belial hämisch. Festianus verlässt den Himmel in der festen Überzeugung, dass schon ein einziger Unschuldiger, der den Himmel verlässt, entschlossen seine Zusammengehörigkeit mit den Gemarterten bekundet und bei ihnen bleibt, um ihr Schicksal zu teilen, die Hölle und ihren Teufelskreis sprengen kann. Er lässt Petrus ausrichten: »Ich bin zu den Sündern zurückgegangen, ich kann nicht im Paradiese leben, solange es noch Menschen gibt, die leiden.« – Und im Schmerz dieses Mitleidens ruft er Belial, dem Bösen, und seiner Machtsucht zu: »Du hast jetzt endgültig verspielt!«

Wer ist Gott? Ist er der satte Besitzer seiner Gottheit, genügt er sich selbst? Sind seiner Barmherzigkeit Grenzen gesetzt an der Stelle, wo er den Himmel verlassen müsste, um auf der Seite der Abgeschriebenen zu sein? Oder ist Gott tatsächlich unser Freund, unsere Freundin? Von einem Freund allerdings erhoffen wir, dass er sich mit seinen Freunden und Freundinnen solidarisiert, dass er ihr Schicksal teilt, dass er beisteht, wenn es ihnen schlecht geht, ungeachtet dessen, ob sie selbst daran schuld sind oder nicht, dass er also den Teufelskreis von Schuld und Leid sprengt. Kann der Himmel auf eine Erde kommen, die in Gleichgültigkeit, Gewalt und Zerstörung zu versinken droht?

Die Heiligen und Festianus reißen in ihrem Gegensatz zueinander die entscheidende Frage auf: Ist Gottes Liebe hartnäckig genug, um sich so zu entäußern, dass sie zu uns kommt, mit uns mit-leidet und so den Teufelskreis von Schuld und Leid sprengt? Bietet er uns bis zu einer solchen solidarischen Schicksalsgemeinschaft seine Freundschaft an?

### *e) Der heruntergekommene Gott*

Vor 2000 Jahren unternimmt Gott einen letztmöglichen und unüberbietbaren Versuch, damit seine Freundschaft beim Menschen ankommen kann. Er kommt selbst auf die Erde, er entäußert sich und wird Mensch.

Er zieht seine Liebe zu uns in sich zusammen und wirft sie gebündelt auf die Erde: in einem Kind, unaufdringlich und ungeschützt. Gottes junge Freundschaft liegt im Futtertrog von Bethlehem. Und ich verstehe jetzt, was Lukas (Lk 2,1–20) meint, wenn er den Hirten sagen lässt: »Dies soll euch als Zeichen dienen«: das kleine Kind in der Krippe, die Zerbrechlichkeit und die Armut. Die Krippe ist das Zeichen Gottes auf dieser Erde: Gott gibt auch Jesus von Nazaret, wie früher den Propheten, kein anderes Machtmittel mit als sein Wort, als das Angebot seiner Liebe und seiner Freundschaft. Er lässt sich nicht auf die Machtverhältnisse der Menschen ein. So wird die Geburt Jesu bereits zum Vorschein seines Lebens und seiner Taten.


In Jesu Geburt und Leben geht uns die Gesinnung Gottes zum Menschen auf. Jesus hat deswegen die Menschen so fasziniert, weil er ihnen offen gegenüberstand, weil er Vertrauen schenken konnte, weil er überhaupt in den Begegnungen mit den Menschen nicht etwas, sondern sich selbst hergeschenkt hat. So haben die Menschen in ihm die Freundschaft Gottes erlebt. Und alle hat er in diese Freundschaft hineingerufen: Arme und Reiche, Sünder und Pharisäer, die Frommen und die Gottlosen. Manche sind ihm gefolgt, manche haben sich herausholen lassen aus ihrer heillosen Selbstverstrickung: auf die anderen und auf Gott hin. So zeigt Jesus, wie Gott ist und wie der Mensch sein könnte.

Aber die Gewalttätigkeit der Menschen war stärker. Sie haben ihn ans Kreuz geschlagen; sie konnten Gottes menschgewordene Liebe nicht einmal eine Generation lang aushalten. Auch das Kreuz liegt in der Krippe von Bethlehem: Jesus scheitert, weil er auf Macht verzichtet und so auf der Seite der Machtlosen und Unterdrückten bleibt. Hängt nun Gottes Liebe in Jesus von Nazaret tot am Kreuz? Ist das das Ende unserer Hoffnung? – Genau in diesem »ganz unten« beginnt der christliche Glaube. Die Krippe und die Engel aus unserer Weihnachtsgeschichte, das Kreuz und die Herrlichkeit: beide gehören zusammen. Die Liebe Gottes hat ihre eigene Macht und Kraft: Sie pflanzt in das Scheitern Jesu die neue Wurzel seiner Freundschaft ein. Gott lässt Jesus und seine in ihm erschienene Liebe nicht fallen, sondern er weckt sie auf zu einem neuen und unzerstörbaren Leben.

Gott selbst hat den Himmel verlassen und ist einer von uns geworden! Er hat sich in Jesus selbst in diese ambivalente, zwiespältige Welt hineinbegeben. Und er konnte sich nicht mehr aus diesem Verhau mit dem Unkraut herausziehen, bis zum Tode nicht. Er wurde, obgleich selbst ohne Sünde, wie Paulus einmal formuliert hat, »zur Sünde gemacht« (2 Kor 5,21), indem er sich selber dieser Verstrickung ausgeliefert hat und die Folgen der Sünde, nämlich das Leid, auf sich nahm. Beides also, die Sünde und das Leid, hat er mit uns und der ganzen Welt ausgehalten. Und was damals geschehen ist, zeigt nur etwas, was vorher und danach schon immer geschah und geschieht. In Christus bleibt Gott bei uns, in ihm verlässt er uns nicht.

Nach Röm 8,26 seufzt er in uns unsere Klagen und Anklagen, erfährt er unsere Zwiespältigkeit in seinem eigenen Herzen. Andauernd schreit der Gottessohn mit den und für die Menschen in den oberen Regionen, dass Gott ihnen eine gute Welt schuldet.



Diese die Menschen umfassende Göttlichkeit ist auf dem ersten Blick nicht viel, weil sie nichts verändert. Oder doch? Ermöglicht sie uns, die Strukturen zu verbessern, ohne Alles- oder Nichts-Mentalität, ohne totalitär mit uns und anderen umzugehen? In gegebener Situation mit dem Einsatz der eigenen Existenz etwas zu verändern und zugleich zu wissen, dass dies bei allem Engagement eine begrenzte Angelegenheit ist, dass aber diese Begrenzung die Notwendigkeit und die Wertigkeit der Schritte nicht beeinträchtigt, sondern steigert?



Johannes Bobrowski hat diese Hoffnung so formuliert:

> Wär da ein Gott
> und im Fleisch,
> und könnte mich rufen, ich würd
> umhergehen, ich würd
> warten ein wenig.[11]

11 | Im Gedicht »Immer zu benennen«, in: Johannes Bobrowski, Ja, ich sprech in den Wind. Lyrik und Prosa, Gütersloh 1978, 8; vgl. Jens, Theologie und Literatur 56.

## 9.4 *Veränderung*

### *a) Szenen*

Aus dem Alltag:
Wenn ich so auf mein Leben zurückblicke, muss ich sagen, dass es sehr geradlinig verlaufen ist. Ich habe über Gott, über mich und die anderen meine Meinung nie zu ändern brauchen. Ich bin stolz darauf!

Von Bert Brecht:
Ein Mann, der Herrn K. lange nicht gesehen hatte, begrüßte ihn mit den  Worten: »Sie haben sich gar nicht geändert«. »Oh!« sagte Herr K. und erbleichte. (Gesammelte Werke Bd. 12, Frankfurt a. M., 383)

Von Anton Tschechow:
»Ich denke häufig; wie, wenn man das Leben noch einmal beginnen könnte, und zwar bei voller Erkenntnis? Wie, wenn das eine Leben, das man schon durchlebt hat, sozusagen ein erster Entwurf war, zu dem das zweite die Reinschrift bilden wird! Ein jeder von uns würde dann, so meine ich, bemüht sein, vor allem sich nicht selber zu wiederholen, zumindest würde er für sich selbst eine andere Lebensweise schaffen, er würde für sich eine solche Wohnung mit Blumen nehmen, mit einer Menge Licht ...« (Drei Schwestern, Frankfurt a. M. 1996, 135)

Aus dem Alltag:
Je länger ich lebe, desto mehr enthält das Lesebuch meiner Vergangenheit bereits die Zukunft. So vieles ist festgelegt: mein Beruf, mein Ehepartner und mein Umgang mit Freunden und Verwandten. Ich weiß, gegen wen ich auch in Zukunft Sympathie und gegen wen ich Antipathie hege. Die Zukunft wird nicht viel Neues bringen, wenn nicht Tod, Krankheit und Katastrophe oder ein Lottogewinn über mich kommen. Meine Zukunft ist an meiner Vergangenheit ablesbar. – Aber ich mag nicht, dass das so ist. In vielen Augenblicken bricht bei mir die Sehnsucht auf, dass mein Leben anders und besser werden könnte. Trotz Gegenerfahrungen hoffe ich weiterhin auf Veränderung, auf Neues und Besseres in meinem Leben. Aber ich merke, dass ich allein zu schwach für den Umgang vom Alten zum Neuen bin. Ich brauche jemanden, der mir hilft!

Aus der Schrift:
Legt den alten Menschen ab, der in Verblendung und Begierde zugrunde geht, ändert euer früheres Leben und erneuert euren geistigen Sinn! Zieht den neuen Menschen an, der nach Gottes Bild geschaffen ist, damit ihr wahrhaft gerecht und heilig lebt (Eph 4,20–24).

### *b) Ein Versuch*

Angenommen, Sie könnten ihr Leben noch einmal leben, ein paar Jahre zurückgehen und an den Schaltstellen Ihrer Biographie neu und anders entscheiden. Würden Sie das versuchen? Wenn Sie an einer beliebigen oder markanten Stelle Ihres Lebens noch einmal anfangen könnten, wüssten Sie, wie Sie es anders machen müssten? Und trauen Sie sich zu, es anders zu machen? Gibt es Geschehnisse und Entscheidungen, die wir bereuen (Taten und Worte des Neides, der Missgunst und Engherzigkeit, vielleicht auch die Wahl des Berufes, Wohnortes und ähnlicher Festlegungen)? Diese faszinierende Anfrage und traumhafte Möglichkeit hat Max Frisch zur Grundidee seines Theaterspieles »Biografie« herangezogen.
Kürmann, ein anerkannter Wissenschaftler, bekommt die Möglichkeit, zu beliebigen Zeitpunkten seines Lebens zurückzugehen und neu zu entscheiden. Selbstsicher behauptet er: »Ich weigere mich zu glauben, dass unsere Biographie, meine oder irgendeine, nicht anders aussehen könnte. Vollkommen anders. Ich brauche mich nur ein einziges Mal anders zu verhalten –.« Er versucht es. Aber eigenartigerweise verhält er sich in den Situationen genauso wie das erste Mal. Wieder schlägt er einem Schulkameraden das Auge aus, wieder heiratet er seine erste Gattin, die später Selbstmord begehen wird, den er wieder nicht zu verhindern vermag. Und wieder heiratet er seine zweite Gattin, von der er jetzt frei sein möchte. Wiederholt fragt ihn der »Registrator«, der ihn in die Vergangenheit begleitet: »So bleibt es dabei?« Und Kürmann antwortet ebenso wiederholt und seine alte Geschichte wiederholend: »Ja!« Wieder entscheidet er sich für politische Feigheit zugunsten der eigenen Karriere. Wieder unterschätzt und verkleinert er seine Frau. Obwohl der die Möglichkeit hat, geschehene Wirklichkeit zu durchbrechen, verändern und neu zu probieren, bleibt er bei der ersten Fassung und verewigt seine alte Geschichte. Er wird immer reg- und sprachloser über die eigene Unfähigkeit, etwas an seiner Vergangenheit zu verändern. Seine wichtigs-

ten Begegnungen mit Menschen, die ihm nahestanden und -stehen, spielt er in mehreren Anläufen durch. Aber sie klappen nicht anders. Er scheint umgeben zu sein von einer unsichtbaren zwanghaften Mauer, die ihn daran hindert, sich anders zu verhalten.

Max Frisch versteht dieses Spiel als eine Komödie, wie er in seinen Anmerkungen am Ende des Stückes schreibt.[12] Und er bringt das Komödiantische auf den Punkt: »keine Szene nämlich passt ihm so, dass sie nicht auch anders sein könnte. Nur er kann nicht anders sein.«[13] In dem Stück gibt es einen Registrator, der das Spiel leitet, der Kürmann die Möglichkeiten eröffnet und ihm zugleich seine Unfähigkeit, etwas zu ändern, widerspiegelt. Kürmann täuscht sich also, als er zu Beginn sagt: »Ich weigere mich zu glauben, dass unsere Biografie, meine oder irgendeine, nicht anders aussehen könnte. Vollkommen anders. Ich brauche mich nur ein einziges Mal anders zu verhalten ...«[14] Wenn die Biografie derartig zufällig ist, und auch ganz anders hätte verlaufen können, kann man ihr auch keine Notwendigkeit und keinen Sinn unterstellen.[15] Das Dumme ist nur, dass Kürmann genau diese Aussage selbst konterkariert, indem er seine Biografie nicht ändert und diese damit in gewisser Hinsicht »notwendig«, wenn auch noch nicht sinnvoll ist.

Und der Registrator ist »offen gestanden« auch ziemlich enttäuscht: »wir ... haben natürlich etwas anderes erwartet von einem Mann, der die Möglichkeit hat, noch einmal anzufangen: etwas Kühneres –«[16]. Es kommen zwar Splitter von Einsichten bei diesem Spiel ins Bewusstsein, mit einem Anflug von Reue. Aber die letzte Eröffnung, die letzte Phase seines Lebens nochmals zu spielen, lässt das Stück enden, mit wenig Hoffnung darauf, dass sich etwas daran verändert, wie Kürmann mit den Menschen und vor allem mit seiner Frau umgegangen ist, und dieses Bekenntnis, das er schließlich doch schafft, muss er erst schriftlich niederschreiben, um es dann seiner Frau vorzulesen: »Wir haben einander verkleinert. Warum haben wir immer verkleinert. Ich dich, du mich. Wieso hat sich uns alles, was möglich wäre, so verkleinert. Wir kennen einander nur verkleinert.«[17]



12 | Vgl. Max Frisch, Biografie: Ein Spiel, Frankfurt am Main 1967 (1972), 119.
13 | Ebd.
14 | Ebd. 29.
15 | Vgl. ebd. 52.
16 | Ebd. 98.
17 | Ebd. 115.

Hier spricht Kürmann selber aus, was ihn daran hindert, anders zu handeln: Er verkleinert sich und die anderen[18] und nimmt sich die Möglichkeit, sein Leben in einem größeren Horizont zu sehen. Obwohl er seine Geschichte anfangs nicht als die einzigmögliche anerkennt, wiederholt er sie als die einzigmögliche und notwendige. Eine andere ist ihm offenbar nicht möglich. Warum nicht?

Max Frisch bringt die Antwort: *Er* kann nicht anders sein. Er kann deswegen die vergangenen Situationen nicht verändern, weil er sich nicht verändert. Er rumpelt in die Vergangenheit immer als der alte und verhält sich in alter Weise: genauso kleinlich und kleinkariert im Umgang mit sich und den anderen, mit den gleichen Ängsten, Motiven, Schwächen und Bosheiten. Dieses faszinierende Angebot zu einem neuen Leben: es bleibt ungenützt. Er verlängert sein altes Ich in die Vergangenheit zurück und baut so wieder seine alte Geschichte. Und noch schlimmer: Es ist zu erwarten, dass auch seine Zukunft nicht anders aussieht, solange er die Ursache der Unveränderlichkeit nicht aufbricht: nämlich sich selbst.

Am Schluss bezieht der Autor den Zuschauer in sein Spiel mit ein: »Wenn ich Ihnen sage: Auch Sie haben die Wahl, auch Sie können noch einmal anfangen – wüßten Sie, was Sie anders machen würden in ihrem Leben?« – Gut, spielen wir heute mit. Wir können zwar nicht wie im Theater in die Vergangenheit eingreifen, aber sehr wohl in unsere Gegenwart und Zukunft. Die Voraussetzung dafür, ob wir Vergangenheit oder Zukunft ändern, ist die gleiche und spitzt sich in der Frage zu: Wenn du anders handeln willst, musst du eine andere, ein anderer werden. Kannst du das? Wer aber ändert uns? Wir selbst etwa? Nach Erfahrung unserer eigenen Biographie und der Menschheitsgeschichte kaum!

### *c) Zusage*

Dazu braucht es einen Menschen, der sich unseren Unmöglichkeiten in den Weg stellt und so Neues möglich macht. Wir brauchen jemanden, dem wir es auch zugestehen, uns Veränderungen zu ermöglichen. Wir brauchen einen Menschen, der uns selbst Veränderung zuspricht und

18 | Vgl. zu diesem Leitthema bei Max Frisch Wolfgang Riedel, Ich bin nicht der ich bin. Anthropologisches Bildnisverbot bei Max Frisch (Stiller), in: Erich Garhammer (Hg.), BilderStreit. Theologie auf Augenhöhe, Würzburg 2007, 271–296.

zutraut. Es müsste einer sein, der meine Vergangenheit mit all ihren Fehlern und Schwächen ehrlich mit mir gemeinsam anschaut, sie nicht verdrängt, sondern hilft, mich von ihr abzulösen und so von ihr zu erlösen. Einer, der mir verzeiht und somit Mut zu einem neuen Anfang schenkt. Einer, der mich nicht verkleinert sieht, sondern der mich aus meiner Kleinheit herausholt und mir größere Welten zeigt. Einer, der den alten Menschen in mir annimmt, sich nicht mit ihm zufrieden gibt, sondern mich und mit mir aufbricht.

Für Christen und Christinnen ist Jesus Christus die Begegnung, die sie die eigenen größeren Möglichkeiten des Menschseins begegnen lässt. Der Verfasser des Epheserbriefes spricht diese erneuernde Kraft Christi

zu. Diese Zusage ist ein Geschenk, das in dem Maß beschenkt, als wir uns darauf verlassen. Christus traut uns zu, großherziger und besser zu werden. Wo wir uns auf dieses Wort verlassen, wird uns tatsächlich Veränderung möglich werden. Wir brauchen uns von der Vergangenheit nicht knebeln zu lassen, wir brauchen unsere Biographie nicht in den alten Gleisen, sondern wir dürfen sie in neuen weiterschreiben. Das ist das Kerngeschehen der Buße: Trauer über etliche Wege der Vergangenheit und zugleich der Dank dafür, dass wir uns von dieser traurigen Vergangenheit abstoßen und in eine bessere Gegenwart und Zukunft gehen dürfen.

# Literaturverzeichnis





Adorno, Theodor W., Denken in Konstellationen, in: ders., Negative Dialektik, Frankfurt am Main 1975, 164ff.

Adorno, Theodor W., Rede über Lyrik und Gesellschaft, in: ders., Noten zur Literatur I., Frankfurt am Main 1958, 73–104.

Adorno, Theodor W., Benjamin, Walter, Briefwechsel 1928–1940 (hg. v. Henri Lonitz), Frankfurt am Main 1994.

Aichinger, Ilse, Die größere Hoffnung, Frankfurt am Main 1978, erstmals erschienen in Amsterdam 1948.

Alkier, Stefan, Intertextualität – Annäherung an ein texttheoretisches Paradigma, in: Dieter Sänger (Hg.), Heiligkeit und Herrschaft. Intertextuelle Studien zu Heiligkeitsvorstellungen und zu Psalm 110, Neukirchen-Vluyn 2003, 1–26.

Alkier, Stefan, Neutestamentliche Wissenschaft – Ein semiotisches Konzept, in: Strecker (Hg.), Kontexte II, 343–360.

Amery, Jean, Die Tortur, in: ders., Jenseits von Schuld und Sühne, Bewältigungsversuche eines Überwältigten, Stuttgart [4]2000, 46–73.

Amery, Carl, Global Exit. Die Kirchen und der Totale Markt, München 2002.

Amery, Carl, Hitler als Vorläufer. Auschwitz – der Beginn des 21. Jahrhunderts, München 2002.

Amery, Carl, Zukunft der Menschheit. Mit Gottvertrauen in die Todesfalle?, in: Publik-Forum 16 (1987) Heft 1.

Ammicht Quinn, Regina, Aus der Gnade gefallen, in: Garhammer, Langenhorst (Hg.), Totenerweckung 116–130.

Andree, Karl, Burton's Reisen nach Medina und Mekka, Leipzig 1861.

Anouilh, Jean, Becket oder Die Ehre Gottes, München 1963.

Arendt, Hannah, Vita activa oder Vom tätigen Leben, München, Zürich 1989.

Augé, Marc, Orte und Nicht-Orte. Vorüberlegungen zu einer Ethnologie der Einsamkeit, Frankfurt am Main 1994.

Austilat, Andreas, Durch die Wüste. Zum 150. Geburtstag von Karl May, in: Weltspiegel 23.2.1992, Nr. 14 122 (Sonntagsbeilage), S. I, Spalte 1.

Bach, Wolf-Dieter, Abenteuer als Angstbewältigung: Beweggründe der Phantasie Karl Mays, in: Schmiedt (Hg.), May 245–251.

Bach, Wolf-Dieter, Fluchtlandschaften, Jahrbuch der Karl-May-Gesellschaft, Hamburg 1971.

Bach, Wolf-Dieter, Karl May – Abgrund und Hunger, in: Eggebrecht (Hg.), Phantast 153–188.

Bail, Ulrike, Der Fall Isebel(s), in: Hedwig-Jahnow-Forschungsprojekt (Hg.), Körperkonzepte im Ersten Testament, Stuttgart 2003, 80–93.

Bail, Ulrike, »Die verzogene Sehnsucht hinkt an ihrem Ort«, Literarische Überlebensstrategien nach der Zerstörung Jerusalems im Alten Testament, Gütersloh 2004.

Balthasar, Hans Urs von, Theologische Besinnung auf das Mysterium des Höllenabstiegs, in: ders. (Hg.), Hinabgestiegen in das Reich des Todes, Freiburg i. Br. 1982, 84–98.

Barner, Wilfried, Literaturtheologie oder Literaturmythologie?, in: Jens u. a. (Hg.), Theologie 146–163.

Barthes, Roland, Mythen des Alltags, Frankfurt am Main [3]1974.

Barthes, Roland, Wie zusammen leben. Simulationen einiger alltäglicher Räume im Roman, Frankfurt am Main 2007.
Bartsch, Ekkehard, Christliche Religion in den Reiseerzählungen Karl Mays, in: Sudhoff (Hg.), Himmel und Hölle 51–112.
Baudelaire, Charles, Sämtliche Werke: Briefe, Bd. 3, München 1975.
Bauer, Christian, Kritik der Pastoraltheologie. Nicht-Orte und Anders-Räume nach Michel Foucault und Michel de Certeau, in: ders., Michael Hölzl (Hg.), Gottes und des Menschen Tod?, Mainz 2003, 181–216.
Bauer, Christian, Ortswechsel der Theologie. M.-Dominique Chenu im Kontext seiner Programmschrift *Une école de théologie: Le Saulchoir* (Dissertation Manuskript), Tübingen 2010.
Bauer, Christian, Peuple de dieu dans le monde. Exposé (Manuskript), Tübingen 2001.
Bauer, Christian, Peter Hardt, Vom UnSagbaren Sprechen. Postmoderne Sprachprobleme und theologische Erkenntniswege, in: Thomas Dörfler, Claudia Globisch, (Hg.), Postmodern Practices. Beiträge zu einer vergehenden Epoche, Münster 2002, 47–57.

Bayer, Oswald, Das Wortamt des Dichters. Zu Jochen Kleppers 100. Geburtstag am 22. März 2003, in: Theologische Beiträge 234 (2003) 117–129.
Bechmann, Ulrike, Besprechung von Kuschel, Karl-Josef: Juden – Christen – Muslime, in: Theologische Revue 105 (2009) 342–348.
Bechmann, Ulrike, Das Lied der Weisheit (Ijob 28), in: dies., Klaus Bieberstein, Weisheit im Leiden, Stuttgart 2007, 39–67.
Bechmann, Ulrike, Sevda Demir, Gisela Egler, Frauenkulturen. Christliche und muslimische Frauen in Begegnung und Gespräch, Düsseldorf [2]2003.
Bechmann, Ulrike, Reise ins Andere und finde dich selbst, in: Heike Waltz, Christine Lienemann-Perrin, Doris Strahm Hg.), Als hätten sie uns neu erfunden, Luzern 2003, 201–217.
Bender, Hans, Art. Werner Bergengruen, in: Kleines Lexikon der Weltliteratur im 20. Jahrhundert, hg. v. Helmut Olles, Freiburg i. Br. 1964, 40–41.
Benjamin, Walter, Die Aufgabe des Übersetzers, in: ders., Illuminationen, Frankfurt am Main 1977, 50–62.
Benn, Gottfried, Gedichte, Zürich 1983.
Benn, Gottfried, Rede auf Stefan George, in: ders., Gesammelte Werke, Bd. 1, Wiesbaden, München 1977.
Benz, Arnold, Samuel Vollenweider, Würfelt Gott? Ein außerirdisches Gespräch zwischen Physik und Theologie, Düsseldorf 2000.
Berg, Britta, Religiöses Gedankengut bei Karl May (Sonderheft der Karl May-Gesellschaft 47), Hamburg 1984.
Berger, Peter L., Sehnsucht nach Sinn, Frankfurt 1994.
Bergengruen, Werner, Baltische Geschichten, München 2000.
Bergengruen, Werner, Der Großtyrann und das Gericht, Hamburg 1935.
Bergengruen, Werner, Deutsche Reise. Mit dem Fahrrad durch Kultur und Geschichte, München 2004.
Bergengruen, Werner, Die Legende von den zwei Worten, in: Karl Hammes (Hg.), Moderne Erzähler XVII, Paderborn 1962.
Bergengruen, Werner, Die Sultansrose und andere Erzählungen, Basel 1946.
Bergengruen, Werner, Herzog Karl der Kühne oder Gemüt und Schicksal, Hamburg 1943.
Bergengruen, Werner, Meisternovellen, Zürich o. J.
Bergengruen, Werner, Grabrede für Reinhold Schneider, in: Reinhold Schneider, Winter in Wien, Freiburg i. Br. 1958, 255–263.

Bergengruen, Werner, Schriftstellerexistenz in der Diktatur. Aufzeichnungen und Reflexionen zu Politik, Geschichte und Kultur 1940–1963 (hg. v. Frank-Lothar Krol, N. Luise Hackelsberger, Silvia Taschka), München 2005.

Berthel, Werner, Mit Lupe und Verstand. Zur Figur des Detektivs, in: ders. (Hg.), Die großen Detektive, Frankfurt am Main. 1975, 303–316.

Beyer, Marcel, Stefan George, Die Brüder Stauffenberg und die Eindeutigkeit, in: Text und Kritik 168 (2005) X., 35–46.

Bieberstein, Klaus, Geschichte und Geschichten vom Auszug aus Ägypten: fiktional und wahr zugleich, in: Bibel und Kirche 62 (2007) 210–214.

Bloch, Ernst, Die Silberbüchse Winnetous, in: Schmiedt (Hg.), Karl May 28–31.

Bloch, Ernst, Über Märchen, Kolportage und Sage, in: ders., Erbschaft dieser Zeit, Frankfurt am Main 1962.

Blum, Erhard, Historiography or Poetry? The Nature of the Hebrew Bible Prose Tradition, in: Stephan Barthon (ed.), Memory in the Bible and Antiquity, Tübingen 2007, 25–44.

Bobrowski, Johannes, Ja, ich sprech in den Wind. Lyrik und Prosa, Gütersloh 1978.

Böll, Heinrich, Dr. Murkes gesammeltes Schweigen, in: ders., Nicht nur zur Weihnachtszeit. Satiren, München 1966, 87–112.

Böll, Heinrich, Die Hoffnung ist wie ein wildes Tier. Briefwechsel mit Ernst-Adolf Kunz 1945–1953 (hg. von Herbert Hoven), Köln 1994, 119 (in einem Brief Bölls an Kunz).

Bonhoeffer, Dietrich, Widerstand und Ergebung. Briefe und Aufzeichnungen aus der Haft, Gütersloh 1998.

Bonhoeffer, Dietrich, Ethik (hg. v. Eberhard Bethge), München [5]1961.

Bosse, Anke, Interkulturelle Balance statt »clash of cultures«. Zu Goethes »West-östlichem Divan«, in: Etudes germaniques 60 (2005) 2, 231–248.

Bourdieu, Pierre, Die feinen Unterschiede. Kritik der gesellschaftlichen Urteilskraft, Frankfurt am Main 1982.

Bourdieu, Pierre, Die männliche Herrschaft, Frankfurt am Main 2005.

Braun, Helmut (Hg.), »Mutterland Wort« Rose Ausländer 1901–1981, Köln [2]1999.

Braungart, Katharina, Thesenpapier auf dem Interdisziplinaren Hauptseminar »Der Islam im Spiegel von Goethes West-östlichem Divan« am 26.6.2009.

Braungart, Wolfgang, Ästhetischer Katholizismus. Stefan Georges Rituale der Literatur, Tübingen 1997.

Braungart, Wolfgang, »Was ich noch sinne und was ich noch füge/Was ich noch liebe trägt die gleichen züge«. Stefan Georges performative Poetik, in: Text und Kritik 168 (2005) X., 3–18, 3.

Braungart, Wolfgang, Literaturwissenschaft und Theologie. Versuch zu einem schwierigen Verhältnis, ausgehend von Kafkas Erzählung ›Ein Hungerkünstler‹, in: Garhammer, Langenhorst (Hg.), Totenerweckung 43–69.

Brecht, Bert, Der gute Mensch von Sezuan, Frankfurt 1964.

Breuer, Stefan, Ästhetischer Fundamentalismus. Stefan George und der deutsche Antimodernismus, 1995.

Breuer, Stefan, Stefan George und die Phantome der ›Konservativen Revolution‹ in: George-Jahrbuch, Band 2, Tübingen 1998, 140–63.

Bucher, Rainer, Hitlers Theologie, Würzburg 2008.

Bucher, Rainer, Nietzsches Mensch und Nietzsches Gott. Das Spätwerk als philosophisch-theologisches Programm, Frankfurt am Main 1986.

Bucher, Rainer, Rainer Krockauer im Gespräch mit Ottmar Fuchs, Es geht nichts verloren, Würzburg 2010.

Bucher, Rainer u. a. (Hg.), In Würde leben. Interdisziplinäre Studien zu Ehren von Ernst Ludwig Grasmück, Luzern 1998.

Busch, Kathrin, Kraft der Räume, in: Erne, Schüz (Hg.), Religion 53–65.
Braun, Julius, Gemälde der mohammedanischen Welt, Leipzig 1870.
Bryant, Barbara, G. F. Watts und die symbolistische Vision, in: Wilton, Upstone (Hg.), Symbolismus 65–81.

Capurro, Rafael, Ironie. Begriffsgeschichtliche Erörterung einer menschlichen Grundstimmung, unveröffentlichte Abhandlung aus dem Jahr 1990, im Internet: http://www.capurro.de/ironie.html.
Carlyle, Thomas, Sartor Resartus oder Leben und Meinungen des Herrn Teufelsdröckh, Ausgewählte Schriften, Bd. 5, Leipzig 1855.
Celan, Paul , Nelly Sachs, Briefwechsel (hg. v. Barbara Wiedemann), Frankfurt am Main 1993.
Certeau, Michel de, L'écriture de l'histoire, Paris 1975.
Certeau, Michel de, La fable mystique, Paris 1982.
Certeau, Michel de, Theoretische Fiktionen. Geschichte und Psychoanalyse, Wien 1997.

Chabrol, Claude, Probleme erzählender Semiologie in biblischen Texten, in: ders., Louis Marin (Hg.), Erzählende Semiotik nach Berichten der Bibel, München 1973 (Paris 1971), 15–29.
Chessex, Jacques, Ein Jude als Exempel. Roman, München 2009.
Chesterton, Gilbert K., Pater Brown und das blaue Kreuz, Bergisch Gladbach, o. J.
Claudel, Paul, Ausgewählte Prosa, Einsiedeln 1949.
Coetzee, John M., Schande, Frankfurt am Main 1999 (Disgrace, London 1999).
Conrady, Karl Otto, Goethe. Leben und Werk II., Frankfurt am Main 1987.

Dawkins, Richard, Der Gotteswahn, Berlin 2007.
Denzinger, Heinrich, Peter Hünermann, Kompendium der Glaubensbekenntnisse und kirchlichen Lehrentscheidungen, Freiburg u. a. [37]1991.
Derrida, Jaques, Falschgeld. Zeit geben I, München 1993.
Dominguez, Carlos María, Das Papierhaus, Frankfurt am Main 2004.
Dönhoff, Marion Gräfin, Macht und Moral. Was wird aus der Gesellschaft, Köln 2000.
Dülmen, Andrea van (Hg.), Frauen. Ein historisches Lesebuch, München 1988.
Dürrenmatt, Friedrich, Werkausgabe in siebenunddreißig Bänden, Bd. 14, 33 und 37, Zürich 1998.

Ebertz, Michael N., Diakonische Riten – Riten bei Gelegenheit, in: Karl Schlemmer (Hg.), Auf der Suche nach den Menschen von heute, Sankt Ottilien 1999, 120–137.
Ebertz, Michael N., Die Zivilisierung Gottes. Der Wandel der Jenseitsvorstellungen in Theologie und Verkündigung, Ostfildern 2004.
Eco, Umberto, Der Name der Rose, München, Wien 1982.
Eggebrecht, Harald, Karl May der sächsische Phantast. Studien zu Leben und Werk, Frankfurt am Main 1987.
Eggebrecht, Harald, Abenteuer-Konzeptionen, in: ders. (Hg.), Phantast 223–234.
Eggebrecht, Harald, Rückblick auf Karl May, Hans Wollschläger im Gespräch mit Harald Eggebrecht, in: Eggebrecht, Phantast 131–153.
Egyptien, Jürgen, Gesprächsäußerungen Stefan Georges aus den letzten Lebensjahren, in: George-Jahrbuch, Band 2, Tübingen 1998, 164–178.
Eich, Günter, Fünfzehn Hörspiele, Frankfurt am Main 1973.
Elias, Norbert, Kitschstil und Kitschzeitalter, Münster 2004 (1934).
Elias, Norbert, Über den Prozess der Zivilisation. Soziogenetische und psychogenetische Untersuchungen, Bd. 1., Bern, München 1969.
Eliot, Thomas S., Murder in the Cathedral, London 1971.

Engel, Ulrich, Unglücksglück, in: Garhammer, Langenhorst (Hg.), Totenerweckung 168–171.
Erne, Thomas, Die Religion des Raumes und die Räumlichkeit der Religion: in: Erne, Schüz (Hg.), Religion 9–13.
Erne, Thomas, Peter Schüz (Hg.), Die Religion des Raumes und die Räumlichkeit der Religion, Göttingen 2010.
Erne, Thomas, Grundwissen Christentum Kirchenbau, in: Erne, Schüz (Hg.), Religion 181–199.

Fehling, Ruth, »Jesus ist für unsere Sünden gestorben.« Eine praktisch-theologische Hermeutik, Stuttgart 2010.
Fest, Joachim, Staatsstreich. Der lange Weg zum 20. Juli, Berlin 1994 (2008).
Fischer, Josef, Über das Gottvorkommen in der heutigen Kirche, in: Michael Albus, Paul M. Zulehner (Hg.), Nur der Geist macht lebendig, Mainz 1985, 29–37.
Fisher, Robert, Murder in the Chathedral. Notes, London 1969.
Föderl-Schmid, Alexandra, Realität und Fiktion, ineinander verschlungen, in: Der Standard vom 2.10.2010, Album A11.

Forst de Battaglia, Otto, Karl May. Traum eines Lebens. Leben eines Träumers, Bamberg 1966.
Foucault, Michel, Von anderen Räumen, in: Dünne, Jörg, Stephan Günzel (Hg.), Raumtheorie. Grundlagentexte aus Philosophie und Kulturwissenschaften, Frankfurt am Main 2006, 317–329.
Frank, Manfred, Das individuelle Allgemeine. Textstrukturierung und Textinterpretation nach Schleiermacher, Frankfurt am Main 1985.
Frevert, Ute, Frauen-Geschichte. Zwischen bürgerlicher Verbesserung und neuer Weiblichkeit, Frankfurt am Main 1986.
Fried, Erich, Fall ins Wort. Ausgewählte Gedichte 1944–1983, Büchergilde Gutenberg 1988.
Fuchs, Ottmar, Liebe als »Erkennungszeichen des wahren Glaubens«. Christentum und Islam in den Orienterzählungen von Karl May, in: Christoph Gellner, Georg Langenhorst (Hg.), Herzstücke. Texte, die das Leben ändern. Ein Lesebuch zu Ehren von Karl-Josef Kuschel zum 60. Geburtstag, Düsseldorf 2008, 253–266.
Fuld, Werner, Walter Benjamin. Zwischen den Stühlen. Eine Biographie, München Wien 1972.

Gabel, Helmut, Inspirationsverständnis im Wandel, Mainz 1991.
Gardner, Laurence, Hüterin des Heiligen Gral. Maria Magdalena – die Frau Jesu, Bergisch Gladbach 2006.
Garhammer, Erich, Himmel: Sehnsuchtsort oder Abgrund unter uns? Stimmen von Joseph von Eichendorff bis Reiner Kunze, in: ders., Am Tropf der Worte – Literarisch predigen, Paderborn 2000, 34–47.
Garhammer, Erich, Georg Langenhorst (Hg.), Schreiben ist Totenerweckung. Theologie und Literatur, Würzburg 2005.
Garhammer, Erich, Wolfgang Weiß (Hg.), Brückenschläge. Akademische Theologie und Theologie der Akademie, Würzburg 2002.
Garhammer, Erich, »Hier ruft nur Gott an.« Wider die kurzschlüssige Vereinnahmung von Literatur in der Theologie, in: Mariano Delgado, Hans Waldenfels (Hg.), Evangelium und Kultur, Stuttgart 2010, 339–347.
Geiger, Michaela, Gott Präsenz einräumen (Dtn 12), in: Erne, Schüz (Hg.), Religion 105–121.

Genette, Gérard, Palimzeste. Die Literatur auf zweiter Stufe, Frankfurt am Main 1983.

George, Stefan, Gedichte (hg. v. Günter Baumann), Stuttgart 2004.

George, Stefan, Sämtliche Werke, Bd. VIII (hg. v. Stefan George-Stiftung), Stuttgart 1993.

Geyer-Ryan, Helga, Der andere Roman. Versuch über die verdrängte Ästhetik des Populären, Wilhelmshaven 1983.

Geyer-Ryan, Helga, Karl May im Dritten Reich, in: Eggebrecht (Hg.), Phantast 250–263.

Goethe, Johann Wolfgang von, (Einleitung zu:) Thomas Carlyle, »Leben Schillers«, Frankfurt 1830.

Goethe, Johann Wolfgang von, Klaus-Detlef Müller, Aus meinem Leben, Dichtung und Wahrheit, Text und Kommentar (3. Teil, 14. Buch, 1814), Frankfurt am Main 1986.

Goethe, Johann Wolfgang von, Koran-Auszüge (1771/72), Texte und Kommentar, in: Sauder (Hg.), Der junge Goethe 444–446 bzw. 852ff.

Goethe, Johann Wolfgang von, Mahomet, Fragment (1772), in: Sauder (Hg.), Der junge Goethe 941–946.

Goethe, Johann Wolfgang von, Übertragung von Voltaires »Mahomet« (1799/1800), Text und Kommentar, in: Lange (Hg.), Weimarer Klassik 127ff. bzw. 918–924.

Goethe, Johann Wolfgang von, West-östlicher Divan, München 1982.

Goethe, Johann Wolfgang von, West-östlicher Divan (hg. von Michael Knaupp), Studienausgabe, Stuttgart 1999.

Grabner-Haider, Anton, Hitlers Theologie des Todes, Kevelaer 2009.

Grass, Günter, Gleisdreieck, Neuwied 1960.

Grenzmann, Wilhelm, Dichtung und Glaube. Probleme und Gestalten der deutschen Gegenwartsliteratur, Bonn [2]1952 (1950).

Groppe, Carola, »Dein rechter lehrer bin ich wenn ich liebe. Mein rechter hörer bist du wenn du liebst.« Erziehungskonzepte und Erziehungsformen im George-Kreis, in: George-Jahrbuch, Band 2, Tübingen 1998, 107–140.

Gruen, Arno, Der Wahnsinn der Normalität. Realismus als Krankheit: eine grundlegende Theorie zur menschlichen Destruktivität, München 1987.

Guardini, Romano, Der Tod des Sokrates, Hamburg 1959.

Guth, Klaus, Die Heiligen Heinrich und Kunigunde, Bamberg 1986.

Hackelsberger, N. Luise, Nachwort zu: Werner Bergengruen, Baltische Geschichten, München 2000, 217–222.

Haecker, Theodor, Essays (1917–1944), München 1958.

Hafner, Johann Ev., Der Bildraum des Rokoko – digitaly remastered, in: Erne, Schüz (Hg.), Religion 203–215.

Hahn, Friedrich, Bibel und moderne Literatur. Große Lebensfragen in Textvergleichen, Stuttgart 1966.

Heine, Heinrich, Die romantische Schule, Erstes Buch, Hamburg 1836.

Heinzmann, Richard, Universalienstreit im Mittelalter, in: Journal für Philosophie (1995) 76–77.

Henneke-Weischer, Andrea, Poetisches Judentum. Die Bibel im Werk Else Lasker-Schülers, Mainz 2003.

Henscheid, Eckhard, F. W. Bernstein (Hg.), Unser Goethe. Ein Lesebuch, Frankfurt am Main 1987 (1982).

Hermesheimer, Wolfgang, Stefan Schmatz, Traumwelten. Bilder zum Werk Karl Mays, Bamberg 2004.

Hesse, Herman, Mit der Reife wird man immer jünger. Betrachtungen und Gedichte über das Alter, Frankfurt am Main 2003.

Hoffmann, Klaus, Karl May. Leben und Werk, Radebeul 1988.
Hölderlin, Friedrich, Sämtliche Werke und Briefe (hg. v. Günter Mieth), Darmstadt ²1995.
Hoppe, Rudolf, Der Auferstehungsglaube der Jüngerinnen und Jünger: »Er hat ihn wirklich auferweckt!«, in: Welt und Umwelt der Bibel 8 (2003) 1: Sterben und Auferstehen, 21–26.
Huizing, Klaas, Ästhetischer Protestantismus, in: Garhammer, Langenhorst (Hg.), Totenerweckung 99–115.
Hummelt, Norbert, Eselsohren. Anmerkungen zu Adornos imaginärer George-Auswahl, in: Text und Kritik 168 (2005) X., 47–53.
Hummelt, Norbert, Merk dir, du heißt Ernst Jandl. Eine Vermisstenanzeige, in: Eurozine (Online-Magazin), Wien 2000 (12.01), 2.
Hummelt, Norbert, Wer die Flamme je umschritt (Besprechung zu Karlaufs Stefan George Biographie) in: Tagesspielgel v. 9.9.2007 (im Internet v. 4.11.2010), 2.

Janßen, Hans-Gerd, Mord, Gott und Totschlag. Die Theologie und der Kriminalroman, in: Orientierung 65 (2001) 217–222.
Jens, Walter, Hans Küng, Karl-Josef Kuschel (Hg.), Theologie und Literatur. Zum Stand des Dialogs, München 1986.
Jens, Walter, Theologie und Literatur: Möglichkeiten und Grenzen eines Dialogs im 20. Jahrhundert, in: Jens u. a. (Hg.), Theologie 30–56.
Jeziorkowski, Klaus, Zum Verhältnis von Theologie und Literaturwissenschaft, in: Jens u. a. (Hg.), Theologie 186–198.
Jost, Dominik, Blick auf Stefan George. Ein Essay, Bern 1991.

Kästle, Daniela, Martina Kraml, Hamideh Mohagheghi (Hg.), Heilig und Tabu (Kommunikative Theologie 13), Ostfildern 2009.
Kallen, Werner, In der Gewißheit seiner Gegenwart. Dietrich Bonhoeffer und die Spur des vermissten Gottes, Mainz 1997.
Kamin, Gerhard, in: Das Leben des Dichters (Ernst Wiechert 18.5.1887–24.8.1950), am Ende des 5. Bandes: Ernst Wiechert, Gesammelte Werke, Bde. 1–5, München 1980, 369–375.
Karlauf, Thomas, Stefan George. Die Entdeckung des Charisma, München 2007.
Kaschnitz, Marie Luise, Kein Zauberspruch. Gedichte, Frankfurt am Main 1972.
Kazantzakis, Nikos, Brudermörder. Roman, München ³1977.
Kazantzakis, Nikos, Mein Franz von Assisi. Roman, Reinbek bei Hamburg 1981.
Kemp, Friedhelm, Deutsche Geistliche Dichtung aus tausend Jahren, München 1958.
Kemper, Werner W., Der Traum und seine Be-Deutung, München 1977.
Keul, Hildegund, Verschwiegene Gottesrede. Die Mystik der Begine Mechthild von Magdeburg, Innsbruck 2004.
Kierkegaard, Sören, Über den Begriff der Ironie mit ständiger Rücksicht auf Sokrates, Gütersloh 1984.
Klaghofer, Wolfgang, Mensch und Gott im Schatten. Franz Kafka und Franz Werfel – Konturen des Exodus, Frankfurt u. a. 2000.
Klinger, Elmar, Armut. Eine Herausforderung Gottes. Der Glaube des Konzils und die Befreiung des Menschen, Zürich 1990.
Klotz, Volker, Durch die Wüste und so weiter, in: Schmiedt (Hg.), May 75–100.
Knopf, Jan, Brechts Guter Mensch von Sezuan, Frankfurt a. M. 1982.
Koch, Ernst, Zwischen Manitou, Allah und Buddha. Die nichtchristlichen Religionen bei Karl May, in: Sudhoff (Hg), Himmel 113–208.
Koelle, Lydia, Paul Celans pneumatisches Judentum. Gott-Rede und menschliche Existenz nach der Shoah, Mainz 1997.

Könnecke, Jochen, Vladislav Rubzov, Lettland. Mit Stadtführer Riga, Ostfildern 2005.
Korsch, Dietrich, Schlusswort und Auswertung, in: Erne, Schüz (Hg.) Religion 249–254.
Körtner, Ulrich H. J., Der inspirierte Leser. Zentrale Aspekte biblischer Hermeneutik, Göttingen 1994.
Körtner, Ulrich H. J., Rezeption und Inspiration, in: NZSTh 51 (2009) 27–49.
Kraus, Karl, Aus einer Literaturgeschichte, die als Lehrmittel dient, in: Die Fackel 28 (1927) 2, 58–62.
Kraus, Karl, Rechenschaftsbericht, in: Die Fackel 30 (1928) 12, 1–51.
Kraus, Karl, Sakrileg an George oder Sühne an Shakespeare?, in: Die Fackel 34 (1933) 12, 45–51.
Kristeva, Julia, Bachtin, das Wort, der Dialog und der Roman, in: Jens Ihwe (Hg.), Literaturwissenschaft und Linguistik III, Frankfurt am Main 1972, 345–357.
Krockauer, Doris, Paul Nizon. Auf der Jagd nach dem eigenen Ich, München 2003.
Krockenberger, Roland, Wahrheit und Kunst: Über das gebrochene Verhältnis der Philosophie zur Sinnlichkeit, in: der blaue reiter. Journal für Philosophie 2 (1995) 57–61.

Kruckis, Hans-Martin, Rezension zu Braungart, Katholizismus, in: George-Jahrbuch Band 2, Tübingen 1998, 179–180.
Kumlehn, Martina, »Füße auf weitem Raum«. Evangelische Schulen als rhizomatische und heterotopische Bildungsräume, in: Erne, Schüz (Hg.), Religion 165–179.
Kundera, Milan, Die Kunst des Romans, München 2007.
Kundera, Milan, Die unerträgliche Leichtigkeit des Seins. Roman, München, Wien 1984.
Kunisch, Hermann, Kleines Handbuch der deutschen Gegenwartsliteratur, München 1967.
Kunisch, Hermann, Werner Bergengruen, in: ders. (Hg.), Kleines Handbuch 60–72.
Kunze, Karl, Heinz Obländer, Grundwissen Deutsche Literatur, Stuttgart 1969.
Kurz, Paul Konrad, Theologie und Literatur: kritische Anmerkungen, in: Jens u. a. (Hg.), Theologie 223–229.
Kuschel, Karl-Josef, Das Weihnachten der Dichter. Große Texte von Thomas Mann bis Reiner Kunze, Düsseldorf 2004.
Kuschel, Karl-Josef, Gottes grausamer Spaß? Heinrich Heines Leben mit der Katastrophe, Düsseldorf 2002.
Kuschel, Karl-Josef, Im Spiegel der Dichter. Mensch, Gott und Jesus in der Literatur des 20. Jahrhunderts, Düsseldorf 1997.
Kuschel, Karl-Josef, Theologie und Literatur heute: Themen und Konsequenzen, in: Jens u. a. (Hg.), Theologie 199–222.
Kuschel, Karl-Josef, Literatur und Theologie als gegenseitige Herausforderung, in: Garhammer, Langenhorst (Hg.), Totenerweckung 19–42.
Kuschel, Karl-Josef, Vom Streit zum Wettstreit der Religionen. Lessing und die Herausforderung des Islam, Düsseldorf 1998.

Lang, Bernhard, Collen McDannell, Der Himmel. Eine Kulturgeschichte des ewigen Lebens, Frankfurt am Main 1990.
Lang, Bernhard, Himmel und Hölle. Jenseitsglaube von der Antike bis heute, München 2003.
Lange, Victor (Hg.), Johann Wolfgang von Goethe. Sämtliche Werke nach Epochen seines Schaffens. Weimarer Klassik 1798–1806, München 1988.
Langenhorst, Georg, Theologie und Literatur. Ein Handbuch, Darmstadt 2005.
Langenhorst, Georg, Trösten lernen? Profil, Geschichte und Praxis von Trost als diakonischer Lehr- und Lernprozess, Ostfildern 2000.

Langer, Gerhard, Gregor Maria Hoff (Hg.), Der Ort des Jüdischen in der katholischen Theologie, Göttingen 2009.
Lauster, Jörg, Raum erfahren. Religionsphilosophische Anmerkungen zum Raumbegriff, in: Erne, Schütz (Hg.), Religion 23–33.
Lavater, Johann Kaspar, Aus der Physiognomik, in: Bibliothek der Deutschen Klassiker 7, Hildburghausen 1862.
Lessing, Gotthold Ephraim, Nathan der Weise, in: Gesammelte Werke in drei Bänden, Bd. 1: Dramen, Gütersloh 1966, 471–610.
Lévy-Strauss, Claude, Das wilde Denken, Frankfurt am Main 1973.
Lévy-Strauss, Claude, Strukturale Anthropologie, Frankfurt am Main 1972.
Lichtenberg, Georg Christoph, Über die Physiognomik, Göttingen 1978.
Lohmeier, Dieter, Das Erlebnisgedicht bei Theodor Storm, in: Schriften der Theodor-Storm-Gesellschaft 30 (1981) 9–26.
Lorenzer, Alfred, Das Konzil der Buchhalter. Die Zerstörung der Sinnlichkeit. Eine Religionskritik, Frankfurt 1984.
Loretan, Adrian, Franco Luzatto (Hg.), Gesellschaftliche Ängste als theologische Herausforderung. Kontext Europa, Münster 2004.

Löw, Martina, Raumsoziologie, Frankfurt am Main 2001.
Luhr, Geret, Diese unzeitgemäße und undankbare Aufgabe: eine ›Rettung‹ Georges. Zur Bedeutung Stefan Georges für das Werk von Walter Benjamin, in: George-Jahrbuch, Band 2, Tübingen 1998, 85–106.
Luz, Ulrich, Geschichte und Wahrheit im Matthäusevangelium. Das Problem der narrativen Fiktion, in: Evangelische Theologie 69 (2009) 194–208.

Magris, Claudio, Der Ring der Clarisse. Großer Stil und Nihilismus in der modernen Literatur, Frankfurt 1987.
Mann, Klaus, Cowboy-Mentor des Führers, in: Schmiedt (Hg.), May 32–34.
Martínez, Tomás Eloi, Purgatorio, Frankfurt am Main 2010.
Martini, Carlo M., Umberto Eco, Woran glaubt, wer nicht glaubt?, Wien 1998.
May, Karl, Am Jenseits, Wien, Heidelberg 1951.
May, Karl, Das versteinerte Gebet, Bamberg 1952.
May, Karl, Der Mahdi, Bamberg 1951.
May, Karl, Der Schut, Bamberg 1962.
May, Karl, Die Liebe nach ihrer Geschichte, in: ders., Schacht und Hütte. Frühwerke aus der Redakteurzeit, Bamberg 1972.
May, Karl, Durch die Wüste, Zürich 1990.
May, Karl, Durch das Land der Skipetaren, Bamberg 1951.
May, Karl, Durchs wilde Kurdistan, Bamberg 1951.
May, Karl, Geographische Predigten, Bamberg 1958.
May, Karl, Himmelsgedanken, Radebeul 1910.
May, Karl, Im Reich des silbernen Löwen, Bamberg 1952.
May, Karl, In den Schluchten des Balkan, Bamberg 1949.
May, Karl, In Mekka, Radebeul 1927.
May, Karl, Mein Leben und Streben, Freiburg i. B. 1910.
May, Karl, Mein Leben und Streben, in: Ich. Karl Mays Leben und Werk (hg. v. Roland Schmid), [30]1976, 25–279.
May, Karl, Menschenjäger, Bamberg 1952.
May, Karl, Im Lande des Mahdi I, Heidelberg 1951.
May, Karl, Sand des Verderbens, Bamberg 1952.
May, Karl, Von Bagdad nach Stambul, Bamberg 1951.
McEwan, Ian, Atonement, London 2001; dt.: Abbitte, Zürich 2004 (2002).
McGrath, Alister, Joanna Collicutt McGrath, Der Atheismus-Wahn, Asslar 2007.

Meier, Thomas Markus, Der Zufall im Werk von Friedrich Dürrenmatt, Dissertationsentwurf Manuskript, Tübingen 2010.

Mercier, Pascale, Nachtzug nach Lissabon. Roman, München, Wien 2004.

Merklein, Helmut, Der Sühnegedanke in der Jesustradition und bei Paulus, in: Albert Gerhards, Klemens Richter (Hg.), Das Opfer: Biblischer Anspruch und liturgische Gestalt, Freiburg i. Br. 2000, 59–91.

Mette, Norbert, Hermann Steinkamp, Sozialwissenschaften und Praktische Theologie, Düsseldorf 1983.

Mieth, Dietmar, Braucht die Literatur(wissenschaft) das theologische Gespräch? Thesen zur Relevanz »literaturtheologischer« Methoden, in: Jens u. a. (Hg.), Theologie 164–177.

Miggelbrink, Ralf, Die Lebensfülle Gottes, in: Jahrbuch für Biblische Theologie 20 (2005) 325–356.

Mingels, Annette, Dürrenmatt und Kierkegaard. Die Kategorie des Einzelnen als gemeinsame Denkform, Köln 2003.

Mohagheghi, Hamideh, Unterschiedliche Spiritualitäten – eine Caritas? Vortrag beim Netzwerktreffen der TheologInnen im Caritasverband Rottenburg-Stuttgart vom 15.–17.03.2009, Manuskript.

Mommsen, Katharina, Goethe und der Islam, Frankfurt am Main, Leipzig 2001.

Mommsen, Katharina, Goethe und die Arabische Welt, Frankfurt am Main 1988.

Mommsen, Katharina, ›G. und 1001 Nacht‹, Frankfurt am Main 1981.

Mommsen, Katharina, Zur Bedeutung Spaniens in der Dichtung Stefan Georges, in: George-Jahrbuch, Band 2, Tübingen 1998, 22–48.

Moore, Brian, Insel des Glaubens, Düsseldorf 1975, als Taschenbuch (Titel: »Katholiken«) erschienen Zürich 1978.

Müller, Karlheinz, Anmerkungen zum Verhältnis von Tora und Halacha im Frühjudentum, in: Erich Zenger (Hg.), Die Tora als Kanon für Juden und Christen, Freiburg 1995, 287–291.

Müller, Marika, Die Ironie. Kulturgeschichte und Textgestalt, Würzburg 1995.

Musil, Robert, Der Mann ohne Eigenschaften, Bd. 1, Reinbek bei Hamburg 1978.

Nagel, Thomas, Was bedeutet das alles? Eine ganz kurze Einführung in die Philosophie, Stuttgart 2000.

Nietzsche, Friedrich, Gesammelte Werke (hg. v. Wolfgang Deninger), Bindlach 2005.

Nietzsche, Friedrich, Also sprach Zarathustra, in: Nietzsche, Werke 589–855.

Nietzsche, Friedrich, Der Fall Wagner. Ein Musikanten-Problem, in: Nietzsche, Werke 1226–1231.

Nietzsche, Friedrich, Die fröhliche Wissenschaft, in: Nietzsche, Werke 453–588.

Niewiadomski, Jozef, Inkarnation als Inkulturation, in: Paulus Gordan (Hg.), Evangelium und Inkulturation (1492–1992), Graz 1993, 27–49.

Ochs, Robert, Verschwendung. Die Theologie im Gespräch mit Georges Bataille, Frankfurt am Main 1995.

Overbeck, Franz, Christentum und Kultur, Basel 1919.

Pasolini, Pier P., Freibeuterschriften, Berlin 1981.

Pätzold, Hartmut, »Ein Stück andre Welt«. Von der Unbrauchbarkeit des Paradigmas der »Erlebnislyrik« für die Gedichte Theodor Storms, in: Schriften der Theodor-Storm-Gesellschaft 43 (1990) 43–64.

Péguy, Charles, Das Mysterium der Hoffnung (Paris 1929), Wien [3]1983.

Peirce, Charles S., Vorlesungen über Pragmatismus, Hamburg 1991.

Petersen, Jürgen H., Über Fiktionalität und fiktionales Erzählen, in: Euphorion 89 (1995) 95–115.

Pfaffenholz, Alfred, Kleine Fluchten oder: Der Traum vom Paradies. Eine Erinnerung an Karl May und seine Wiederentdeckung, in: Eggebrecht (Hg.), Phantast 45–62.

Picker, Marion, 1914. »Wie George in mein Leben hineinwirkte« – Walter Benjamin, in: Text und Kritik 168 (2005) X., 60–75.

Podak, Klaus, Ich bin Hakawati. Ein Leben auf dem Stern Sitara: zum 150. Geburtstag von Karl May, in: Süddeutsche Zeitung am Wochenende 22./23.02.1992 Nr. 44, Feuilleton-Beilage, S. I, Spalte 5–6.

Prisching, Manfred, Trash economy. Abfallmaximierung als Wirtschaftsprinzip, in: Anselm Wagner (Hg.), Abfallmoderne. Zu den Schmutzrändern der Kultur, Wien, Berlin 2010, 29–44.

Rahner, Karl, Erfahrungen eines katholischen Theologen, in: Karl Lehmann (Hg.), Vor dem Geheimnis Gottes den Menschen verstehen, Freiburg i. Br. 1984, 105–119.

Rahner, Karl, Von Gott muss geredet werden, in: Orientierung 53 (1989) 6, 61.

Rahner, Karl, Die menschliche Sinnfrage vor dem absoluten Geheimnis Gottes, in: ders., Schriften zur Theologie, Bd. 13: Gott und Offenbarung, Zürich 1978, 111–128.

Rahner, Karl, Über den Begriff des Geheimnisses in der katholischen Theologie, in: ders., Schriften zur Theologie, Bd. 4: Neuere Schriften, Zürich [3]1962, 51–99.

Raulff, Ulrich, Des Lesens Anfang ist das Ende der Legende. George und Nietzsche: Fragmente zu einem Doppelportrait, in: Text und Kritik 168 (2005) X., 76–85.

Raulff, Ulrich, Kreis ohne Meister. Stefan Georges Nachleben, München [3]2010.

Reifenberg, Hermann, Fundamentalliturgie, Bd. I, Klosterneuburg 1978.

Rennert, Jürgen, Märkische Depeschen. Gedichte, Berlin [2]1978.

Ricoeur, Paul, Hermeneutik und Strukturalismus, München 1973 (Paris 1969).

Riedel, Manfred, Geheimes Deutschland. Stefan George und die Brüder Stauffenberg, Köln, Weimar, Wien 2006.

Riedel, Wolfgang, Ich bin nicht der ich bin. Anthropologisches Bildnisverbot bei Max Frisch (Stiller), in: Erich Garhammer (Hg.), BilderStreit. Theologie auf Augenhöhe, Würzburg 2007.

Roth, Philip, I Married a Communist, Boston, New York 1998.

Roxin, Claus, Karl May, Das Strafrecht und die Literatur, in: Schmiedt (Hg.), May 130–159.

Rückert, Friedrich, Kindertodtenlieder, mit einer Einleitung neu hg. v. Hans Wollschläger, Nördlingen 1988.

Ruppert, Wolfgang, Karl May – Eine Lebensgeschichte 1842–1912, in: Eggebrecht (Hg.), Phantast 29–44.

Rusterholz, Peter, Theologische und philosophische Denkformen und ihre Funktion für die Interpretation und Wertung von Texten Friedrich Dürrenmatts, in: Claudia Brinker u. a. (Hg.), Contemplata aliis tradere. Studien zum Verhältnis von Literatur und Spiritualität, Bern 1995, 487–492.

Sachs, Nelly, Ausgewählte Gedichte, Frankfurt am Main [4]1969.

Sachs, Nelly, Sternverdunkelung. Gedichte, Amsterdam 1949.

Safranski, Rüdiger, Schiller oder Die Erfindung des Deutschen Idealismus, München, Wien [2]2008.

Sahlberg, Oskar, Therapeut Kara Ben Nemsi, in: Eggebrecht (Hg.), Phantast 189–212.

Sander, Hans-Joachim, Die kritische Autorität der Exegese für die Dogmatik, in: Ulrich Busse (Hg.), Die Bedeutung der Exegese für Theologie und Kirche, Freiburg i. Br. 2005, 38–75.

Sander, Hans-Joachim, Die Zeichen der Zeit erkennen und Gott benennen. Der semiotische Charakter von Theologie, in: Theologische Quartalschrift 182 (2001) 27–40.

Sander, Hans-Joachim, Einführung in die Gotteslehre, Darmstadt 2006.

Sander, Hans-Joachim, Glauben im Zeichen der Zeit. Die Semiotik von Peirce und die pastorale Konstituierung der Theologie, Habilitationsschrift, Würzburg 1996.

Sander, Hans-Joachim, Theologischer Kommentar zur Pastoralkonstitution *Gaudium et spes*, in: Peter Hünermann, Bernd Jochen Hilberath (Hg.), Herders Theologischer Kommentar zum Zweiten Vatikanischen Konzil, Bd. 4, Freiburg i. Br. 2005, 581–886.

Sauder, Gerhard (Hg.), Johann Wolfgang von Goethe. Sämtliche Werke nach Epochen seines Schaffens, Bd. 1.1: Der junge Goethe 1757–1775, München 1985.

Sauder, Gerhard (Hg.), Theorie der Empfindsamkeit und der Sturm und Drang, Stuttgart 2003.

Schefold, Bertram, Die Feier zur Einweihung des Stefan-George-Hauses in Bingen, in: George-Jahrbuch, Bd. 2, Tübingen 1998, 198–212.

Schenkel, Martin, »Babel und Bibel«. Ein aufklärerisches Drama des Mittelalters, in: Schmiedt (Hg.), May 278–309.

Schmidt, Arno, Abu Kital. Vom neuen Großmystiker, in: Schmiedt (Hg.), May 45–74.

Schmiedt, Helmut, Die Thränen Richard Wagners oder Der Sinn des Unsinns. Thesen zu einem Konstruktionsprinzip in Mays Kolportageromanen, in: ders. (Hg.), May 229–244.

Schmiedt, Helmut, Karl May. Studien zu Leben, Werk und Wirken eines Erfolgsschriftstellers, München 1979.

Schneider, Herbert, Karl May in der Lederhose, München 1961.

Schneider, Michael, Texte – Intertexte – Schrift. Perspektiven intertextueller Bibellektüre, in: Strecker, Kontexte II, 361–376.

Schödlbauer, Ulrich, Traum und Tod. Gegenpoetik im ›Teppich des Lebens‹, in: George-Jahrbuch, Bd. 2, Tübingen 1998, 1–21.

Scholz, Ingeborg, »Die Dinge mystisch bannen durch das Wort« – Poetologische Thesen in Gottfried Benns Marburger Vortrag »Probleme der Lyrik« (1951), Bernstein-Regal No. 6, Bonn 2010.

Schopenhauer, Arthur, Panerga und Paralipomena II, Frankfurt a. M. 1991.

Schuler, Alfred, Fragmente und Vorträge aus dem Nachlass, Leipzig 1940.

Schulte-Sasse, Jochen, Karl Mays Amerika-Exotik und deutsche Wirklichkeit. Zur sozialpsychologischen Funktion von Trivialliteratur im wilhelminischen Deutschland, in: Schmiedt (Hg.), May 101–129.

Schulz, Walter, Metaphysik des Schwebens. Zu Geschichte der Ästhetik, Pfullingen 1985.

Schuster, Max-Josef, Leerwerden im Angesicht des Fremden, in: Ottmar Fuchs (Hg.), Die Fremden, Düsseldorf 1988, 89–103.

Schwarz, Ullrich, Einzelheiten: Abraum und Abfall der Geschichte, in: Anselm Wagner (Hg.), Abfallmoderne. Zu den Schmutzrändern der Kultur, Wien, Berlin 2010, 17–27.

Seel, Martin, Ist eine rein säkulare Gesellschaft denkbar?, in: Liessmann, Konrad Paul (Hg.), Die Gretchenfrage, Wien 2008, 61–81.

Seip, Jörg, Einander die Wahrheit hinüberreichen. Kriteriologische Verhältnisbestimmung von Literatur und Verkündigung, Würzburg 2002.

Seip, Jörg, Einen Himmel aufspannen. Bausteine hermeneutischer Theorien der Fiktionalität, in: Theologie und Glaube 98 (2008) 164–178.

Sennett, Richard, Der flexible Mensch. Die Kultur des neuen Kapitalismus, Berlin 1998.

Seybold, Ernst, Aspekte des christlichen Glaubens bei Karl May (Sonderheft der Karl May-Gesellschaft 55), Hamburg 1985.

Siblewski, Klaus, »Diesmal winkt sicher das Friedensreich«. Über Stefan Georges Gedicht »Der Krieg«, in: Text und Kritik 168 (2005) X., 19–46.

Sichtermann, Barbara, Die Mayschen Reiseerzählungen als Jugendlektüre, in: Eggebrecht (Hg.), Phantast 63–77.

Siebenrock, Roman A., Kommentar zu *Dignitatis humanae*, in: Herders Theologischer Kommentar zum Zweiten Vatikanischen Konzil, Bd. 4, Freiburg i. Br. 2005, 125–218.

Siebenrock, Roman A., Kommentar zu *Nostra aetate*, in: Herders Theologischer Kommentar zum Zweiten Vatikanischen Konzil, Bd. 3, Freiburg i. Br. 2005, 591–694.

Siebert, Helga, Susanne Kleiber, Wunderbar faule und andere Nashörner, Hamburg 2003.

Siedler, Wolf Jobst, Freilegung einer versunkenen Welt, in: Neue Zürcher Zeitung v. 8.11.2005.

Silone, Ignazio, Wein und Brot. Roman, Köln 1974.

Sloterdijk, Peter, Zur Welt kommen – Zur Sprache kommen, Frankfurt am Main 1988. 

Sölle, Dorothee, Realisation. Studien zum Verhältnis von Theologie und Dichtung nach der Aufklärung, Darmstadt 1973.

Sperber, Dan, Über Symbolik, Frankfurt am Main 1975.

Spies, Werner (Hg.), Picasso. Welt der Kinder, München, New York 1995.

Steinbrink, Bernd, Initiation und Freiheit. Karl May und die Tradition des Abenteuerromans, in: Schmiedt (Hg.), Mai 252–277.

Steiner, George, Von realer Gegenwart. Hat unser Sprechen Inhalt?, München, Wien 1990.

Steins, Georg, Der Bibelkanon als Denkmal und Text, in: J.-M. Anwers (ed.), The biblical canons (BEThL 163), Leuven 2003, 177–198.

Stenzel, Gerhard, Die Deutschen Romantiker, Bd. 1, Salzburg, Stuttgart o. J.

Stevens, MaryAnne, Der Symbolismus – ein französisches Monopol?, in: Wilton, Upstone (Hg.), Symbolismus 47–63.

Stock, Alex, Poetische Dogmatik – Christologie. Figuren (Bd. 4), Paderborn 2001.

Stolte, Heinz, Auf den Spuren Nathans des Weisen. Zur Rezeption der Toleranzidee Lessings bei Karl May (Jahrbuch der Karl May-Gesellschaft), Hamburg 1977.

Strecker, Christian, Kontexte der Schrift. Kultur, Politik, Religion, Sprache – Text, Band II, Stuttgart 2005.

Striet, Magnus, Versuche über die Auflehnung. Philosophisch-theologische Überlegungen zur Theodizee-Frage, in: Harald Wagner (Hg.), Mit Gott streiten. Neue Zugänge zum Theodizee-Problem, Freiburg i. Br. ²1998, 48–89.

Sudhoff, Dieter (Hg.), Zwischen Himmel und Hölle, Bamberg, Radebeul 2003.

Suerbaum, Ulrich, Krimi. Eine Analyse der Gattung, Stuttgart 1984.

Taylor, Charles, Quellen des Selbst, Frankfurt am Main 1989.

Thieme, Eberhard, Nähe und Distanz. Stefan George im Werk von Klaus Mann, in: Neue Beiträge zur George-Forschung (17), Bingen 1992, 32–38.

Tippel, Werner, Hartmut Wörner, Frauen in Karl Mays Werk (Sonderheft der Karl May-Gesellschaft 29), Hamburg 1981.

Tück, Jan-Heiner, Hintergrundgeräusche. Liebe, Tod und Trauer in der Gegenwartsliteratur, Ostfildern 2010.

Tursten, Helene, Tod im Pfarrhaus, München 2002.

Ueding, Gert (Hg.), Karl-May-Handbuch, Stuttgart 1987.

Ueding, Gert, Der Traum des Gefangenen. Geschichte und Geschichten im Werk Karl Mays, in: Schmiedt (Hg.), May 160–187.

Vattimo, Gianni, Das Ende der Moderne, Stuttgart 1990.
Virilio, Paul, Der negative Horizont. Bewegung, Geschwindigkeit, Beschleunigung, Frankfurt am Main 1995.
Vorbichler, Anton, Inge Hofmann, Das Islam-Bild bei Karl May und der islamo-christliche Dialog, Wien 1979.

Wagner-Rau, Ulrike, Gotteshaus und Gottesbeziehung. Kirchen als Segensräume, in: Erne, Schüz (Hg.), Religion 151–163.
Walser, Martin, Der Lebensroman des Andreas Beck, seinen Büchern nacherzählt, Eggingen 2006.
Walser, Martin, Mein Jenseits. Novelle, Berlin [3]2010.
Weber, Emil, Friedrich Dürrenmatt und die Frage nach Gott. Zur theologischen Relevanz der frühen Prosa eines merkwürdigen Protestanten, Zürich 1980.

Weber, Franz, Gewagte Inkulturation. Basisgemeinden in Brasilien, Mainz 1996.
Weigel, Sigrid, Kommunizierende Röhren. Michel Foucauld und Walter Benjamin, in: dies. (Hg.), Flaschenpost und Postkarte. Korrespondenzen zwischen kritischer Theorie und Poststrukturalismus, Köln 1995, 25–48.
Wellhausen, Julius, Reste arabischen Heidentums, Berlin [3]1961.
Welsch, Wolfgang, Grenzgänge der Ästhetik, Stuttgart 1996.
Wiegmann, Hermann, Der Orientzyklus, in: Ueding (Hg.), Karl-May-Handbuch 177–205.
Wilhelms, Günter, Sinnlichkeit und Rationalität. Der Beitrag Alfred Lorenzers zu einer Theorie religiöser Sozialisation, Stuttgart 1991.
Wilton, Andrew, Robert Upstone (Hg.), Der Symbolismus in England 1860–1910. Katalog einer Ausstellung im Haus der Kunst, München, Ostfildern-Ruit 1998.
Wilton, Andrew, Der Symbolismus in Großbritannien, in: Wilton, Upstone (Hg.), Symbolismus 11–33.
Wohlmuth, Josef, Die Tora spricht die Sprache der Menschen. Theologische Aufsätze und Meditationen zur Beziehung von Judentum und Christentum, Paderborn 2002.
Wolde, Ellen van, Job 28. Cognition in Context, Leiden, Boston 2003.
Wollschläger, Hans, Erste Annäherung an den »Silbernen Löwen«. Zur Symbolik und Entstehung, in: Schmiedt (Hg.), May 188–228.
Wollschläger, Hans, Karl May. Grundriss eines gebrochenen Lebens, Zürich 1976.
Wolters, Friedrich, Stefan George und die Blätter für die Kunst. Deutsche Geistesgeschichte seit 1890, Berlin 1930.

Zerfaß, Rolf, Menschliche Seelsorge. Für eine Spiritualität von Priestern und Laien im Gemeindedienst, Freiburg 1985.
Ziolkowski, Theodore, Theologie und Literatur: eine polemische Stellungnahme zu literaturwissenschaftlichen Problemen, in: Jens u. a. (Hg.), Theologie 113–128.

*Kontakträume mit theologischen Themen, die mich bereits in anderen Publikationen beschäftigt haben und hier nicht ausgeführt wurden:*

Fuchs, Ottmar, Sprechen in Gegensätzen. Meinung und Gegenmeinung in kirchlicher Rede, München 1978.

Fuchs, Ottmar, Sucht ihn in Galiläa, in: Franz Kaspar, Dieter Zeller (Hg.), Predigten zum Lesejahr B, Mainz 1978, 48–52.

Fuchs, Ottmar, Die Klage als Gebet. Theologische Überlegungen am Beispiel des Psalms 22, München 1982.

Fuchs, Ottmar, Im Brennpunkt: Stigma, Frankfurt am Main 1993.

Fuchs, Ottmar, »Karfreitag ist ihr Festtag ...!«, in: Ludwig Mödl (Hrsg.), Ein sperriges Zeichen. Praktisch-theologische Überlegungen zur Theologie des Kreuzes, München 1997, 155–164.

Fuchs, Ottmar, Kontextuelle Christologie im Horizont unbedingter Solidarität. Für die generative Dimensionierung der jüdisch-christlichen Beziehung, in: Manfred Görg, Michael Langer (Hg.), Als Gott weinte. Theologie nach Auschwitz, Regensburg 1997, 162–202.

Fuchs, Ottmar, Dialog und Pluralismus in der Kirche, in: Gebhard Fürst (Hg.), Dialog als Selbstvollzug der Kirche?, Freiburg i. Br. 1997, 190–229.

Fuchs, Ottmar Die Menschen in ihren Erfahrungen suchen. Zur Unentrinnbarkeit und Ambivalenz der persönlichen und gesellschaftlichen Erfahrungsorientierung, in: Rainer Bucher u. a. (Hg.), In Würde leben. Interdisziplinäre Studien zu Ehren von Ernst Ludwig Grasmück, Luzern 1998, 109–234.

Fuchs, Ottmar, Verschwendung. »Sie haben keinen Wein mehr« (Joh 2,3), in: ders., Denn für Gott ist nichts unmöglich, Würzburg 1998, 39–46.

Fuchs, Ottmar, Martyria und Diakonia: Identität christlicher Praxis, in: Herbert Haslinger u. a. (Hg.), Praktische Theologie. Grundlegungen, Mainz 1999, 178–197.

Fuchs, Ottmar, Neue Wege einer eschatologischen Pastoral, in: Theologische Quartalschrift 179 (1999) 260–288.

Fuchs, Ottmar, Inkulturation christlichen Auferstehungsglaubens, in: Isidor Baumgartner u. a. (Hg.), Den Himmel offen halten, Innsbruck 2000, 186–196.

Fuchs, Ottmar, Pastoraltheologische Reflexionen globaler Katholizität, in: Michael Heberling, Gerhard Rott, Horst Sing (Hg.), Inkulturation als Herausforderung und Chance, Aachen 2001, 183–226.

Fuchs, Ottmar, Was sie »kostet«, das ist sie wert: Die Menschenwürde, in: Jahrbuch für Biblische Theologie 15: Menschenwürde, Neukirchen-Vluyn 2001, 265–292.

Fuchs, Ottmar, Eucharistie als Zentrum katholischen Glaubens- und Kirchenverständnisses, in: Thomas Söding (Hg.), Eucharistie. Positionen katholischer Theologie, Regensburg 2002, 229–279.

Fuchs, Ottmar, Die theologisch-ethische Kompetenz in der Wissensgesellschaft, in: Thomas Laubach (Hg.), Angewandte Ethik und Religion, Tübingen 2003, 21–37.

Fuchs, Ottmar, Wahrheitsanspruch in ebenbürtiger Begegnung, in: Heinrich Schmidinger (Hg.), Identität und Toleranz, Innsbruck 2003, 85–114.

Fuchs, Ottmar, Gottes trinitarischer »Offenbarungseid« vor dem »Tribunal« menschlicher Klage und Anklage, in: Magnus Striet (Hg.), Monotheismus Israels und christlicher Trinitätsglaube, Freiburg i. Br. 2004, 271–295.

Fuchs, Ottmar, Praktische Hermeneutik der Heiligen Schrift, Stuttgart 2004.

Fuchs, Ottmar, Die Pastoral im Horizont der »unverbrauchbaren Transzendenz Gottes« (Karl Rahner), in: Theologische Quartalschrift 185 (2005) 268–285.

Fuchs, Ottmar, Praktisch-theologische Aspekte zu Johann Sebastian Dreys Biblischer Hermeneutik, in: Michael Kessler, Ottmar Fuchs (Hg.), Theologie als Instanz der Moderne, Tübingen 2005, 145–171.

Fuchs, Ottmar, »Stellvertretung« – eine christliche Möglichkeit!, in: Theologische Quartalschrift 185 (2005) 95–126.

Fuchs, Ottmar, Die Konfrontation des kirchlichen Dienstes mit »den sehr oft so grundlegend veränderten pastoralen und menschlichen Umständen« (PO 1) – Ermutigung zu einer topopraktischen Pastoral, in: Peter Hünermann, Bernd Jochen Hilberath (Hg.), Herders Theologischer Kommentar zum Zweiten Vatikanischen Konzil, Bd. 5, Freiburg i. Br. 2006, 403–414.

Fuchs, Ottmar, Das Jüngste Gericht. Hoffnung auf Gerechtigkeit, Regensburg [2]2009.

Fuchs, Ottmar, Religionskritik in praktisch-theologischer Verantwortung, in: Joachim Kügler, Ulrike Bechmann (Hg.), Biblische Religionskritik. Kritik in, an und mit biblischen Texten (bayreuther forum Transit 9), Berlin 2009, 48–75.

Fuchs, Ottmar, »Unbedingte« Vor-Gegebenheit des Rituals als pastorale Gabe und Aufgabe, in: Theologische Quartalschrift 189 (2009) 106–129

Fuchs, Ottmar, »Unmögliche« Gegenwart der Gabe. Elisabeth und Derrida als akute Provokation, in: Franz Gruber, Christoph Niemand, Ferdinand Reisinger (Hg.), Geistes-Gegenwart. Vom Lesen, Denken und Sagen des Glaubens (Linzer Philosophisch-Theologische Beiträge Band 17), Frankfurt 2009, 155–178.

Fuchs, Ottmar, Ohne Wandel keine inhaltliche Kontinuität, in: Theologie und Glaube 100 (2010) 288–306.

Fuchs, Ottmar, Klerus im Prekariat, in: Theologische Quartalschrift 190 (2010) 304–318.

# Personen- und Sachregister




A
Abduktion *73*
Abenteuer *142*
Abfallvermeidung *51*
Abschweifung, symbolische *127*
Adorno, Theodor W. *199, 212, 218*
Ahrendt, Hannah *67*
Aichinger, Ilse *57*
Aktionsprosa *135*
Alkier, Stefan *85*
Allegorese *73, 106*
Allegorie *180*
Allgemeine *29, 48*
Ambivalenz *176, 222*
Amery, Carl *244, 291*
Ammicht Quinn, Regina *30, 71*
Amulett *256*
analogia crucis *64*
Analogie *107, 108, 189*
Anamnese *121*
Andersraum *15, 191*
Anerkennung *128*
Anfang, pragmatischer *88*
Anthropologie *168*
Antirealisation *66*
Antlitz *44*
Anverwandlung *118*
Araber *145*
Archäologie, experimentelle *121*
Arroganz *161*
Ästhetik *70, 102*
Asymmetrie *91*
Auferstehung *109, 144*
Auferweckung *27, 109*
Aurabegriff *216*
Auschwitz *27*
Ausländer, Rose *28*
Autonomie *37*
Autoritarismus *217*

B
Bach, Wolf-Dieter *148*
Bail, Ulrike *99*
Balthasar, Hans Urs von *83*
Banalisierung *83*
Barenboim, Daniel *136*
Barner, Wilfried *69*
Barthes, Roland *56, 184*
Baudelaire, Charles *136*
Bauer, Christian *31, 105, 112*
Bayer, Oswald *255*
Bechmann, Ulrike *36, 129*
Becket, Thomas *264*
Beckett, Samuel *313*
Begräbnisfeier *144*
Benjamin, Walter *190, 212, 252*
Benn, Gottfried *68*
Berg, Britta *178*
Bergengruen, Werner *219, 235*
Berthel, Werner *82*
Beyer, Marcel *228*
Bildung *152*
Biographie *9, 46, 329*
Bloch, Ernst *76, 141, 188*
Blutrache *152*
Bobrowski, Johannes *65, 327*
Böll, Heinrich *24, 258*
Bonhoeffer, Dietrich *29*
Böses *82*
Bosse, Anke *137*
Bourdieu, Pierre *190, 221*
Braungart, Katharina *113*
Braungart, Wolfgang *24, 38, 197*
Brecht, Bert *269, 321, 328*
Bucher, Rainer *71, 99, 187*
Büchner, Georg *268, 324*
Bühne *45, 91*

C
Capurro, Rafael *90*
Celan, Paul *21, 26, 93*
Certeau, Michel de *31*
Chabrol, Claude *107*
Chessex, Jacques *28*
Chesterton, Gilbert K. *82*
Christentum *144*
Christentum, anonymes *172*
Claudel, Paul *210*
Coetzees, John M. *71*
Conrady, Karl Otto *118*
Crescendo *278*

D
Dante, Alighieri *278*

Denkkritik 25
Derrida, Jaques 32, 98
Detail 51
Deutschland 222
Dialektik 166
Dialog 21
Dialogethik 79, 174
Dialog, innerer 24
Dichtersprache 193
Domínguez, Carlos María 11
Dönhoff, Marion Gräfin 230
Don Luca 245
Dr. Murke 258
Dürrenmatt, Friedrich 74, 77, 95, 240



E

Ebertz, Michael N. 211, 275
Eco, Umberto 93
Edelmensch 169, 184
Edle Wilde 145, 155
Eggebrecht, Harald 142
Egyptien, Jürgen 202, 215
Eich, Günter 324
Einbildungskraft 74
Einheit 185
Einzelerfahrung 216
Einzelheiten 50
Elias, Norbert 39
Eliot, Thomas S. 264
Empathie, poetische 118
Entbanalisierung 73
Entgrenzung 129
Entlastung 287
Entsicherung 245
Entzauberung 225
Erdichtung 67
Erlebnislyrik 204
Erlösung 248
Erne, Thomas 14
Ersatz 206
Erschrecken 41
Eschatologie 171
Ethik 169
Extremerfahrung 29

F

Fahrradtour 241
Familienideal 157
Fanatismus 117, 266
Faschismus 196, 206, 220
Fehling, Ruth 84, 110
Feindschaft 78
Fest, Joachim 223
Feuer 307
Figurale Fiktionen 33, 41
Fiktion 32, 51, 74, 189
fiktionale Rede 74
Fiktionsironie 93
Fiktionswelt 72
Fiktiose 100, 105
Flucht 205
Flüchtigkeit 131
Foucault, Michel 15, 252, 255
Fragen 61
Frank, Manfred 249
Frauen 156
Frauenbewegung 158
Frauenbild 157
Freiheit 77, 130, 277
Frisch, Max 34, 329
Frömmigkeit 132
Frühwald, Wolfgang 140
Funktionalisierung 49

G

Gabe 96, 230
Garhammer, Erich 20, 26, 35, 69, 140
Gastfreundschaft 311
Gaudium et spes 17, 102
Gebrochenheit 108
Gefahr 314
Gefühl 139, 206
geheimes Deutschland 226
Geheimnis 104, 198, 251, 257, 258
Gehorsam 210
Geiger, Michaela 15
Genette, Gérard 85
Genie 113, 117
George, Stefan 71, 98, 119, 190
Gericht 239
Geschichte 31, 243
Gespenst 32
Gestik 170
Gewalt 310, 321
Gewalt, symbolische 220
Glaube 19, 59, 326
Glaubens-Simulationen 52
Gleichursprünglichkeit 35
Globalisierung 50
Gnade 103, 106, 245, 247, 257
Goethe, Johann Wolfgang von 41, 113
Gogh, Vinzenz van 60

Gottesbild *168*
Gottesfurcht *262*
Gotteskomplex *287*
Göttlichkeit *240*
Grabner-Haider, Anton *187*
Grass, Günter *76, 269*
Grenze *210*
Grenzmann, Wilhelm *59*
Grossmann, David *44*
Großmutter *159*
Großmystiker *178*
Großtyrann *238*
Guth, Klaus *253*

H
Haecker, Theodor *202*
Hafis *118*
Hafner, Johann *16*
Hahn, Friedrich *61*
Halacha *106*
Handke, Peter *72*
Häresie *303*
Heilige *282*
Heilsgeschichte *214*
Heimat *243*
Heine, Heinrich *268*
Heinrich II. *252*
Hektik *298*
Henneke-Weischer, Andrea *35, 88*
Hesse, Hermann *191*
Himmel *267, 280*
Hingabe *132, 309*
Hoffnung *57*
Hohlform *52*
Höllenvision *81*
Homiletik *74*
Homoerotik *192*
Humanität *235*
Hummelt, Norbert *68*
Humor *89*
Humorlosigkeit *202*
Hybris *244*

I
Ich *45*
Identifikation *189*
Ijob *262*
Imagination *71*
imitatio *120*
Individualität *48*
Inkarnation *16*
Inkulturation *13, 93*
Instrumentalisierung *34*
Inszenation *206*
Intention *60*
Interkontextualitat *88*
Interpretation, weltliche *63*
Intertextualität *85, 87*
Ironie *89, 219*
Islam *154*
Islambild *143*

J
Jandl, Ernst *68*
Jenseits *17, 285*
Jens, Walter *22, 64*
Jesus *13, 263, 308*
Jeziorkowski, Klaus *72*
Jugend *190*

K
Kallen, Werner *247*
Kantorowicz, Ernst *226*
Karlauf, Thomas *191*
Kaschnitz, Marie Luise *280*
Kathedrale *233*
Katholizismus *197*
Kazantzakis, Nikos *64*
Kemp, Friedhelm *110*
Kenosis *70*
Keul, Hildegund *255*
Kiaulehns, Walter *236*
Kitsch *39, 149*
Klage *27, 58, 77, 110, 182, 247*
Klages, Ludwig *225*
Klaghofer, Wolfgang *24*
Klinger, Elmar *247*
Klotz, Volker *147*
Koch, Ernst *143*
Kommerell, Max *231*
Konkretion *57*
Konservativismus *215*
Kontingenz *54*
Körtner, Ulrich H. J. *106, 109*
Kraft *190, 256*
Kraus, Karl *203, 217*
Kreuzestod *83*
Kristeva, Julia *85*
Kriterien *62*
Kriteriologie *165*
Krockauer, Doris *45*
Krockauer, Rainer *71*

Kronberger, Maximilian 200
Kultur 38
Kundera, Milan 44, 53, 135
Küng, Hans 22
Kunst 136
Kürmann 330
Kurz, Paul Konrad 78
Kuschel, Karl-Josef 22, 62, 73

L
Lang, Bernhard 272
Langenhorst, Georg 20, 29, 37
Langsamkeit 288
Laurentius 192
Lauster, Jörg 14
Lavater, Johann Kaspar 170
Leben 214
Lebensrecht 155, 160
Lebensroman 55
Leib 14
Leiblichkeit 48
Lessing, Gotthold E. 163
Leute-Theologie 19
Lévi-Strauss, Claude 183
Lichtenberg, Georg Ch. 170
Liebe 165, 179, 260
Link, Jürgen 140
Literaturmythologie 69
Literaturtheologie 68
Literaturwissenschaft 19, 37, 77
Llosa, Mario Vargas 45
Lohn 273
Lorenzer, Alfred 211
Löw, Martina 15
Lüge 89
Luhr, Geret 212

M
Magris, Claudio 54
Mahler, Gustav 271
Mahomet 113
Malerei 134
Mann, Klaus 187
Märchen 147, 181, 189
Maria Magdalena 111
Martínez, Tomás Eloy 33
Märtyrer 324
Martyrium 193, 265
May, Karl 41, 76, 87, 141
McEwan, Ian 41
Mehrdeutigkeit 107
Meier, Thomas Markus 74
Melancholie 231
Meliorität 166
Melioritätsvorstellung 162
Mercier, Pascal 47, 77, 233, 284
Mercury, Freddy 267
Merklein, Helmut 83
Metamorphosen 312
Metapher 44, 75, 177
Metaphorisierung 220
Metaphysik 223
Metasprache 183
Metonymie 75
Mieth, Dietmar 63
Miggelbrink, Ralf 273
Mimesis 122
Mimik 170
Mingels, Annette 96
Missbrauch 219
Moderne 241
Möglichkeit 98
Mommsen, Katharina 118, 193
Moore, Brian 301
Moral 70
Motivsuche 65
Müller, Karlheinz 106
Müller, Marika 89
Muschg, Adolf 26, 71
Musik 134, 135, 181, 215
Musil, Robert 98
Muster 116
Mystagogie 299
Mythologie 183
mythologisch 69
mythomorph 69
Mythos 183, 200, 215, 243

N
Nachkriegsliteratur 236
Nadolny, Sten 288
Naso, Ovid 312
Natalität 97
Negative Theologie 94
Nemsi, Kara Ben 150
Neugier 23
Nietzsche, Friedrich 205, 276, 310
Nizon, Paul 45, 135

O
Objektsprache 183
Ochs, Robert 138

Ohnmacht *61*
Orchesterprojekt *136*
Ordnung *195*
Orgel *233*
Orient *141*
Orientalen *150*
Orientalistik *115*
Ostern *271*

P
Pannwitz, Rudolf *195*
Parabase *91*
Paradies *274*
Parallelität *35*
Pasolini, Pier P. *293*
Paulus *264*
Péguy, Charles *282*
Peirce, Charles *109*
Pfäfflin, Ursula *11*
Phantasie *95, 148*
Philipp II. *192*
Picker, Marion *214*
Poesie *9, 201, 228, 233*
Poesie, inkurvierte *231*
Poesie und Politik *221*
Poet *119*
Postmoderne *49*
Präsenz, poetische *202*
Prophet *118, 119*
Proxemik *17*
Psychoanalyse *45*

Q
Quijote, Don *92, 95*

R
Rahner, Karl *94, 260*
Raulff, Ulrich *192, 214*
Raum *181, 245, 257, 289*
Raum, ästhetischer *137*
Raumerfahrung *11, 15*
Realisation *36, 56, 63*
Realisieren *96*
Realität *33*
Realitätsbezug *104, 148*
Reich-Ranicki, Marcel *236*
Reise *36, 122*
Relationalität *86*
Relevanzgewinn *208*
Relevanz, religiöse *57*
Religion *51*
Religionswissenschaft *37*
Rennert, Jürgen *78, 314*
Resignation *321*
Rest *47*
Rettung *246*
Rezeption *62, 155*
Richtung *99*
Ricoeur, Paul *68, 107, 109*
Riedel, Manfred *197*
Rinser, Luise *71*
Ritual *197, 211*
Roman *51*
Roth, Philip *54*
Roxin, Claus *177*
Rückert, Friedrich *119, 270*
Ruhe *285*
Ruhm *265*
Rusterholz, Peter *96*

S
Sachs, Nelly *26, 285, 310, 317*
Safranski, Rüdiger *133*
Sander, Hans-Joachim *18, 26, 37, 101*
Schiller, Friedrich *133*
Schleiermacher, Friedrich *139*
Schmidt, Arno *178*
Schmiedt, Helmut *149, 170*
Schneider, Reinhold *248*
Schockerfahrung *216*
Schöpferkraft *114*
Schöpfung *53, 324*
Schöpfungskraft *276*
Schopenhauer, Arthur *122*
Schuld *43, 79*
Schulz, Walter *94*
Schutzengel *249*
Schutz Gottes *254*
Schwarz, Ullrich *47*
Schweben *94*
Schweigen *258*
Seele *153*
Seel, Martin *16*
Seip, Jörg *21, 73, 99*
Selbsthingabe *130*
Selbstironie *90*
Selbstrelativierung *98*
Selbstruhm *264*
Selbsttötung *191*
Semiose *100*
Semiotik *101*
Shoah *60*

Siblewski, Klaus *219*
Sicherheit *255*
Siebenrock, Roman A. *143*
Siebert, Helga *285*
Sieger *146*
Silone, Ignazio *77*
Sinn *27, 107*
Sloterdijk, Peter *97*
Solidarität *251, 261, 282*
Sölle, Dorothee *36, 56*
Sorgen *286*
Spanien *192*
spatial turn *14*
Speisevorschriften *151*
Sperber, Dan *198*
Spiegel *111, 130*
Sprache, mythische *67*
Sprache, neue *194*
Sprachkritik *26*
Stauffenberg, Alexander von *226, 229*
Stauffenberg, Berthold von *226*
Stauffenberg, Claus Schenk von *221, 226*
Staunen *41*
Stephan, Katharina *190*
Stock, Alex *122*
Storm, Theodor *204*
Striet, Magnus *283*
Strukturanalogie *35, 186*
Sühne *43, 185*
Superiorität *159*
Superioritätsstatus *176*
Suttner, Bertha von *187*
Symbolapparat *197*
Symbolbegriff *68*
Symbolisierung *16, 178*
Symbolismus *134, 198*

T
Teufel *82*
Textraum *99*
Theologie *19, 78*
Thieme, Eberhard *216*
Thoma, Ludwig *277*
Tiefendimension *246*
Toleranz *117, 160, 165, 300*
Toleranzgewinn *116*
Tora *106*
Totenerweckung *22, 30*
Transformation *195*
Transparenz *250*
Transzendenz *250*
Transzendenz, ästhetische *16*
Traum *75*
Trivialliteratur *146*
Tschechow, Anton *328*
Tück, Jan-Heiner *29, 78*
Türken *145*
Tursten, Helene *80*

U
Überfluss *138*
Übersetzung *195*
Übersetzungsweisen *131*
Ueding, Gert *87, 141, 147*
Umschöpfung *202*
Unaussprechlichkeit *259*
Unendliche *134*
Universalreligion *179*
Unmittelbarkeit *139*
Unsicherheitsgefühl *255*
Unsterblichkeit *55*
Unterbrechung *264*
Unterordnung *304*
Unversöhntheit *72*
Urknall *138*
Ursprung *211*
Utopie *188*

V
Vattimo, Gianni *97*
Veränderung *327, 331*
Verborgenes *66*
Vergessen *44*
Verhaltenstherapie *120*
Verharmlosung *25*
Verkündigungstheater *91*
Verstehen *129*
Versuchung *264*
Vertrauen *31*
Verzicht *74, 309*
Verzweiflung *26, 321*
Volksfrömmigkeit *40*
Volksidentität *207*
Voltaire *116*
Vulkan *225*

W
Wagner-Rau, Ulrike *14*
Wagner, Richard *134, 205, 215*
Wahrheit *66, 98, 167*
Walser, Martin *52, 55*

Watts, George F. *134*
Weber, Emil *95*
Weber, Franz *39*
Weigel, Sigrid *252*
Weippert, Manfred *143*
Werding, Juliane *267*
Wertorientierung *97*
Widerfahrnis *18*
Widerspruch *78*
Wiechert, Ernst *235*
Wiesel, Elie *26*
Willemer, Marianne von *120*
Wilton, Andrew *134*
Wirklichkeit *72, 98*
Wirklichkeitsbezug *69, 218*
Wirklichkeitsdefizit *217*
Wohlmuth, Josef *64, 97*
Wolde, Ellen van *262*
Wollschläger, Hans *159, 181*
Wunde *314*
Wunder *314*
Wut *26*

Z
Zeichen *102*
Zeichen der Zeit *63*
Zeit *263*
Zerbrechen *84*
Zerfaß, Rolf *292*
Ziolkowski, Theodore *66*
Zufall *96*
Zufälligkeit *88*
Zugriffsverzicht *263*